Kenntnis, grobe Fahrlässigkeit und Verjährung

Europäische Hochschulschriften
Publications Universitaires Européennes
European University Studies

Reihe II
Rechtswissenschaft

Série II Series II
Droit
Law

Bd./Vol. 4019

PETER LANG
Frankfurt am Main · Berlin · Bern · Bruxelles · New York · Oxford · Wien

Markus Riedhammer

Kenntnis, grobe Fahrlässigkeit und Verjährung

PETER LANG
Europäischer Verlag der Wissenschaften

Bibliografische Information Der Deutschen Bibliothek
Die Deutsche Bibliothek verzeichnet diese Publikation in der Deutschen Nationalbibliografie; detaillierte bibliografische Daten sind im Internet über <http://dnb.ddb.de> abrufbar.

Zugl.: Regensburg, Univ., Diss., 2004

D 355
ISSN 0531-7312
ISBN 3-631-52812-4

www.peterlang.de

Vorwort

Die Reform des Verjährungsrechts hat im Hinblick auf den Beginn der regelmäßigen Verjährung zu einem subjektiven System geführt. Die Frist beginnt nunmehr mit Kenntnis bzw. bereits mit grob fahrlässiger Unkenntnis des Gläubigers von der Person des Schuldners und den den Anspruch begründenden Umständen.

Zweifelhaft ist jedoch, ob die Verjährung, als ein Rechtsinstitut, das sich die Herbeiführung von Rechtssicherheit und –klarheit auf die Fahnen geschrieben hat, insoweit auf gefestigte Rechtsbegriffe zurückgreifen kann. Denn die Thematik des Kenntnisbegriffs, seines Verhältnisses zur Fahrlässigkeit und seiner Abschleifungen aufgrund der bestehenden Beweisschwierigkeiten liegt in wissenschaftlicher Hinsicht nahe zu brach. Man akzeptiert im wesentlichen die dogmatisch kaum durchleuchteten Vorgaben der Rechtsprechung. Ebenso nur „fühlbar“ erscheint das Grobe an der Fahrlässigkeit.

Diese Arbeit, die im Wintersemester 2003/2004 von der Juristischen Fakultät der Universität Regensburg als Dissertation angenommen worden ist, versucht in ihrem ersten Teil eine Analyse des dogmatischen Verhältnisses von Kenntnis, Fahrlässigkeit und der Erweiterungen des Kenntnisbegriffs in der Praxis im Lichte der angesprochenen Beweisproblematik, bevor im zweiten Teil die Auslegung der fraglichen Begriffe im neuen Verjährungsrecht näher beleuchtet wird.

Ganz besonders danken möchte ich an dieser Stelle zunächst meinem sehr verehrten Doktorvater Herrn Prof. Dr. Andreas Spickhoff, der nicht nur die Anregung zu diesem Thema gegeben hat und meine Arbeit stets mit positiv kritischem Wohlwollen begleitet hat, sondern mich auch als Mitarbeiter seines Lehrstuhl in jeglicher Hinsicht gefördert hat. Ebenso gilt mein Dank Herrn Prof. Dr. Herbert Roth für die Erstellung des Zweitgutachtens.

Mein herzlichster Dank gebührt natürlich meiner Familie, im Besonderen meinen Eltern, Konrad und Ulrike Riedhammer, die durch ihre uneingeschränkte Unterstützung meinen Weg erst ermöglicht haben, nicht zuletzt aber auch meiner Lena, deren Liebe und Fürsorge vieles erleichtert hat.

Schließlich möchte ich auch meinen Kollegen Herrn Rechtsanwalt Dr. Martin Zeilhofer und Herrn Rechtsanwalt Christian Weinelt danken, die die Mühe des Korrekturlesens auf sich genommen haben und sich jeder Diskussion um mein Thema gestellt haben.

Bad Abbach, im April 2004

Markus Riedhammer

Inhaltsübersicht

Inhaltsverzeichnis

Einleitung

§1 Die Reform des Verjährungsrechts

„Das deutsche Verjährungsrecht ist dringend reformbedürftig.“[1] Dies stellten Frank Peters und Reinhard Zimmermann in ihrem Gutachten[2] zur Reform des Verjährungsrechts anno 1981 fest. In eindringlicher Weise wurden darin die bestehenden Anwendungsprobleme des geltenden Verjährungsrechts dargestellt; in der Literatur fanden die Thesen bereits damals reichhaltigen Widerhall[3] und prägten den Abschlussbericht der Kommission zur Überarbeitung des Schuldrechts, den das Bundesjustizministerium im Jahre 1992 veröffentlichte.[4] Vor allem wurde kritisiert, das Verjährungsrecht stelle aufgrund der Vielzahl der geltenden Fristen quer durch das BGB und den Nebengesetzen kein in sich geschlossenes System mehr dar,[5] daneben seien einige Fristen, insbesondere §196 BGB a.F., nicht mehr zeitgemäß. So seien manche Fristen zu kurz, andere, wie die 30 – jährige regelmäßige Verjährungsfrist des §195 BGB a.F., wieder zu lang,[6] so dass die Praxis oft die Anknüpfung besonderer Fristen an den Anspruchstyp dazu nutzte, durch eine mehr oder weniger dogmatisch zweifelhafte Einordnung des Sachverhalts unpassende Fristen zu umgehen.[7]

Im Zuge der Umsetzung dreier EU – Richtlinien[8] zum 01. Januar 2002 wurde vom Bundesministerium der Justiz der Anlass gesehen, das teils wieder in Vergessenheit geratene umfassende Reformprojekt der Schuldrechtsmodernisierung erneut aufzugreifen. Übergeordnetes Prinzip der Reform des Verjährungsrechts war insoweit die Modernisierung und ganz wesentlich die Vereinfachung der Rechtslage durch Vereinheitlichung. Schon der Abschlussbericht der Kommission zur Überarbeitung des Schuldrechts aus dem Jahre 1992 nannte als

---

[1] *Zimmermann/Leenen/Mansel/Ernst,* JZ 2001, 684

[2] *Peters/Zimmermann,* Gutachten, S. 77 ff.

[3] *Heinrichs,* NJW 1982, 2021 ff.; *ders.*, Karlsruher Forum 1991, S. 3 ff.; *Grunsky,* AcP 182 (1982), 453 f.; *Spiro,* FS für W. Müller–Freienfels, S. 617 ff.

[4] Bundesminister der Justiz (Hrsg.), Abschlussbericht der Kommission zur Überarbeitung des Schuldrechts, 1992

[5] BMJ (Hrsg.), Abschlussbericht, S. 26

[6] Sie stelle die von ihr betroffenen Ansprüche faktisch unverjährbar. So *Zimmermann,* JZ 2000, 853 (859)

[7] Siehe hierzu *Peters/Zimmermann,* Gutachten, S. 196 ff. mit vielen Beispielen zur „systemsprengenden Kraft“ des bisherigen Verjährungssystems, wie die künstliche Abgrenzung von Werkverträgen über Arbeiten an einem Bauwerk oder „nur“ an einem Grundstück oder auch die Abgrenzung von weitem und „nur“ engem Mangelfolgeschaden.

[8] Richtlinie zum Verbrauchsgüterkauf 1999/44/EG Abl EG Nr. L 171/12 vom 25.5.1999, Richtlinie zum e-commerce 2000/31/EG Abl. EG Nr. L 178 vom 8.6.2000 und Richtlinie zur Bekämpfung von Zahlungsverzug 2000/35 Abl. EG Nr. L 200 vom 29.6.2000

Ziel der Reform ein Verjährungsrecht zu schaffen, das „möglichst klar und einfach“[9] sei. Als „zentraler Punkt der geplanten Schuldrechtsmodernisierung“[10] bezeichnet, durchlief das Verjährungsrecht aber wie kein anderes Gebiet im Fortgang der Reform fundamentale Konzeptionswechsel. Insbesondere die Relevanz der Kenntnis des Gläubigers von seinem Anspruch und dem Anspruchgegner für den Fristlauf war Gegenstand der Diskussion.

Während das Gutachten von *Peters/Zimmermann* eine einheitliche Regelverjährung von zwei Jahren bei einem objektiven Verjährungsbeginn (§196 des Änderungsvorschlages[11]) anhand eines Hemmungstatbestandes bei fehlender Kenntnis des Gläubigers vom Schuldner und den anspruchsbegründenden Umständen umzusetzen versuchte (§199 des Änderungsvorschlages), entschied sich die Kommission im Abschlussbericht für einen grundsätzlich objektiv bestimmten Verjährungsbeginn bei Fälligkeit des Anspruchs (§196 BGB-Kommissionsentwurf[12]) und im Ergebnis für einen Verjährungslauf ohne subjektive Elemente. Lediglich die Verjährung des Deliktsrechts sollte weiterhin von der Kenntnis der Gläubigers abhängig bleiben.[13] Als entscheidend gegen eine Einführung eines allgemeinen subjektiven Kenntniskriteriums, wurde von der Kommission angesehen, dass dessen Feststellung oftmals mit Unsicherheiten verbunden sein würde.[14] Der auf die Kenntnis abstellende §852 Abs.1 BGB a.F. hingegen habe sich für das Deliktsrecht im Ganzen bewährt.[15] Eine Regelverjährung sah der KE nicht vor. Er folgte einem dichotomen System und unterschied grundsätzlich zwischen vertraglichen bzw. vertragsähnlichen und gesetzlichen Ansprüchen. Der vom Bundesjustizministerium am 4. August 2000 veröffentlichte Diskussionsentwurf eines Schuldrechtsmodernisierungsgesetzes[16] basierte auf wesentlichen Teilen des KE und behielt die grundlegende Entscheidung für ein „objektives System“ zunächst bei (§198 DiskE), erweiterte aber den subjektiven Verjährungsbeginn der Deliktsverjährung auch auf andere Schadensersatzansprüche wegen Verletzung absoluter Rechtsgüter (§200 Abs. 2 DiskE).

Infolge der geübten Kritik am KE[17] installierte man bald darauf eine Regelverjährung von drei Jahren (§195 DiskE) und gab die Unterscheidung zwischen vertraglichen und gesetzlichen Ansprüchen auf. Die Verjährungsregelun-

---

[9] BMJ (Hrsg.), Abschlussbericht, S. 35

[10] *Zimmermann/Leenen/Mansel/Ernst*, JZ 2001, 684

[11] *Peters/Zimmermann*, Gutachten, S. 315 ff.

[12] BMJ (Hrsg.), Abschlussbericht, S. 54; im folgenden: „KE“

[13] BMJ (Hrsg.), Abschlussbericht, S. 69 ff.

[14] BMJ (Hrsg.), Abschlussbericht, S. 35; so auch bereits *Heinrichs*, Karlsruher Forum 1991, S. 3 (8 ff.); *Honsell*, JZ 2001, 18 (20)

[15] BMJ (Hrsg.), Abschlussbericht, S. 35 f.

[16] Im Folgenden: „DiskE“; abgedruckt in: Canaris (Hrsg.), Schuldrechtsmodernisierung 2002, S. 3 ff.

[17] Eingehend und kritisch zum KE: *Haug*, Die Neuregelung des Verjährungsrechts, 1999

gen im DiskE wurden dennoch weiterhin sehr kritisch betrachtet.[18] Vor allem im „objektiven System" in Verbindung mit der von 30 auf drei Jahre verkürzten Regelverjährung fand man eine zu starke Gläubigerbenachteiligung.[19] Um aber der dem Gläubiger zu belassenden „reellen Chance"[20] der Anspruchsverfolgung gerecht zu werden, wurde vorgeschlagen, doch wieder auf ein subjektives Kenntniskriterium zu setzen.[21]

Die sog. Bund-Länder-Arbeitsgruppe, die das Bundesjustizministerium eingesetzt hatte, erarbeitete daraufhin einen neuen Entwurf, der den Wechsel hin zu einem kenntnisabhängigen System für die Regelverjährung umsetzte[22] und zunächst ohne nennenswerte Änderungen in die Konsolidierten Fassung des Diskussionsentwurfs[23] vom 06. März 2001 übernommen wurde. Das subjektive System wurde anhand einer Ablaufhemmung bei fehlender Kenntnis bzw. grob fahrlässiger Unkenntnis normiert (§202 KonDiskE).

Nur wenige Tage danach am 22. März 2001 gelangte eine zunächst als Arbeitspapier der zweiten Sitzung der Bund-Länder-Arbeitsgruppe gedachte „Weiterentwicklung" der Regelung als neukorrigierte Fassung[24] an die Öffentlichkeit.[25] Grundsätzlich wurde hierin am „subjektiven System" festgehalten. Doch statt bei der Ablaufhemmung, die als zu streng kritisiert wurde, da im Ergebnis eine Verkürzung der Frist, in der der Gläubiger handeln müsse auf ein

---

[18] *Eidenmüller*, JZ 2001, 283 ff.

[19] *Zimmermann/Leenen/Mansel/Ernst*, JZ 2001, 684 (685); *Ernst*, ZRP 2001, 1 (2 f.): „Eine nachvollziehbare Abwägung der Belange von Schuldner und Gläubiger liegt dem Vorschlag nicht zu Grunde."; kritisch auch *Piekenbrock*, Jahrbuch junger Zivilrechtswissenschaftler 2001, S. 309 (315): ohne subjektive Elemente „eindeutig zu kurz"

[20] So bereits *Peters/Zimmermann*, Gutachten, S. 288

[21] *Mansel*, Die Reform des Verjährungsrechts, in: Ernst/Zimmermann (Hrsg.), Zivilrechtswissenschaft und Schuldrechtsreform, 2001, S. 333 ff., insbes. 404 (ein Beitrag auf dem Regensburger Symposium Schuldrechtsmodernisierung 2001 vom 17./18. November 2000)

[22] Aus dem Januar 2001, als „Neue Fassung 1" bezeichnet und bislang unveröffentlicht, abrufbar unter: http://www.uni-koeln.de/jurfak/instipr/schrref/NF.pdf (15.08.03); kritisch analysiert von *Ernst/Leenen/ Mansel/Peters/Zimmermann*, Stellungnahme zu: „Neue Fassung des Verjährungsrechts auf Grundlage des Diskussionsentwurfs eines Schuldrechtsmodernisierungsgesetzes, der hierzu vorliegenden Stellungnahmen und der Ergebnisse der Sitzung der Arbeitsgemeinschaft Verjährungsrecht am 15. und 16. Januar 2001 in Berlin", (zitiert: Memorandum) abrufbar unter: http://www.ipr.uni-Koeln.de/schuldrreform/memorandum.doc (15.08.03)

[23] Im Folgenden: „KonDiskE"; abgedruckt in Canaris (Hrsg.), Schuldrechtsmodernisierung 2002, S. 349 ff.

[24] Im Folgenden: NeuFDiskEVR; abgedruckt in Canaris (Hrsg.), Schuldrechtsmodernisierung 2002, S. 421 ff.

[25] Die so publik werdenden häufigen Wechsel in den Grundfesten des Verjährungssystems wurden nicht nur von *Zimmermann/Leenen/Mansel/Ernst*, JZ 2001, 684 (685) beklagt. Siehe auch *Dauner-Lieb/Arnold*, Anmerkungen zur neuesten Fassung des Verjährungsrechts in der konsolidierten Fassung eines Diskussionsentwurf eines Schuldrechtsmodernisierungsgesetzes, S. 1 (zitiert: Anmerkungen) abrufbar unter: http://www.uni-koeln.de/jur-fak/lbrah/pdf_docs/kritik_verjährung_neu.pdf (23.08.2003)

Jahr gegeben sei,[26] verortete man nun das Kenntniskriterium als Merkmal für den Beginn der regelmäßigen Verjährungsfrist gemäß §195 NeuFDiskEVR. Am 09. Mai 2001 erschien dann der Regierungsentwurf[27], der in §199 die Kenntnis oder die grob fahrlässige Unkenntnis von den anspruchbegründenden Umständen und der Person des Schuldners als Tatbestandsmerkmale neben der Fälligkeit des Anspruchs für den Beginn der regelmäßigen Verjährung normiert. Diese redaktionelle Konzeption eines „gemischt objektiv-subjektiven Systems“[28] der Regelverjährung ist schließlich Gesetz geworden.[29]

Ihr subjektives Element gab die Anregung zu den vorliegenden Betrachtungen und bildet im zweiten Teil den Gegenstand dieser Arbeit.

---

[26] *Ernst/Leenen/Mansel/Peters/Zimmermann*, Memorandum, S.2; *Dauner-Lieb/Arnold/Dötsch/ Kitz*, Anmerkung und Fragen zur konsolidierten Fassung des Diskussionsentwurf eines Schuldrechtsmodernisierungsgesetzes, S.9, (zitiert: Anmerkung und Fragen) abrufbar unter: http://www.uni-koeln.de/jur-fak/lbrah/pdf_docs/Schuldrechtsreform.pdf (23.08.2003)

[27] Im Folgenden: „RegE“; BT-Drucks. 14/6857; abgedruckt in Canaris (Hrsg.), Schuldrechtsmodernisierung 2002, S. 429 (Text) und S. 568 (Begründung)

[28] So *Mansel/Budzikiewicz*, Das neue Verjährungsrecht, §3 Rn 1

[29] §199 BGB in der Fassung des Gesetzes zur Modernisierung des Schuldrechts vom 26.11.2001, BGBl. 2001 I, S. 3138 ff.

§2 Neuer Anwendungsbereich für die Begriffe der Kenntnis und der groben Fahrlässigkeit

Das neue Verjährungsrecht hat also für die Begriffe der Kenntnis und der groben Fahrlässigkeit einen neuen zivilrechtlichen Anwendungsbereich geschaffen. In §199 Abs.1 BGB wird der Beginn der regelmäßigen Verjährung nunmehr von der Entstehung des Anspruchs (§199 Abs.1 Nr.1 BGB) und kumulativ von der Kenntnis bzw. grob fahrlässigen Unkenntnis des Gläubigers von den, den Anspruch begründenden Umständen und der Person des Schuldners (§199 Abs.1 Nr.2 BGB) abhängig gemacht.

Trotz der weitreichenden praktischen Konsequenzen dieses fundamentalen Systemwechsels im Verjährungsrecht werden die Begriffe der Kenntnis und der groben Fahrlässigkeit als Dreh- und Angelpunkte dieses neuen „subjektiven Systems“[30], für die sich keine gesetzliche Definition findet, im Schrifttum zum neuen Recht bisher kaum gewürdigt. Im wesentlichen ziehen sich die Überlegungen darauf zurück, auf die (scheinbar) gefestigte Rechtsprechung des BGH[31] zur groben Fahrlässigkeit zu verweisen, sich im Anschluss aus der Gesetzesbegründung zu bedienen und daher einfach zu konstatieren, die schon bisher zum Kenntnisbegriff des alten §852 Abs.1 BGB entwickelte Rechtsprechung[32] sei von der groben Fahrlässigkeit „nicht weit entfernt“.[33]

Dabei kann weder die Kenntnis, noch die grobe Fahrlässigkeit als wissenschaftlich hinreichend durchdrungen gelten. Vielmehr steht der im Zivilrecht stetig gewachsenen praktischen Bedeutung[34] der groben Fahrlässigkeit eine inhaltliche „Konturlosigkeit“[35] entgegen. In der ohnehin spärlichen wissenschaftlichen Auseinandersetzung findet sich die Feststellung, die Versuche, grobe Fahrlässigkeit zu definieren, seien zwar zahlreich, aber zumeist unergiebig.[36] Weiter wird konstatiert, eine handhabbare Umschreibung des Begriffs der groben Fahrlässigkeit, die zu einer inhaltlichen Präzisierung beigetragen hätte, fehle bis heute[37] und alle bisherigen Versuche ihn zu definieren, seien gescheitert;

---

[30] *Zimmermann/Leenen/Mansel/Ernst,* JZ 2001, 684 (686); *Dauner-Lieb,* DStR 2001, 1572 (1573)

[31] Hierzu §6 II 2 a.

[32] Hierzu §4, §7 III 2 b.aa. und §11 I 2

[33] *Bereska* in: Henssler/Bereska (Hrsg.), Praxis der Schuldrechtsreform, Teil 2: Verjährung Rn 57; *Mansel/Budzikiewicz,* Das neue Verjährungsrecht, §3 Rn 130 f., S. 72; *Wendtland* in: Haas/Medicus/Rolland/Schäfer/Wendtland, Das neue Schuldrecht, S.27, Rn 18; *Huber/Faust,* Schuldrechtsmodernisierung, S. 270 Rn 8; *Buhlmann* in: Schimmel (Hrsg.), Frankfurter Handbuch zum neuen Schuldrecht, S. 38 Rn 13; *Schmidt-Räntsch,* Das neue Schuldrecht, S. 32 f. Rn 89

[34] Insbesondere festgestellt von: *Weingart,* VersR 1968, 427; *Röhl,* JZ 1974, 521; *Esser/Schmidt,* Schuldrecht Band I: Allg. Teil, Teilband 2[8], §26 II, S. 89

[35] So *Piekenbrock,* Jahrbuch junger Zivilrechtswissenschaftler 2001, S. 309 (325)

[36] Exemplarisch *Bokelmann,* Die grobe Fahrlässigkeit, 1973, S.6

[37] *Lohe,* VersR 1968, 323 (324); *Röhl,* JZ 1974, 521; *Deutsch,* Allg. Haftungsrecht[2], Rn 421

bestenfalls konnte man den Begriff etwas „veranschaulichen“[38]. *V. Reuter* bezeichnete die grobe Fahrlässigkeit gar als weithin „zu den empfundenen, nicht aber genau feststellbaren Begriffen“ gehörend.[39]

Ebenso wissenschaftlich nahezu brach liegt der Rechtsbegriff der Kenntnis. Trotz seiner relativ häufigen Verwendung in zivilrechtlichen Normen[40], fehlt eine genaue wissenschaftliche Aufarbeitung.[41]

Wie die Begriffe nun in ihrem neuen Anwendungsbereich eingeordnet werden können und auszulegen sind, wird als Problem kaum wahrgenommen. Nur wenige deuten die Problematik zumindest an.[42] So erkennen *Lorenz/Riem*[43] die potentielle Divergenz zwischen der Rechtsprechung zu §852 Abs.1 BGB a.F. und der neuen Regelung. Sie weisen darauf hin, das der Begriff der groben Fahrlässigkeit sich im technischen Sinne nur auf eine Pflichtverletzung des Gläubigers beziehen kann, die eine bestehende Pflicht voraussetzt, die es im Verjährungsrecht nicht gebe. Es könne lediglich eine Obliegenheit angenommen werden. Wie in diesem Anwendungsbereich aber die Sorgfaltsanforderungen an den Gläubiger bestimmt werden müssten, sei fraglich. *Finkenauer*[44] sieht die (durchaus naheliegende) Gefahr, dass man durch die Aufnahme des Begriffs der groben Fahrlässigkeit in das Verjährungsrecht in gläubigerfeindlicher Weise die Schwelle zur einfachen Fahrlässigkeit überschreiten könnte.

Dem eingangs erläuterten Ziel der Reform des Verjährungsrechts, eine einfache und klare Regelung zu schaffen, gehen diese begrifflichen Unsicherheiten zu wider. Daher widmet sich der erste Teil dieser Arbeit ganz allgemein der Problematik der Kenntnis und ihrem Aufeinandertreffen mit der (groben) Fahrlässigkeit. Im zweiten Teil werden die beiden Begriffe dann in ihrem neuen Anwendungsbereich, dem Verjährungsrecht betrachtet werden.

---

[38] *König*, Die grobe Fahrlässigkeit, S. 63

[39] *v. Reuter*, Grobe Fahrlässigkeit im Privatversicherungsrecht, S.14

[40] Vgl. hierzu die Darstellung zu den Wissensnormen: §5 II 1

[41] Dies beklagt auch *Medicus*, Karlsruher Forum 1994, S.4 (5).

[42] *Lorenz/Riem*, Lehrbuch zum neuen Schuldrecht, S. 31 Rn 53; *Elb*, Schuldrechtsmodernisierung, S. 24; *Finkenauer* in: Ehmann/Sutschet, Modernisiertes Schuldrecht, §13, S. 296

[43] *Lorenz/Riem*, Lehrbuch zum neuen Schuldrecht, S. 31 Rn 53

[44] *Finkenauer* in: Ehmann/Sutschet, Modernisiertes Schuldrecht, §13, S.296

§3 Methodik und Ziel

Beide eben formulierte Aspekte erfordern, sich zunächst über die methodischen Grundlagen klar zu werden und sich zudem die relevanten Quellen einer Auslegung des neuen Verjährungsrechts zurecht zu legen.

In dieser Hinsicht bietet das Verjährungsrecht allein aus seinem Anliegen[45] Rechtssicherheit zu erzeugen, vermeintlich besondere Bedingungen. So wird vertreten, die klassische Methodik der Rechtsgewinnung sei hier begrenzt und man müsse sich im Wesentlichen sehr eng am Wortlaut der Normen orientieren. Der formale Charakter des Instituts, der sich insbesondere in den vom Gesetzgeber gesetzten Fristen zeige, verbiete es, die Normen des Verjährungsrechts einer allgemeinen Auslegung allzu weit zu öffnen.[46] Eng damit verbunden ist der Gedanke, das Verjährungsrecht verfolge in seinem Rechtssicherheitszweck auch ein öffentliches Interesse.[47] *Unterrieder*[48] hat in diesem Zusammenhang bereits die Zwangsläufigkeit methodischer Konsequenzen aus den Zwecken des Verjährungsrechts in Frage gestellt. Im Gegenteil fordere das Postulat materieller Gerechtigkeit gerade auch eine fallorientierte Betrachtung.

Man trifft insoweit hier, im Rahmen der Diskussion der Methodik, bereits auf die Problematik der dogmatisch konsequenten Umsetzung des Wandels der Verjährung von einen rein prozessualen Institut hin zu seiner heutigen eher materiellen Verortung.[49] Begreift man aber die Verjährung richtig als Regelungsinstrument widerstreitender Interessen und betont nicht überhöht seinen öffentlichen, formalen Charakter, so steht einem Rückgriff auf die klassische Auslegungsmethodik nichts im Wege, wenngleich der Gedanke der Rechtssicherheit stets in Betracht bleiben muss.

Im Rahmen der klassischen Auslegungsmethodik[50] bildet der Wortlaut einer Norm bekanntlich den ersten Anhaltspunkt, bei dem für die Bestimmung des Sinns des einzelnen Wortes neben dem allgemeinen Sprachgebrauch insbesondere die Bedeutung des Wortes beachtet werden muss, die sich im juristischen Sprachgebrauch entwickelt hat. Von Bedeutung sind hier einerseits Definitionen, die bereits per Gesetz verbindlich gemacht wurden, sogenannte Legaldefinitionen. Andererseits aber auch Inhaltsbestimmungen, die die Rechtsprechung

---

45 Zu den Zwecken und der hieraus folgenden Legitimation des Verjährungsrechts: eingehend oben §10 II

46 MüKo[4]/*Grothe*, Band 1a, vor §194 Rn 7

47 *Heinrichs*, Karlsruher Forum 1991, 3 (7); MüKo[4]/*Grothe*, §194 BGB Rn 6; Soergel[12]/*Walter*, Vor §194 Rn 2; Soergel[13]/*Niedenführ*, Vor §194 Rn 2

48 *Unterrieder*, Die regelmäßige Verjährung, S. 14 ff.; kritisch bereits *Roll*, WM 1977, 1214 (1220)

49 Hierzu genauer §10 III 1

50 Hierzu grundlegend *Larenz*, Methodenlehre[6], S. 298 ff.; *Zippelius*, Juristische Methodenlehre[6], §8, S. 39 ff.

entwickelt und im Laufe der Zeit gefestigt hat. Vor allem beim Kenntnisbegriff wirft die Wortlautinterpretation besondere Schwierigkeiten auf, da hier auf markante Weise allgemeiner und (scheinbar gefestigter) juristischer Sprachgebrauch auseinanderliegen und letzterer nicht selten als die äußerste Wortlautgrenze überschreitend abgelehnt wird. Welche Folgerungen aus der dann über den möglichen Wortsinn hinausgreifenden Rechtsfortbildung gezogen werden können und ob eine solche überhaupt gerechtfertigt werden kann, gilt es zu untersuchen.

Im Besonderen interessant für die Auslegung einer Norm ist die historische Betrachtung seiner Entstehung, sollten doch schon die Gesetzesmaterialien den Blick freigeben zu den Vorstellungen und Regelungsintentionen des Gesetzgebers. Eingeordnet in den tatsächlichen historischen Zusammenhang können sie wichtige Anhaltspunkte sein, welche Rechtslage der Gesetzgeber bei Schaffung der Norm vor Augen hatte und inwieweit er diese verfestigen oder letztlich gänzlich ändern wollte. Für das neue Verjährungsrecht insoweit gewinnbringend erscheint daher eine Analyse des Gesetzesentwurfs der Bundesregierung vom 31. August 2001 samt Begründung,[51] dem eine Stellungnahme des Bundesrates folgte und der Gegenäußerung der Bundesregierung hierauf,[52] daneben die Beschlussempfehlung und der Bericht des Rechtsausschusses des Bundestages vom 09. Oktober 2001.[53] Auch die Protokolle der ersten, zweiten und dritten Lesung im deutschen Bundestag[54] und die Plenarprotokolle des deutschen Bundesrates[55] können hierbei betrachtet werden, ebenso wie die in den Bundestag und Bundesrat eingebrachten Änderungsanträge[56].

Der Inhalt der zugänglichen Materialien wird indes allenthalben – meist insgesamt zur Schuldrechtsreform – als grundsätzlicher Mangel beklagt. Die Gesetzesbegründungen brächten kein Licht ins Dunkel der Motive für die eine oder andere Beschlussfassung. Die Gesetzesrechtfertigungen erschöpften sich in allzu dürren und wenig aussagekräftigen Sätzen.[57] Gerade das Verjährungsrecht

---

[51] BT-Drucks. 14/6857; textlich übereinstimmend mit dem Regierungsentwurf vom 09. Mai 2001 (BRat-Drucks. 338/01) und den Entwürfen der Bundestagsfraktionen der SPD und BÜNDNIS 90 / DIE GRÜNEN vom 14. Mai 2001 (BT-Drucks. 14/6040) abgedruckt in: Canaris (Hrsg.), Schuldrechtsmodernisierung 2002, S. 569 ff.; im Folgenden: RegBegr.

[52] Abgedruckt in: Canaris (Hrsg.), Schuldrechtsmodernisierung 2002, S. 935 ff. und 995 ff.

[53] BT-Ds. 14/7052 abgedruckt in: Canaris (Hrsg.), Schuldrechtsmodernisierung 2002, S. 1051 ff.

[54] Plenarprotokolle vom 18. Mai 2001 (14/171) und vom 11. Oktober 2001 (14/192)

[55] BRat-Drucks. 819/01

[56] Änderungsantrag der CDU/CSU vom 09. Oktober 2001 (BT-Drucks. 14/7067); der PDS vom 10. Oktober 2001 (BT-Drucks. 14/7080); des Bundeslandes Thüringen vom 06. November 2001 (BRat-Drucks. 819/2/01); des Bundeslandes Sachsen – Anhalt vom 07. November 2001 (BRat-Drucks. 819/3/01), des Bundeslandes Bayern vom 08. November 2001 (BRat-Drucks. 819/4/01; 819/8/01) und des Bundeslandes Hamburg vom 07. November 2001 (BRat-Drucks. 819/9-14/01)

[57] Vgl. *Zimmermann/Leenen/Mansel/Ernst*, JZ 2001, 684 (699): „Die Begründung ist aus verschiedenen Versatzstücken zusammengeflickt." Exemplarisch auch *Wilhelm*, JZ 2001, 861 (863)

war - wie eben erörtert - einer Vielzahl von grundlegenden Systemänderungen unterworfen, die teils auf Ausarbeitungen besonders eingesetzter Kommissionen beruhten, die jedoch bislang nicht veröffentlich worden sind. Dies führt dazu, dass manche Überlegung der Gremien, die für eine exakte Auslegung wertvoll wäre, zwangsläufig außen vor bleibt. Auf einen exakt formulierten „Willen des Gesetzgebers“ kann für die Auslegung des neuen Verjährungsrechts jedenfalls nicht zurückgegriffen werden. Vielmehr bleiben als Auslegungsaspekte nur Rückschlüsse auf die wahre Intention aus den Andeutungen des Gesetzgebers zu den als „Vorbild“ gewählten Vorschriften des BGB a.F. in Verbindung mit dem Meinungsstand in Rechtsprechung und Lehre zu der Zeit der Umgestaltung. Um eine brauchbare Ausgangsbasis zu haben, müsste jedoch zunächst deutlich werden, ob der Gesetzgeber den zur alten Fassung geltenden Rechtszustand verfestigen oder ändern wollte. Selbst dies geben die Materialien jedenfalls nicht ohne jeden Zweifel preis. So wird in der Begründung des Gesetzesentwurfs zum neuen §199 Abs.1 Nr. 2 BGB zwar als „Vorbild“ der §852 Abs.1 BGB a.F. genannt.[58] Erkannt wird auch, dass die Einführung des Merkmals der grobfahrlässigen Unkenntnis im Vergleich zum Kenntnismerkmal in §852 Abs.1 BGB a.F. eine „Erweiterung“ darstellt. Gleichzeitig wird aber quasi relativierend in Anlehnung an *Peters/Zimmermann*[59] - jedoch ohne sich mit deren Ansätzen näher auseinander zu setzen - konstatiert, grobfahrlässige Unkenntnis sei vom Kenntnisbegriff der Rechtsprechung zur Vorbildnorm „nicht weit entfernt“ und man weiche vom Wortlaut des §852 Abs.1 BGB a.F. nur „etwas“ ab.

Insoweit greifen die amtlichen Materialien wesentlich auf die gutachterlichen Vorarbeiten von *Peters/Zimmermann* zurück und sind daher teils nur in Kenntnis derer wirklich verständlich, so dass auch diese Materialien, wie auch der Abschlussbericht der Kommission zur Überarbeitung des Schuldrechts[60] zur Auslegung der neuen Normen herangezogen werden können. Schon im Gutachten von *Peters/Zimmermann* wurde jedoch in weitem Umfang auch die internationale Entwicklung des Verjährungsrechts rechtsvergleichend eingearbeitet. Vor allem *Zimmermann* verdeutlichte in der Folge immer wieder, dass es gilt, die internationalen Trends des Verjährungsrecht im Auge zu haben, die die erwünschten kürzeren und vor allem einheitlichen Fristen überwiegend durch die Einführung eines „subjektiven Systems“ bewerkstelligt haben.[61] Mit Blick auf jene fast aufgedrängte[62] Notwendigkeit, die Reform an europäischen, internationalen Standards auszurichten, bezieht sich jedenfalls die Begründung des RegE

[58] RegBegr. in: Canaris (Hrsg.), Schuldrechtsmodernisierung 2002, S. 615 f.

[59] *Peters/Zimmermann*, Gutachten, S. 320, 178

[60] Vgl. Fn 4

[61] *Zimmermann*, JZ 2000, 853 (859)

[62] So wurden die in der Diskussion befindlichen Verjährungsregelungen der Principles of European Contract Law (im Folgenden: „PECL“) gerade im Hinblick auf die Reform, insbesondere von Zimmermann bewusst veröffentlich, um eine Kenntnisnahme in der deutschen Reformdiskussion anzuregen. Vgl. *Zimmermann*, ZEuP, 2001, 217 (222)

insbesondere an zwei Stellen auf das Verjährungsmodell der Principles of European Contract Law[63]. Gerade die Einführung einer regelmäßigen Verjährungsfrist von drei Jahren in Kombination mit einem Kenntnis- oder Erkennbarkeitskriterium sei in weiten Teilen hieraus übernommen.[64] An anderer Stelle wird nochmals vermerkt, das Modell des Entwurfs knüpfe insbesondere an Artikel 17:102 und 17:105 PECL an, die eine regelmäßige Verjährungsfrist von drei Jahren vorsehen, die in ihrem Lauf gehemmt ist, solange der Gläubiger die Person des Schuldners oder die Umstände, auf denen sein Anspruch beruht „nicht kennt und vernünftigerweise nicht kennen kann".[65] Für die Auslegung zu beachten sind also auch die grundlegenden Erwägungen zu den PECL.

Schließlich müssen systematische und in besonderer Weise teleologische Aspekte zur Interpretation der neuen Normen heran gezogen werden. Zur systematischen Auslegung der Norm sind einerseits die strukturellen Bezüge des auszulegenden Merkmals innerhalb desselben Satzes, innerhalb desselben Absatzes, innerhalb desselben Paragraphen bis hin zu Gesamtstruktur des gesamten Gesetzes auszuwerten.[66] Gerade das angedachte Zusammenspiel der „subjektiven" Regelverjährung in §199 Abs.1 BGB und der „objektiven" Ultimoverjährung in §199 Abs.2 BGB kann für unsere Betrachtung hierbei von Bedeutung sein.

Die *ratio legis* bildet endlich aber einen sehr wichtigen Anknüpfungspunkt einer Auslegung. Wie schon erwähnt sollten sich zunächst die vom Gesetzgeber verfolgten Zwecke schon aus den amtlichen Materialien erkennen lassen. Nichts desto trotz bleiben aber grundlegende Gerechtigkeitserwägungen tragende Elemente der Rechtsanwendung. Diese lassen sich aus einer Abwägung der schützenswerten Interessen gewinnen, die durch die Norm zu einem gerechten Ausgleich gebracht werden sollen. In diesem Zusammenhang gilt es, die Gesetzesauslegung auch in den „rechtsethischen Kontext" einzuordnen.[67] Gemeint sind hier insbesondere allgemeine Rechtsprinzipien, wie die Grundsät-

---

[63] Eine deutsche Übersetzung der damaligen Version der Principles ist abgedruckt in: ZEuP 2001, 400 ff.; Vgl. hierzu auch die Anmerkung von *Zimmermann* in ZEuP 2001, 217 ff.; Die PECL entstammen der Arbeit der sog. „Lando-Kommission", benannt nach ihrem dänischen Vorsitzenden Ole Lando, die bestehend aus 20 Wissenschaftlern auf rechtsvergleichender Basis Grundlagen eines europäischen Vertragsrechts erarbeiten. Sie stellen eine rechtsvergleichende Zusammenstellung von geltenden Rechtsprinzipien dar, die jedoch keine unmittelbare normative Kraft entfalten können, sondern nur als Auslegungsansätze und eben auch Wegweiser für internationalisierende Gesetzgebungsvorhaben angesehen werden können. Vgl. hierzu *Zimmermann*, JZ 1995, 477 ff.; *Mansel/Budzikiewicz*, Das neue Verjährungsrecht, §1 Rn 33 ff.. Nunmehr ist Part III der Principles samt Anmerkungen veröffentlicht, der die genannten Verjährungsregelungen behandelt, in: *Lando/Clive/Prüm/Zimmermann*, Principles of European Contract Law, Part III, 2003. Auf sie wird unten (§11 III 3 b.) genauer einzugehen sein. Zur sog. „Lando-Kommission" siehe auch *Zimmermann*, Comparative Foundations, S. 4 ff.

[64] RegBegr. abgedruckt in: Canaris (Hrsg.), Schuldrechtsmodernisierung 2002, S. 600

[65] RegBegr. abgedruckt in: Canaris (Hrsg.), Schuldrechtsmodernisierung 2002, S. 612

[66] *Larenz*, Methodenlehre[6], S. 311 ff.

[67] Zum Ganzen: *Zippelius*, Juristische Methodenlehre[6], §10, S. 50

ze des Verkehrs- und Vertrauensschutzes. Lassen sich Normen als Konkretisierung solch eines Prinzips auffassen, können hieraus wichtige Anhaltspunkte für die Auslegung gewonnen werden. Wichtig ist es hierbei, in den möglicherweise unterschiedlichen rechtstechnischen Ausgestaltungen und Umsetzungen dieser Prinzipien in vergleichbaren Interessenkonflikten die gemeinsame rechtsethische Basis auszuleuchten, um hieraus Schlüsse für eine Inhaltsbestimmung der betrachteten Norm ziehen zu können. Daher werden im ersten Teil die grundlegenden Aspekte derjenigen Normen betrachtet, die ebenfalls auf die Kenntnis oder ein Kennen-müssen als Tatbestandsmerkmal abstellen. Dem teleologischen Fundament der Verjährung wird im zweiten Teil, insbesondere auch durch eine Analyse seiner rechtsgeschichtlichen Entwicklung und einer genaueren Betrachtung seiner dogmatischen Umsetzung nachgegangen werden, um so dann die Kenntnis und die grob fahrlässige Unkenntnis hier einzuordnen.

Ziel dieser Arbeit wird es schließlich sein, basierend auf der vorstehenden Methodik, herauszuarbeiten, ob es ein gefestigtes Begriffsverständnis für die Kenntnis und für die grob fahrlässige Unkenntnis gibt. Gerade im Hinblick auf die tatbestandsmäßige Gleichstellung der grob fahrlässigen Unkenntnis mit der positiven Kenntnis stellt sich die Frage, wie jene Begriffe ausgelegt und in das neue Verjährungsrecht eingepasst werden können.

§4 Das Problem in der bisherigen Praxis

Ein symptomatischer Fall aus der Rechtsprechung des BGH[68] soll an die Problematik weiter heranführen und jene kritischen Aspekte der Begriffe der Kenntnis und der grob fahrlässigen Unkenntnis und ihrer Relation andeuten, auf die im Folgenden dann näher einzugehen sein wird.

> Die S-AG erteilte der R-Spedition im Oktober 1993 den Auftrag, unter anderem ein in ihrem Eigentum stehendes schweres elektronisches Messgerät zu einer auswärtigen Niederlassung zu befördern. Hierzu wurde das Gerät auf Anordnung des Fuhrparkleiters der R auf einen anderen LKW umgeladen. Im Laufe des Umladevorgangs stürzte das Gerät um und wurde dabei erheblich beschädigt. Mit Schreiben vom 10. Dezember 1993 wandte sich dann die Transportversicherung der S-AG, die den Schaden zunächst reguliert hatte und sich die Ansprüche gegen R hatte abtreten lassen, an die R, kündigte Regressnahme an und erbat unter anderem „eine genaue Schilderung des Vorfalls durch den betreffenden Mitarbeiter sowie dessen Namen". Daraufhin wurde der Transportversicherung mit Schreiben vom 15. April 1994 mitgeteilt, dass drei Mitarbeiter der R an dem Vorgang beteiligt waren. Deren Namen wurden aber nicht genannt. Erst als die R im Rechtsstreit gegen die Transportversicherung mit Schriftsatz vom 19. Dezember 1997 die drei Mitarbeiter als Zeugen benennen ließ, erhob die Transportversicherung am 22. Januar 1998 auch Klage gegen diese drei Mitarbeiter der R. Diese erhoben die Einrede der Verjährung.

In diesem Fall kommt es entscheidend auf die Feststellung einer ausreichenden Kenntnis der Transportversicherung von den Schädigern an, die nun aus §823 BGB in Anspruch genommenen werden sollen. Diese Kenntnis löst nach altem Recht die dreijährige Deliktsverjährung gemäß §852 BGB a.F. aus.

Das Berufungsgericht war hier der Meinung, die Transportversicherung habe im Zeitpunkt, als sie von der R über den Schadenshergang und die Beteiligten informiert worden sei, die erforderliche Kenntnis bereits erlangt, so dass die Verjährungsfrist am 15. April 1994 zu laufen begonnen habe und der Anspruch bei Klageerhebung verjährt gewesen sei. Sie habe nämlich in diesem Zeitpunkt die Möglichkeit gehabt, ohne nennenswerte Mühe in zumutbarer Weise die notwendige Kenntnis der zur Klageerhebung notwendigen Namen der Schädiger durch Nachfrage bei der R zu erlangen. Das Schreiben vom 10. Dezember sei insoweit kein ausreichender Informationsversuch, da darin nicht zum Ausdruck gekommen sei, dass die Transportversicherung gerade auch die

[68] BGH NJW 2001, 1721 ff.

drei Mitarbeiter in Anspruch nehmen wolle. Es sei davon auszugehen, dass, hätte sie dies deutlich gemacht, sie die erforderliche Information auch erhalten hätte.

Der BGH sah dies anders und verwies auf seine ständige Rechtsprechung. Positive Kenntnis im Sinne des §852 BGB erfordere grundsätzlich, dass dem Verletzten Name und Anschrift des Schädigers bekannt seien. Nur ausnahmsweise müsse es genügen, dass der Verletzte sich diese Kenntnis ohne nennenswerte Mühe und ohne besondere Kosten in zumutbarer Weise verschaffen könne. Damit solle dem Rechtsgedanken des §162 BGB folgend dem Geschädigten die Möglichkeit genommen werden, die Verjährungsfrist rechtsmissbräuchlich dadurch zu verlängern, dass er die Augen vor einer sich aufdrängenden Kenntnis verschließe. Der BGH habe stets mit Nachdruck darauf hingewiesen, dass selbst eine grob fahrlässige Unkenntnis der vom Gesetz geforderten Kenntnis nicht gleichstehe; vielmehr betreffe die Ausnahme nur Fälle, in denen der Geschädigte es versäumt, eine gleichsam auf der Hand liegende Erkenntnismöglichkeit wahrzunehmen und letztlich das Sich-berufen auf die Unkenntnis als Förmelei erscheint, weil jeder andere in der Lage des Geschädigten Kenntnis gehabt hätte. Im vorliegenden Fall aber lägen diese Voraussetzungen nicht vor. Die Geschädigte sei nicht gehalten im Interesse der Schädiger an einem möglichst frühzeitigen Verjährungsbeginn eigene Initiativen zur Erlangung der Kenntnis über den Schadenshergang und der Person der einzelnen Schädiger zu entfalten. Die Klägerin hätte sich nur dann einer Kenntnis missbräuchlich verschlossen, wenn sie von jeglicher naheliegenden und auf einfache Weise möglichen Nachfrage abgesehen hätte. Dies hätte sie hier nicht getan. Eine etwaige grobe Fahrlässigkeit der Klägerin sei irrelevant.

Der vorliegende Fall verdeutlicht, wie unklar die Rechtslage im Hinblick auf den Verjährungsbeginn infolge positiver Kenntnis ist. Die Abgrenzung zur grob fahrlässigen Unkenntnis bereitet hier große Schwierigkeiten. Einerseits stellt sich die Frage, ob nicht schon der BGH - entgegen seinen formelhaften Beteuerungen - den Bereich der groben Fahrlässigkeit betreten hat. Schließlich stellt er mitunter auf die Wendung ab, der Geschädigte müsse sich daran festhalten lassen, dass er keine Kenntnis erlangt habe, obwohl jeder andere Kenntnis erlangt hätte, was gerade den zweiten Teil seiner Definition der groben Fahrlässigkeit darstellt.[69] Andererseits mag seine Linie überzeugen, in diesem Fall keine der Kenntnis gleichstehende Unkenntnis anzunehmen. Denn von einem „Sich-verschließen vor der sich aufdrängenden Kenntnis“ kann im vorliegenden Fall wohl nicht gesprochen werden. Eine Kenntnis, die sich nach einer ausdrücklichen Anfrage beim Schädiger nicht eröffnet, drängt sich eben auch nicht auf. Allenfalls ist fraglich, ob sich hier nicht eine weitere Nachfrage hätte aufdrän-

[69] Vgl. hierzu §6 II 2 a.

gen müssen und die Geschädigte vor diesem Umstand die Augen verschlossen hat.

Wäre letzteres nun nur als grob fahrlässig zu bewerten oder ließe sich von einer wenigstens bedingt vorsätzlichen Unkenntnis sprechen? Kann diese bedingt vorsätzliche Unkenntnis dann der positiven Kenntnis gleichgestellt werden?

Gerade hier ist zu bemerken, dass §852 BGB a.F. nur von „Kenntnis" spricht und die Aufweichung dieses Begriffs durch die Rechtsprechung mindestens nach Kontur und Rechtfertigung verlangt. Denn die Wortlautgrenze steht fest. Es ist zu klären, ob sie umgangen werden kann oder sogar umgangen werden muss. Oder bleiben gerade jene Fälle der grob fahrlässigen Unkenntnis vorbehalten?

Allein der Begriff der grob fahrlässigen Unkenntnis wirft nun aber in dogmatischer Hinsicht zunächst die grundsätzliche Frage auf, wie sich die Rechtsbegriffe der (Un-)Kenntnis und der (groben) Fahrlässigkeit rechtstechnisch aneinanderfügen lassen.

Erster Teil:

Die Rechtsbegriffe der Kenntnis und der (groben) Fahrlässigkeit

§5 Kenntnis und Fahrlässigkeit

In §122 Abs. 2 BGB hat der Gesetzgeber die Begriffe Kenntnis und Fahrlässigkeit ausdrücklich aneinander geknüpft, in dem er ein Kennen-müssen als ein Nichtkennen „infolge von Fahrlässigkeit" legaldefiniert hat. Auch §932 Abs. 2 BGB spricht davon, der Erwerber sei nicht in gutem Glauben, wenn ihm „infolge grober Fahrlässigkeit unbekannt ist, dass die Sache nicht dem Veräußerer gehört." In den Protokollen der Gesetzgebungskommissionen wird das Abstellen auf ein bloßes Kennen-müssen mit der schlichten „praktischen Erwägung" gerechtfertigt, dass „die positive Kenntnis...selten nachweisbar sei".[70]

Wendt[71] erkannte im Kennen-müssen einen technischen Ausdruck, den das Gesetz als verkürzte Bezeichnung eines unentschuldbaren Irrtums verwendet und dabei einen strengeren Maßstab anwendet, so dass „schlichtweg jede Fahrlässigkeit die Entschuldbarkeit ausschließt".

Doch bereits *Hölder*[72] hatte sich gegen die insoweit dem §122 Abs.2 BGB inhaltsgleiche Definition des Kennen-müssens in §146 des ersten Entwurfs des BGB[73] gewandt, der hierunter „ein auf Fahrlässigkeit beruhendes Nichtkennen" gefasst hatte. *Hölder* ging davon aus, dass es auf die Entschuldbarkeit der Unkenntnis, also auf Fahrlässigkeit, nicht ankommen könne, da eine Unkenntnis von Rechts wegen nicht berücksichtigt werden könne, weil es sich um Dinge handele, welche zu kennen die Sache der betreffenden Person sei, deren Kenntnis vorausgesetzt oder erwartet werden dürfe und auf deren Unkenntnis sich der Betreffende, mögen sie noch so entschuldbar sein, nicht berufen könne. Eine Zurechnung etwaiger Unkenntnis könne von daher nicht auf einem Verschulden an sich beruhen.

Auch im neueren Schrifttum wird in der Tradition *Hölders* behauptet, bei einer rechtlich relevanten Unkenntnis liege keinerlei schuldhaftes Verhalten vor. Denn es fehle regelmäßig an einer für ein Verschulden erforderlichen Rechtspflichtverletzung.[74] Eine allgemeine Rechtspflicht zur Kenntnisverschaffung sei dem geltendem Recht fremd und eine besondere Rechtspflicht erwüchse allenfalls aus einer Sonderbeziehung.[75] Beim Kennen-müssen ginge es schließlich auch nicht um die Verletzung einer bestimmten Verhaltenspflicht.[76] Die Unkenntnis sei lediglich ein Bewusstseinszustand, der als solcher nicht in Wider-

---

[70] *Mugdan*, Materialien, Band 1, Protokolle, S. 744

[71] *Wendt*, AcP 89 (1899), 1 (5 f.); ebenso *v. Liszt*, Deliktsobligationen im System des Bürgerlichen Gesetzbuchs, S. 56 f.

[72] *Hölder*, AcP 73 (1888), S. 1 (135); hiergegen kritisch bereits *Becker*, Kennen und Kennen-Müssen, S. 8

[73] *Mugdan*, Materialien, Band 1, Allg. Teil, S. XCVI

[74] So ausdrücklich *Buck*, Wissen und juristische Person, §5, S. 34

[75] *Buck*, aaO; so auch *Schilken*, Wissenszurechnung, S. 54

[76] *U. Huber*, FS für E.R. Huber, S. 253 (262)

spruch zur Rechtsordnung stehen könne.[77] Folglich könne die Kenntnis selbst nur die Basis einer aus ihr fließenden Verhaltensanforderung sein, aber eben nicht selbst Gegenstand einer solchen.

Dagegen stellt die Fahrlässigkeit nach der geltenden Terminologie zweifelsohne eine „echte" Verschuldensform dar, die auf ein rechtswidriges Verhalten bezogen ist.[78] Ihre gesetzesbegriffliche Verbindung mit der Kenntnis deutet im Grunde klar daraufhin, auch eine Kenntnisnahme als Gegenstand einer Sorgfaltspflicht zu begreifen. In dieser Hinsicht finden sich aber im Schrifttum – in der ohnehin sehr spärlichen wissenschaftlichen Auseinandersetzung mit dieser Thematik - nur wenige Stimmen, die einen schuldhaften Charakter einer Unkenntnis bejahen oder zumindest andeuten.[79] Die Rechtsprechung scheint im Bezug auf den angezweifelten Begriff der „verschuldeten Unkenntnis" eher weniger sensibel zu sein. Sie verwendet die problematischen Begriffe im Zusammenhang ohne große Diskussion.[80]

Es stellt sich hier zunächst die Frage, ob und inwieweit die Fahrlässigkeitsdogmatik tragfähige Zurechnungsgrundlagen für eine rechtlich relevante Unkenntnis bietet. Im Folgenden soll daher die Fahrlässigkeit als Verschuldensform und ihre Grundlagen dargestellt (I.) und anschließend analysiert werden, ob und wie Kenntnis und Fahrlässigkeit als Rechtsbegriffe zusammenpassen (II.).

I. Die Fahrlässigkeit als Verschuldensform und ihre Grundlagen

Ihrer Funktion nach ist die Fahrlässigkeit Zurechnungsgrund.[81] Sie ist Voraussetzung des Eintritts von Rechtsfolgen.[82] Insoweit verknüpft sie Rechtsfolgen mit einem herbeigeführten Erfolg und einem Verhalten des Handelnden im Sinne einer Verantwortlichkeit dessen für ein Geschehen. Aus §276 Abs.1 BGB ergibt sich für das Zivilrecht, dass die Fahrlässigkeit neben dem Vorsatz rechtlich relevantes Verschulden darstellt.[83] Darüber, unter welchen Umständen diese

[77] *Buck*, Wissen und juristische Person, S. 35

[78] Vgl. vorerst nur Palandt[62]/*Heinrichs*, §276 Rn 8; Soergel[12]/*Wolf*, §276 Rn 17 ff.; Staudinger[13](2001)/*Löwisch*, §276 Rn 10; MüKo[4]/*Grundmann*, §276 Rn 52

[79] Wohl ganz in diesem Sinne nur *Rabe*, Die Behandlung der Bösgläubigkeit des Besitzdieners in §990 BGB, S. 88; *Waltermann*, AcP 192, 181 (208); *Graf v. Westphalen* in: Graf v. Westphalen (Hrsg.), Produkthaftungshandbuch, Band 2[2], §79 Rn 3; ungenau *Raiser*, JZ 1961, 26 (27); dagegen aber *Schilken*, Wissenszurechnung, S. 54

[80] Vgl. nur BGH NJW 1990, 2809 (2810) und BGH NJW 1994, 3092 (3093) (beide Male spricht der BGH von „verschuldeter Unkenntnis")

[81] *Deutsch*, Fahrlässigkeit und erforderliche Sorgfalt[2], §5, S. 64

[82] *Deutsch*, Fahrlässigkeit und erforderliche Sorgfalt[2], §4, S. 55

[83] Vgl. nur MüKo[4]/*Grundmann*, §276 Rn 6; Palandt[62]/*Heinrichs*, §276 Rn 5

Verantwortlichkeit herzustellen ist, besteht indes keine Einigkeit. Hier treffen einerseits eine subjektive, an der individualistischen Existenz des Menschen orientierte und eine objektive, rechtlich beurteilende Zurechnungslehre aufeinander.[84] Andererseits wird auch die Einordnung der Fahrlässigkeit als reines Verschuldensmerkmal des Tatbestandes bezweifelt und ausgehend von der Legaldefinition des §276 Abs.2 BGB eine Verortung in der Rechtswidrigkeit bzw. Pflichtwidrigkeit vorgenommen. Als zentrale Begriffe der Fahrlässigkeitsdogmatik werden die „Erkennbarkeit" und „Vermeidbarkeit" der Tatbestandsverwirklichung als kognitives und voluntatives Merkmal genannt.[85] Bei unmittelbar rechtsgutsbezogenen Tatbeständen stehen die Erkennbarkeit und Vermeidbarkeit des Erfolgs bzw. der Gefährdung des Rechtsguts im Blick. Die „im Verkehr erforderliche Sorgfalt" des §276 Abs.2 BGB findet dann hierin ihren Bezugspunkt. Wird sie außer Acht gelassen, so wird konstatiert, es liege eine „Sorgfaltspflichtverletzung" vor, was vordergründig auf die Verortung der Fahrlässigkeit in der Rechts- bzw. Pflichtwidrigkeit hinzuweisen scheint.

1. Der Begriff der „Sorgfalt"

Mit „Sorgfalt" und „Sorgfaltspflichtverletzung" sind nun jene Begriffe angesprochen, die (scheinbar) konstitutiv die Fahrlässigkeit bestimmen. Ihre genaue Definition fällt aber schwer. Insbesondere der Begriff der „Sorgfaltspflichtverletzung" bereitet hier Schwierigkeiten. Augenscheinlich gäbe es eine Pflicht zur Sorgfalt.

a. Die Sorgfalt im allgemeinen und juristischen Sprachgebrauch

Zunächst hat man sich die Wortbedeutung des Begriffs der Sorgfalt im allgemeinen Sprachgebrauch bewusst zu machen. Schon hieraus wird klar, dass es eine abstrakte Sorgfalt an sich nicht gibt und folglich auch keine abstrakt feststellbare Sorgfaltspflichtverletzung. Der Begriff der Sorgfalt ist ohne Bezugspunkt inhaltsleer. Im allgemeinen Sprachgebrauch steht der Begriff der Sorgfalt für „Genauigkeit" und Gewissenhaftigkeit".[86] Die Sorgfalt, das „Sorgfältigsein" beschreibt insoweit immer eine bestimmte Geisteshaltung im Hinblick auf ein bestimmtes Geschehen. Auch das Ergebnis einer Tätigkeit, die ohne eine adäquate Konzentrationsleistung nicht denkbar erscheint, wird *ex – post* beurtei-

---

[84] Hierzu eingehender unten S. 45 ff.

[85] Soergel[12]/*Wolf*, §276 Rn 69; MüKo[4]/*Grundmann*, §276 Rn 68, 77

[86] *Knaur*, Das deutsche Wörterbuch, S. 894

lend beschrieben, es liege eine sorgfältige Leistung der einen oder anderen Art vor. Selbst wenn man also nur die äußere Seite des Geschehens betrachtet, wird eine gewisse geistige Leistung dahinter vermutet und das äußere Geschehen hiernach beurteilt. Allein diesem Sprachgebrauch muss m.E. die Erkenntnis zugrunde liegen, dass die geistige Leistung regelmäßig Voraussetzung des sichtbaren, des äußeren Geschehens ist. Tatsächlich liegt es aber auch auf der Hand, dass diese Vermutung nicht immer zutreffen muss. Man denke nur an den volltrunkenen Autofahrer, der meist mehr aus purem Zufall unversehrt an sein Ziel gelangt, ohne dass äußere Auswirkungen seiner sorgfaltswidrigen Trunkenheit im Straßenverkehr aufgetreten sind. Von diesen Ausnahmefällen abgesehen bleibt dennoch die sichtbare, äußere Sorgfalt grundsätzlich in einer Relation mit der ihr (scheinbar) zugrundeliegenden inneren Sorgfalt.

Der juristische Inhalt des Sorgfaltsbegriffs knüpft hieran an. Ausgehend von der römischen *dilligentia*, für die schon *Leonhard*[87] erkannte, dass sie einerseits zur Vermeidung eines äußerlichen Erfolges nötig sei, dies aber andererseits auch wesentlich vom Aufwand des Nachdenkens abhängig sei, wurde die Sorgfalt, wie sie das BGB umschrieb,[88] zwar zunächst fast ausschließlich als innerer Vorgang verstanden.[89] *Brodmann*[90] stellte dann aber fest, dass Sorgfalt im juristischen Sprachgebrauch auch als Erfolg einer Tätigkeit im Sinne von sachgemäßem Vorgehen verstanden werden kann. Nur allmählich etablierte sich in der Folge die Ansicht, dass sich die Sorgfalt, sowohl auf psychische, als auch auf physische Elemente beziehen kann. *Engisch*[91] führte schließlich, in seiner im Strafrecht beheimateten Untersuchung, beide Merkmale zusammen und attestierte eine gemeinsame Funktion.[92] Er prägte die Begriffe der „inneren" und „äußeren" Sorgfalt und ging insgesamt von einem Ineinandergreifen von „innerer" und „äußerer" Sorgfalt aus, indem er feststellte, dass Sorgfalt das sei, „was jemand als Mittel zur Vermeidung drohender Tatbestandsverwirklichung den konkreten Verhältnissen entsprechend anzuwenden verpflichtet ist."[93]

Die heutige zivilrechtliche Auseinandersetzung um den Begriff der Sorgfalt ist wesentlich von der grundlegenden Arbeit von *Deutsch*[94] bestimmt, die

---

[87] *Leonhard*, Festgabe für Enneccerus, S. 43

[88] In den Protokollen finden sich dagegen Stellen, die sowohl auf die innere Seite der Sorgfalt abstellen („Erkennenmüssen der Gefährdung", *Achilles/Gebhard/Spahn*, Protokolle, Band II, S. 569), als auch solche, die einen äußeren Bezug aufweisen („Sorgfalt, die erforderlich ist, um einen konkreten Schaden abzuwenden", *Achilles/Gebhard/Spahn*, Protokolle, Band II, S. 604)

[89] *v. Liszt*, Deliktsobligationen im System des Bürgerlichen Gesetzbuchs, S. 55; Vgl. schließlich *Fabarius*, Äußere und innere Sorgfalt, S. 62 mit weiteren Nachweisen

[90] *Brodmann*, AcP 99 (1906), 327 (380)

[91] *Engisch*, Untersuchungen über Vorsatz und Fahrlässigkeit im Strafrecht, 1930

[92] *Engisch*, Vorsatz und Fahrlässigkeit, S. 280 f.

[93] *Engisch*, Vorsatz und Fahrlässigkeit, S. 327

[94] *Deutsch*, Fahrlässigkeit und erforderliche Sorgfalt, 1960, inzwischen 2. erweiterte Aufl. 1995

den strafrechtlichen Ansatz von *Engisch* für das Zivilrecht fruchtbar gemacht hat. *Deutsch* geht davon aus, dass der Begriff der Sorgfalt grundsätzlich in eine innere und äußere Komponente aufgespalten werden kann.[95] Die Sorgfalt sei eine Verbindung von inneren und äußeren Komponenten, deren vorwerfbare Nichtbeachtung aber grundsätzlich die Verletzung beider Elemente bedürfe.[96]

b. Die Unterscheidung von „innerer" und „äußerer" Sorgfalt

Sowohl große Teile der Literatur[97] als auch die Rechtsprechung[98] sind dieser Aufgliederung gefolgt, wobei hiergegen auch Kritik geäußert wird.[99] Während die äußere Sorgfalt eingehalten ist, wenn der Handelnde sich so verhält, wie es ihm eine Verhaltensnorm vorschreibt, die gegebenenfalls für sein Handeln besteht bzw. wenn er, soweit es keine Verhaltensnorm für den konkrete Fall gibt, dasjenige erfüllt, was einen verantwortlichen Umgang mit der Gefahr der Rechtsgutsschädigung ausmacht,[100] ist der genaue Inhalt der inneren Sorgfalt weniger klar greifbar.

Die innere Sorgfalt bezeichnet eine innere Haltung, ein inneres Verhalten des Betreffenden. Sie äußert sich in einer Voraussicht, die auf Aufmerksamkeit sowie einer Anspannung des Erkenntnisvermögens aufbaut.[101] Gleichbedeutend lässt sich die innere Sorgfalt im Hinblick auf einen Erkenntnisvorgang auch als Aufbringung der nötigen Aufmerksamkeit oder Konzentration begreifen.[102] Sie kann wiederum als ein geteiltes intellektuell-emotionales Element verstanden werden,[103] das einerseits auf Erkenntnis der Norm und ihrer Tatbestandsmerkmale gerichtet ist, andererseits aber auch die Einhaltung der dann geforderten äußeren Sorgfalt im Blick hat.[104]

---

[95] *Deutsch*, Fahrlässigkeit und erforderliche Sorgfalt[2], S. 468 ff.; *ders.*, Allg. Haftungsrecht[2], Rn 385 ff.

[96] *Deutsch*, Allg. Haftungsrecht[2], Rn 390; *Larenz*, Schuldrecht Band I: Allg. Teil[14], §20 IV, S. 289

[97] *U. Huber*, Festschrift E. R. Huber, 1973, S. 253 (265 ff.); *Spickhoff*, Gesetzesverstoß und Haftung, S. 210 ff.; *ders.*, NJW 2002, 2530, 2535 f.; *Schlechtriem*, Schuldrecht Allg. Teil[5], Rn 328; Staudinger[13](2001)/*Löwisch*, § 276 Rn. 51; Erman[10]/*Battes*, § 276 Rn 22; Soergel[12]/*Wolf*, § 276 Rn 73

[98] BGHZ 80, 186 (196 ff.); BGH, NJW 1986, 2757 (2758); BGH, NJW 1994, 2232 (2233)

[99] Vgl. *Fabarius*, Äußere und innere Sorgfalt, passim; *Larenz*, Schuldrecht Band I: Allg. Teil[14], § 20 IV, S. 290 f.; Palandt[62]/*Heinrichs*, § 276 BGB, Rn 15

[100] *Deutsch*, Allg. Haftungsrecht[2], Rn 385; *U. Huber*, Festschrift E. R. Huber, S. 253 (265)

[101] So bereits *Engisch*, Vorsatz und Fahrlässigkeit, S. 269 ff., 474 ff

[102] *U. Huber*, Festschrift für E.R. Huber, S. 253 (265)

[103] *Deutsch*, Allg. Haftungsrecht[2], Rn 388; vgl. auch *Spickhoff*, Gesetzesverstoß und Haftung, §8, S. 211

[104] Siehe zuletzt *Deutsch*, JZ 2002, 588 (591)

Diese logische Verbindung von innerer und äußerer Sorgfalt hat jedoch auch dazu geführt, dass, nachdem - wie oben gesehen - in früherer Diskussion oftmals die innere Sorgfalt als alleiniges Fahrlässigkeitelement erkannt wurde, nun die Existenz bzw. die rechtliche Notwendigkeit der inneren Sorgfalt gänzlich in Abrede gestellt worden ist. Die innere Sorgfalt sei stets notwendiger Bestandteil der nach außen sichtbaren Sorgfalt, weshalb es ausreiche, nur diese äußere Erscheinung festzustellen.[105] Lässt man jedoch die innere Sorgfalt völlig unberücksichtigt, so ergibt sich keine echte Zurechnung der festgestellten Verletzung der äußeren Sorgfalt eines Verhaltens zum Willen. Eine solche ist aber notwendig, da eine tragfähige Verbindung von fehlerhaften Verhalten und Sanktion nur über die Feststellung einer fehlerhafte Verhaltenssteuerung möglich ist, die zumindest die Möglichkeit zur Steuerung durch den Betreffenden voraussetzt. Diese eröffnet sich für den Betreffenden jedenfalls dann, wenn festgestellt werden kann, dass er bei gehöriger innerer Sorgfalt seinen Willen, sprich auch sein Verhalten hätte beeinflussen können.[106] Die innere Sorgfalt ist somit jedenfalls notwendiger Bestandteil der Fahrlässigkeit.

Sie hat ihren Ausgangspunkt in der Erkenntnis von bestimmten Umständen. Am Wertmaßstab der Sorgfalt wird beurteilt, wie der Handelnde die Möglichkeiten zur Gewinnung der einen oder anderen Erkenntnis genutzt hat. War ein Umstand grundsätzlich nicht erkennbar, so kann ihn kein Unwerturteil treffen, er habe sorgfaltswidrig gehandelt. Die Erkennbarkeit stellt insoweit eine Voraussetzung der Zurechnung einer Verletzung der im Verkehr erforderlichen Sorgfalt dar.[107] Begreift man die Sorgfalt als relativen Begriff, bedingt dies zugleich zu erkennen, dass je nach Bezugspunkt, je nach Art des normgerechten Verhaltens der Focus innerhalb der beiden Elemente der Sorgfalt ein anderer sein muss. So kann der Schwerpunkt der Zurechnung einerseits sowohl bei der Verletzung der äußeren, als auch der inneren Sorgfalt liegen, andererseits kann aber auch nur letztere im Blick stehen.[108] Hierauf wird später zurückzukommen sein.

Bisher ist jedenfalls deutlich geworden, dass es sich bei der Inhaltsbestimmung der Sorgfalt zunächst um eine Wertung des Geschehens handelt. Es stellt sich hierbei zwangsläufig die Frage nach der Perspektive, von der aus die Erkennbarkeit und Vermeidbarkeit beurteilt werden kann und dem konkret anzulegenden Vergleichsmaßstab. Man fragt, „wer hätte es gesehen" und schließt dabei die weitere Frage an, „konnte es der Handelnde ebenso erkennen". Man bewer-

---

[105] In diesem Sinne vor allem: *Stathopoulos*, FS für Larenz, 1983, S.631 (635); *Kötz/Wagner*, Deliktsrecht[9], Rn 118; *Fabarius*, Äußere und innere Sorgfalt, S. 140 ff.

[106] Vgl. *Deutsch*, Fahrlässigkeit und erforderliche Sorgfalt[2], S. 471; *Spickhoff*, NJW 2002, 2530 (2536)

[107] *Deutsch*, Fahrlässigkeit und erforderliche Sorgfalt[2], §7, S. 95

[108] *Deutsch*, JZ 1988, 993 (995); Soergel[12]/*Wolf*, §276 Rn 72; ähnlich *U. Huber*, FS für E.R. Huber, S. 253 (267)

tet die Situation: Es verhält sich jedenfalls sorgfältig, wer erkennt, was erkennbar war und danach handelt.

2. Die Fahrlässigkeit und ihr Pflichtgehalt

Unreflektiert wird nun oft davon gesprochen, der Handelnde „musste erkennen". Erkennt er nicht, so wird festgestellt, er habe seine „Sorgfaltspflicht" verletzt. Es fragt sich, woher ein „Muss" zur Erkenntnis, eine Pflicht zur Sorgfalt kommen kann und vielmehr, was darunter zu verstehen ist.

Einerseits kann dieses „Muss" als „Sorgfaltspflicht" sicherlich die geronnene allgemeine Erfahrung umschreiben, dass in der zu beurteilenden Situation eine Erkenntnismöglichkeit für den Handelnden bei gehöriger Sorgfalt vorgelegen hat. Es beinhaltet eine *ex – post* vorgenommene Wertung und projiziert diese Wertung als Verhaltensanforderung für den Handelnden in die betreffende Situation als *ex – ante* Anforderung. Folglich bleibt trotz der verschiedenen Begrifflichkeiten im Kern die zu bewertende Erkennbarkeit das Entscheidende. Andererseits wäre dadurch aber noch keine Antwort auf die Frage nach der Basis einer Verhaltensanforderung gegeben. Warum „muss" der Handelnde erkennen? Nur, weil er erkennen konnte? Es leuchtet ein, dass nur die Verknüpfung der Erkenntnismöglichkeit mit einer Verhaltensanforderung für den Handelnden eine rechtlich tragfähige Zurechnungsgrundlage bilden kann. Der oben beschriebene Wertungscharakter der Sorgfalt bietet hier nur eine wenig befriedigende Erklärung. Diese „Sorgfaltspflicht", dieses Kennen-müssen als innere Sorgfaltsanforderung könnte insoweit nur als eine Zusammenfassung der äußeren Wertungskriterien bezeichnet werden, die eine Zurechnung konkretisieren.[109] Nichts desto trotz müssen die äußeren Umstände in irgendeiner Weise mit dem Handeln des Einzelnen verbunden werden. Erst diese Verbindung stellt den nötigen Zurechnungszusammenhang zwischen Verhalten und Geschehen her. Denn ist die Verletzung einer Pflicht wesentliches Merkmal der Haftung für Fahrlässigkeit,[110] so stellt sich die Frage, ob in concreto bereits aus den Wertungsumständen eine Verhaltensanforderung für den Einzelnen erwachsen kann.

Für das deutsche Recht hat in dieser Hinsicht bereits *Rudolph v. Ihering* eine systematische Trennung angeregt,[111] die auch heute noch überwiegend als

---

[109] Schon *Binding*, Die Normen und ihre Übertretung, Band IV, S. 505 hat hierzu festgestellt, dass der Ausdruck des „Einsehen - Müssens" häufig nur die Leichtigkeit der Einsicht bezeichne.

[110] *Deutsch*, Fahrlässigkeit und erforderliche Sorgfalt², §5, S. 81; *Exner*, Das Wesen der Fahrlässigkeit, S. 136 ff.

[111] *v. Ihering*, Das Schuldmoment im römischen Privatrecht, S. 4 ff.; deutlich auch bereits *v. Liszt*, Deliktsobligationen im System des Bürgerlichen Gesetzbuchs, S. 55

dogmatischer Gewinn betrachtet wird.[112] Getrennt wird der Verstoß gegen eine Verhaltensanforderung als Rechtswidrigkeitselement und die Zurechnung anhand von Verschulden. Die Fahrlässigkeitsformel in §276 BGB wird insoweit allenfalls als ausfüllungsbedürftiges „Blankett eines Dilligenzgebotes" angesehen.[113]

a. Sorgfaltspflichtverletzung als Verschuldensmerkmal und ihre Abgrenzung zur Pflichtverletzung

Dennoch, allein vom Ergebnis her, scheint eine sanktionsbegründende Pflichtverletzung zum einem großen Teil nichts anderes zu sein als die Verletzung der im Verkehr erforderlichen Sorgfalt.[114] So finden sich nicht wenige Stimmen in der Literatur, die eine Pflichtverletzung grundsätzlich mit dem Fahrlässigkeitsbegriff und folglich mit der ihr zugrunde liegenden Sorgfaltspflichtverletzung gleichsetzen.[115] Aber fallen demnach Fahrlässigkeit und Pflichtverletzung zusammen, so ließe sich die These vertreten, erst die Fahrlässigkeit begründe im konkreten Fall die sanktionsauslösende Pflicht. Wenigstens ihre Geltung hinge im Einzelfall von der Einhaltung der verkehrserforderlichen Sorgfalt ab. Insoweit wäre man dann nicht weit davon entfernt, der Fahrlässigkeit selbst einen eigenen Pflichtengehalt zu zuerkennen.

Deutsch hat hierzu aber zutreffend festgestellt, dass es „eine Fahrlässigkeit an sich" nicht gebe.[116] Zudem bezeichnen schon die Motive die Fahrlässigkeit ausdrücklich allein als (Verschuldens-) Maßstab.[117] Auch *Larenz* ist einer pflichtbegründenden Fahrlässigkeit entgegengetreten, indem er konstatiert, dass, wenn von „Sorgfaltspflicht" die Rede sei, zunächst allein ein „sachdienliches Verhalten" gefordert sei und erst dann die Frage relevant werde, ob Fahrlässigkeit vorliege.[118]

Die Verbindung der Begriffe „Sorgfalt" und „Pflicht" ist in dieser Hinsicht also eher irreführend. Die in der Fahrlässigkeit mit den oben angedeuteten

---

[112] Vgl. bereits *Exner*, Das Wesen der Fahrlässigkeit, S. 76 ff.; insbesondere *Deutsch*, Fahrlässigkeit und erforderliche Sorgfalt², §11, S. 197 ff.; *ders.*, Allg. Haftungsrecht², Rn 229 ff.; *Zeuner*, JZ 1966, 1 ff.; *Hager*, FS für E. Wolf, S. 133 (140)

[113] *Katzenmeier*, Arzthaftung, §3, S. 164

[114] So *Spickhoff*, NJW 2002, 2530 (2532)

[115] Vgl. z.B. *Hart*, FS für Heinrichs, S. 291 (315), der davon ausgeht, dass „objektivierter Fahrlässigkeitbegriff" und „Pflichtverletzung" „identisch" sind oder auch schon *Nipperdey*, Karlsruher Forum 1959, S. 3 (4), der vom Begriff der „im Verkehr erforderlichen Sorgfalt" auch „objektive Verhaltenspflichten" umfasst sieht, die verletzt werden können.

[116] *Deutsch*, Fahrlässigkeit und erforderliche Sorgfalt², S. 413; *ders.*, Allg. Haftungsrecht², Rn 371

[117] *Mugdan*, Materialien, Band I, Motive, S. 507

[118] *Larenz*, Schuldrecht Band I: Allg. Teil¹⁴, §20 IV, S. 291; *ders.*, FS für Dölle I, S.169 (189 f.)

Formeln eines Erkennen- und Vermeidenmüssens umschriebene Sorgfaltspflicht hat von daher ihren Ursprung nicht in der Fahrlässigkeit selbst, sondern gerade in einem unabhängig von dieser bestehenden Verhaltensgebot.[119]

Manifestiert sich eine Verletzung dieses Verhaltensgebots in einem äußeren Erfolg, ist ein Anknüpfungspunkt für diese Abgrenzungsfrage gefunden. Bleibt aber das bloße Verhalten an sich zu sanktionieren, so ist die Trennung der Bereiche zwar schwierig, aber dennoch unumgänglich.[120] Angedacht wurde hierbei, die Differenzierung anhand der Kategorien äußerer und innerer Sorgfalt auszufüllen, wobei Erstere dann auf der Ebene der Rechtswidrigkeit zu prüfen wäre.[121] Ob aber eine solche strikte Trennung von äußerer und innerer Sorgfalt praktisch möglich ist, hat *U. Huber* bereits kritisch betrachtet.[122] Als tragfähiger erweist sich hier eine Unterscheidung anhand des anzulegenden Sorgfaltsmaßstabs.[123] Man könnte insoweit davon ausgehen, dass bereits die Außerachtlassung derjenigen Sorgfalt als Pflichtverletzung anzusehen ist, die in objektiver Hinsicht vom idealen Handelnden abzuverlangen wäre. Abzustellen wäre im Rahmen der Pflichtwidrigkeit also auf ein Höchstmaß an Sorgfalt ohne eine personelle Abstufung nach Verkehrskreisen, wie sie dann für die Zurechnung aufgrund eines Verschuldens relevant wird.[124] Auf diese Weise ist die notwendige Abstraktion der (Verhaltens-)Pflicht vom Zurechungsprinzip des Verschuldens möglich. Es ergibt sich so ein Verhaltensprogramm, dessen Außerachtlassung dann anhand von Fahrlässigkeit zurechenbar sein kann.

b. Sorgfaltspflichtverletzung als Verschuldensmerkmal und ihre Abgrenzung zur Rechtswidrigkeit

Betrifft die obige Diskussion um die Trennung von Fahrlässigkeit und abstrakter Verhaltensanforderung im wesentlichen den vertraglichen Bereich, findet sich auch im deliktischen Haftungsrecht eine im Kern parallele Problematik.

---

[119] So geht auch *Deutsch*, JZ 2002, 588 (591) davon aus, dass die der „Sorgfaltspflicht" innewohnende Pflicht grundsätzlich zum Merkmal der Rechtswidrigkeit zu zählen ist. Auch *Fikentscher*, Schuldrecht[9], Rn 430, 508 stellt fest, dass es sich bei der (wenn auch objektiv – typisierten) Fahrlässigkeit nicht um eine objektive Regelwidrigkeit handele.

[120] Vgl. hierzu *Canaris*, JZ 2001, 499 (512), der in Anbetracht der Beweislastregel des neuen §280 Abs.1 BGB das Problem als wichtig erkennt. Auch *Spickhoff*, NJW 2002, 2530 (2532)

[121] *Deutsch*, (zuletzt) JZ 2002, 588 (591); Soergel[12]/*Wolf*, §276 Rn 73

[122] *U. Huber*, FS für E.R Huber, S. 253 (266); ebenso kritisch *Fabarius*, Äußere und innere Sorgfalt, S. 82; vgl. zuletzt *Spickhoff*, NJW 2002, 2530 (2536)

[123] *Larenz*, FS für Dölle, Band I, S. 169 (189 f.); angedeutet von *Deutsch*, Allg. Haftungsrecht[2], Rn 240; *ders.*, JZ 2002, 588 (591); Generell zur Unterscheidung von innerer und äußerer Sorgfalt anhand des Maßstabs *Fabarius*, Äußere und innere Sorgfalt, S. 128 f.

[124] *Larenz*, FS für Dölle, Band I, S. 169 (192); Soergel[12]/Wolf, §276 Rn 36, 73; ebenso *Katzen-meier*, Arzthaftung, §3, S. 188

Ausgehend von der strafrechtlichen Lehre des Handlungsunrechts fand im Zivilrecht die Verbindung von Fahrlässigkeit und Rechtswidrigkeit einige Befürworter.[125] Eingeleitet wurde die Diskussion durch die Entscheidung des BGH zum sogenannten „verkehrsrichtigen Verhalten"[126]. Hier stellte er fest, dass verkehrsrichtiges (ordnungsgemäßes) Verhalten nicht zur Begründung der Widerrechtlichkeit einer Handlung führen könne und es durch die Fassung und rechtliche Einordnung des Fahrlässigkeitsbegriffs, wie sie dem BGB zugrunde liegt, bedingt sei, dass die „nämliche Frage des verkehrsrichtigen Verhaltens auf dem Gebiete der Rechtswidrigkeit und dem Gebiete der Schuld Bedeutung gewinnen kann". Der herrschenden Lehre vom Erfolgsunrecht, die Rechtswidrigkeit dann annimmt, wenn bei fehlenden Rechtfertigungsgründen ein kausaler Eingriff in ein geschütztes Rechtsgut vorliegt,[127] wurde entgegengehalten, dass sich die Rechtswidrigkeit einer Handlung nicht allein am möglichen Eintritt des Erfolges messen lässt, sondern ein Verstoß gegen eine Verhaltensnorm vorliegen müsse. Da aber nicht für jedes Verhalten eine Gebots- oder Verbotsnorm vorliege, könne insoweit auf die Generalklausel des §276 Abs.1 Satz 2 BGB (jetzt: §276 Abs. 2 BGB) zurückgegriffen werden.[128] *Nipperdey*[129] erkannte in dieser Hinsicht in der Fahrlässigkeit des §276 BGB eine „allgemeine Sorgfaltspflicht", die den „Vorwurf begründet, man hätte anders handeln sollen".

Doch auch wenn die Lehre vom Erfolgsunrecht Schwächen gerade im Hinblick auf die Rechtswidrigkeit bei nur mittelbarer Erfolgsverursachung und bei Verletzung von sogenannten Rahmenrechten nicht leugnen kann, so hat die Praxis bislang im wesentlichen an ihr festgehalten,[130] zumal sich für die genannten Problemfälle eine „vermittelnde Ansicht"[131] im Schrifttum herausgebildet hat, die im Einzelfall eine abstrakte Gefahrvermeidungspflicht prüft und so die Rechtswidrigkeit feststellt, ohne auf die konkret verkehrserforderliche Sorgfalt als solche abzustellen.

Dem Einbruch der Fahrlässigkeit in die Rechtswidrigkeit und somit in die Ausbildung von Verhaltensanforderungen im Einzelfall steht auch die Überlegung entgegen, dass man im Ergebnis zu der Auffassung gelangen könnte, die Gel-

---

[125] Vor allem *Nipperdey*, NJW 1957, 1977 ff.; *Enneccerus/Nipperdey*, Allg. Teil, 2. Halbband[15], §209 IV, S. 1281 ff.; *Wiethölter*, Der Rechtfertigungsgrund des verkehrsrichtigen Verhaltens, S. 33 ff.; *Münzberg*, Verhalten und Erfolg, S. 109 ff.; *Kötz/Wagner*, Deliktsrecht[9], Rn 98 ff.

[126] BGHZ 24, 21 ff.

[127] Vgl. nur RGRK[12]/*Steffen*, §823 Rn 107

[128] So z.B. *Enneccerus/Nipperdey*, Allg. Teil, 2. Halbband[15], §209, S. 1281 ff.; Soergel[12]/*Wolf*, §276 Rn 22

[129] *Enneccerus/Nipperdey*, Allg. Teil, Teilband 2[15], §209, S. 1282

[130] Vgl. nur Palandt[62]/*Thomas*, §823 Rn 32 ff. m.w.N.

[131] Ausgehend von *v. Caemmerer*, DJT Band II, S. 49 (77 f.); *Stoll*, AcP 162 (1963), 203 (212 ff.); *Larenz*, FS für Dölle, Band I, S. 169 (183 ff.); zum heutigen Standpunkt: Vgl. nur *Larenz/Canaris*, Schuldrecht Band II, Teilband 2[13], §75 II 3b, S. 365 ff.; *Deutsch*, Allg. Haftungsrecht[2], Rn 237 ff.

tung der Verhaltensnorm sei von Fall zu Fall zu entscheiden. Man könnte insoweit sogar zu Auffassung gelangen, die Geltung einer Pflicht hinge grundsätzlich davon ab, ob sie der Betreffende in der jeweiligen Situation erkennen könnte und dieser Erkenntnis zu Folge auch handeln könnte. Ein solch subjektiver Charakter des Rechts ist jedoch generell keinesfalls anzuerkennen.[132] Schon vom praktischen Ergebnis her leuchtet ein, dass ein Abwehrrecht gegen eine Verletzung eines geschützten Rechtsguts nicht von einer relativen Rechtswidrigkeit aus, bestimmt werden kann.

Auch im Deliktsrecht muss der Fahrlässigkeit per se grundsätzlich jeglicher Pflichtgehalt abgesprochen werden.[133] Selbst im Falle, dass (ausnahmsweise) allein ein Verhalten zu sanktionieren ist, trifft die Fahrlässigkeit als Verschuldensmaßstab auf eine generelle Verhaltenspflicht, die, wie erörtert, aus dem Höchstmaß der aufzuwendenden Sorgfalt bestimmt werden kann.

c. Die „subjektiv gefärbte" Rechtswidrigkeit

In manchen Fällen wird indes der Grundsatz der strikten Trennung von Normbzw. Rechtswidrigkeit und Verschulden als Zurechnungsform durchbrochen. Die Rechtswidrigkeit wird in gewisser Weise „subjektiv gefärbt".[134] Der Gesetzeswortlaut scheint in diesen Fällen vorzusehen, dass das rechtswidrige Verhalten untrennbar mit dem subjektiven Merkmal der Kenntnis bzw. des Kennenmüssens von Tatsachen verbunden ist, die dem Verhaltensgebot zugrunde liegen, dem zuwider gehandelt wird.

Grundlegend hierzu ist die Problematik der rechtfertigenden Wirkung der Gutgläubigkeit beim Eigentumserwerb vom Nichtberechtigten. Nimmt man an, dass, keine rechtswidrige Eigentumsverletzung begeht, wer gutgläubig Eigentum erwirbt,[135] so entfällt das Rechtswidrigkeitsurteil des vorliegenden Eingriffs mangels Kenntnis oder wenigstens grob fahrlässiger Unkenntnis von der fehlenden Berechtigung des Veräußerers. Ein Eingriff in das Eigentum des Dritten, löst nur dann eine Pflicht zum Schadensersatz aus, wenn der Erwerber positiv weiß, dass der Veräußerer keine Berechtigung hat oder dies zumindest grob fahrlässig nicht weiß. Die Regelung des gutgläubigen Erwerbs führt auf die In-

---

[132] *Stathopoulos*, FS für Larenz, 1983, S. 631 (638 f.); *Larenz/Canaris*, Schuldrecht Bd. II/2[13], §75 3 d, S. 370; *Deutsch*, Allg. Haftungsrecht[2], Rn 236, 250

[133] *Deutsch*, Allg. Haftungsrecht[2], Rn 366: Fahrlässigkeit und Rechtswidrigkeit sind deutlich zu unterscheiden.

[134] *Deutsch*, Allg. Haftungsrecht[2], Rn 244 f.; *Spickhoff*, Gesetzesverstoß und Haftung, §8, S. 192; *Fischer*, Die Rechtswidrigkeit, S. 137 ff.; erwähnt auch von *Larenz*, FS für Dölle Band I, S. 169 (193) Fn 37; *Stoll*, AcP 162 (1963), 203 (236)

[135] *Larenz/Canaris*, Schuldrecht Bd. II/2[13], §76 II 3 a, S. 386; Palandt[62]/*Thomas*, §823 Rn 10; Soergel[12]/*Mühl*, §932 Rn 22; *Mormann*, WM 1966, 2 (5); bereits BGH WM 1956, 884 f.

tention des Gesetzgebers zurück, die Übertragbarkeit des Eigentums im Rechtsverkehr zu erleichtern.[136] Der Rechtsverkehr soll sich grundsätzlich auf den scheinbar die Legitimation ausweisenden Besitz des Veräußerers verlassen dürfen. Der Vertrauensschutzgedanke überlagert hier quasi die Unrechtmäßigkeit des Handelns zugunsten des Erwerbers.[137] Jener macht also die grundsätzlich absolute Rechtswidrigkeit zu einer relativen. Ein Gebot zur Vermeidung des schädigenden Erfolges trifft folglich nur denjenigen, der nicht gutgläubig ist; Wissen und Wissen-müssen, sprich hier grob fahrlässiges Nichtwissen, wirken so scheinbar in concreto pflichtbegründend. Denn die Geltung eines etwaigen Gebotes wird im Einzelfall von gerade jenen kognitiven Zurechnungselementen abhängig gemacht, indem die innere Seite des Verschuldens zur Rechtswidrigkeit gezogen wird.[138]

Es liegt daher der Gedanke nahe, eine Rechtswidrigkeit allein in der (grob) fahrlässigen Unkenntnis begründet zu sehen.

Wiegand geht insoweit davon aus, dass sich „aus dem Begriff der groben Fahrlässigkeit“ Obliegenheiten entwickeln konnten.[139] Dem steht jedoch die Tatsache entgegen, dass die Fahrlässigkeit bislang nur als Zurechnungsform erkannt worden ist, die eine Pflicht zur Sorgfalt nicht begründet, sondern gerade voraussetzt. Die Fahrlässigkeit konkretisiert lediglich die Pflicht bzw. die Verhaltensanforderung im Einzelfall. Dies ändert sich prinzipiell selbst dann nicht, wenn diese Konkretisierung bereits auf der Rechtswidrigkeitsebene stattfindet, auch wenn nun die Rechts- bzw. Pflichtwidrigkeit des Verhaltens von der Außerachtlassung der inneren Sorgfalt abhängt.

Die Fahrlässigkeit kann nur dazu dienen, die „Reichweite der Obliegenheit festzulegen“[140] und setzt so gerade das Bestehen einer Verhaltensanforderung voraus.

aa. Das Gebot zur „inneren Sorgfalt“ als unselbstständige Verhaltensanforderung

Die subjektive Färbung der Rechtswidrigkeit führt jedenfalls aber in den Bereich der „inneren Sorgfalt“.

Sprechen die Motive zu §877 des ersten Entwurfs des BGB (= §932 BGB) davon, dass „*indem*“ die Abwesenheit grober Fahrlässigkeit gefor-

---

136 *Mugdan*, Materialien, Band 3, Motive S. 191

137 Zum Vorrang des Erwerberinteresses gegenüber dem Eigentümerinteresse MüKo[3]/*Quack*, §932 Rn 1; Staudinger[13](1995)/*Wiegand*, §932 Rn 68; *Westermann/Gursky*, Sachenrecht[7], §45 I, S. 384

138 *Spickhoff*, Gesetzesverstoß und Haftung, §8, S. 193

139 Staudinger[13](1995)/*Wiegand*, §932 Rn 87 aa

140 Soergel[13]/*Henssler*, §932 Rn 18

dert wird, dem Erwerber „gewisse Nachforschungspflichten" auferlegt werden,[141] so scheint obiges Ergebnis wieder ins Wanken zu geraten. Augenscheinlich werden allein der Fahrlässigkeit gewisse Pflichten entnommen.
Bereits *Binding* hat für das Strafrecht eine grundlegende Verhaltensanforderung zur Aufmerksamkeit als Bedingung einer Zurechnung bei Fahrlässigkeit erkannt und sie als „Vorprüfungspflicht" bezeichnet.[142] Sie sei ein integraler Bestandteil der Normen, die pauschal die Vermeidung von Unrecht zum Ziel hätten und insoweit grundlegende Voraussetzung loyalen Handelns. Sie bestehe in der Wahrnehmung der Verhältnisse und der Voraussicht der in der Situation notwendigen, weil gerade auch rechtlich gebotenen Handlungen und sei somit grundsätzlich ein Erfordernis einer rein geistig – sinnlichen Erkenntnisarbeit.[143]

Engelmann[144] findet jene Grundstrukturen einer für eine Zurechnung notwendigen „Rechtspflicht" schon in der Zurechungslehre des römischen Rechts. Als haftungsursächliches pflichtwidriges Verhalten sei stets ein Nichtbeachten von „allgemeine Pflichten der Rechtsbeachtung" zu verstehen. Denn ein unentschuldbarer Irrtum (als Element der Fahrlässigkeit) müsse insoweit immer auf eine Pflichtwidrigkeit zurückgeführt werden. In diesem Sinne sei schon im römischen Recht jedenfalls in Bezug auf die Rechts-, teilweise aber auch bei einer Tatsachenkenntnis von einem *scire debere,* also von einem „Kennen-müssen" die Rede, das allgemein gelte und grundsätzlich jeden treffe.[145]

Die Betonung liegt hier nun zunächst entscheidend auf dem Adjektiv „allgemein". Eine „Verhaltungspflicht allgemeinster Art"[146], die jeden allein aus dem Geltungsanspruch des Rechts heraus treffe und aus dem Wesen und Zweck der Rechtsordnung selbst fließe,[147] könnte nämlich die These stützen, es gäbe einen allgemeinen Fahrlässigkeitstatbestand; folglich wäre man von einem eigenen Pflichtengehalt der Fahrlässigkeit nicht mehr weit entfernt.

Dagegen spricht jedoch schon der weitere Satz *Engelmanns*, sie sei gerade keine „selbständige" und unmöglich „normierte" Pflicht.[148] Vielmehr komme

---

[141] *Mugdan,* Materialien, Band 3, Motive, S. 192

[142] *Binding*, Die Normen und ihre Übertretung, Band IV, §292, S. 498 ff.

[143] *Binding,* Die Normen und ihre Übertretung, Band IV, §292, S. 500

[144] *Engelmann*, FS für Ludwig Traeger, S. 133 ff.

[145] *Engelmann,* Irrtum und Schuld, §3, S. 50, §9, S. 139. Liegt diese allgemeine Pflicht bereits der einfachen Fahrlässigkeit zugrunde, kann von daher auch im Hinblick auf den Inhalt der Legaldefinition des §122 Abs.2 BGB eine Erkenntnis gewonnen werden. Denn sieht man in ihr nur eine Übersetzung des römischen *scire debere*, das abgeschwächt auch „Kennensollen" heißen könnte, so wird aus dem Wortlaut kein Ansatz zur groben Fahrlässigkeit ersichtlich. Ebenso bereits *Wendt*, AcP 89 (1899), 1 (10); vgl. auch *Esser/Schmidt*, Schuldrecht Band I: Allg. Teil, Teilband 2[8], §26 II, S. 89; dagegen hatte das RG in RGZ 75, 299 (301) auf grobe Fahrlässigkeit abgestellt.

[146] *Engelmann*, FS für L. Traeger, S.133 (145, 167); *ders.;* Irrtum und Schuld, §3, S. 49 und §9, S. 153 ff.

[147] *Engelmann*, FS für L. Traeger, S. 133 (169)

[148] Hiergegen auch *Binding,* Die Normen und ihre Übertretung, Band IV, §292, S. 502 f.

sie nur als Grund und vor allem Maß der Beurteilung des Verhaltens in Betracht.

Engisch[149] hat schließlich die Erfüllung dieser unselbstständigen „Rechtspflicht" mit der psychischen, der inneren Sorgfalt gleichgesetzt und sie daneben – wohl mehr illustrierend, als bewertend - als „Ermittlungspflicht, Informationspflicht" oder auch als „Erkundigungspflicht" bezeichnet. Charakteristisch sei zudem, dass es sich bei dieser grundlegenden Pflicht zur gehörigen Aufmerksamkeit nicht um eine Pflicht zur positiven Kenntnis an sich handele, sondern um eine „Kenntnisverschaffungspflicht".[150] In diesem Sinne bliebe es aber nicht immer bei einer rein innerlichen Erkenntnisarbeit. Mitunter seien eben auch aktive, äußere Nachforschungen zu betreiben.

Zur Basis dieser Gebote führt *Engisch* dann insbesondere aus, „sie treten tatsächlich in Massen an jeden Menschen heran" und sie seien „zum großen Teil in der rechtlich anerkannten (BGB. §276!) Verkehrssitte enthalten".[151] Dies schlägt nun die Brücke zum geltenden Zivilrecht, wobei die Tatsache, dass *Engisch* hier aus dem Strafrecht zur Begründung seiner These auf das Zivilrecht übergreift, verdeutlicht, dass obige Ausführungen zur Fahrlässigkeitsdogmatik umso mehr im Zivilrecht Geltung beanspruchen müssen. Denn je mehr sich der Sinn und Zweck der Rechtsnorm vom bloßen Rechtsgüterschutz anhand einer Sanktionsandrohung entfernt und sich hin zu einem Ausgleich der Interessen entwickelt, desto eher werden tatsächlich Verkehrsitte und Verkehrsschutz für eine allgemeine Verhaltensanforderung von Belang sein müssen. Sie führen auch und vor allem zu der Erkenntnis, dass die Erwartung des Rechtsverkehrs in das Handeln des einzelnen Teilnehmers einerseits Wertungsgrundlage, andererseits aber auch Basis eines Verhaltensgebots sein kann. Es darf allerdings nicht übersehen werden, dass die eben umschriebene „innere Sorgfaltspflicht" grundsätzlich im Zusammenhang mit rechtlich mißbilligtem Verhalten betrachtet werden muss, also immer ein selbstständiges, abstraktes Verhaltensgebot voraussetzt.

Schon der Begriff der „Verkehrssitte" deutet nun aber zudem darauf hin, dass sich die so verstandene „innere Sorgfalt" jedenfalls auch auf eine Verhaltensanforderung zum Schutz der Sicherheit und Leichtigkeit des Rechtsverkehrs im allgemeinen anwenden lässt. Denn aus der Sitte und den Gebräuchen des Rechtsverkehrs entsteht ein grundlegendes Vertrauen, der einzelne Teilnehmer werde sich an diese halten. *Münzberg* umschreibt dies als eine „objektive Tendenz" des (Zivil-)Rechts durch allgemeine Bestimmungsnormen, die an alle ge-

---

[149] *Engisch*, Vorsatz und Fahrlässigkeit, §19, S. 272, 273 und 307; *ders.*, DJT 1960, Band I, S. 401 (430)

[150] Auch *Binding*, Die Normen und ihre Übertretung, Band IV, §292, S. 505 erkennt die Verbindung zwischen Irrtum, innerer Sorgfalt und Fahrlässigkeit, indem er konstatiert, die rechtliche Natur der „Wissenspflichten" im Rahmen eines unentschuldbaren Irrtums sei „ganz genau die gleiche" wie diejenige der sog. Vorprüfungspflichten, da jene nur ein Bestandteil Letzterer seien.

[151] *Engisch*, Vorsatz und Fahrlässigkeit, §19, S. 276, 277

richtet sind und die Unterstellung durch die Betroffenen rechtfertigen, sie gelten, sie seien wirksam.[152] Der Schutz dieses Vertrauens bildet mitunter also auch eine Basis für die Verbindlichkeit der Verhaltensanforderung an den Einzelnen.

Man trifft hier somit unversehens auf einen Aspekt des Rechtsprinzips des Vertrauensschutzes im Zivilrecht. Auf ihn wird später im Zusammenhang mit der Betrachtung des Sorgfaltsmaßstabs der Fahrlässigkeit und den teleologischen Grundlagen der Wissensnormen noch genauer einzugehen sein.[153]

Schließlich lässt sich festhalten, dass der (Rechts-)Verkehr zwar die Aufwendung einer grundlegenden (inneren) Sorgfalt erfordert. Hierauf sollen sich die anderen Teilnehmer des Rechtsverkehrs verlassen dürfen. Ein Auftreten im Rechtsverkehr verlangt vom Einzelnen folglich eine gewisse grundlegende Aufmerksamkeit.[154] Diese bildet aber eben nur einen Bestandteil der Wertungsbasis eines Fahrlässigkeiturteils. Sie ist nur Gegenstand eines unselbstständigen Gebots im Hinblick auf ein norm- bzw. rechtwidriges Handeln und führt nicht dazu der Fahrlässigkeit per se einen eigenen Pflichtengehalt zu zuerkennen. Nur in Verbindung mit einer abstrakten Verhaltensanforderung wird sie relevant.

bb. Die Wirkung einer „subjektiven Färbung“ der Rechtswidrigkeit

Setzt auch die subjektiv gefärbte Rechts- bzw. Pflichtwidrigkeit zunächst ein generelles Verhaltensgebot voraus, das anhand der inneren Seite des Verschuldens näher konkretisiert wird, so bleibt als Wirkung einer subjektiven Färbung, jedenfalls in Fällen von missbilligtem Verhalten, die Reduktion des rechtswidrigkeitsbegründenden inneren Sorgfaltsmaßstabes vom Höchstmaß, wie oben vertreten,[155] auf ein personelles Maß. Es kann hier in Anlehnung an die Fahrlässigkeitsformel des §276 BGB der Satz gelten, dass pflicht- bzw. rechtswidrig ist, was als verkehrswidrig anzusehen ist.

Entgegen der Richtung, die die Bezeichnung als „subjektive“ Färbung gewiesen haben mag, hängt die Inhaltsbestimmung einer subjektiv gefärbten Rechts- bzw. Pflichtwidrigkeit folglich generell vom Sorgfaltsmaßstab ab, der bei der zivilrechtlichen Fahrlässigkeit anzulegen ist. Auf ihn ist nun näher einzugehen.

---

[152] *Münzberg*, Verhalten und Erfolg, S. 229 ff.

[153] Vgl. §5 I 3 a.bb. und §5 II 1

[154] So wohl auch *Müller*, VersR 1985, 1101 (1104); *Engisch*, DJT Band I, S. 401 (430, insbes. Fn 63).; *Exner*, Das Wesen der Fahrlässigkeit, S. 208 spricht davon, das verlange „ein bestimmtes Interesse für die Vermeidung rechtswidriger Folgen, einen psychischen Zustand, bei dessen Gegebensein“ die notwendige Voraussicht sich automatisch einstellt; a.A. *Münzberg*, Verhalten und Erfolg, S. 244 Fn 477

[155] Siehe oben §5 I 2 b.

3. Der Sorgfaltsmaßstab der zivilrechtlichen Fahrlässigkeit

Ist oben davon die Rede, mit Hilfe der Zurechnung eine Verbindung zwischen Verhalten und Willen des Einzelnen zu erreichen und somit die Grundlage einer Sanktion zu schaffen, so stellt sich die Frage, aus wessen Perspektive das Geschehen zu betrachten ist. Welche Sorgfalt kann vom einzelnen verlangt werden? Dies sind letztlich diejenigen Fragen, die einer Bewertung der Situation zu Grunde liegen. Sie werden im Zivilrecht kontrovers diskutiert und beantwortet.

Zwar scheint es eine allgemeine Erkenntnis zu sein, dass der Terminus der „im Verkehr erforderlichen Sorgfalt" als gesetzestechnisch gelungen bezeichnet werden könne.[156] Gelungen deshalb, weil er unvollständig, aber eben normativ ausgestaltet sei,[157] wobei dies dem Begriff die nötige Aktualität verleiht. Denn erforderlich ist nicht die Sorgfalt eines „ordentlichen Hausvaters"[158], oder die im Verkehr „übliche"[159], die beispielhaft, deskriptiv wirken würde und folglich insoweit beschränkt wäre, sondern die Sorgfalt, die zum Zeitpunkt der Handlung der Verkehr für erforderliche halten durfte.

Ansonsten scheint zudem Einigkeit darüber zu herrschen, dass ein Idealmaß sowohl an äußerer, aber auch an innerer Sorgfalt niemandem abverlangt werden könne.[160] Die überwiegende Meinung[161] bestimmt die notwendige Sorgfalt nach „abstrakten, typisierenden Kriterien"[162]. Diese Kriterien entwickelt die herrschende Auffassung aus dem sogenannten „Verkehrskreis"[163], in dem der Betreffende aufgetreten ist. Der BGH differenziert hierbei schwerpunktmäßig

---

156 Eingehend *Deutsch*, Allg. Haftungsrecht², Rn 376; *ders.*, Jura 1987, 505 (506)

157 Zum normativen Charakter der Fahrlässigkeitsformel vgl. auch *Esser/Schmidt*, Schuldrecht Band I: Allg. Teil, Teilband 2⁸, §26 II, S. 82 ff.

158 Auf diesen Maßstab stellte zunächst §144 des ersten Entwurfs des BGB ab. Er lehnt sich an den Maßstab des „dilligens pater familias" des römischen Rechts an. Vgl. hierzu *Leonhard*, Festgabe für Enneccerus, S. 27

159 Nach Kritik am Maßstab des „dilligens pater familias" (Vgl. hierzu insbesondere *Hölder*, AcP 73 (1888), S.1 (130)) nannte man zunächst die „übliche" Sorgfalt als passende Umschreibung des Maßstabs, um anschließend aber festzustellen, dass sich dieser Begriff ebenso verbiete, da er den Irrtum nahe lege, dass auch „der eingerissenen Schlendrian" beachtet werden müsse. Vgl. *Achilles/Gebhard/Spahn*, Protokolle, Band II, S. 598, 604.

160 Soergel¹²/*Wolf*, §276 Rn 78 ff.; MüKo³/*Hanau*, §276 Rn 60; Müko⁴/*Grundmann*, §276 Rn 60; *Taupitz*, NJW 1991, 1505 (1506) („nur....der gute Durchschnitt")

161 Zu Nachweisen siehe unten Fn 193

162 So Erman¹⁰/*Battes*, §276 Rn 19

163 Der Begriff entstammt der Rechtsprechung des RG (Vgl. z.B. RGZ 102, 45(49); 126,329(331)), das früh erkannte, dass ein völlig abstrakter Maßstab die Besonderheiten der einzelnen Bereiche der Rechtsverkehrs, insbesondere die verschiedenen Berufsgruppen zu wenig berücksichtigen könne. (so RG Beilagen JW 1902, Nr. 186)

nach der beruflichen Tätigkeit[164], teils nach der typischen Gefahrträchtigkeit einzelner Lebenssituationen[165] und teils auch nach Personenkreisen[166], ohne dass dabei eine Systematik zur Bildung der verschiedenen Gruppen erkennbar würde. Das aktuelle[167] Schrifttum, insbesondere teils[168] auch die aktuelle Kommentarliteratur versucht dies nachzuholen. *Wolf* systematisiert den Sorgfaltsmaßstab im Sinne der Verkehrkreise anhand einem „bereichs-„ und einem „berufsspezifischen“ Maßstab, der jedoch auch von Ausnahmen durchbrochen werden könne.[169]

Anlehnend an *Deutsch*, der grundsätzlich in einen allgemeinen und besonderen Verkehrskreis unterscheiden will, wobei ersterer immer dann einschlägig sei, wenn keine besondere Situation vorliege, die er wiederum in Merkmals- und Auftretensgruppen unterteilt,[170] differenziert auch *Steffen* in allgemeine und besondere Verkehrskreise.[171] Letztere sollen sich dabei durch typische Gefahren oder Verhältnisse und auch durch spezielle Berufsbilder vom allgemeinen abheben können. Grundsätzlich wird hierbei versucht, dem als passend erkannten normativen Anliegen des Sorgfaltsmaßstabs durch eine Anknüpfung an einen „gewissenhaften und durchschnittlichen erfahrenen“ oder einem „durchschnittlich besonnen und gewissenhaften“ Angehörigen der jeweiligen Verkehrskreises gerecht zu werden.[172]

Dennoch sollen aber besondere Fähigkeiten des Handelnden zur Steigerung der Sorgfalt führen.[173] Dagegen wird die individuelle Schwäche nicht als ein Entlastungsgrund angesehen.[174] Vor allem dieser letzte Aspekt der herrschenden Sorgfaltsbestimmung führt nun inmitten einer seit langem bestehen-

---

164 Vgl. illustrierend nur BGHZ 92, 402 (Kaufmann); BGH NJW 1999, 1778 f. (Arzt in seinem Fachbereich); BGH NJW 1995, 1150 ff.(Öl- oder Benzinanlieferer); BGH VersR 1993, 499 ff. (Rechtsanwalt)

165 Vgl. die umfangreichen Nachweise der Rspr. für die Teilnahme am Straßenverkehr bei Palandt[62]/*Thomas*, §823 Rn 94 ff.; weiter auch BGHZ 63,140 (Fußballspiel); oder schon RGZ 128, 39 (Jagd)

166 BGH VersR 1972, 559 (560)

167 Erstmals wohl ausdrücklich *Rümelin*, Verschulden, S. 44 ff., der die Verschiedenheit der Menschen in die Betrachtung rückte und weiter erkannte, dass nach der Verkehrsauffassung in „typischen Situationen“ ein bestimmtes Verhalten gefordert sei.

168 Anders aber Erman[10]/*Battes*, §276 Rn 23, der nur ganz pauschal auf eine anerkannte Differenzierung nach Verkehrskreisen hinweist.

169 Soergel[12]/*Wolf*, 276 Rn 78 ff.

170 *Deutsch*, Fahrlässigkeit und erforderliche Sorgfalt[2], §7, S. 130 ff.

171 RGRK[12]/*Steffen*, §823 Rn 412

172 BGH NJW 1972, 150 (151); Es werden auch andere, im wesentlichen aber gleichbedeutende Formulierungen verwendet. So z.B. auf einen „sorgfältigen Menschen mit durchschnittlicher Umsicht“, so *Kötz/Wagner*, Deliktsrecht[9], Rn 106, 108), abgestellt oder auch einfach auf „durchschnittliche Anforderungen“, so MüKo[3]/*Hanau*, §276 Rn 79.

173 Vgl. vorerst nur MüKo[4]/*Grundmann*, §276 Rn 56; Palandt[62]/*Heinrichs*, §276 Rn 15

174 MüKo[4]/*Grundmann*, §276 Rn 56; Palandt[62]/*Heinrichs*, §276 Rn 15; ständige Rspr.; Vgl. nur BGHZ 39, 281 (286) m.w.N

den Auseinandersetzung in der Lehre. Es geht um die subjektive oder objektive Anknüpfung des Sorgfaltsmaßstabs, der vor allem im Haftungsrecht im großem Maße auch von der Einordnung der einzuhaltenden Sorgfalt als Verschuldens- oder bereits als Rechtswidrigkeitselement geprägt wird. Denn tritt die im Verkehr erforderliche Sorgfalt schon als Rechtswidrigkeitsmerkmal in Erscheinung, verbleibt auf der Schuldstufe vermeintlich lediglich die Prüfung der individuellen Schuld. Insoweit wird von den Verfechtern dieser Ansicht dann angenommen, dass ein sachgemäßes Verhalten als Rechtswidrigkeitsmerkmal rein objektiv bestimmt werden müsse, der Maßstab des Schuldelements dann aber notwendiger Weise streng subjektiv.[175] Die theoretische Frage nach einem objektiven oder subjektiven Sorgfaltsbegriff muss jedoch per se unabhängig von der Einordnung als Rechtswidrigkeit- oder Verschuldensmerkmal getroffen werden.[176]

a. Objektiver oder subjektiver Sorgfaltsmaßstab im Zivilrecht?

Im Verkehr für „erforderlich" gehalten werden kann, sowohl dasjenige, was der einzelne bei gehöriger Anstrengung nach seinen individuellen Fähigkeiten zu leisten vermag (subjektive Auffassung), als auch das, was im Interesse der Schadensvermeidung von der Allgemeinheit vom Teilnehmer im Verkehr erwartet wird (objektive Auffassung), wobei der Begriff „Verkehr" doch eher auf eine objektive Ausrichtung der Fahrlässigkeit schließen lässt.[177]

Bereits die abstrakte Definition des Sorgfaltsmaßstabes des *dilligens pater familias* in den *Digesten*[178] deutet daraufhin, dass schon im römischen Recht der objektive Ansatz herrschend war. Das RG stellte in dieser Tradition fest, dass „der Mangel an Erfahrung, Geschicklichkeit oder Kraft den einem Wagenführer unterlaufenden Mangel an Vorsicht nicht entschuldigen" könne.[179] Die Motive und Protokolle zum BGB hielten jene objektive Grundauffassung bei.[180]

Aber ausgehend von der wissenschaftlichen Aufarbeitung des Verschuldensbegriffs im Strafrecht und der Diskussion um seine Übertragbarkeit ins Zi-

---

[175] *Nipperdey,* NJW 1957, 1777 ff.

[176] So insbesondere *Wiethölter,* Verkehrsrichtiges Verhalten, S. 45 ff.; *Spickhoff,* Gesetzesverstoß und Haftung, §8, S. 216

[177] Vgl. zu Letzterem *Esser/Schmidt,* Schuldrecht, Band I: Allg. Teil, Teilband 2[8], §26 II, S. 82

[178] D. 13, 7, 14

[179] RGZ 12, 188 (191)

[180] *Mugdan,* Materialien, Band 1, Motive, S. 507 f.; bei *Achilles/Gebhard/Spahn,* Protokolle, Band I, S. 187 ist hierzu mitunter zu lesen, dass „im Privatrechtsgebiet ein objektiver Maßstab anzulegen sei"...

vilrecht,[181] keimte auch im Zivilrecht die Diskussion um eine Subjektivierung der Fahrlässigkeit. So heißt es z.B. bei *Leonhard:* „Eine jede Schuld enthält einen ethischen Vorwurf, eine Missbilligung, die mit einer gewissen Erregung verbunden ist. Schuld ist ein vorwerfbares Verhalten."[182] Vor allem auch *Ihering*[183] und *Brodmann*[184] wollten eine Haftung für *culpa* nicht ohne eine unmittelbare Verantwortlichkeit herleiten.

Seit dieser Zeit schwelt nunmehr der Streit, ob der objektiven oder subjektiven Anknüpfung des Fahrlässigkeitsbegriffs, zumal auch der Wortlaut des §276 Abs.1 BGB gelegentlich als weder für die eine, noch für die andere Auffassung streitend gesehen wurde.[185] Bei teleologischer Betrachtung des geltenden Rechts reklamieren beide Ansichten grundlegende Wertentscheidungen des Zivilrechts für sich.

aa. Subjektive Lehre

Die Vertreter der subjektiven Lehre[186] sehen als tragendes Element ihrer Auffassung das auch im Zivilrecht vorherrschende Verschuldensprinzip. Danach werde im BGB innerhalb wie außerhalb von Schuldverhältnissen grundsätzlich nur für Verschulden gehaftet und Verschulden sei ein vorwerfbares Verhalten. Ein Vorwurf könne jemanden aber nur gemacht werden, wenn er nach seinen individuellen Fähigkeiten sorgfältiger hätte handeln können.[187] Es gelte insoweit der Satz: *ultra posse nemo obligatur.*[188] Zwar müsse auch ein subjektiver Ansatz an einem objektiven Ausgangspunkt ansetzen, weil notwendiger Weise beurteilt

[181] Vgl. hierzu *v. Liszt,* Deliktsobligationen im System des Bürgerlichen Gesetzbuchs, S.3 f., 55 f., der zuerst davon ausging, dass im Straf- und Zivilrecht ein einheitlicher Verschuldensbegriff gelte. Im Anschluss an ihn: *Leonhard,* Festgabe für Enneccerus, S.46 ff.; *v. Thur,* Allg. Teil, Band II, 2. Hälfte, §89, S. 481 ff.; *Nipperdey,* NJW 1957, 1777 (1781)

[182] *Leonhard,* Festgabe für Enneccerus, S. 44

[183] *Ihering,* Der Zweck im Recht, Band II, S.66

[184] *Brodmann,* AcP 99 (1906), S. 327 (344 f.)

[185] *Bokelmann,* Grobe Fahrlässigkeit, S. 9

[186] *Ihering, Brodmann* und *Leonhard* folgend bereits *v. Thur,* Allg. Teil, Band II, 2. Hälfte, §89, S. 489; dann erneut: *Nipperdey,* NJW 1957, 1777 (1780); *ders.,* Karlsruher Forum, 1959, S. 3 ff.; *Enneccerus/Nipperdey,* Allg. Teil, 2. Halbband[15], §209 IV, S. 1281 f.; *v. Caemmerer,* Karlsruher Forum 1961, S.19 (25); *Münzberg,* Verhalten und Erfolg, S. 176 ff.; für die deliktische Haftung ebenso: *U. Huber,* FS für E.R. Huber, S. 253 (270); *Geilen,* JZ 1964, S.6 (8 f.)

[187] *Leonhard,* Allg. Schuldrecht des BGB, S. 437 f.; *ders.,* Festgabe für Enneccerus, S. 8, 36: Er macht hier seine Auffassung auch an einem Satz in den Protokollen, *Achilles/Gebhard/Spahn,* Protokolle, Band I, S. 187 fest, in dem konstatiert wird, dass der unentbehrliche objektive Maßstab die Würdigung individueller Momente im einzelnen nicht ausschließe.

[188] D. 50.17.185; *Münzberg,* Verhalten und Erfolg, S. 205 ff.; *Deutsch,* Unerlaubte Handlung[3], §10, Rn 125

werden müsse, ob gerade der Handelnde mit seinen Stärken und Schwächen (subjektiv – individuell) aus Sicht eines objektiven Betrachters sorgfältiger hätte handeln können. Ein Vorwurf könne dem Betreffenden indes erst gemacht werden, wenn feststeht, dass er aufgrund seiner geistigen und körperlichen Fähigkeiten sorgfältiger hätte handeln können.[189] Andernfalls sei die Gefahr virulent, die zivilrechtliche Zurechnung vom Vorwurf eines Willensmangels hin zu einer Art Gefährdungshaftung zu entwickeln, die den Fahrlässigkeitbegriff verlasse.[190] Mit dem objektiven Fahrlässigkeitbegriff entstünde dann eine Enklave der Verursachungshaftung im Gebiet der Verschuldenshaftung, die nur willkürlich abgegrenzt wäre.[191] Schließlich wird auch angeführt, dass grundsätzlich jedem Teilnehmer am rechtlichen Verkehr ein gewisses „Sozialrisiko" treffe, das nicht vermeidbar wäre und es rechtfertige, teilweise eine Schädigung ohne Ersatzanspruch hinnehmen zu müssen.[192]

bb. Objektiv-typisierende Lehre

Nach der objektiv-typisierenden Lehre[193] ist dagegen allein entscheidend, welche Sorgfalt als Standard in der betreffenden Lage aufgewandt hätte werden müssen. Maßstab der nötigen Sorgfalt ist also nicht die individuelle Fähigkeit des Handelnden, sondern die typischer Weise als Standart anzusehenden Fähigkeiten eines Verkehrsteilnehmers des jeweiligen Verkehrskreises.

Zentrale Wertungsgrundlage dieser Ansicht ist das Vertrauensschutzprinzip im Rechtsverkehr.[194] Danach soll sich jeder, der am Rechtsverkehr des je-

---

[189] *Leonhard*, Festgabe für Enneccerus, S. 35 ff., 42

[190] Soergel[10]/Siebert/*R. Schmidt*, §276 Rn 16

[191] Planck[4]/*Siber*, Kommentar zum Bürgerlichen Gesetzbuch, Band II, 1. Halbband, §276 Anm. 2 b

[192] *Enneccerus/Nipperdey*, Allg. Teil, 2. Halbband[15], §213 III 2 c, S. 1324

[193] St. Rspr.; Vgl. nur BGH NJW 2000, 2812 ff. m.w.N.; beginnend bei: *Dernburg*, Die Schuldverhältnisse, §63, S. 136 f.; *Weyl*, Verschuldensbegriffe, S. 111, 133; *Exner*, Das Wesen der Fahrlässigkeit, S. 107; in neuerer Zeit: *Larenz*, FS für Wilburg, S. 119 ff.; *Esser*, Karlsruher Forum 1959, S. 15 (18); *Zeuner*, JZ 1966, S. 1 (8); *Deutsch*, Fahrlässigkeit und erforderliche Sorgfalt[2], §3, S. 30; *ders.*, Jura 1987, 505 (507); *Spickhoff*, Gesetzesverstoß und Haftung, S. 216 ff.; *Kramer*, AcP 171 (1971), S. 422 ff.; *Kötz*, AcP 170 (1970), S.1 (10); *Stathopoulos*, Festschrift für Larenz, 1983, S.631 (635); *Esser/Schmidt*, Schuldrecht, Band I: Allg. Teil, Teilband 2[8], §26 II, S. 82 ff.; *Larenz*, Schuldrecht Band I: Allg. Teil[14], §20 III, S. 282 ff.; *Fikentscher*, Schuldrecht[9], Rn 508; Kommentare: Staudinger[13](2001)/*Löwisch*, §276 Rn 25; MüKo[4]/*Grundmann*, §276 Rn 55; Soergel[12]/*Wolf*, §276 Rn 75; Erman[10]/*Battes*, §276 Rn 20; Palandt[62]/*Heinrichs*, §276 Rn 15; RGRK[12]/*Alff*, §276 Rn 20; Jauernig[10]/*Vollkommer*, §276 Rn 29; *Dauner-Lieb*, in: Anwaltkommentar BGB, §276 Rn 9; Bamberger/Roth/*Grüneberg*, §276 Rn 20 ff.

[194] Vgl. nur *Deutsch*, Fahrlässigkeit und erforderliche Sorgfalt[2], §7, S. 140; *Larenz*, Schuldrecht Band I: Allg. Teil[14], §20 III, S.286; *Esser/Schmidt*, Schuldrecht Band I: Allg. Teil, Teilband 2[8], §26 II, S. 84; *Taupitz*, NJW 1991, 1505 (1506); Erman[10]/*Battes*, §276 Rn 19; Soergel[12]/*Wolf*, §276 Rn 75; MüKo[4]/*Grundmann*, §276 Rn 55, 56; Staudinger[13](2001)/*Löwisch*, §276 Rn 25

weiligen Verkehrskreises teilnimmt, darauf verlassen können, dass auch jeder andere die nötige Sorgfalt walten lässt, um die Risiken des Rechtsverkehrs zu minimieren. Fehle es daran, so gebiete die dem Zivilrecht aufgegebene gerechte Schadensverteilung[195] eine Haftung desjenigen, der das Risiko der Schädigung durch sein unsorgfältiges Verhalten, gleich ob persönlich vorwerfbar oder nicht, in den Verkehr getragen hat.[196] Auf das Prinzip des Vertrauensschutzes müsse das Zivilrecht im Hinblick auf die Funktionsfähigkeit des Rechtsverkehrs gerade verstärkt setzen.[197] Hier lässt sich nun wieder auf die oben[198] mit als Grundlage der Fahrlässigkeitssanktion erkannte allgemeine, aber unselbstständige Aufmerksamkeitspflicht und deren Basis zurückkommen. Schon dort wurde ihr gesteigertes Geltungsbedürfnis im Zivilrecht im Gegensatz zum Strafrecht erwähnt und auch im Vertrauensschutzgedanken verankert. Letzterer führt dazu, dass die Sanktion einer Pflichtverletzung und somit letztlich die Geltung einer Verhaltensanforderung dem einzelnen gegenüber nicht von dessen individueller Konstitution abhängen kann. Eine verlässliche „Verkehrssitte"[199] braucht eine objektive Grundlage, einen sozialen Maßstab.[200] In einer Entscheidung vom 4. März 1957[201] hat sich denn auch der Große Senat des BGH für Zivilsachen eindeutig gegen die Übernahme des individualisierten, auf das konkrete Können des Täters bezogenen strafrechtlichen Verschuldensmaßstab ausgesprochen. Begründet wurde dies vor allem damit, dass bei einer Vereinheitlichung der Schuldbegriffe den „wesensgemäßen Unterschieden nicht Rechnung getragen werden könnte, die sich aus der spezifischen Eigenart und Zwecksetzung zweier verschiedener Rechtsgebiete ergeben. Wenn nun *Medicus* formuliert, dass die Leichtigkeit und Sicherheit des Verkehrs eine Typisierung der Sorgfaltsanforderungen erfordert,[202] so kommt darin schon zum Ausdruck, dass gerade auch die Typisierung nach Verkehrskreisen unmittelbar auf den Vertrauensgedanken zurückgeführt werden kann. Denn vertraut werden darf eben nur auf die Einhaltung derjenigen Sorgfalt, die im jeweiligen Verkehrskreis aufgewandt werden sollte. Da eine pauschale Gleichsetzung der Standards der Realität des Verkehrs an sich widerspricht, diese Wirklichkeit aber die Basis jeden Vertrauens sein muss, können keine gänzlich abstrakten Maßstäbe aus dem Prinzip des Vertrauensschutzes hergeleitet werden.

---

[195] Grundlegend hierzu: *Esser*, Grundlagen und Entwicklung der Gefährdungshaftung, §7, S. 70 ff.

[196] *v. Reuter*, Grobe Fahrlässigkeit, S. 27

[197] Instruktiv *Esser*, Schuldrecht Band I: Allg. Teil[4], §38 IV, S. 248

[198] Siehe §5 I 2 c.aa.

[199] So *Engisch*, siehe oben Fn 151

[200] Zum rechtsphilosophischen Ansatz dieser These siehe *Maihofer*, JuS 1963, 165 (168)

[201] BGHZ 24, 21 ff.

[202] *Medicus*, Schuldrecht I: Allg. Teil[13], §29 Rn 309

cc. Vermittelnde Ansicht von Deutsch

Deutsch[203] hat letztlich aus obigen Wertungspolen eine vermittelnde Auffassung entwickelt, die, je nach Anwendungsbereich, nach Sinn und Zweck der Norm, in einigen Fällen eine objektive, in anderen Fällen aber auch eine subjektive Bestimmung der Fahrlässigkeit vornimmt.

Ein Teil des Schrifttums ist ihm darin gefolgt.[204] Die von den gegensätzlichen Auffassungen ins Feld geführten Wertungsprinzipien, einerseits Vertrauensschutz, andererseits Verschuldenshaftung, verdienten beide Beachtung, so dass eine rein objektive, wenn auch typisierende, oder auch eine rein subjektive Anknüpfung sich als zu starr erweisen würde. Denn nicht jede Norm, die auf Fahrlässigkeit abstellt, dient einer gerechten Abgrenzung der Risikosphären. Zwar ist dies regelmäßig der Fall. Ausnahmen[205] hierzu gebe es jedoch. So werde z.B. im Rahmen des §847 a.F. BGB die schuldhafte, sprich fahrlässige Gesundheits- oder Körperverletzung nicht nur in materieller Hinsicht ausgeglichen, sondern auch in immaterieller Weise. Für diese Genugtuungsfunktion[206] der Norm ist der rein objektiv angeknüpfte Sorgfaltsbegriff unbrauchbar, da in individueller Hinsicht ein Ausgleich zwischen Geschädigtem und Schädiger erfolgen soll.

Zu der auch in diesem Zusammenhang eigentlich passenden, plakativen Aussage von *Deutsch*[207], es gebe keine Sorgfalt an sich, ließe sich hier eine überzeugende, wenn auch nur semantische Begründung hinzufügen, die uns an den Beginn unserer Betrachtung zum Begriff der Sorgfalt zurückführt. Denn *U. Huber*[208] konstatiert insoweit, dass die Sorgfalt eben ein unvollständiger, ein „finaler" Begriff sei. Man könne sich nicht einfach sorgfältig verhalten, sondern nur so sorgfältig, dass etwas bestimmtes geschieht.

Der Begriff ist von daher also immer auf einen Erfolg und auf ein Verhalten gerichtet, dessen Herbeiführung oder Vermeidung die Basis des Anwendungsbereichs darstellt. Stellt nun erst die zu beachtende Verhaltensanforderung die Weichen, worauf man seine Aufmerksamkeit zu lenken hat, worin man sorgfältig sein soll, so ist die erforderliche Sorgfalt notwendiger Weise vom Sinn und Zweck der Norm her zu bestimmen.

---

203 *Deutsch*, Fahrlässigkeit und erforderliche Sorgfalt², S. 384 ff., 405, 407; *ders.*, Allg. Haftungsrecht², Rn 401, 434 f.

204 *Larenz*, Wilburg-Festschrift, S.119, 125; *Esser/Schmidt*, Schuldrecht Band I: Allg. Teil, Teilband 2⁸, §25 V 2, S. 76; *U. Huber*, FS für E.R. Huber, S. 253 (259); Erman¹⁰/*Battes*, §276 Rn 19, 21; RGRK¹²/*Steffen*, §823 Rn 408

205 §254 BGB; §1611 BGB; §2333 BGB

206 *Esser/Schmidt*, Schuldrecht Band I: Allg. Teil, Teilband 2⁸, §25 V, S. 76

207 *Deutsch*, Allg. Haftungsrecht², Rn 371

208 *U. Huber*, FS für E.R. Huber, S. 255 (259)

b. Stellungnahme

Im Zivilrecht überwiegt die Notwendigkeit zur objektiven Herleitung des anzulegenden Sorgfaltsmaßstabs. Der Verweis der Gegenauffassung auf das Verschuldensprinzip ist - wie *Spickhoff* erkannt hat - im wesentlichen nur eine „petitio principii".[209] Schließlich entspricht die subjektive Ansicht auch nicht der faktischen modernen Rechtsentwicklung, die eine Haftung immer mehr von der Individualität des Täters abkoppelt und teilweise in reinen Gefährdungstatbeständen normiert.[210]

Ausgehend davon, dass die durch das Auftreten im jeweiligen Verkehrskreis hervorgerufene Verkehrserwartung eine Schutzwürdigkeit entstehen lässt, die vergleichbar dem Garantiegedanken dem Betreffenden das Risiko des Nichteinhaltens der erwarteten Sorgfalt auferlegt,[211] bezeichnet *Brüggemeier*[212] die zivilrechtliche Fahrlässigkeit sogar als bloße „Verkehrswidrigkeit" und stellt allein auf eine objektive Pflichtverletzung ab. Ob seine These in dieser Allgemeinheit haltbar ist, ist sehr zweifelhaft, da dann nicht mehr von einer tatsächlichen Verschuldensform gesprochen werden könnte; eine notwendige Zurechnung zum Willen wäre nicht mehr gegeben.[213] Es verdeutlicht aber den Drang nach Objektivierung im Zivilrecht.

Wenn nun die Vertreter der subjektiven Theorie auf die Figur des sogenannten Übernahmeverschuldens gerade in Fällen abstellen (müssen), wo zwar eine persönliche Vorwerfbarkeit im Zeitpunkt der Handlung fehlte, weil der Handlende z.B. nicht die notwendigen Kenntnisse zur Vermeidung des Erfolgs mitgebracht hat, eine Sanktion aber im Hinblick auf eine gerechte Risikoverteilung zwingend ist,[214] zeigt dies, wie wenig eine rein subjektive Anknüpfung dem Vertrauensschutzgedanken des Zivilrechts gerecht wird. Letzterer erfordert einen objektiv anknüpfenden Sorgfaltsmaßstab als Mindestschutz.[215]

Macht dieser Mindestschutz nun an den äußeren Fakten des Auftretens und Handelns im jeweiligen Verkehrskreis fest, so ist auch zu konstatieren, dass damit in praktischer Hinsicht eine Erleichterung der Beweissituation einher-

---

209 *Spickhoff*, Gesetzesverstoß und Haftung, §8, S. 216

210 So z.B. das StVG, das AtomG und insbesondere auch das ProdHaftG

211 Vgl. hierzu *Deutsch*, Fahrlässigkeit und erforderliche Sorgfalt[2], §7, S. 137, der von einer „objektiven Übernahme" spricht.

212 *Brüggemeier*, Deliktsrecht, Rn 115

213 *Deutsch*, Fahrlässigkeit und erforderliche Sorgfalt[2], S. 462; zudem scheint hierin wieder eine Vermischung der Kategorien Pflichtwidrigkeit und Verschulden angelegt zu sein.

214 Vgl. *Enneccerus/Nipperdey*, Allg. Teil, 2. Halbband[15], §213 III 2d, S. 1325; *v. Caemmerer*, Karlsruher Forum 1961, S. 19 (26)

215 Soergel[12]/*Wolf*, §276 Rn 76

geht,[216] welche letztlich auch eine Frage materieller Gerechtigkeit in sich birgt. Denn nur nachweisbare Umstände bleiben in concreto rechtlich relevant und sorgen für das Durchschlagen der gesetzlichen Wertungen. Wie später noch eingehend zu zeigen sein wird, bietet gerade der Nachweis subjektiver Tatbestandsmerkmale große Beweisschwierigkeiten, die durch eine objektive Typisierung der Merkmale überwunden werden können.[217]

Allerdings erscheint auch eine streng objektive Bestimmung nicht in allen Fällen brauchbar. Augenscheinlich wird dies schon darin, dass auch besondere Kenntnisse und Fähigkeiten die Sorgfaltanforderungen erhöhen.[218] Denn indem die Haftung erst dann beginnt, wenn die nötige Sorgfalt nicht aufgewandt wird, erhält der Handelnde einen persönlichen Bewegungsfreiraum. Wer aber besondere Kenntnisse und Fähigkeiten hat, braucht diesen Freiraum gerade nicht.[219]

Somit wird eine rein objektive Bestimmung verlassen und der Schritt hin zum Verschuldensprinzip zumindest in einer Richtung vollzogen. Insoweit wird von der herrschenden objektiven Auffassung der Fahrlässigkeitsbegriff in gewisser Weise mit einer persönlichen Vorwerfbarkeit verknüpft.[220] Aber auch die vorgenommene Relativierung des Maßstabes durch Typisierung der Anforderungen nach Verkehrskreisen lässt sich, wie schon *Engisch*[221] erkannt hat, bis zur gänzlich subjektiven Anknüpfung forttreiben, so dass dessen Wert auf dem Prüfstand stünde. Allerdings kann ihr Prinzip und ihre Geltung nicht als „willkürlich“[222] bezeichnet werden. Denn hierbei würde ihre Grundlage verkannt. Die erforderliche, normative Sorgfalt geht – wie erläutert – gerade im Zivilrecht vom im Verkehr Erwartbaren aus, insoweit bildet sie auch den Gegenstand des sozialen Vertrauens. Eine Differenzierung nach Verkehrskreisen konkretisiert jenes Erwartbare, auf das vertraut werden kann.

---

[216] Hierauf ist schon von *Leonhard*, Festgabe für Enneccerus, S.71 hingewiesen worden. So auch *Wiethölter*, Verkehrsrichtiges Verhalten, S. 49; ähnlich *Zeuner*, JZ 1961, 1 (8), der auf die strafrechtliche Literatur verweist, die eine streng subjektive Herleitung der Fahrlässigkeit aufgrund der damit verbundenen Beweisschwierigkeiten ablehnen.

[217] Vgl. hierzu unten §7 II

[218] *Deutsch*, Fahrlässigkeit und erforderliche Sorgfalt², §7, S. 143; *ders.*, Allg. Haftungsrecht², Rn 397; *Larenz*, Schuldrecht Band I: Allg. Teil¹⁴, §20 III, S. 285; Soergel¹²/*Wolf*, §276 Rn 77; MüKo⁴/*Grundmann*, §276 Rn 56; Erman¹⁰/*Battes*, §276 Rn 21

[219] *Deutsch*, JZ 1997, 1031 (1033); *ders.*, Allg. Haftungsrecht², Rn 397; Vgl. weiter nur BGH NJW 1997, 3090 (3091) (Ein Arzt hat seine speziellen Kenntnisse einzusetzen.)

[220] Soergel¹²/*Wolf*, §276 Rn 76

[221] *Engisch*, Vorsatz und Fahrlässigkeit, S. 439

[222] *Engisch*, Vorsatz und Fahrlässigkeit, S. 439

4. Ergebnis

Die Fahrlässigkeit setzt als reines Zurechnungselement eine Verhaltensanforderung voraus. Sie bezieht sich auf eine Außerachtlassung dieser „Pflicht". Ihr wohnt per se kein eigenständiger Pflichtgehalt inne. Daran ändert auch eine (ausnahmsweise) „subjektive Färbung" des entsprechenden Verhaltensgebotes nichts. Zwar ist als Ausgangspunkt einer Zurechnung im Rahmen der Fahrlässigkeitdogmatik die Verletzung der inneren Sorgfalt in Gestalt einer allgemeinen Verhaltensanforderung zur Aufmerksamkeit im Rechtsverkehr anzusehen. Dieses Gebot ist allerdings ein Unselbständiges. Es setzt seinerseits ein abstraktes Verhaltensgebot voraus. Liegt ein subjektive Färbung der Rechtswidrigkeits- bzw. Normwidrigkeitsebene vor, so wird dadurch die bestehende abstrakte Verhaltensanforderung auf das im Verkehr erforderliche Maß relativiert.

Im Zivilrecht ist in der Regel ein objektiv-typisierender Sorgfaltsmaßstab notwendig. Dies erfordert die soziale Ordnungs- und Ausgleichsfunktion dieses Rechtsgebiets. Als zugrundeliegendes übergeordnetes Rechtsprinzip beherrscht der Grundsatz des Vertrauens die zivilrechtliche Zurechnung anhand von Fahrlässigkeit.

II. Die Kenntnis und ihre Verbindung zur Fahrlässigkeit

Die Fahrlässigkeit ist Zurechnungsform. Sie setzt als rechtliche Wertung somit ein Objekt dieser Wertung voraus, welches im Verstoß gegen eine Verhaltensanforderung liegen kann.[223]

Einleitend ist jedoch bereits erörtert worden,[224] dass die Kenntnis an sich überwiegend nur als ein „Bewusstseinszustand"[225] beschrieben wird, der selbst gerade nicht im Widerspruch zu einem solchem Gebot stehen könne. Spricht das Gesetz von einem „Kennen-müssen", also von einem Nichtkennen infolge von Fahrlässigkeit gemäß §122 Abs.2 BGB, so sei dies nichts weiter als eine Zusammenfassung der Umstände, die es nach seiner Wertung als unbillig erscheinen lassen, dass jemand aus seiner Unkenntnis einen Rechtsvorteil zieht.[226]

---

223 Wie oben gesehen, gibt es kein *crimen culpae*, sondern nur *crimina culposa*. Vgl. *Exner*, Das Wesen der Fahrlässigkeit, S.79; *Deutsch*, Fahrlässigkeit und erforderliche Sorgfalt^2, §4, S. 62 f.

224 Siehe oben §5

225 So *Buck*, Wissen und juristische Person, §5, S. 35; wohl im Anschluss an *Schilken*, Wissenszurechnung, S. 54

226 *Wetzel*, Die Zurechnung des Verhaltens Dritter bei Eigentumsstörungstatbeständen, S. 49; ihr folgend: *Buck*, Wissen und juristische Person, §5, S. 37

Eine Pflicht, sich selbst bösgläubig zu machen, existiere nicht.[227] Klar liege zudem, dass die Fahrlässigkeit im Zusammenhang mit einer Unkenntnis nicht als „echte“ Verschuldensform im „technischen Sinne“ bezeichnet werden könne.[228] Denn eine rechtswidrige Pflichtverletzung könne schon im Grundsatz nicht vorzuliegen.

Zuzugeben ist dieser Ansicht vorerst, dass in der allgemein anerkannten Terminologie, ein Verhalten nur dann als rechtswidrig bezeichnet wird, wenn es einen Eingriff in eine fremde Rechtssphäre darstellt.[229] Schon der finale[230] Begriff des Eingriffs impliziert, dass auf Verhalten abzustellen ist; zudem deutet er letztlich die Notwendigkeit an, eine enge, unmittelbare Bezogenheit des Handelns zu einem fremden Rechtskreis festzustellen. Beides wird im Grunde vermisst, wenn die Unkenntnis als „juristische Tatsache“[231] das Objekt der Fahrlässigkeit bilden soll. Es wurde aber schon von *Oldenbourg*[232] erkannt, dass nicht das Wissen per se als bloßer Bewusstseinszustand rechtlich relevant werden kann, sondern immer erst in Verbindung mit einem rechtsgeschäftlichen oder tatsächlichen Verhalten. In jenem Verhalten kann nun aber ebenso nach einer Fehlerhaftigkeit gesucht werden, auf die sich die Fahrlässigkeit beziehen könnte.

Ausgehend von einer Betrachtung der Rechtsfolgen derjenigen Normen, die der Kenntnis rechtliche Relevanz zuweisen, erscheint hier dann zunächst der Schluss zwingend, dass derjenige der keine Kenntnis nimmt, sich eben nur selbst einen Nachteil zufügt und keine fremden Interessen verletzt.[233] Die Sanktion mangelnder Sorgfalt bestünde allein in einem Rechtsnachteil, der beim Betreffenden selbst eintrete. In dieser Hinsicht ließen sich die zu beurteilenden

---

[227] *Wetzel*, Die Zurechnung des Verhaltens Dritter bei Eigentumsstörungstatbeständen, S. 47; *Schüler*, Die Wissenszurechnung im Konzern, S. 47

[228] Soergel[13]/*Henssler*, §932 Rn 18; Staudinger[13](1995)/*Wiegand*, §932 Rn 43; Soergel[12]/*Wolf*, §276 Rn 72; *Zeuner*, JZ 1966, 1 ff.; so bereits *Enneccerus/Lehmann*, Recht der Schuldverhältnisse[15], §16 I 3, S. 77

[229] Staudinger[13](2001)/*Löwisch*, §276 Rn 10; Soergel[12]/*Wolf*, §276 Rn 23; explizit Dunz, JZ 1961, 406

[230] Die normative Ausprägung des Eingriffs im Sinne einer gewissen Finalität wird insbesondere deutlich bei *v. Caemmerer*, Karlsruher Forum 1961, S. 19 ff.; Vgl. auch *Hager*, FS für E. Wolf, S. 133 (137 f., 142)

[231] *Enneccerus/Nipperdey*, Allg. Teil Bd. I 2. Halbband[15], §136 II, 860; *Weyl*, Verschuldensbegriffe, S. 176

[232] *Oldenbourg*, Die Wissenszurechnung, S. 1

[233] *U. Huber*, FS für E.R. Huber, S. 253 (262)

Fälle bestenfalls unter ein sogenanntes „Verschulden gegen sich selbst“[234] einordnen.[235]

Eine Klärung der Problematik rückt durch diese Qualifizierung jedoch vorerst nicht näher. Zwar ging *Zitelmann* davon aus, dass eine Sanktionierung eines Verhaltens eine „rechtliche Missbilligung“ voraussetzen muss.[236] Doch trotz seiner These, diese Missbilligung beruhe auf einer ethischen Pflicht des Einzelnen, sich nicht selbst zu schädigen,[237] bleibt weiterhin im Dunkeln, auf welche dogmatische Basis sich eine etwaige Pflicht stützen könnte, deren Verletzung in diesen Fällen zu einem (wie auch immer zu bezeichnenden) Verschulden führen könnte. Denn es leuchtet nicht ein, warum nicht jedem selbst überlassen sein soll, seinem eigenen Interesse zu wider zu handeln.[238]

Auch der von *Reimer Schmidt*[239] hierzu aus dem Versicherungsrecht für die allgemeine Zivilrechtsdogmatik fruchtbar gemachte Begriff der „Obliegenheit“ als Verhaltensanforderung, der den unter ein „Verschulden gegen sich selbst“ gefassten Fälle mitunter zugrunde liegen soll, bleibt für eine exakte Einordnung in die Fahrlässigkeitdogmatik zunächst zu sehr bei der Analyse der Rechtsfolge jener Fälle verhaftet. Als „Pflichten minderer Intensität“[240] sei an die Verletzung einer solchen Obliegenheit nicht wie an eine „echte“ Pflichtverletzung ein Schadensersatzanspruch geknüpft, sondern ein Nachteil im eigenen Rechtskreis. Welche teleologische Basis einer Obliegenheit zu Grunde liegt, die Gegenstand eines Fahrlässigkeitsurteils sein könnte und welche rechtliche Missbilligung einem Verhalten bei Verstoß gegen eine solche Obliegenheit dann anhaftet, wird tatsächlich nicht geklärt.

Schmidt beschränkt sich in diesem Punkt darauf, dem Betreffenden ein *venire contra factum proprium* zu unterstellen.[241] Ein Rückgriff auf diesen

---

[234] Der Begriff stammt bereits von *Zitelmann*, Allg. Teil, S. 152, 166 ff. und verdeutlicht, dass abstellend auf die Rechtsfolge der (Kenntnis-)Normen das zu beurteilenden Verhalten sich nicht auf eine Verletzung eines fremden Rechtsguts richtet.

[235] So *Rabe*, Die Behandlung der Bösgläubigkeit des Besitzdieners in §990 BGB, 1970, S. 89 f.; vgl. auch *Ernst/Leenen/Mansel/Peters/Zimmermann*, Memorandum, S. 2; a.A. wohl: *Buck*, Wissen und juristische Person, §5, S. 35

[236] *Zitelmann*, Allg. Teil, S. 166

[237] *Zitelmann*, Allg. Teil, S. 166, 169 mit der Konsequenz, dass sich auch der anzulegende Sorgfaltsmaßstab danach bestimme, was „die Menschen im eigenen Interesse von sich zu verlangen pflegen“. Wohl aufbauend auf die Pflichtenlehre von *Christian Wolff*, der ausgehend von der christlichen Ethik eine sozialethische Pflicht gegen sich selbst zur Vermeidung eigener Schäden erkannte. Vgl. zu Letzterem *Looschelders*, Die Mitverantwortlichkeit des Geschädigtem im Privatrecht, §2, S. 18 f.

[238] In diesem Sinne hat sich schon *Crome*, System des deutschen Bürgerlichen Rechts, Band 1, S. 494 Anm. 2 gegen den Begriff des „Verschuldens gegen sich selbst“ ausgesprochen und als „civilistisch unhaltbar“ abgelehnt. Ebenso *Fischer*, Die Rechtswidrigkeit, S. 163 ff.; *Weyl*, Verschuldensbegriffe, S. 518

[239] *R. Schmidt*, Die Obliegenheiten, 1953

[240] *R. Schmidt*, Die Obliegenheiten, S. 315

[241] *R. Schmidt*, Die Obliegenheiten, S. 318

Grundsatz bietet aber gerade keine Lösung für die in diesen Fällen bestehende Frage nach Rechts- bzw. Normwidrigkeit des zur Obliegenheit erhobenen Verhaltens. Denn *contra factum proprium* und damit zu missbilligen wäre hier allenfalls das spätere Handeln trotz Kenntnis oder Kenntnismöglichkeit.

In der Folge wurde denn auch jener Geltungsgrund der Obliegenheit als zu pauschale Sichtweise kritisiert und im Ergebnis die Lehre von den Obliegenheiten als dogmatisch unausgegoren angesehen.[242]

Als letzte Konsequenz der fehlenden dogmatischen Durchdringung des Problems, das sich hinsichtlich des Zusammenspiels von Kenntnis und Fahrlässigkeit stellt, mutet es daher an, das „Kennen-müssen" als bloßes „normatives"[243] Zurechnungselement zu bezeichnen.[244] Endlich hat die gesetzestechnische Relation der Kenntnis mit der Fahrlässigkeit scheinbar dazu geführt, die Kenntnis im Ergebnis gerade nicht als echtes Zurechnungselement zu begreifen. Jedenfalls für *Rabe* bildet sie schlicht ein objektives Tatbestandsmerkmal, auf das sich wiederum selbst ein etwaiges Zurechnungselement beziehen könne.[245] In diese Richtung deuten auch obige Ansichten zur fehlenden Pflicht zur Kenntnisnahme und es würde zudem die These passen, dass erst *aus* dem Vorliegen von Kenntnis etwaige Verhaltensanforderungen fließen könnten.[246] Werden die Kenntnis und das Kennen-müssen aber als echte Zurechnungsmerkmale angesehen, können sie darüber hinaus keine selbstständigen Gegenstände einer Zurechnung, sprich eines (dann zusätzlichen) Verschuldenselements sein. Sie sind vielmehr integraler Bestandteil einer Zurechnung.[247] Alles in allem wird klar, dass, in dogmatischer Hinsicht, bisher vieles nur unklar und verschwommen betrachtet werden kann. Vor allem die Kontroverse um eine „untechnische" Verwendung der Verschuldensform der Fahrlässigkeit deutet darauf hin, dass auch hier - ebenso wie bereits allgemein zu Fahrlässigkeit erkannt -, eine Vermengung der Kategorien der Rechts- bzw. Pflichtwidrigkeit und des Verschuldens stattfin-

---

242 Vgl. insbesondere: *Canaris*, Die Vertrauenshaftung im deutschen Privatrecht, §19, S. 198 ff.

243 So ausdrücklich *Buck*, Wissen und juristische Person, §5, S. 37

244 Im Ergebnis ebenso: *Wetzel*, Die Zurechnung des Verhaltens Dritter bei Eigentumsstörungstatbeständen, S.49; *Bohrer*, DNotZ 1991, 124 (125)

245 *Rabe*, Die Behandlung der Bösgläubigkeit des Besitzdieners in §990 BGB, S. 112; *Richardi*, AcP 169 (1969), 385 (402)

246 Siehe hierzu oben §5

247 *Manigk*, Willenserklärung und Willensgeschäft, §148, S. 626 f. hat hierzu erkannt, dass die inneren Tatsachen des Wissens und Kennens zwar Bestandteile eines Tatbestandes seien, sie aber psychologisch betrachtet, nur weitere Bestandteile des Wollens seien. Eine Kenntnis sei immer nur ein Bestandteil des betätigten Gesamtwillens.

det,[248] die einerseits die Rechtswidrigkeit mit dem Problem der Zurechenbarkeit im Sinne von Vorwerfbarkeit belastet; andererseits aber auch die Fahrlässigkeit als Verschuldensform scheinbar untrennbar mit dem Vorliegen einer „echten" Rechtspflicht verknüpft.

Im Folgenden soll nun eine genauere Betrachtung der Wissensnormen und ihrer teleologischen Basis zeigen, ob sich in diesen Regelungen allgemeine Verhaltensanforderungen finden lassen, die als Bezugspunkte für die Kenntnis oder ein Kennen-müssen in ihrer Funktion als Zurechnungselemente betrachtet werden können. Ein Kennen-müssen würde insoweit nichts anderes darstellen als ein Zurechnungsäquivalent zur Fahrlässigkeit.

1. Die Wissensnormen als Regelungen des Vertrauensschutzes

a. Überblick und Normstruktur

Normen, die auf eine Kenntnis bzw. ein Kennen-müssen abstellen, sind im Zivilrecht außerordentlich häufig anzutreffen. Im Bürgerlichen Gesetzbuch finden sich die Begriffe insbesondere im Anfechtungsrecht samt oben bereits erwähnter Legaldefinition des Kennen-müssens (§ 122 Abs.2 und §123 Abs.2 BGB), im Gewährleistungsrecht (§§442 Abs.1 Satz 1, 536b BGB), im Bereicherungsrecht (§§814, 819 Abs.1 BGB) und vor allem im Recht des gutgläubigen Erwerbs (§§892, 932 Abs.2, 1032, 1138, 1155, 1207, 1244 BGB) und seit jeher bei der deliktischen Verjährungsregelung (§852 Abs.1 BGB a.F.), die nun unter Einbeziehung der grob fahrlässigen Unkenntnis in der regelmäßigen Verjährung (§§195, 199 BGB n.F.) aufgegangen ist. Manche Verjährungsvorschrift außerhalb des BGB greifen nunmehr auf diese Neuregelung zurück, so z.B. §102 Abs. 1 UrhG. Andere stellen nach wie vor nach dem Vorbild des §852 BGB a.F. auf die positive Kenntnis ab, wie z.B. §12 Abs.3 Satz 2 PflVG. Erwähnenswert in diesem Zusammenhang ist auch §12 Abs. 1 ProdHaftG, der für den Beginn

[248] Dies wird offenbar, wenn z.B. *Graf v. Westphalen* in: Graf v. Westphalen (Hrsg.), Produkthaftungshandbuch, Band 2^2, §79 Rn 3 davon spricht, dass der nach dem ProdHaftG „Ersatzpflichtige (es müsste richtiger Weise vom Ersatzberechtigten die Rede sein) – wegen des im Kennenkönnen verankerten Verschuldenselements – gehalten ist, sich die erforderliche Kenntnis...zu verschaffen". Dogmatisch indifferent spricht auch *Richardi*, AcP 169 (1969), 385 (390) davon, es werde in den Bestimmungen, in denen der Gesetzgeber eine fahrlässige Nichtkenntnis sanktioniert keine Pflicht „indiziert", die erforderliche Kenntnis zu erlangen. Ebenso unklar *Ernst/Leenen/Mansel/Peters/Zimmermann*, Memorandum, S. 2: „Der Begriff der groben Fahrlässigkeit impliziert eine Verpflichtung, sich von der eigenen Anspruchberechtigung Kenntnis zu verschaffen."

der Verjährungsfrist die Erlangung der Kenntnis und ein „Hätte-erlangen-müssen" gleichstellt.[249]

Im wesentlichen ist allen Wissensnormen als grobe Normstruktur zu eigen, dass etwaige Rechtsvorteile im Falle eines Kennens oder eines Kennenmüssens nicht eintreten, sei es, dass kein Anspruch entsteht (§§122 Abs. 2 oder 179 Abs. 3 Satz 1), dass kein Recht erworben wird (Normen des Gutglaubenserwerbs), dass Fristen anlaufen (neue Verjährungsnormen) oder insbesondere in der Rechtsgeschäftslehre, dass Willenserklärungen oder Rechtsgeschäfte zu Lasten des Wissenden bzw. Wissenmüssenden in der einen oder anderen Art wirksam werden oder unwirksam bleiben (etwa §§ 116, 117 oder 138 Abs. 2 BGB).

b. Kenntnis (Kennen-müssen) und das Prinzip des Vertrauensschutzes

Gerade in der Rechtsgeschäftslehre bei der objektiven Auslegung von Willenserklärungen[250] wird, wenn regelmäßig eine Kenntnis oder ein Kennen-müssen als Abwägungselement erörtert wird,[251] ein maßgeblicher Grund für ein Abstellen auf das Wissen der Betreffenden darin gesehen, dass jenes eine Grenze des Vertrauensschutzes bilde, auf den sich der Empfänger einer Willenserklärung berufen könne. Sein Vertrauen sei bei Kenntnis oder Kennen-müssen der Umstände nicht mehr schutzwürdig.[252]

Es stellt sich von daher die Frage, ob nicht generell in Normen, in denen die Kenntnis oder ein Kennen-müssen relevant wird, Interessenskonflikte des Vertrauensschutzes geregelt werden sollen. Für *Wetzel*[253] ist dies zweifelsohne der Fall. „Sämtlichen Tatbeständen" des Wissens oder des Wissensmüssens läge die Auflösung einer Vertrauensschutzproblematik zu Grunde.[254] Hiergegen wird jedoch eingewandt, das Prinzip des Vertrauensschutzes sei schon in seiner kon-

---

[249] Auch im Versicherungsrecht spielen die Kenntnis bzw. ein Kennen-müssen ein Rolle, soweit von der Kenntnis bestimmter Umstände an, dem Versicherungsnehmer eine Anzeigepflicht an den Versicherer trifft (§§16, 23 Abs. 2, 27 Abs. 2, 33 Abs. 1 VVG).

[250] Dies entspricht der grundsätzlichen Hinwendung der Literatur und Rechtsprechung zur sog. Erklärungstheorie, die entgegen der sog. Willenstheorie im Interesse des Rechtsverkehrs den Erklärenden am objektiven Sinn seiner Erklärung festhalten will. Instruktiv *Köhler*, BGB Allg. Teil[25], §7 Rn 1, 2

[251] Bereits RGZ 131, 151; Vgl. nur Soergel[13]/*Hefermehl*, §133 Rn 20; MüKo[3]/*Schramm*, §166 Rn 3; *Larenz/Wolf*, Allg. Teil[8], §28 Rn 23

[252] *Larenz/Wolf*, Allg. Teil[8], §28 Rn 20 ff.; *Brox*, Allg. Teil des BGB[26], §6, Rn 133; Palandt[62]/*Heinrichs*, §133 Rn 9 unter Verweis auf BGH NJW 1981, 2295 (2296): Empfänger hat zu prüfen, was der Erklärende gemeint hat; er muss „gehörige Aufmerksamkeit" walten lassen.

[253] *Wetzel*, Die Zurechnung des Verhaltens Dritter bei Eigentumsstörungstatbeständen, S. 48

[254] Wohl auch *Waltermann*, AcP 192, 181 (196); ähnlich *Wilhelm*, AcP 183 (1983), S. 1 (18 ff.)

kreten Ausformung äußerst umstritten und könne von daher für eine allgemeine Erklärung nicht tauglich sein.[255]

Nicht geleugnet werden kann aber zunächst, dass das Vertrauensschutzprinzip eines der Kernprinzipien des Zivilrechts darstellt.[256] Aus seiner primären Ordnungsfunktion widersprüchlicher Interessen im Rechtsverkehr versucht es einen Ausgleich zwischen dem aus dem Selbstbestimmungsinteresse des Einzelnen fließenden Willensdogma und den Interessen der Sicherheit und Leichtigkeit des Rechtsverkehrs, welchen es zu rechtlicher Relevanz verhilft. Dies ist bereits oben im Rahmen der Bestimmung des im Zivilrecht geltenden Sorgfaltsmaßstabs besonders hervorgetreten. Canaris[257] hat in seiner Monographie zur Vertrauenshaftung Fälle der sogenannten „Vertrauensentsprechung" systematisiert und nennt neben Fällen der Rechtsscheinshaftung insbesondere Fälle einer Vertrauenshaftung kraft „rechtsethischer Notwendigkeit". Obgleich in der hier vorliegenden Thematik keine Haftungsfrage im traditionellen Sinne zu beantworten ist, so ist doch festzuhalten, dass jene auf den gewachsenen Ausprägungen von Treu und Glauben beruhen soll, die ausdrücklich kraft des §242 Eingang in das Bürgerliche Gesetzbuch gefunden hat.[258]

Es kann von daher kein Zweifel bestehen, dass eine fehlende „Vertrauensentsprechung" sanktioniert werden kann, soweit auch nur eine „rechtsethische Notwendigkeit" hierfür besteht. Für das Eintreten einer Vertrauenshaftung beschreibt *Canaris* als allgemeine Voraussetzung einen Vertrauenstatbestand, der grundsätzlich in jedem Sachverhalt liegen könne, wenn Vertrauen in eine bestimmte Richtung erweckt wird.[259] Insbesondere das von *Wieacker*[260] als grundlegend angesehene Vertrauen auf konsequentes Verhalten[261] ist dann im Hinblick auf die rechtliche Relevanz von Wissen und Wissen-müssen beachtlich. Denn aus dem Wissen einer Person ließe sich in dieser Hinsicht gerade zu Zwecken des Verkehrsschutzes zumindest typisierend folgern, sie werde sich entsprechend ihres Erkenntnisstandes konsequent verhalten. Mit „konsequent" wird hier letztlich eine Verkehrserwartung umschrieben. Knüpft also der Gesetzgeber an ein Kennen oder Kennen-müssen einen Rechtsnachteil, liegt dem wohl die Einsicht zu Grunde, dass derjenige, der es selbst in der Hand hat, sein

---

255 *Schilken*, Wissenszurechnung, S. 51 f.

256 *Larenz/Wolf*, Allg. Teil[8], §2 Rn 34 ff..; *Canaris*, Vertrauenshaftung, passim; *v. Craushaar*, Der Einfluss des Vertrauens auf die Privatrechtsbildung, passim

257 *Canaris*, Vertrauenshaftung, S. 9 ff. und S. 273 ff.

258 *Canaris*, Vertrauenshaftung, S. 529

259 *Canaris*, Vertrauenshaftung, S. 491

260 *Wieacker*, Zur rechtstheoretischen Präzisierung des §242, S. 27: Er sieht dieses grundlegende Vertrauen in einem übergesetzlichen Rechtsprinzip der „constantia" verankert.

261 Ihm folgend auch *Teichmann*, JA 1985, 497 (500) (Vertrauen in die Beständigkeit des Verhaltens); *Dette*, Venire contra factum proprium nulli conceditur, S. 49; Vgl. auch *Kegel*, FS für Pleyer, S. 513 (533 f.). Er umschreibt diese Situation des Verkehrsschutzes als Schutz dessen, für den die objektive Wahrscheinlichkeit eines Sachverhalts streitet.

Verhalten nach seinem Wissensstand einzurichten, jenes dementsprechend einrichten soll.[262]

Der Rechtsverkehr darf sich folglich auf ein in dieser Hinsicht konsequentes Verhalten des einzelnen verlassen; er darf hierauf vertrauen.

Wenn in §122 Abs. 2 BGB eine Schadensersatzpflicht des Anfechtenden entfällt, falls der Anfechtungsgegner die Anfechtbarkeit kannte oder kennen musste, so liegt dem die Wertung des Gesetzgebers zu Grunde, dass eine Geltendmachung von Schadensersatz in Kenntnis (Kennen-müssen) des Mangels des Geschäfts das schutzwürdige (im Regelfall: abstrakte) Vertrauen des Anfechtenden auf ein konsequentes Verhalten des Anfechtungsgegners enttäuschen würde. Während die Schutzwürdigkeit des Vertrauens des Gegenüber in die Geltung des Geschäfts im Hinblick auf den Selbstschutzmöglichkeit dahinter zurück bleibt. Denn entweder der Wissende Geschäftspartner trägt das Risiko der Anfechtbarkeit oder aber er nimmt zum Selbstschutz vom Geschäft Abstand.[263] Ähnlich lässt sich die Regelung des Gewährleistungsrechts zum Ausschluss der Mängelgewährleistungsrechte bei Kenntnis oder grob fahrlässiger Unkenntnis in §442 Abs. 1 Satz 1 betrachten. Der Verkäufer darf auf die Konsequenz des Käufers vertrauen, bei Kenntnis (grob fahrlässiger Unkenntnis) entweder sich selbst zu schützen und nicht zu kaufen oder das Mangelrisiko zu tragen.[264]

Widerspricht das Verhalten des Betreffenden dem obigen Vertrauen des Gegenüber, so scheint zunächst das Prinzip des *venire contra factum proprium* als Basis einer Abwägung des Vertrauensschutzes in den Wissensnormen in der Diskussion zu stehen.[265] Dieses stellt aber nur eine spezielle Ausprägung des Vertrauensgrundsatzes dar und findet seine rechtstheoretische Legitimation allein in diesem allgemeinen Rechtsprinzip.[266] Denn erst das Schaffen eines Vertrauenstatbestand durch den Betreffenden führt zu einem rechtlich relevanten Selbstwiderspruch und daher zu einer legitimen Sanktion. Bloßes widersprüchliches Verhalten genügt nach allgemeiner Meinung gerade nicht, um etwaige

---

[262] So auch *Schilken*, Wissenszurechnung, S. 52

[263] Eine entsprechende Regelungsgrundlage enthält auch §179 BGB. Vgl. hierzu auch *Sallawitz*, Die tatbestandsmäßige Gleichstellung von grobfahrlässiger Unkenntnis mit Kenntnis, S. 68 ff.

[264] Das RG hatte in diesen Fällen teils noch einen (konkludent erklärten Gewährleistungsrechts-) Verzicht des Käufers gesehen (RGZ 101, 64 (73)). Ähnlich auch BGH NJW 1990, 1106 (1108). Zur Problematik und Abgrenzung des Vertrauensschutzes und der Rechtsgeschäftslehre eingehender unten im Rahmen der dogmatischen Grundlagen der Verjährung, unten §10 II

[265] Insbesondere für §§932, 990 BGB: *Rabe*, Die Behandlung der Bösgläubigkeit des Besitzdieners in §990 BGB, S. 155; *Richardi*, AcP 169 (1969), 385 (402)

[266] Ganz h.M, Vgl. *Larenz*, Schuldrecht Band I: Allg. Teil[14], §10 II b, S. 133; Soergel[12]/*Teichmann*, §242 Rn 313 ff.; MüKo[4]/*Roth*, §242 Rn 255 ff.; *Singer*, Das Verbot widersprüchlichen Verhaltens, S. 6, 77

Rechtsfolgen zu rechtfertigen, da es jedem grundsätzlich freistehe, sein Verhalten zu ändern.[267]

Aussagekräftiger ist es daher insoweit, zur Konkretisierung auf den Gedanken des Selbstschutzes als maßgeblichen Grund für die rechtliche Bedeutsamkeit des Wissens abzustellen.[268] Denn die Kenntnis der relevanten Umstände eröffnet - wie erörtert - typischer Weise die Möglichkeit sich selbst vor Nachteilen, die aus den Umständen folgen könnten, zu schützen. Jener Gedanke stellt bei Lichte besehen ein Element im Rahmen der in den betreffenden Normen angelegten Abwägung des schutzwürdigen Vertrauens dar. Derjenige der sich in zumutbarer Weise selbst vor Schaden bewahren kann, indem er in Kenntnis oder bei hinreichender Erkenntnismöglichkeit von gewissen Umständen in eigenem Interesse Handlungen unterlassen oder vornehmen kann, der muss nicht geschützt werden im Hinblick auf etwaige Dispositionen im Vertrauen auf jene Umstände. Mit anderen Worten gilt: Wer sich zumutbar selbst schützen kann, dessen (dann „blindes") Vertrauen ist nicht schutzwürdig.

Folglich bildet in den Wissensnormen regelmäßig das Zusammenspiel von zumutbaren Selbstschutz als Gegenpol zum eigenen Vertrauen auf der einen und schutzwürdiges Vertrauen auf konsequentes Verhalten auf der anderen Seite die Regelungsgrundlage.

Nicht immer sind aber allein diese beiden Seiten des Vertrauensschutzes in Ausgleich zu bringen. In manchen Normen, die auf Wissen abstellen, steht dem Selbstschutz nicht nur ein schutzwürdiges Vertrauen gegenüber, sondern explizit auch der Blick auf ein fremdes Rechtsgut. Angesprochen sind hier die Normen des Gutglaubensschutzes. Aufzulösen sind hier nicht nur zwei Vertrauenstatbestände. Es trifft vielmehr das Erwerbsinteresse des Vertrauenden auf das Eigentumsrecht eines Dritten. Letztlich entscheidend ist in diesen Fällen aber dennoch die Schutzwürdigkeit des Vertrauens des Erwerbers, so dass die Regelungen ebenso Ausprägungen des Prinzip des Verkehrs- und Vertrauensschutzes im Zivilrecht darstellen,[269] die maßgeblich auf die Möglichkeit des Selbstschutzes zur Abwägung der rechtlichen Interessen abstellen.

---

[267] Bereits BGHZ 23, 81 (87); BGHZ 32, 273 (279); MüKo[3]/*Roth*, §242 Rn 317; *Wieling*, AcP 176 (1976),334 ff.; in diesem Zusammenhang weist *Singer*, Das Verbot widersprüchlichen Verhaltens, S. 35 und passim. zutreffend darauf hin, dass eine Kennzeichnung eines Verhaltens als *venire contra factum proprium* all zu oft inhaltsleer sei, da übersehen werde, dass eine rechtliche Missbilligung des Verhaltens zunächst auf einer nicht begründeten normativen Bewertung des Vorverhaltens beruhe.

[268] So auch ganz allgemein *Schilken*, Wissenszurechnung, S. 56; *Looschelders*, Die Mitverantwortlichkeit, §3, S.48, 55; *Koller*, JZ 1998, 75; zum Gewährleistungsrecht: Jauernig[10]/*Berger*, §442 Rn 5; Staudinger[13](1995)/*Köhler*, §439 Rn 1

[269] Allg. Meinung; bereits *v. Thur*, Allg. Teil, Band II, 1. Hälfte, §49, S. 134 f.; zur heutigen Ansicht: vgl. nur MüKo[3]/*Quack*, §932 Rn 1, 3 m.w.N.

2. Das Verschuldensprinzip in den Wissensnormen

Canaris spricht in den Fällen des §122 Abs.2 BGB und §179 Abs.3 Satz 1 BGB von einer „Erklärungshaftung".[270] Diese soll den Erklärenden aber nicht erst dann treffen, wenn er eine fehlerhafte Erklärung „verschuldet" hat, sondern bereits dann, wenn er nach dem „Risikogedanken" die Folgen tragen soll. Auf Seiten des Erklärenden wird für eine Zurechnung also nicht auf das Verschuldensprinzip abgestellt, sondern als ausreichend wird eine „normative" Verantwortlichkeit für das Risiko angesehen. Auf Seiten des Erklärungsempfängers, bei dem nun ein Wissen-müssen relevant wird, werten die Vertreter der Ansicht des fehlenden Pflichtencharakters einer Kenntnisnahme im Rahmen der Wissensnormen, die Kenntnis (Kennenmüssen) zumeist im Sinne des Risikogedankens nur als Indiz für die „Zumutbarkeit" des Selbstschutzes. *Bohrer*[271] verknüpft insoweit ein solch normatives Zurechnungselement mit dem Begriff der Fahrlässigkeit dadurch, dass er letztere als Maßstab für die der Zurechnung zu Grunde liegende „Risikonähe" ansieht. Dem liegt ein gewisser Gleichbehandlungsaspekt zugrunde. Schadet dem Erklärenden bei wertender Betrachtung allein die Veranlassung eines schutzwürdigen Vertrauens,[272] so soll dieses Zurechnungsprinzip auch auf Seiten des Erklärungsempfängers gelten.[273] Ähnlich ist man auch bei §932 in Verbindung mit §935 BGB beim Risikogedanken als Zurechnungsprinzip für den Eigentümer angekommen. Der Eigentümer müsse sich das durch die Besitzüberlassung geschaffene Risiko schlicht zurechnen lassen.[274]

Bezeichnet man aber als „Zurechnung" im juristischen Sprachgebrauch ganz allgemein die Anknüpfung bestimmter Tatsachen an ein Rechtssubjekt mit der möglichen Folge rechtlicher Verantwortlichkeit,[275] so liegt die Intention der Zu-

---

[270] *Canaris*, Vertrauenshaftung, §43, S. 532

[271] Bohrer, DNotZ 1991, 124 (125) mit Verweis auf *Müller – Erzbach*, AcP 106, 309 (438), der den Fahrlässigkeitbezug in den Wissensnormen, speziell in §122 BGB, als falsch bezeichnete, dabei aber wohl noch von einer sehr subjektiven *culpa* – Auffassung ausging.

[272] Das „Veranlassungsprinzip" als Ausgangspunkt einer Haftung sieht hier *Deutsch*, Fahrlässigkeit und erforderliche Sorgfalt[2], §16, S. 357. Auf die Unbrauchbarkeit des bloßen Veranlassungsprinzips als Zurechnungsgrund hat indes *Canaris*, Vertrauenshaftung, §38; S. 437 ff. hingewiesen, da diese im Ergebnis ein reines Kausalitätsprinzip darstellt und folglich auf jedes (wertende) Zurechnungserfordernis verzichtet.

[273] *Bohrer*, Die Haftung des Dispositionsgaranten, S. 315 Fn. 88 sieht insoweit in §§122 Abs. 2, 179 Abs.3 „starre Risikoregeln" des BGB. Ganz allgemein geht auch *Weyers*, Karlsruher Forum 1994, S. 42 davon aus, es gehe nicht um „Sollenskategorien", sondern es gehe um „Risiko".

[274] Ebenso str. mit Blick auf das sog. Veranlassungsprinzip, das von insbesondere von *Westermann*, JuS 1963, 7 bemüht wird. Dafür aber *Canaris*, Vertrauenshaftung, §38, S. 479; *Rebe*, AcP 173 (1973), S. 186 (199 ff.)

[275] *Larenz*, Schuldrecht Band I: Allg. Teil[14], §27 III c, S. 457 f.; *Canaris*, Vertrauenshaftung, §37, S. 468

rechnung vor allem darin, eine Verbindung vom eigenen willensgesteuertem Verhalten eines bestimmten Rechtssubjekts zu etwaigen rechtlichen Folgen herzustellen.[276] Steht aber das willengesteuerte Verhalten im Mittelpunkt einer Zurechnung, scheint es schon die Logik zu gebieten, negative Rechtsfolgen nur an ein rechtlich in irgendeiner Weise missbilligtes Verhalten zu knüpfen, das im weitesten Sinne vorwerfbar begangen wurde. Was im Rahmen des zivilrechtlichen Verschuldensbegriffs dem Einzelnen vorgeworfen werden kann, ist oben bereits diskutiert worden.[277] Trotz aller als notwendig erkannten Objektivierungstendenzen impliziert indes eine Zurechnung zum Verhalten immer eine Zurechnung zum Willen. Sie hängt somit unweigerlich an der Möglichkeit jenen Willen steuern zu können, was letztlich die Relevanz der als „innere Sorgfalt" bezeichneten Fahrlässigkeitkomponente in einer tragfähigen Zurechnung unterstreicht.[278] Eine rein normative Zurechnung nach Risikosphären steht hierzu grundsätzlich in einem zu rechtfertigenden Gegensatz.

In den genannten Fällen deutet indes schon der Wortlaut des Gesetzes auf die Einbeziehung des Verschuldensgedanken hin, da er gerade auf die Relevanz des Verschuldens in Form von Fahrlässigkeit abstellt. Ob der Gesetzgeber in den Wissensnormen im Hinblick auf die Verteilung der „Vertauensverantwortung"[279] Risikoregeln nach beherrschten Sphären schaffen wollte, erscheint insoweit fraglich,[280] als er eben gerade auf das eigentlich „subjektive"[281] Merkmal der Kenntnis oder des Kennen-müssens abgestellt hat und somit der „inneren Sorgfalt" ihren Anwendungsbereich gelassen hat.[282] Er typisiert hier nicht gänzlich die Verantwortlichkeit des Betoffenen in seiner (Risiko-) Sphäre, sondern folgert augenscheinlich eine Verantwortlichkeit aus dem kognitiven Zurechnungselement des Verschuldens.

Dem Gleichstellungsgedanken kann somit tatsächlich nur anhand teleologischer Auslegung der Normen Rechnung getragen werden. Eine Rechtferti-

---

[276] MüKo[4]/*Grundmann*, §276 Rn 50: „...Zurechnung , d.h. Vertretenmüssen von Verhalten..."; *Deutsch*, Fahrlässigkeit und erforderliche Sorgfalt[2], S. 428 f.

[277] Siehe oben §5 I 3

[278] Vgl. hierzu *Deutsch*, Allg. Haftungsrecht[2], Rn 387; *Larenz*, Schuldrecht Band I: Allg. Teil[14], §20 IV, S. 290

[279] Ausdruck stammt von *Bohrer*, Die Haftung des Dispositionsgaranten, S. 315

[280] So spricht schon *Enneccerus/Nipperdey*, Allg. Teil, 2. Halbband[15], §213 V, S. 1326 davon, dass es sich in diesen Fällen, wenn auch eine echte Rechtspflicht zum Handeln fehle und so wohl kein echtes Verschulden vorliege, doch wenigstens um eine dem Verschulden weitgehend entsprechenden „persönlichen Zurechnung" handele.

[281] Damit soll nur zum Ausdruck kommen, dass eine reine objektive Risikozurechnung nicht gewollt war. Im Hinblick auf den anzulegenden (Sorgfalts-)Maßstab enthält dies jedoch kein Präjudiz.

[282] Staudinger[13](2001)/*Löwisch*, §276 Rn 7, 8 stellt ohne Diskussion auf die anspruchsbegrenzende Funktion des Verschuldensprinzip beim Vertrauensschaden (§§122 Abs.2, 179 Abs.3 Satz 1 und §307 Abs.1 a.F) und beim gutgläubigen Erwerb ab. Auch *Klingmüller*, Karlsruher Forum 1994, S. 1 (2) ist der Auffassung, dass eine Zurechnung anhand eines Wissen-müssens nicht gänzlich ohne eine Art der Individualisierung stattfinden kann.

gung dieser Auslegung hin zu einer rein normativen Zurechnung ist aber zumindest zweifelhaft. Einerseits enthält zwar das Gesetz sicherlich eine Risikoverantwortlichkeit für denjenigen, der durch seine Handlung (Erklärung) ein gewisses Risiko in den Verkehr getragen hat, wobei aber schon hier die Nähe zur *culpa (in contrahendo)* nicht übersehen werden darf.[283] Andererseits folgt hieraus aber nicht zwingend, dass ein Umschlagen der Haftung, sprich ein Überwiegen der Interessen des Erklärenden ebenso allein am Risikogedanken gemessen werden muss, da die Veranlassung des Risikos eben gerade nicht beim Gegenüber liegt. Es erscheint vielmehr sachgerecht, Letzteren nicht schon ab dem Eindringen in seine Sphäre am objektiven Risiko festzuhalten, sondern erst, wenn er sich schuldhaft nicht an der Minimierung des Risikos beteiligt. Mit anderen Worten ist derjenige, der ein Risiko in den Verkehr trägt, einfach „näher dran“[284] die Folgen zu tragen. Die Verbindung zur Sphäre des Erklärungsempfängers stellt erst die Erklärung selbst her. Daher ist ein Umschlagen der Haftung auch erst dann gerechtfertigt, wenn der Gegenüber in stärkerem Maße für das Risiko verantwortlich wird als es der Veranlassende ist. Für Ersteren gilt daher das Verschuldensprinzip, welches eine engere Zurechnung ermöglicht. Ähnlich lässt sich auch die Risikoverteilung in den Normen des Gutglaubenserwerb fassen.[285] Erst mit der vom Eigentümer veranlassten Besitzpreisgabe entsteht eine Risikoverbindung des Erwerbers zum Rechtskreis des Eigentümers.

Aufgrund der Wertungsgrundlage der Wissensnormen im Vertrauensschutzprinzip kommt hier aber nur eine Zurechnung anhand eines objektivierten Verschuldens in Betracht.[286] Auf die genaue Verbindung von Vertrauensschutz und Verschuldensprinzip wurde oben[287] bereits im Zuge der Ausführungen zum objektivierten Fahrlässigkeitsmaßstab eingegangen. Auf sie wird im Laufe der folgenden Betrachtungen erneut zurückzukommen sein. Durch sie wird das Zurechnungsprinzip des Verschuldens im Ergebnis den Zwecken des Verkehrsschutzes zugänglich gemacht.[288]

---

[283] *Bohrer*, Die Haftung des Dispositionsgaranten, S. 290, 291 setzt die objektive Risikohaftung gar ganz mit einer culpa in contrahendo gleich. Für §122 Abs.2 BGB wurde das Deliktsprinzip erst im 2. Entwurf des BGB als ungerecht angesehen, da der Erklärungsempfänger „unter allen Umständen“ vom Nachteil der fehlerhaften Erklärung freizuhalten sei. Er sei „noch unschuldiger“ als der Erklärenden. Vgl. hierzu auch MüKo[3]/*Kramer*, §122 Rn 2

[284] *Canaris*, Vertrauenshaftung, S.30; ebenso bereits *Müller-Erzbach*, AcP 106 (1910), S. 309 (409); vgl. auch *Mugdan*, Materialien, Band 3, Motive, S. 191

[285] Zumindest wertungsmäßig ähnlich Staudinger[13](1995)/*Wiegand*, §932 Rn 76 bb)

[286] Im Ergebnis ebenso vor allem *Deutsch*, Fahrlässigkeit und erforderliche Sorgfalt[2], §16, S. 348 ff., der für die in die Kategorie der Obliegenheiten eingeordneten Wissensnormen die Notwendigkeit eines objektiven Maßstabes des Verschuldens erkennt.

[287] Siehe oben §5 I 2 c.aa. und §5 I 3 a.bb.

[288] Gerade hierin sieht *Canaris*, Vertrauenshaftung, §38, S.477 den Hauptangriffspunkt gegen ein Abstellen auf das Verschuldensprinzip. Es könne aufgrund seines individualisierenden Charakters „nicht als verkehrsfreundlich“ gelten und bringe ein „erhebliches Maß an Unsicherheit“.

3. Das Objekt des Verschuldens in den Wissensnormen

Nachdem nun klar liegt, dass sich auch in den Wissensnormen Raum für eine Zurechnung anhand des Verschuldensprinzips findet, gilt es, sich dem Bezugspunkt des Schuldvorwurfs eingehender zu widmen. Eingangs ist bereits angeklungen, dass sich nach allgemeiner Ansicht Verschulden auf rechtswidriges Verhalten beziehen muss, das wesentlich im verbotenen Eingriff in den fremden Rechtskreis erkannt wird. Geht man im Hinblick auf die Kenntnisnormen davon aus, dass von einer Rechtswidrigkeit in diesem Sinne nicht gesprochen werden könne, ist man gezwungen sich auf die Suche nach einem „Anologon“[289] zur Rechtswidrigkeit zu machen, will man die dogmatische Konzeption des Verschuldens auch im Bereich der Wissensnormen anwenden.[290] Hierbei hat man sich zunächst erneut zu vergegenwärtigen, dass den Ausgangspunkt eines jeden Unwerturteils ein Verstoß gegen eine Verhaltensnorm bzw. ein Verhaltensgebot bildet.[291]

a. Verhaltenspflicht gegen sich selbst

Es wurde bereits[292] angesprochen, dass in der Lehre mit Blick auf die Rechtsfolgen des Nichtwissens vornehmlich angenommen wird, es liege ein „untechnisches“ Verschulden vor, wenn das Gesetz von fahrlässiger Unkenntnis spreche. Im Anschluss an *Zitelmann*[293] ist von einem „Verschulden gegen sich selbst“ die Rede. Zumeist wird dieses Verschulden umschrieben als Nichteinhaltung derjenigen Sorgfalt, die ein ordentlicher und verständiger Mensch zur Vermeidung eigener Nachteile anzuwenden pflege.[294] Wenn *Fischer* hier die Auffassung vertreten kann, dass eine Verletzung einer Rechtspflicht nicht erforderlich sei,[295] wird die Problematik der Lehre offenbar. Es fehlt sodann nämlich der Bezugs-

---

[289] Dieser Terminus stammt von *Zitelmann*, Allg. Teil., S. 168.

[290] Für die Notwendigkeit einer Normwidrigkeit als Zurechnungsgrundlage auch bei „minderen Pflichten“ vgl. *Deutsch*, Allg. Haftungsrecht², Rn 567 ff.

[291] Selbst die im Deliktsrecht herrschende Lehre vom Erfolgsunrecht geht hiervon nicht ab. Zwar stellt sie nicht wie die Lehre vom Verhaltensunrecht auf eine auf das Verhalten allgemein bezogene Norm ab. Sie erkennt aber die Rechtswidrigkeit nicht allein im eingetretenen Erfolg, sondern stellt auch auf dessen Herbeiführung ab, so dass hier eine Art „Gefahrvermeidungspflicht“ die Grundlage des Rechtswidrigkeitsurteils bildet. Vgl. hierzu *Larenz/Canaris*, Schuldrecht II/2¹³, §75 II 3 b, S. 366

[292] Siehe oben §5 II

[293] *Zitelmann*, Allg. Teil, S. 152 ff., 156 ff.

[294] Diese Definition wird vor allem im Rahmen des bei §254 BGB erkannten Selbstverschuldens gebraucht. Vgl. Palandt⁶²/*Heinrichs*, §254 Rn 1; Soergel¹²/*Mertens*, §254 Rn 2 ff., ebenso schon *v. Thur*, Allg. Teil, Band II, 2. Hälfte, §89, S. 495

[295] *Fischer*, Die Rechtswidrigkeit, S. 176

punkt eines Verschuldens. Im gleichen Sinne kann folglich auch nicht als geklärt gelten, warum sich der Betreffende im konkreten Fall in seinen eigenen Angelegenheiten wie ein ordentlicher und verständiger Mensch verhalten soll. Der Verweis auf etwaige ethisch-moralische Kategorien führt schon mangels rechtlicher Verbindlichkeit dieser nicht weiter.

Bei Lichte besehen trifft auf die Lehre vom „Verschulden gegen sich selbst" in dieser Form der Einwand zu, dass hier die prinzipiell zu trennenden Fragen nach der Rechts- bzw. Normwidrigkeit und dem daran anschließenden Verschulden ineinander fließen und daher die isolierte Herleitung eines Verhaltensgebots in der Praxis als überflüssig erscheint. Dem kann jedoch nach der oben erörterten Struktur der Fahrlässigkeit als Verschuldensmaßstab in keinem Fall kommentarlos zugestimmt werden. Wenigstens müssten sich Verhaltensgebote im eigenen Interesse konstruieren lassen. Gegen solche Pflichten sprechen jedoch schon grundlegende Erwägungen. Es leuchtet nicht ein, warum das Recht, welches die Beziehung zu Dritten im allgemeinen Rechtsverkehr regeln soll, plötzlich auch innere Verhältnisse eines Menschen zu sich selbst zum Gegenstand haben soll, die sich gänzlich ohne Außenwirkung abspielen können.[296] Das Recht ist per se drittbezogen und wirkt ausschließlich im Hinblick auf einen fremden Rechtskreis.[297]

b. Verhaltenspflicht gegenüber Dritten

Aus der bereits dargestellten Interessenlage,[298] die die Wissensnormen aufzulösen versuchen, wurde als grobe Normstruktur erkannt, dass Vertrauen nicht zu unrecht auf Kosten eines Dritten in Anspruch genommen und/oder enttäuscht werden darf. Da das Gesetz die Schutzwürdigkeit des Vertrauenden zwangsläufig als Belastung eines Dritten ausgestalten muss, könnte diese Belastung als Grundlage einer rechtlichen Missbilligung des Verhaltens angesehen werden.[299]

Es fragt sich indes, ob in dieser Belastung ein ausreichender Eingriff in einen fremden Rechtskreis erkannt werden kann, der als Basis eines echten Verhaltensgebots herhalten kann. Ein missbilligter Eingriff läge wohl dann nicht vor, wenn die Rechtsordnung vorsehen würde, dass der betroffene Dritte die Folgen der bestehenden Sachlage in jedem Fall zu tragen hätte und nur je nach Verursachungsbeitrag eine Relation der Belastung stattfinden würde. Den Wissensnormen liegt jedoch gerade ein Alles-oder-nichts-Prinzip zugrunde. D.h., im Fall der Kenntnis bzw. eines Kennen-müssens schlägt die Belastung

---

[296] So schon *Fischer*, Die Rechtswidrigkeit, S. 12; kritisch auch *Dunz*, JZ 1961, 406 (407)

[297] *Looschelders*, Die Mitverantwortlichkeit des Geschädigten im Privatrecht, §13, S. 181

[298] Siehe oben §5 II 1 b.

[299] Ähnlich zu §254 BGB: *Venzmer*, Mitverursachung und Mitverschulden, S. 101 f.

voll zu Lasten des Wissenden um. Daraus lässt sich ablesen, dass der Gesetzgeber davon ausgeht, dass eine Belastung des Dritten im Falle des Wissens oder Wissen-müssens keinesfalls gerechtfertigt ist.

Ist bisher deutlich geworden, dass der Gedanke des möglichen Selbstschutzes als Abwägungselement des Vertrauensschutzprinzips den Gesetzgeber dazu veranlasst hat, in einzelnen Normen auf das Wissen bzw. auf ein Wissenmüssen abzustellen, so folgt schon aus der Notwendigkeit im Rechtsverkehr einem vermeidbaren Risiko eine für das Verhalten bestimmende Wirkung zu zuerkennen,[300] dass es sich hier um ein echtes Verhaltensgebot zum Selbstschutz handelt. Denn einerseits lässt sich aus der obigen Gegenüberstellung der im Rahmen der Gutglaubensvorschriften widerstreitenden Aspekte des schützenswerten Vertrauens auf Seiten des Erwerbers und des Eigentumsrecht auf Seiten des Dritten deutlich ablesen, dass der das Vertrauen relativierende Gedanke des Selbstschutzes jedenfalls nicht nur dem eigenen Interesse des Vertrauenden dient. Hier wird an die Relativierung des Vertrauens durch Maßnahmen des Selbstschutzes unmittelbar der Verlust oder Erhalt des Eigentums eines Dritten geknüpft. Aus dessen Blickwinkel müssen solche Maßnahmen für den Erwerber geradezu geboten sein, da sie einen Eingriff in das Recht des Dritten verhindern können. Werden sie, obwohl möglich, nicht ergriffen, kommt dies einem echten Eingriff gleich. Schon das RG war davon ausgegangen, dass bei §932 BGB „eine Prüfungspflicht dem Erwerber lediglich im Interesse des Eigentümers" obliege.[301] *Deutsch* hat in diesem Zusammenhang gar vertreten, der Regelung des §932 BGB läge eine „allgemeine Rechtspflicht" zu Grunde fremdes Eigentum zu respektieren.[302] Ähnlich formuliert auch *Jauernig*, es gebe eine „Informationspflicht" für den Erwerber, die auf der Möglichkeit basiere „zum Schutz des Eigentümers" die wahre Rechtslage ermitteln zu können.[303] Folglich lässt sich der (sicher auch) im eigenen Interesse stehende Selbstschutz durchaus nicht nur als vom Gesetzgeber gewollt, sondern als vom Gesetzgeber geboten ansehen. Im Umkehrschluss erfährt also die Außerachtlassung des insoweit gebotenen Selbstschutzes eine rechtliche und nicht nur – wie *Zitelmann*[304] zum „Verschulden gegen sich selbst" meinte – eine „ethische" Missbilligung.

Andererseits führt die Frage, welche Überlegung nun aber auch in den Fällen einem rechtlich relevanten Gebot des Selbstschutzes zu Grunde liegt, in denen nur zwei Vertrauenstatbestände aufeinander treffen, wie in den beiden, oben exemplarisch behandelten Normen (§§ 122 und 442 BGB), scheinbar dazu, ei-

---

300 Dieser grundlegende Ausgangspunkt wurde vor allem von *Deutsch*, Fahrlässigkeit und erforderliche Sorgfalt², §4, S. 59, erkannt.

301 RGZ 58, 162 (164)

302 *Deutsch*, Fahrlässigkeit und erforderliche Sorgfalt², §15, S. 326, 343 ff.; ebenso *Mormann*, WM 1966, 2 (6)

303 Jauernig[10]/*Jauernig*, §932 Rn 17

304 Siehe oben unter Fn 293

nen rein „normativen Appell“[305] anzunehmen, der für die Anwendung der Fahrlässigkeit als Zurechnungsform zunächst keinen echten Gegenstand für eine Zurechung zur Verfügung stellt. Denn diese Auffassung bewertet die Sachlage aus einer „ex-post“-Perspektive, indem sie erst auf das Verhalten des Betreffenden nach Außerachtlassung der Maßnahmen des Selbstschutzes abstellt und gerade jenes als Verstoß gegen Treu und Glauben bzw. als rechtsmissbräuchlich ansieht. Sie ergibt sich mitunter aus der Überlegung, Verhaltensanforderungen für den einzelnen aus der *exceptio doli generalis* zu folgern.[306]

Es wurde aber bereits angedeutet,[307] dass das geltende Zivilrecht aus seiner objektiven Ordnungsaufgabe und der daraus folgenden Notwendigkeit des Verkehrsschutzes eine Symbiose zwischen Willensdogma und Verkehrsschutz anhand des Prinzip des Vertrauensschutzes versucht. Von diesem Standpunkt aus lässt sich eine Wertung des Gesetzgebers in den jeweiligen Normen erkennen, Vertrauen im Rechtsverkehr sei prinzipiell dann schutzwürdig und rechtlich relevant, wenn Verkehrserwartungen enttäuscht werden. Aus der Entscheidung des Gesetzgebers ein in diesem Sinne schutzwürdiges Vertrauen zu installieren,[308] muss im Umkehrschluss jedoch auch eine rechtliche Missbilligung mit der Enttäuschung jenes Vertrauens einhergehen. Geht man nun von schutzwürdigem Vertrauen aus und lässt sich eine Enttäuschung dieses Vertrauens durch Maßnahmen des Selbstschutzes vermeiden, so erscheint es zwingend, jene im Interesse des Vertrauenden auch zu fordern. Soll – nach Wertung des Gesetzgebers – sein Vertrauen nicht enttäuscht werden, sind also Maßnahmen des Selbstschutzes grundsätzlich rechtlich geboten. Sie erfahren per se eine rechtliche Verbindlichkeit. Eine rechtliche Missbilligung findet folglich nicht erst kraft eines aus der unzulässigen Rechtsausübung hergeleiteten „normativen Appell´s“ statt. Missbilligt wird die Außerachtlassung der Maßnahmen des Selbstschutzes an sich.[309]

---

305 So *Bohrer*, DNotZ 1991, 124 (125)

306 *Dunz*, JZ 1961, 406 (407); grundlegend *Fischer*, Die Rechtswidrigkeit, S. 176 ff.. Von daher erhellt auch, warum er für ein Verschulden gegen sich selbst gerade keine Rechtspflichtverletzung als notwendig erachtet. (Oben Fn 296) Rechtlich missbilligt ist nach seiner Auffassung nämlich erst die Geltendmachung des eigentlich schon nicht entstandenen Rechts. Exemplarisch führt er §324 Abs. 1 Satz 2 BGB a.F. vor, der von einem „böswilligen Unterlassen“ eines Erwerbes als Ausgangspunkt einer Kürzung des Anspruchs des Unterlassenden spricht. „Böswillig“ nach seiner These sei aber erst die Erhebung des „formalen Vollanspruchs“.

307 Siehe u.a. §5 III b.

308 Für §254 BGB spricht *Looschelders*, Die Mitverantwortlichkeit, §14 IV 4, S. 212 in dieser Hinsicht von einer „Reaktion der Rechtsordnung auf die Erwartung des (potentiellen) Schädigers, dass der Geschädigte die zum Schutz der eigenen Rechtsgüter erforderlichen Maßnahmen treffen werde.“ Diese Erwartung werde von der Rechtsordnung als legitim angesehen und ihre Enttäuschung „sanktioniert“. Vgl. hierzu auch *Dunz*, JZ 1961, 406 (409)

309 *Zeuner*, JZ 1961, 1 (2 ff.) spricht in diesem Zusammenhang von einer „rechtlichen Wertwidrigkeit“, die dem „uneigentlichen“ Verschulden anhafte.

So knüpft auch *Kegel*[310] die Berechtigung des Vertrauens, die seiner rechtlichen Schutzwürdigkeit zu Grunde liegen muss, an die Voraussetzung, dass aus Sicht des Vertrauenden eine frühere Handlung geboten gewesen sein muss.

Es gilt also – entgegen den oben genannten Ansichten – in den Wissensnormen eine Verhaltensanforderung zu Maßnahmen des Selbstschutzes zu erkennen, um nicht etwaiges schutzwürdiges Vertrauen eines Dritten zu enttäuschen und gegebenenfalls Rechte in Anspruch zu nehmen, die nur im Hinblick auf eigenes schutzwürdiges Vertrauen gerechtfertigt wären.[311]

c. Die Rechtsnatur des Gebots zu möglichem Selbstschutz

Nachdem nun der Grund und die rechtliche Missbilligung der den Wissensnormen regelmäßig innewohnenden Verhaltensanforderung geklärt ist und man nicht mehr mit *Lehmann* davon sprechen kann, es läge allein ein „Gebot im eigenen Interesse" vor,[312] stellt sich die Frage nach seiner Rechtsnatur. Hier ist wieder auf die oben[313] bereits angesprochene Lehre von den Obliegenheiten zurück zu kommen. Da es weder einen klagbaren Anspruch auf Erfüllung, noch einen Schadensersatzanspruch eines Dritten bei Verletzung geben kann, der außer Acht gelassene Selbstschutz also nur Sanktionen in der eigenen Rechtsphäre zeitigt, lässt sie sich problemlos unter diese subsumieren.[314]

Schilken[315] ist hier anderer Auffassung. Er hat zur Einordnung der den Wissensnormen zu Grunde liegenden Verhaltensanforderung vertreten, dass nicht von Obliegenheiten gesprochen werden könne, da man weder von Anreiz-, noch von Nötigungstatbeständen sprechen könne, noch sei eine „teleologische Zwangswirkung" in der Normstruktur erkennbar, wie sie *R. Schmidt* zur Qualifizierung als Obliegenheit voraussetzt. Unter einer „teleologischen Zwangswirkung" versteht *R. Schmidt*, dass in der jeweiligen Normstruktur nicht nur ein „logisches Sollen" erkennbar wird, sondern dass davon ausgegangen werden

---

310 *Kegel*, FS für Pleyer, S. 513 (533 f.)

311 In Verlängerung dieses Gebotes ließen sich dann auch die zur Zurechnung von Wissen bei juristischen Personen und arbeitsteiligen Handeln konstruierten „Organisationspflichten" hinsichtlich sog. „Aktenwissens" dogmatisch sauber einflechten. Wie von *Grunewald*, FS für Beusch, S. 301 (304 ff.) und auch von *Taupitz*, Karlsruher Forum 1994, S. 16 (26 f.) erkannt, lassen sich jene in dogmatischer Hinsicht klar auf den Vertrauensschutzgedanken zurückführen. Vgl. auch *Odersky*, FS für Geiß, S. 135 ff. und *Koller*, JZ 1998, 75 ff.

312 *Enneccerus/Lehmann*, Recht der Schuldverhältnisse[15], §16 I 3, S. 77

313 Vgl. oben §5 II

314 In diesem Sinne bereits *Deutsch*, Fahrlässigkeit und erforderliche Sorgfalt[2], §4, S.57 ff.

315 *Schilken*, Wissenszurechnung, S. 56

kann, der Gesetzgeber wollte den Normunterworfenen gerade zu einem bestimmten Verhalten anhalten.[316] Einen Anreiztatbestand hält *R. Schmidt* in psychologischer Sicht dann für gegeben, wenn die Erfüllung für den Betreffenden rechtlich vorteilhaft sein kann. Ein Nötigungstatbestand liege hingegen vor, wenn bei bestimmten Verhalten ein rechtlicher Nachteil angedroht wird. Dabei zeichne sich eine Obliegenheit gerade durch das Vorliegen einer „gespaltenen Interessenslage" aus, die sowohl Anreiz zur Erfüllung im Interesse des Belasteten, als auch Zwang zur Erfüllung im Interesse des Begünstigten biete.[317] Die „gespaltene Interessenslage" – einerseits Selbstschutz, andererseits Vertrauensschutz (Verkehrsschutz) - , die den Wissensnormen zu Grunde liegt, wurde bereits erwähnt.[318] Darüber hinaus hat sich auch ergeben, dass der Gesetzgeber erwartet, dass entgegengebrachtes Vertrauen nicht enttäuscht wird und in Relation dazu Vertrauensschutz für sich nur in Anspruch genommen wird, wenn er benötigt wird. Ob aber hier eine teleologische Zwangswirkung angenommen werden kann, ist tatsächlich eher zweifelhaft. Denn vordergründig betrachtet, steht der Gesetzgeber einer tatsächlichen Erfüllung dieser Verhaltensanforderung neutral gegenüber. Ihm kommt es augenscheinlich nur auf die Kenntnisnahme der Möglichkeit zum Selbstschutz an sich an. Irrelevant scheint, ob sich der Betreffende anschließend der Möglichkeit entsprechend verhalten will oder kann. Dies ist aber schon deshalb konsequent, weil der tatsächliche „Schaden" aus der Außerachtlassung des Gebotes zum Selbstschutz nur den Verpflichteten selbst trifft. Nur er muss bei Nichterfüllung eine Einbuße in seiner Rechtsstellung hinnehmen. Will das Gesetz ihn nicht unnötig bevormunden, muss es ihm selbst überlassen bleiben, dies hinzunehmen oder nicht. Das Gebot ist insoweit nur ein bedingtes. Dem Gegenüber ist allein schon damit gedient, dass er nicht mit den Folgen des Vertrauensschutzes belastet wird. Dies ergibt sich schon u mittelbar als Ausfluss der im Zivilrecht herrschenden Privatautonomie.[319] Von einer teleologischen Zwangswirkung des Gebots ist also nicht auszugehen. Es ist jedoch schon äußerst fraglich, ob an den weiteren konstitutiven Voraussetzungen *R. Schmidt's* für das Vorliegen von Obliegenheiten festgehalten werden

---

316 *R. Schmidt*, Die Obliegenheiten, S. 52 ff., 56 f. und 76 ff.

317 *R. Schmidt*, Die Obliegenheiten, S. 315; ihm folgend *Enneccerus/Lehmann*, Recht der Schuldverhältnisse[15], §16 I 3, S. 77; anders aber *Wieling*, AcP 176 (1976), S.348; *Esser/Schmidt*, Schuldrecht Band I: Allg. Teil, Teilband 1[8], §6 VI 3, S. 113; Soergel[12]/*Wolf*, §276 Rn 20 die davon ausgehen, dass Obliegenheiten zwar im Interesse des Schuldners aufgestellt seien, aber primär im eigenen Interesse zu erfüllen seien. Auch *Deutsch*, Unerlaubte Handlungen[3], Rn 161, weicht hiervon etwas ab, wenn er meint, Obliegenheiten seien vor allem im eigenen Interesse aufgestellt.

318 Siehe oben §5 II 1 b.

319 Anknüpfend an *Larenz/Wolf*, Allg. Teil[8], §13, S. 265 f. erkennt *Looschelders*, Die Mitverantwortlichkeit, §14 IV 4, S. 211ff. in einer solchen Konstellation für §254 BGB im Gegensatz zu einem echten „kategorischen" Verhaltensgebot nur ein „hypothetisches" Gebot, das es dem Einzelnen selbst überlasse, ob er die Folgen tragen wolle oder nicht.

kann. Denn es liegt hier in dogmatischer Hinsicht noch vieles brach.[320] Wird ganz allgemein die Funktion der Obliegenheiten in der Abgrenzung der Risikosphären zwischen konkreten Partnern gesehen,[321] so ist dies jedenfalls auch in Fällen der Wissensnormen zutreffend. Die gewonnene Kategorie ist zwar rechtstechnisch wenig brauchbar. Denn auch die weiteren Merkmale der Obliegenheiten der fehlenden klagbaren Erfüllungs- und Schadensersatzansprüche weisen keine echte Trennschärfe auf, da sie in gewisser Weise ebenso für sog. „Naturalobligationen“ und schuldrechtliche Nebenpflichten sprechen könnten.[322] Gilt es aber im Ergebnis, nur zu erkennen, dass es um ein Verhalten geht, dass vom Betroffenen im Rechtsverkehr erwartet wird, drückt die Bezeichnung „Obliegenheit“ trotz aller Unschärfen des Begriffs wohl am besten aus, dass es sich um keine echte klagbare Rechtspflicht, sondern nur um eine sanktionierbare „Verkehrserwartung“[323]handelt,[324] die nach der dargestellten Interessenslage, vor allem im Hinblick den erkannten Einbruch in die Rechtssphäre Dritter, einer (zumindest analogen)[325] Anwendung des Fahrlässigkeitsbegriffs als Zurechnungsform zugänglich ist.[326]

---

320 Vgl. nur Staudinger[13](1995)/*J. Schmidt*, Einl zu §§241ff. Rn 264 ff.; *Prölss* in: Prölss/Martin, VVG[7], §6 Rn 30 ist hier sogar der Meinung, dass sich ganz allgemein die Interessenslage bei den Obliegenheiten nicht ohne jede Willkür beantworten lasse.

321 *Esser/Schmidt*, Schuldrecht Band I: Allg. Teil, Teilband 1[8], §6 VI 3, S. 111

322 Dies wird vor allem von Staudinger[13](1995)/*J. Schmidt*, Einl. zu §§241 ff. Rn 273 bemerkt.

323 Bereits das RG (RGZ 58, 162 (164)) hatte zu §932 BGB von Nachforschungen gesprochen, die „nach den gegebenen Umständen zu erwarten sind“

324 *Bohrer*, Die Haftung des Dispositionsgaranten, S. 315 setzt eine „erkennbare Verhaltenserwartung“ mit einer „objektiven Pflicht“ gleich. Der Pflichtencharakter der Obliegenheiten ist ausgehend von seiner umstrittenen Rechtsnatur indes insgesamt streitig. Aus der These, der Gläubiger einer Obliegenheit habe gerade kein Interesse daran, dass der Schuldner das von der Obliegenheit geforderte Verhalten an den Tag legt, wird von der sog. Obliegenheitstheorie (Vgl. *Larenz/Wolf*, Allg. Teil[8], §13, S. 263 ff.; MüKo[4]/*Grundmann*, §254 Rn 3) vertreten, man sei nicht zur Erfüllung verpflichtet. Dagegen geht die sog. Verbindlichkeitstheorie schon aus dem logischen Schluss einer Sanktionierung davon aus, man sei von Rechts wegen zur Erfüllung verpflichtet. (Vgl. *Fikentscher*, Schuldrecht[9], Rn 56; MüKo[4]/*Kramer*, Einl. vor §241 Rn 50) Es tritt jedoch aus der oben geschilderten Interessensverteilungsfunktion hervor, dass die so verstandene Verkehrserwartung, nennt man sie Obliegenheit, dieselbe Aufgabe anfällt wie einer Pflicht: Sie fordert ein Verhalten, dass (auch) im Interesse eines anderen liegt.

325 *R. Schmidt*, Die Obliegenheiten, S. 116

326 *Deutsch*, Fahrlässigkeit und erforderliche Sorgfalt[2], §4, S. 59; *Enneccerus/Nipperdey*, Allg. Teil, 2. Halbband[15], S. 1326

4. Die Kenntnis und das Kennen-müssen als Zurechnungselemente der Wissensnormen

Die Erkenntnis, dass Wissen bzw. Wissen-müssen als Zurechnungselemente zu behandeln sind, wird in den Wissensnormen von zwei Aspekten erschwert. Auch wenn nun erhellt, dass diesen Normen ein Gebot zu möglichen Selbstschutzmaßnahmen zugrunde liegt, das zurechenbar verletzt werden kann, hat man sich zu vergegenwärtigen, dass hier - wie eben gesehen - kein kategorisches, unbedingtes Gebot vorliegt. Daneben ist auch der Fahrlässigkeitsbezug augenscheinlich gesetzestechnisch auf das kognitive Element verkürzt.[327] Zudem bereitet die Formulierung der Normen Kopfzerbrechen, die den Anschein macht, als fiele hier (ausnahmsweise) Gebotsverletzung und Verschulden zusammen. Wenigstens scheint hier eine Art „fließender Übergang" von Pflicht und Verschulden erkennbar zu sein.[328]

a. Bedingtes Gebot und Vertrauensschutz als Grundlage der Zurechnung

In den Wissensnormen liegt also kein kategorisches Verhaltensgebot vor. Denn der Gesetzgeber will einerseits den Betreffenden nicht übermäßig bevormunden und trifft nur eine Risikoregelung, die unabhängig von der tatsächlichen Erfüllung des Gebotes zum Selbstschutz an die bestehende Vertrauenslage anknüpft.

Andererseits findet sich aber auch ein weiterer Grund, in den Wissensnormen einer tatsächlichen Erfüllung des Gebotes an sich keine Relevanz beizumessen. Denn sie hinge, neben der Erkenntnis vom Vorliegen des Gebotes, sprich neben dem kognitiven Element einer Zurechnung, entscheidend vom Willen des Einzelnen ab, sich an das Gebot zu halten. Als Regelung von Vertrauensschutzsachverhalten enthalten die Wissensnormen indes gerade eine Beschränkung des aus dem Selbstbestimmungsgrundsatz fließenden Willensdogmas, das Rechtsfolgen nur dann eintreten lassen will, wenn sie gewollt sind. In den Normen des Vertrauensschutzes wird daher der tatsächlich vorhandene Wille weitestgehend typisiert. Aus dem Schutz des Vertrauens in konsequentes Verhalten des Einzelnen folgt zwangsläufig, dass sein entgegenstehender Wille rechtlich nicht relevant sein kann, solange er der objektiven Vertrauensgrundlage widerspricht.[329]

---

[327] *Deutsch*, Fahrlässigkeit und erforderliche Sorgfalt^2, §7, S. 95: „beschränkter Fahrlässigkeitsbezug"

[328] *Faßbender*, Innerbetriebliches Wissen und bankrechtliche Aufklärungspflichten, S. 234

[329] *Singer*, Das Verbot widersprüchlichen Verhaltens, S. 80: Vertrauensschutz greift jedenfalls dort wo echter Wille nicht erkennbar ist.

Folglich kommt es auf das voluntative Element einer Zurechnung schon dem Grunde nach nicht an. Völlig richtig erkennt in diesem Zusammenhang *Wolf*[330], dass ein Kennen-müssen stets dann für sich relevant wird, wenn der Wegfall des Vertrauensschutzes in Rede steht und deshalb nur das Wissenselement und nicht auch die Vermeidbarkeit als voluntatives Element beachtlich sein kann. Die Eliminierung des voluntativen Elements stellt insoweit einen Schritt in Richtung einer Objektivierung der Zurechnung dar,[331] die aus Gründen des Vertrauensschutzes notwendig erscheint.

b. Kennen-müssen als ausschließlich „innere Sorgfalt"

Es ergibt sich das Bild, als handele es sich nur um ein Gebot zur Kenntnisverschaffung. So bezieht *Deutsch*[332] in unserem Zusammenhang ein erkanntes Verhaltensgebot, das er als Obliegenheit bezeichnet, allein auf die Kenntnisverschaffung. Klar wird hieraus jedenfalls, dass, rechnet man anhand der Fahrlässigkeit allgemein fehlerhaftes Verhalten zu, kein Grund einleuchtet, warum die Fehlerhaftigkeit nicht auch eine ausschließlich innere Grundlage haben kann.[333] *Larenz* sieht insoweit in manchen Fällen der Unkenntnis den Fahrlässigkeitsvorwurf allein in einer „mangelnden Sorgfalt in der Beurteilung".[334]

Im Rahmen der allgemeinen Ausführungen zur Fahrlässigkeit war bereits von jenem „Kennen-müssen" die Rede.[335] Hierbei wurde sein Inhalt und seine Struktur als kognitives Verschuldenselement erläutert. Insbesondere wurde dabei deutlich, dass von einer grundlegenden, aber unselbstständigen allgemeinen kognitiven Sorgfaltsanforderung im Rechtsverkehr auszugehen ist, die den einzelnen Verkehrsteilnehmer trifft. Als Grund für diese allgemeine Verhaltensanforderung wurde auch auf die Erwartungen des Verkehrs im Rahmen der allgemeinen Verkehrssitte und schließlich auf das Prinzip des Vertrauensschutzes abgestellt. Dass die Verkehrsteilnehmer Verhaltensgebote beachten, wird für ihre Geltung vorausgesetzt. Ihre Beachtung setzt ihre Kenntnis und die Kenntnis der Umstände voraus, aus denen sie sich ergeben. Diese Kenntnis ist nun Gegenstand einer unselbstständigen Sorgfaltsanforderung, die der inneren und äußeren Sorgfalt hinsichtlich einem gebotsmäßigen Verhalten unmittelbar vorge-

---

330 Soergel[12]/*Wolf*, §276 Rn 72

331 In dieser Hinsicht gilt es, die auch im Strafrecht eingetretenen Entwicklungen zu beachten, die im Bereich des Vorsatzes (wohl vornehmlich aus Beweisgesichtspunkten heraus) eine funktionelle Begriffsbildung im materiellen Recht zum Ziel haben und insoweit von einer „Normativierung" des voluntativen Elements sprechen. Zu diesen „kognitiven Vorsatztheorien" vgl. insbesondere §7 III 2 b.cc.

332 *Deutsch*, Fahrlässigkeit und erforderliche Sorgfalt[2], §4, S. 59

333 *Deutsch*, Fahrlässigkeit und erforderliche Sorgfalt[2], §4, S. 56

334 *Larenz*, Schuldrecht Band I: Allg. Teil[14], §20 III, S. 284

335 Siehe oben §5 I 2 b.aa.

lagert ist. Im Rahmen dieser „Vorprüfungspflicht" hat der Einzelnen seine Aufmerksamkeit insbesondere auf die Umstände zu richten, aus denen sich die Gebote des Rechtsverkehrs ergeben. Oben war in diesem Zusammenhang auch bereits von „Erkundigungs- und Informationspflichten" die Rede. Spricht nun der Gesetzgeber von einem Kennen-müssen im Hinblick auf Umstände, die zu einem Verhaltensgebot führen, verkürzt er den Bezug der Fahrlässigkeit auf die geschilderte, eigentlich unselbstständige Sorgfaltsanforderung zur Erkundigung und Information, die im Hinblick auf das selbständige Gebot des Selbstschutzes besteht.

Findet die so verstandene „Pflicht" zur inneren Sorgfalt – wie beschrieben – ihren Geltungsgrund teils im Prinzip des Vertrauensschutzes und der Verkehrserwartung, ist sie als Zurechnungselement gerade auch in Normen des Vertrauensschutzes relevant. Erkannt werden muss in diesen Fällen die Gefahr der Selbstschädigung und dass daher zu Lasten des Verkehrs oder eines Dritten selbst Vertrauen in Anspruch genommen werden müsste, welches aufgrund des gegenläufigen Vertrauens des Verkehrs oder eines Dritten in das konsequente Verhalten des Betreffenden als nicht schutzwürdig erscheinen müsste.

c. Die „subjektiv gefärbte" Gebotswidrigkeit in den Wissensnormen

Die Ansicht, die eine Kenntnis oder ein Kennen-müssen als reine Bewusstseinsumschreibungen und einfache „juristische Tatsachen" bezeichnet, die nicht mit einer verschuldensgleichen Zurechnung im Zusammenhang stehen könnten,[336] basiert zu einem großen Teil auf der Überlegung, dass Wissen oder Wissen-müssen eben kein beurteilungsfähiges Verhalten darstellt. Es handele sich lediglich um einen „Zustand"[337], auf den zur normativen Zurechnung die Maßstäbe der Verschuldensform der Fahrlässigkeit Anwendung finden können. Zur Gewinnung eines zurechnungsfähigen Verhaltens sei es hier gerade untauglich auf den zum Wissen führenden Vorgang der Wissenserlangung abzustellen und ihn zu beurteilen.[338]

Beides verdeutlicht, dass die zu behandelnde Problematik nicht im Kern getroffen wird. Wird erkannt, dass den Wissensnormen ein allgemeines Verhaltensgebot des Selbstschutzes zu Grunde liegt, dann bildet die Kenntnis an sich zunächst gerade keinen unmittelbaren Gegenstand des Verschuldens. Das entscheidende Objekt der Wertung stellt das Gebot zum Selbstschutz dar. Für „Verwirrung" sorgt in diesem Zusammenhang aber die gesetzestechnische Kon-

---

[336] Siehe oben §5

[337] *Schilken*, Wissenszurechnung, S. 55

[338] So *Schilken*, Wissenszurechnung, S. 55; *Buck*, Wissen und juristische Person, §5, S. 35; a.A. aber bereits *Oldenbourg*, Die Wissenszurechnung, S. 15 f., der auf das bewertbare „passive Verhalten des Wissenden" verwiesen hat.

struktion eine relevante Gebotswidrigkeit direkt mit dem subjektiven Element der Kenntnis bzw. eines Kennen-müssens zu verbinden. In dieser Hinsicht fällt also die rechtliche Missbilligung des Verhaltens mit dem subjektiven, inneren Zurechnungselement zusammen. Die rechtliche Missbilligung wird also hier in gewisser Weise „subjektiv gefärbt";[339] die Pflichtwidrigkeit (Gebotswidrigkeit) und das Verschulden als Wertungsebenen sind im Ergebnis nicht mehr zu trennen. So ergibt sich einerseits das Bild, dass erst *aus* der Kenntnis (aus einem Kennen-müssen) eine Verhaltensanforderung entspringt, da sich der Umfang des Gebotes erst von einer subjektiven Erkenntnis her konkretisiert.[340] Dennoch bleibt die Kenntnis (das Kennen-müssen) ein Zurechnungselement. Sie stellt die innere Seite des Zurechnungsmerkmals dar, welches vom Gesetzgeber zur Gebotswidrigkeit quasi nur „hochgezogen" wurde.

Dass die zurechenbare Verkehrswidrigkeit im Sinne der Fahrlässigkeit und die (analoge) Rechtswidrigkeit auf die sich erstere bezieht, ineinander fließen können, wurde schon oben von der Fahrlässigkeit her erörtert.[341] Es stellt sich dennoch die Frage, ob auch hier dann davon gesprochen werden kann, dass gebotswidrig ist, was objektiv verkehrswidrig ist oder ob angesichts der subjektiven Färbung eher ein subjektiverer Maßstab anzulegen ist.

d. Objektives Sorgfaltsmaß der „verkürzten" Fahrlässigkeit in seiner Funktion als „subjektives" Rechtswidrigkeitselement

Ein zentrales Thema einer Zurechnung mittels dieser „verkürzten Fahrlässigkeit" ist also das anzulegende Sorgfaltsmaß und die Perspektive, aus der heraus ein Außerachtlassen beurteilt werden muss. Aus dem Bisherigen lassen sich jedoch zunächst folgende Parameter leicht entnehmen.

Erstens gebietet die Verankerung der Wissensnormen im Prinzip des Vertrauensschutzes schon per se einen objektiven Sorgfaltsmaßstab. Wie hinreichend erörtert, stellt dieses Prinzip nicht zuletzt die grundlegende Basis einer objektiven Zurechnung dar.[342] Zweitens findet eine Typisierung dieses Sorgfaltsmaßstabes statt, da – wie ebenfalls oben erkannt wurde[343] – diese Relativie-

---

[339] Vgl. zum Begriff bereits oben §5 I 2 c.; *Spickhoff*, Gesetzverstoß und Haftung, §8, S. 192; *Fischer*, Die Rechtswidrigkeit, S. 137 ff.

[340] *Richardi*, AcP 169 (1969), 385 (391) behandelt die Kenntnis insoweit als „tatbestandliche Voraussetzung einer Obliegenheit". Andererseits ist aber auch die Unterscheidung zwischen Tatbestand und Rechtswidrigkeit schon dem Grunde nach schwierig. Dies gilt vor allem bei Unterlassungstatbeständen. Vgl. *Deutsch*, Fahrlässigkeit und erforderliche Sorgfalt², S. 447.

[341] Vgl. oben zum Pflichtengehalt der Fahrlässigkeit, §5 I 2.

[342] Auf die Parallelität der objektiven Zurechung im Bereich des Vertragsrecht und im Bereich der Fahrlässigkeit aufgrund des Gedankens des Vertrauensschutzes hat auch *Kramer*, AcP 171 (1970), 422 (434 ff.) hingewiesen.

[343] Siehe oben §5 I 3 a.bb.

rung des strengen objektiven Prinzips gerade auch aus der Betrachtung des regelmäßig aus dem Auftreten im jeweiligen Verkehrskreis resultierenden Vertrauens abgeleitet worden ist.

Färbt nun der Gesetzgeber die festzustellende rechtliche Missbilligung des Verhaltens anhand des inneren Sorgfaltselement „subjektiv", bleibt die Frage, ob dies jene objektive Zurechnung beeinflusst. Die Frage stellen heißt hier aber, sie zu verneinen. Diese Problematik lässt sich wieder nicht ohne Blick auf das Geltungsprinzip der Wissensnormen klären. Ginge man von einer subjektiv, individuellen Anknüpfung der Erkennbarkeit im Einzelfall aus, so hinge die Rechtswidrigkeit bzw. die rechtliche Missbilligung, die zu einer Sanktion gegen den Betreffenden nötig ist, an der inneren Tatsache der Erkenntnis des Einzelnen, jene ist aber für einen Dritten nicht erkennbar. Stellt aber gerade das schützenswerte Vertrauen eines Dritten aus der objektiven Erkennbarkeit der Umstände die Basis einer rechtlichen Missbilligung dar, kann im Rahmen der Zurechnung anhand des Verschuldensprinzips nicht auf die Individualität des Einzelnen abgestellt werden. Andernfalls entstünde in sämtlichen Wissensnormen ein grundlegendes Geltungsproblem.[344]

Die objektive Erkennbarkeit der rechtlichen Missbilligung als Zurechnungsgrundlage ist von daher allen Vertrauensschutznormen gemeinsam.[345] In den auf dem Vertrauensschutzprinzip fußenden Wissensnormen bleibt es auch bei subjektiver Färbung der Gebotswidrigkeit bei einem objektiv-typisierten Ansatz zur Inhaltsbestimmung des Kennen-müssens.

5. Ergebnis

Die Wissensnormen des Zivilrechts finden ihre teleologische Basis im Prinzip des Vertrauensschutzes. Ihnen ist die Regelung schützenswerten Vertrauens aufgegeben. In dieser Hinsicht lassen sich in den Wissensnormen Verhaltensanforderungen an den Einzelnen erkennen. Will er rechtlich relevantes Vertrauen für sich in Anspruch nehmen, muss er diesen Verhaltensanforderungen entsprechen. Es handelt sich bei diesen Verhaltensgeboten um Gebote des möglichen und zumutbaren Selbstschutzes, die gerade auch gegenüber anderen Teilneh-

---

[344] Zum Geltungsproblem bei subjektiver Herleitung der Rechtswidrigkeit allgemein *Deutsch*, Fahrlässigkeit und erforderliche Sorgfalt[2], S. 215; *Münzberg*, Verhalten und Erfolg, S. 210 ff., 230

[345] Aus Sicht des Normbetroffenen lässt sich insoweit eine Parallele zu der aus dem Vertrauensschutzprinzip folgenden Publizitätsgrundsatz herstellen, der besagt, dass amtlich bekannt gemachte Tatsachen, ob im Einzelfall erkannt oder nicht, grundsätzlich eine objektive Vertrauensgrundlage bilden; zur Rechtswirkung aber gerade auch die durch die amtliche Bekanntmachung geschaffene (große) Wahrscheinlichkeit der Kenntnisnahme ausreichen kann. Auf diese Parallele hat *Münzberg*, Verhalten und Erfolg, S. 238 f. hingewiesen. Vgl. auch *v. Thur*, Allg. Teil, Band II, 1. Hälfte, §49, S. 131

mern am Rechtsverkehr bestehen. Eine Verletzung dieser Gebote, die ihrer Rechtsnatur nach noch am treffendsten als Obliegenheiten bezeichnet werden können, sanktioniert das Gesetz durch Rechtsnachteile in der eigenen Sphäre, die aus der Verwehrung des angebotenen Vertrauensschutzes resultieren.

Die Fahrlässigkeit wird zwar in diesen Normen auf sein kognitives Element in Gestalt der „inneren" Sorgfalt verkürzt. Sie bleibt aber Zurechnungselement und stellt selbst kein Objekt der Zurechnung dar, sondern ist, ebenso wie die positive Kenntnis, integraler Bestandteil derselben, auch wenn vom Gesetz in den betreffenden Regelungen die Gebotswidrigkeit von der Erkennbarkeit der zur Gebotswidrigkeit führenden Umstände abhängig gemacht worden ist; die Gebotswidrigkeit ist hier nur „subjektiv gefärbt". Allein ein Kennenmüssen trägt per se keinen Pflichtgehalt in sich.

Aus der teleologischen Basis der Wissensnormen im Prinzip des Vertrauensschutzes heraus folgt auch bei einer „subjektiven Färbung" der Gebotswidrigkeit zwangsläufig ein objektiv-typisierter Sorgfalts- und Zurechnungsmaßstab.

§6 Die grob fahrlässige Unkenntnis

Nachdem die Grundlagen des Zusammentreffens der Rechtsbegriffe der „Kenntnis“ und der „Fahrlässigkeit“ erörtert wurden, gilt es sich in der Folge der grob fahrlässigen Unkenntnis als Grenze des Verkehrsschutzes zu widmen, auf die das neue Verjährungsrecht nun gerade entscheidend abstellt. Allein die Inhaltsbestimmung der groben Fahrlässigkeit als Verschuldensmaßstab wirft, wie eingangs bereits erwähnt, große Schwierigkeiten auf. Auf sie wird schwerpunktmäßig einzugehen sein.

Zunächst soll aber die eben gewonnene Erkenntnis zum dogmatischen Verhältnis von Fahrlässigkeit und Kenntnis in die grobe Fahrlässigkeit hinein verlängert werden. Im Grunde geht es dabei um die Einordnung der hierbei allseits genannten „Nachforschungspflichten“, die der grob fahrlässige Unkenntnis erst Kontur verleihen sollen.

I. Die Einordnung der sog. „Nachforschungspflichten“ im Rahmen der grob fahrlässigen Unkenntnis

Die grob fahrlässige Unkenntnis wird häufig an einer Außerachtlassung der notwendigen Sorgfalt in Bezug auf „*gewisse Nachforschungspflichten*“ festgemacht.[346] Der Betreffende *müsse* beim Eigentumserwerb vom Nichtberechtigten, will er sich nicht dem Vorwurf grob fahrlässiger Unkenntnis aussetzen, „Zweifeln und Verdachtsgründen *nachgehen*...“.[347] Die Motive zum BGB sprechen z.B. bei §460 BGB a.F. (jetzt: §442 BGB) in diesem Zusammenhang von einer allgemeinen „Pflicht“ des Käufers „aufzupassen“ und „die Augen offen zu halten“.[348] Hiervon ausgehend erschließt sich die Ansicht, die von einem verkehrswidrigen Verhalten spricht, das dann sanktioniert wird, wenn die Grenze zur groben Fahrlässigkeit überschritten wird.[349] In diesem Verständnis der gesetzgeberischen Konzeption als Auferlegung von echten Sorgfaltspflichten, die grob fahrlässig verletzt werden können, ging die ältere Lehre davon aus, dass man z.B. entlastend einwenden könne, man habe keine Gelegenheit gehabt, sich zu informieren.[350]

---

[346] Vgl. bereits *Mugdan*, Materialien, Band 3, Motive, S. 192; Staudinger[13](1995)/*Honsell*, §460 Rn 7

[347] Soergel[13]/*Henssler*, §932 Rn 22 ff.; Vgl. weiter auch Staudinger[13](1995)/*Wiegand*, §932 Rn 55 ff.

[348] *Mugdan*, Materialien, Band 2, Motive, S. 226

[349] Vgl. z. B. Jauernig[9]/*Vollkommer*, §460 Anm. 2a; siehe auch *Joussen*, Verhandlungen 60. DJT, S. K 29 (K 42): „Für einen angemessenen Interessensausgleich zwischen Käufer und Verkäufer sollte man sich darauf besinnen, daß es auch Sorgfaltspflichten des Käufers gibt und geben muß.“

[350] So noch *Wendt*, AcP 89 (1899), 1 (13 f.)

Der echte Pflichtencharakter dieser Nachforschungspflichten wird indes heute - wie oben bereits eingehend erläutert – verneint. So wird z.B. bei §932 BGB pauschal konstatiert, eine allgemeine „Pflicht" des Erwerbers, „nähere Erkundigungen" über die Eigentumslage einzuholen, bestünde nicht.[351] Als Grund hierfür wird mitunter die Wertung des Gesetzes genannt, die erkennen lasse, dass der Erwerber grundsätzlich auf die Verfügungsbefugnis des Veräußerers vertrauen dürfe. Es ist aber hierzu auch bereits klar geworden, dass eben nicht „blind" vertraut werden darf. Den Wissensnormen liegt insoweit allgemein ein grundlegendes Gebot zum Selbstschutz aus Gründen des Vertrauen- und Verkehrsschutzes zugrunde, so dass die Begriffe „Fahrlässigkeit" und „Pflichtverletzung" nicht gänzlich fehl am Platze sind.

Die (grobe) Fahrlässigkeit wird in Bezug auf die Kenntnis vom Gesetzgeber auf die „innere" Sorgfalt verkürzt. Im Rahmen der Ausführungen zur inneren Sorgfalt ist insoweit erkannt worden, dass es eine allgemeine unselbstständige „Pflicht" zur inneren Sorgfalt für die Teilnehmer am Rechtsverkehr im Hinblick auf sämtliche Gebote der Rechtsordnung gibt, also auch im Hinblick auf ein bestehendes Gebot zum Selbstschutz. Diese unselbstständigen „Erkundigungs- oder auch „Informationspflichten"[352] gebieten dem Einzelnen zum Einhalten von der Rechtsordnung immanenten Verhaltensgeboten eben (auch äußere) Nachforschungen über die Umstände anzustellen, die zur Erfüllung dieser nötig sind.

Von hieraus lässt sich dann auch die bisherige Praxis zu den etwaigen Nachforschungspflichten im Zusammenhang mit der groben Fahrlässigkeit dogmatisch besser handhaben. Nach der Ansicht, die die Nachforschungspflichten nicht als echte Verhaltensanforderungen begreift, sondern als bloße Zusammenfassung von „prima-facie-Gesichtspunkten"[353], entstehen jene „Pflichten" erst bei konkreten Verdachtsmomenten, die jeden vernünftigen Menschen dazu veranlassen würden, Zweifel an der Richtigkeit der Umstände zu haben.[354] Hier ergibt sich die grobe Fahrlässigkeit allein aus der Verdachtssituation. Auf ein Außerachtlassen der Nachforschungspflicht komme es dann gerade nicht mehr an.[355] Die grobe Fahrlässigkeit und folglich auch die dann als verletzt sanktionierte Nachforschungspflicht könnten allenfalls als „Maßstäbe für die Auslegung" angesehen werden.[356] Im Gegensatz dazu stellt aber die Rechtsprechung zu den Gutglaubensvorschriften auch dann auf die Verletzung von Nachforschungspflichten ab, wenn gerade kein konkreter Verdacht in der Situation vorliegt, sondern

---

[351] Vgl. nur Soergel[13]/*Henssler*, §932 Rn 23

[352] Begriffe zurückgehend auf *Engisch*, §5 I 2 c.aa.

[353] MüKo[3]/*Quack*, §932 Rn 43; *Buck*, Wissen und juristische Person, §5, S. 37

[354] Staudinger[13](1995)/*Wiegand*, §932 Rn 24;

[355] MüKo[3]/*Quack*, §932 Rn 42 ff.

[356] Soergel[13]/*Henssler*, §932 Rn 18, 19

nur eine „verkehrstypische“ Gefahrenlage erkennbar ist. In manchen Fällen sollen Nachforschungspflichten geradezu als „Regelfall“[357] anzusehen sein. So wird z.B. beim Kfz – Kauf eine allgemeine Erkundigungspflicht des Käufers hinsichtlich der Eigentumslage angenommen.[358] Auch beim Eigentumsvorbehalt wird von der Rechtsprechung eine generelle Informationspflicht gesehen.[359] Entstünde eine Nachforschungspflicht indes erst aus dem konkreten Verdacht im Einzelfall, so ließen sich letztere Entscheidungen nur schwer in eine Dogmatik einordnen.[360]

Geht man aber davon aus, das ein allgemeines abstraktes Verhaltensgebot zur Nachforschung besteht und versteht darunter die grundlegende, aber unselbstständige „innere“ Sorgfaltsanforderung im Hinblick auf ein Gebot des Selbstschutzes, deren Verletzung nur abgestuft zugerechnet wird, so kann auch die bisherige Praxis vor allem im Rahmen des §932 BGB dogmatisch konsequenter gehandhabt werden. Etwaige „Pflichten“ würden nicht erst bei grober Fahrlässigkeit „entstehen“. Nur ihre Sanktion hinge vom Vorliegen grober Fahrlässigkeit als Zurechnungsgrund ab.

II. Die grobe Fahrlässigkeit und seine umstrittene Inhaltsbestimmung im Zivilrecht

Es bleibt sodann zu klären, wann grobe Fahrlässigkeit vorliegt. Wie eingangs[361] bereits erwähnt, ist schon seit jeher kaum fassbar, was unter das Verdikt einer groben Fahrlässigkeit fallen kann. Es fragt sich, was den der einfachen Fahrlässigkeit zugrunde liegende Sorgfaltsverstoß zu einem groben macht. Grobe Fahrlässigkeit sei die Außerachtlassung der erforderlichen Sorgfalt in hohem Maße. Sie werde durch einen Überschuss an Nicht-Sorgfalt gegenüber der Fahrlässigkeit schlechthin gekennzeichnet, so meint *Deutsch*[362]. Man muss also schlicht noch unsorgfältiger sein als zur Erfüllung der Voraussetzung der einfachen Fahrlässigkeit nötig.

Es liegt im Anschluss an die bisherigen Ausführungen klar, dass die grobe Fahrlässigkeit im Zusammenhang mit rechtlich relevantem Wissen allein in einer Steigerung des kognitiven Elements der Fahrlässigkeit zu suchen ist. Steht

[357] So BGHZ 77, 274 (277) im Anschluss an *U. Huber*, NJW 1968, 1905 (1906 f.) und *Serick*, Eigentumsvorbehalt und Sicherungsübereignung, Bd. IV, §54 2 a, S. 691

[358] BGH NJW 1992, 310 m.w.N.; BGH NJW 1994, 2022 (2023)

[359] BGHZ 77, 274 (278); BGH 1981, 1271; anders als beim Sicherungseigentum BGHZ 86, 300 (311); kritisch zu dieser Differenzierung: Staudinger[13](1995)/*Wiegand*, §932 Rn 78 ff;

[360] Dies beklagt auch MüKo[3]/*Quack;* §932 Rn 43 („Sprachlich und sachlich ist es mißlich...“), 46; kritisch auch Staudinger[13](1995)/*Wiegand*, §932 Rn 73 ff.

[361] Siehe oben §2.

[362] *Deutsch*, Allg. Haftungsrecht[2], Rn 423

insoweit die Unkenntnis von Umständen zur Beurteilung, so fungiert als Grundlage einer Bewertung die Erkennbarkeit dieser Umstände. Wann kann aber jemand im Hinblick auf einen Erkenntnisvorgang als besonders unsorgfältig beurteilt werden? Bildet die Erkennbarkeit per se die einzige Steigerungsmöglichkeit von der einfachen zur groben Fahrlässigkeit, sind zwei Wege gangbar: Einerseits kann man ausgehend von der erforderlichen Sorgfalt darauf abstellen, ob die Außerachtlassung, sprich die Verletzung der Sorgfalt besonders schwer war. Andererseits lässt sich aber auch eine eigene Sorgfaltsebene beschreiben, die auf eine schon reduzierte Sorgfaltsanforderung abstellt und bei deren Verletzung grobe Fahrlässigkeit vorliegt. Beide Ansätze sind jedoch gleichbedeutend.[363] Denn beiden ist zwangsläufig der gleiche Sorgfaltsbezug gemein. Ist die Sorgfalt auf die Erkenntnis von Umständen zu lenken, ist egal, ob im Sinne letzterer Alternative festgestellt werden kann, bei nur geringer Aufmerksamkeit wäre der Umstand zu erkennen gewesen, oder ob gemäß erster gesagt werden kann, bei Waltenlassen der erforderlichen Aufmerksamkeit wäre der Umstand besonders leicht zu erkennen gewesen. Entscheidend für beide Wertungen ist die Erkennbarkeit des Umstandes. Ist er leicht erkennbar, so kann seine Unkenntnis als besonders sorgfaltswidrig angesehen werden. Von daher müsste auch die Formel des BGH, auf die noch näher einzugehen sein wird,[364] grobe Fahrlässigkeit liege vor, wenn die verkehrserforderliche Sorgfalt in besonders schwerem Maße verletzt werde *und* das nicht beachtet werde, was im gegebenen Fall jedem hätte einleuchten müssen, schon hier zur Klarstellung eine Korrektur erfahren. So wird die erforderliche Sorgfalt gerade deshalb in besonders schwerer Weise verletzt, *weil* nicht beachtet bzw. erkannt wird, was jedem einleuchten musste.

Es wird sodann das Terrain betreten, das eine Inhaltsbestimmung so schwierig macht. In der Diskussion um die grobe Fahrlässigkeit ist bislang weitgehend unklar geblieben, ab wann Umstände so leicht erkennbar sind, dass eine Steigerung von der einfachen zur groben Fahrlässigkeit gerechtfertigt ist. Es manifestiert sich die nur graduelle, nur quantitative Abgrenzung.[365] Eine zur groben Fahrlässigkeit gesteigerte Erkennbarkeit, eine leichte Voraussehbarkeit soll also dann vorliegen, wenn nicht erkannt wurde, was „jedem" eingeleuchtet hätte. Die grobe Fahrlässigkeit hängt an einer Auslegung und genaueren Bestimmung des Wörtchens „jeder".

Die Rechtsprechung[366] und auch Teile der Literatur[367] sehen zudem in der groben Fahrlässigkeit einen einheitlich für das gesamte Zivilrecht zu bestim-

---

[363] Auch *König*, Die grobe Fahrlässigkeit, S. 56 bezeichnet diese Differenzierung als unergiebig. Dagegen sieht *Röhl*, JZ 1974, 521 (525) gerade hierin die Möglichkeit, einen allgemeineren Sorgfaltsmaßstab gewinnen zu können.

[364] Hierzu unten §6 II 2 a.

[365] *Riedmaier*, DAR 1978, 263 (268); *Larenz*, Schuldrecht Band I: Allg. Teil[14], §20 V, S. 291

[366] Nachweise hierzu unten Fn 419

[367] Nachweise hierzu unten Fn 441

menden Rechtsbegriff. Daher hat sich auch eine Analyse der grob fahrlässigen Unkenntnis mit den hierzu vertretenen Inhaltsbestimmungen auseinander zu setzen.

Zu Beginn soll jedoch eine Darstellung der rechthistorischen Entwicklung der groben Fahrlässigkeit den Blick weiten für die aufzulösende Problematik eines Zurechnungselements das genau zwischen Fahrlässigkeit und Vorsatz zu verorten ist.

1. Rechtshistorischer Überblick

Der unbestimmte Rechtsbegriff der groben Fahrlässigkeit wurde vom Gesetzgeber im BGB nicht präzisiert. Man hat es – wie sich zeigen wird - bewusst Lehre und Rechtsprechung überlassen, Kriterien zur Abgrenzung der groben zur gewöhnlichen Fahrlässigkeit einerseits und zum Vorsatz andererseits zu entwickeln. *Hoffmann*[368] sieht in der insoweit notwendigen Interpretation des gesetzlichen Begriffs nichts anderes als die Fortsetzung der Pandektistik. Von daher erscheint es fruchtbar, die Entwicklung des Rechtsbegriffs der groben Fahrlässigkeit ausgehend von seiner römisch-rechtlichen Herkunft zunächst überblicksartig aufzuzeigen.

Das römische Recht[369] entwickelte aus der Erfolgshaftung der *lex aquilia*[370], die noch auf den sogenannten 12-Tafel-Gesetzen[371] beruhte, den Begriff der *culpa*, als Verschuldensform und Anknüpfungspunkt der persönlichen Haftung. Dieser umfasste anfangs sowohl den *dolus* (Vorsatz), als auch die *neglegentia* (Nachlässigkeit).[372] Später verselbständigte sich der Begriff der *culpa* als eigener Haftungsmaßstab im Sinne von Fahrlässigkeit und trat neben den *dolus*, wobei sich letzterer je nach Anwendungsbereich durch eine mehr oder weniger intensive verwerfliche Gesinnung des Handelnden auszeichnen sollte.[373] Beginnend im vertraglichen Bereich erschien ein Gesinnungselement bald (zumindest teilweise) entbehrlich und der *dolus* übernahm die Funktion einer Zurechnungsform

[368] *Hoffmann*, Die Abstufungen der Fahrlässigkeit in der Rechtsgeschichte, S. 178

[369] Das ältere deutsche Recht kannte zunächst keine Abstufung von Verschuldensgraden. Es herrschte, wie auch im alten römischen Recht, ein System der Erfolgshaftung vor, das eben nicht nach dem individuellen Verschulden des Schädigers fragte und nur durch die Tatsache des Zufalls begrenzt war. Seit dem 5. Jahrhundert, in fränkischer und karolingischer Zeit finden sich auch im deutschen Recht Möglichkeiten für den Handelnden sich auf subjektive Umstände zu berufen. Vgl. hierzu *Brunner/von Schwerin*, Deutsche Rechtsgeschichte, Zweiter Band^2, §126, S. 714 ff.

[370] Ca. 286 v. Chr.

[371] Ca. 450 v. Chr.

[372] Zum Ganzen: *Kaser*, Das Römische Privatrecht, Erster Abschnitt^2, §118, S. 504, 511 f.

[373] *Kaser*, Das Römische Privatrecht, Erster Abschnitt^2, §118, S. 504, 511 f.

für wissentliches und willentliches Handeln. Eine Differenzierung der uns heute bekannten Fahrlässigkeitsgrade innerhalb der *culpa* wurde in nachklassischer byzantinischer Zeit entwickelt.[374] Unterschieden wurde nunmehr zwischen der *culpa lata*, der *dilligentia quam in suis* und der *culpa levis* als Grundform. In den *Digesten* haben *Ulpian*[375] und *Paulus*[376] den Versuch unternommen, die schwere Form der Fahrlässigkeit, die am häufigsten mit dem Begriff *culpa lata* bezeichnet wurde, wie folgt zu umschreiben: „*Lata culpa est nimia (magna) neglegentia, id est non intellegere quod omnes intellegunt.*" Eine schwere Fahrlässigkeit sollte also dann gegeben sein, wenn jemand nicht erkannte, was alle anderen erkannt hätten. Im Gegensatz dazu machte man die leichtere Fahrlässigkeit, die *culpa levis* nicht an einem Vergleich mit der Allgemeinheit (*omnes*) fest, sondern ließ erst das Außerachtlassen der Sorgfalt eines *dilligens pater familias* ausreichen.[377] Aus beiden Definitionen wird einerseits der abstrakt - objektive Ansatz deutlich.[378] Andererseits bringt aber die Umschreibung der *culpa lata* besonders deutlich ihre Nähe zum Vorsatz zum Ausdruck, die noch heute ein wesentlicher Anknüpfungspunkt für manche Auslegungsversuche ist. Denn indem jemanden zum Vorwurf gemacht wird, dass ihm nicht einleuchten will, was allen Anderen eingeleuchtet hätte, wird bei jenem in gewisser Weise das erforderliche Wissen vermutet, das zum Vorsatzhandeln führt. Hierzu wird konstatiert, dass diese Relation zwischen Vorsatz und grober Fahrlässigkeit vor allem auf der Tatsache beruhte, dass Sinn und Zweck der Regelungen, in denen die *culpa lata* genannt war, meist die Gleichsetzung der Haftungsfolgen für die Verschuldensformen des Vorsatzes und der groben Fahrlässigkeit war.[379] *Ulpian* verdeutlicht das *culpa lata*-Verständnis des *Corpus Iuris*, in dem er schreibt: *culpa lata plane dolo comparabitur*.[380] Dabei ist aber zu bedenken, dass, wenn der Vorsatzbegriff im römischen Recht, anders als im heutigen Recht des BGB, neben dem Wissen und Wollen teils eine rechtsethische Wertung beinhaltete, er in seinem Anwendungsbereich wohl beschränkter war. So wird vertreten, dass gerade der in diesem Sinne verstandene *dolus* Raum ließ für eine Ausdehnung der *culpa lata* in den Vorsatz hinein, da ein Bereich willentlichen Unrechts verblieb, dem kein *dolus malus* entnommen werden konnte.[381] Relativierend ist dabei aber zu berücksichtigen, dass die Bedeutung des *dolus malus* sich nicht in seiner wörtlichen Übersetzung im Sinne von Arglist[382] oder Böswilligkeit er-

---

[374] *Kaser*, Das Römische Privatrecht, Zweiter Abschnitt², §258, S.349

[375] Ulp D 50, 16, 213, 2

[376] Paul D 50,16, 223 pr.

[377] Paul D 10, 2, 25 und 13, 7, 14

[378] *Kaser*, Das Römische Privatrecht, Zweiter Abschnitt², §258, S. 351

[379] *Hoffmann*, Die Abstufungen der Fahrlässigkeit in der Rechtsgeschichte, S. 6

[380] Ulp D. 11, 6, 1, 1

[381] *Bokelmann*, Grobe Fahrlässigkeit, S. 33

[382] So heute noch: *Esser/Schmidt*, Schuldrecht Band I: Allg. Teil, Teilband 2⁸, §26, S. 80 Fn. 14

schöpfte, sondern dieser Terminus schon in klassischer Zeit in Verbindung mit dem Ausdruck der *bona oder mala fides* zumindest im Vertragsrecht mehr auf bloße bewusste Treuwidrigkeit hindeutete.[383] Dennoch entstanden durch die obige und andere Formulierungen zum Verhältnis von *dolus* und *culpa lata*, wie *magna culpa dolus est*[384], in der wissenschaftlichen Diskussion zunehmend auch Zweifel an der Eigenständigkeit der *culpa lata*.[385] Die Glossatoren und Kommentatoren des Mittelalters fügten der *culpa lata* in der Folge keine wesentlichen inhaltlichen Ansätze hinzu, führten aber die unausgesprochenen Beziehungen der einzelnen Schuldformen erstmals in eine Systematik.[386] Dabei wurden die Tatbestände auf ihre Berührungspunkte und Überschneidungen untersucht. Beachtlich ist, dass *Bartolus* schon auf die Besonderheiten der menschlichen Einsichtsfähigkeit je nach Berufsstand und geistiger Vorbildung hinwies, die bei der *culpa lata* Eingang finden sollte.[387] Seine Wandlung der *culpa lata* Bestimmung vom, wie *Dilcher*[388] meint, „abstrakt Erwartbaren" hin zum „konkret Üblichen" blieb aber zunächst ohne Gefolgschaft. Erst der *Usus Modernus* brachte der *culpa lata* in der Bemessung des Sorgfaltsmaßstabs eine Typisierung nach Gruppen, die *Bartolus* bereits angedacht hatte. So wurden unter *omnes*, soweit Handwerker oder Künstler betroffen waren, nur die Mitglieder der betreffenden Berufsgruppe verstanden.[389] Zu Zeiten der ersten großen Kodifikationen unternahm man Versuche, die Erscheinungsformen der *culpa* rechtsverbindlich zu definieren, die alle in ähnlichen Bahnen verliefen. Angeknüpft wurde an die Verletzung einer objektiv geringen Sorgfaltsanforderung, die mal durch die Wahl eines minderen Vergleichsmaßstabs, mal durch Verringerung

---

383 *Kaser*, Das Römische Privatrecht, Erster Abschnitt², §118, S. 509, 511; im heutigen Verständnis wird unter *dolus malus* schlicht ein „bewusst – widerrechtliches Verhalten" verstanden. Vgl. *Deutsch*, Allg. Haftungsrecht², Rn 339

384 Paul D 50, 16, 226

385 *Dilcher*, Die Theorie der Leistungsstörungen, S. 32 ff.

386 *Dilcher*, Die Theorie der Leistungsstörungen, S. 18 ff.

387 *Dilcher*, Die Theorie der Leistungsstörungen, S. 35

388 *Dilcher*, Die Theorie der Leistungsstörungen, S. 37

389 *Hoffmann*, Die Abstufungen der Fahrlässigkeit in der Rechtsgeschichte, S. 113, 114

des Sorgfaltsaufwands umschrieben wurde.[390] Insgesamt galt: je geringer die Sorgfaltsanforderung, desto schwerer wog deren Nichtbeachtung. Allerdings wurde die Schwierigkeit der nicht allgemein bestimmbaren Variable der Höhe der Sorgfaltsanforderung erkannt, die sich einer konkreten Umschreibung entzog. Diese ließ auch Schöpfer des BGB zweifeln. Der „Dresdner Entwurf"[391] aus dem Jahr 1866 enthielt in Art. 228 Satz 2 noch folgende Definition: *„Grobe Fahrlässigkeit verschuldet, wer nicht einmal die Sorgfalt anwendet, welcher jeder gewöhnliche Mensch anzuwenden pflegt."* Allerdings wurde die „Sorgfalt eines gewöhnlichen Menschen" als zu wenig trennscharf im Vergleich zu der Sorgfaltsanforderung an einen „ordentlichen Hausvater" angesehen, die gemäß §144 Abs.1 des ersten Entwurfs zum BGB für die einfache Fahrlässigkeit vorgesehen war. Daher versuchte man dann im ersten Entwurf zum BGB eine Legaldefinition, indem man nicht wie bisher auf die Höhe der Sorgfaltsanforderung anhand der Bezugspunkte „gewöhnlicher Mensch" oder „ordentlicher Hausvater" abhob, sondern eine Steigerung der Fahrlässigkeit allein aus der Schwere des Sorgfaltsverstoßes folgerte. §144 Abs.2 des ersten Entwurfs zum BGB[392] lautete daher: *„Grobe Fahrlässigkeit liegt vor, wenn die Sorgfalt eines ordentlichen Hausvaters in besonders schwerer Weise vernachlässigt wird."* Die Brauchbarkeit dieser Definition wurde aber in Frage gestellt. Die Motive konstatierten, dass eine „schärfere Kennzeichnung" wohl nicht möglich sei, so dass eine Definition der groben Fahrlässigkeit letztlich keine Aufnahme ins BGB fand.[393] Sie wurde als unnötig angesehen.[394] Daher kann davon gesprochen werden, dass der Gesetzgeber ganz bewusst von einer Definition der groben Fahrlässigkeit abgesehen hat.[395]

Im Zivilrecht fehlt daher eine Legaldefinition der groben Fahrlässigkeit. Umso erstaunlicher mutet es an, dass im Jahr 1981 in einer verwaltungsrechtli-

---

[390] Für die *culpa lata* des *Codex Maximilianeum Bavaricum Civilis* formulierte *Kreittmayr* (zitiert von: *v. Reuter*, Grobe Fahrlässigkeit im Privatversicherungsrecht, S. 7) dass sie jemand vorgeworfen werden könne, der die „allergemeinste Sorgfalt" nicht beobachtet, welche sonst „jeder mit fünf Sinnen begabter Mensch, der nicht für gar alber gehalten seyn will, zu observieren pflegt".

Der *Codex Theresianus* nannte eine „große Schuld..., wann weder der gemeine Fleiß angewendet, sondern Dasjenige unterlassen wird, was insgemein alle vernünftigen Menschen in Acht nehmen, oder auch etwas gethan wird, dessen sich insgemein alle vernünftigen Menschen enthalten,...".(so §103 CTher III,1 abgedruckt bei *v. Harrasowsky*, Codex Theresianus III, S. 17)

Das Preußische Allgemeine Landrecht sprach in seinem §18 Abs.1 Satz 3 von einem „grobem Versehen", „welches bei gewöhnlichen Fähigkeiten, ohne Anstrengung der Aufmerksamkeit, vermieden werden konnte".

Das Sächsische BGB definierte die *culpa lata*, als „Unterlassung der Sorgfalt, welche gewöhnlich auch ein minder ordentlicher und aufmerksamer Mensch beobachtet."

[391] *Schubert* (Hrsg.), Protocolle, Band 6, Entwurf, S. 43 f.

[392] *Mugdan*, Materialien, Band 1, Allg. Theil, S. XCV

[393] *Mugdan*, Materialien, Band 1, Motive, S. 507

[394] *Achilles/Gebhard/Spahn*, Protokolle, Band I, S. 187

[395] In diesem Sinne auch: *Lohe*, VersR 1968, 323

chen Norm, nämlich im §45 Abs.2 Satz 3 Nr. 3 SGB X, plötzlich eine Definition der groben Fahrlässigkeit auftaucht. Dieser regelt die Rücknahme von Verwaltungsakten und formuliert: Grobe Fahrlässigkeit liegt vor, *„wenn der Begünstigte die erforderliche Sorgfalt in besonders schwerem Maße verletzt hat"*. In der Gesetzesbegründung[396] hierzu heißt es allerdings, fast entschuldigend, die Definition entspreche der allgemein anerkannten Formel der Rechtsprechung. Nichts desto trotz war der Gesetzgeber hier der Auffassung, diese Definition solle die „Rechtsanwendung erleichtern helfen"; ein frommer Wunsch angesichts der fast unüberschaubaren Rechtsprechung des BGH zu Einzelfällen der groben Fahrlässigkeit und der hier noch zu zeigenden dogmatischen Unsicherheiten im Umgang mit diesem Rechtsbegriff.

2. Die Definitionsversuche zur groben Fahrlässigkeit der Rechtsprechung und Literatur

a. Rechtsprechung

Die Rechtsprechung[397] hält, die grobe Fahrlässigkeit im Wesentlichen dann für gegeben, *„wenn die verkehrserforderliche Sorgfalt in besonders schwerem Maße verletzt wird, schon einfachste ganz naheliegende Überlegungen nicht angestellt werden und das nicht beachtet wird, was im gegebenen Fall jedem einleuchten musste"*. Gelegentlich variierte die Rechtsprechung ihre Definition und knüpfte mal an das Außerachtlassen geringer[398] oder geringster[399] Sorgfalt an oder verlangte das Außerachtlassen elementarster Sorgfaltspflichten[400]. Ob darin bereits ein Versuch angedeutet ist, nicht von der Schwere des Sorgfaltsverstoßes, sondern von der Verletzung einer besonderen Sorgfaltsebene auszugehen, ist zweifelhaft.[401] Denn es lässt sich genauso gut sagen, dass diese Umschreibungen dazu dienen, die auf ein „trauriges Mindestmaß"[402] herabgesetzte gewöhnliche Sorgfalt zu bezeichnen. Davon abgesehen ist diese akademische Feinheit im Ergebnis unergiebig. Bleibt doch so oder so im Dunkeln, welches Maß an Sorgfalt außer Acht gelassen werden muss. Lediglich eines vermag eine eigene abstrakte Sorgfaltsebene für die grobe Fahrlässigkeit zu leisten. Sie

---

[396] BT-Drucks. 8/4022/80, Bericht des Abgeordneten *Gansel*, zu §43, S. 82 f.

[397] Vgl. vorerst nur BGHZ 10, 14 (16); BGH NJW 1994, 2022 (2023); 2001, 286 f.; BGH NJW-RR 1994, 1471 m.w.N.; zuletzt BGH NJW-RR 2002, 1108

[398] RG JW 1936, 2879

[399] RGZ 58, 162 (164)

[400] OLG Frankfurt VersR 1981, 27 (30)

[401] So aber *v. Reuter*, Grobe Fahrlässigkeit im Privatversicherungsrecht, S.11

[402] *Deutsch*, Allg. Haftungsrecht², Rn 423

könnte letztlich dazu führen, dass grundsätzlich der Blick vom Einzelfall auf die allgemeinere Frage nach der in solchen Fällen geltenden Sorgfaltsanforderung verlagert wird.[403] Fraglich ist jedoch, ob dies überhaupt wünschenswert sein kann. Denn gerade durch eine Ableitung der groben Fahrlässigkeit von der einfachen, gewöhnlichen Fahrlässigkeit im Wege einer Herabsetzung der im Verkehr erforderlichen Sorgfalt wird erreicht, dass auch die grobe Fahrlässigkeit, zumindest mittelbar, normativ bestimmt wird und nicht gänzlich an rein deskriptiven Merkmalen hängt.

Weiterhin sieht der BGH[404] in der groben Fahrlässigkeit zwar einen Rechtsbegriff. Die Subsumtion eines Sachverhalts unter denselben, behandelt er aber gleichzeitig als praktisch nicht revisibel. Er hat in seiner Leitentscheidung aus dem Jahr 1953 insoweit festgestellt, dass aus dem Wesensbegriff der groben Fahrlässigkeit folge, dass es im Gegensatz zu dem Begriff der gewöhnlichen Fahrlässigkeit für die grobe Fahrlässigkeit keine für alle Fälle feste Norm geben könne. Der (Tat-) Richter habe vielmehr nach freiem, pflichtgemäßem Ermessen zu prüfen, ob nach der Gesamtlage der Umstände die Sorgfaltsverletzung als besonders schwer erschiene. Damit werde der Begriff „grob“ zu einem Tatsachenbegriff, dessen Nachprüfung in der Revisionsinstanz nur in demselben Umfang möglich sei wie bei jeder anderen Tatsachenfeststellung und Würdigung.[405] Die Bestimmung der groben Fahrlässigkeit sei also eine reine „Tatfrage“.[406]

aa. Der „omnes-intellegunt“ - Ansatz

Das Reichsgericht[407] leistete die Vorarbeit zu der jetzt in ständiger Rechtsprechung vertretenen Definition des BGH. Ihm entstammt bereits die begriffliche Zweiteilung.

Einerseits stellte man auf die besonders schwere Sorgfaltsverletzung ab, um das Adjektiv „grob“ auszufüllen. Andererseits sollte aber auch das unbeachtet geblieben sein, was jedem im gegebenen Falle einleuchten musste. Diese „Doppelformel“ lässt sich im Hinblick auf ihre erste Hälfte auf die graduelle Abstufung des Fahrlässigkeitsbegriff in §144 des ersten Entwurf zum BGB und, was ihre zweite Hälfte betrifft, jedenfalls vom Wortlaut her auf den *omnes-*

---

[403] In diesem Sinne *Röhl*, JZ 1974, 521 (525)

[404] BGHZ 10, 14 (16)

[405] BGHZ 10, 14 (17); zuletzt BGH ZIP 2000, 146 (147)

[406] Dagegen *Larenz*, Schuldrecht Band I: Allg. Teil[14], §20 V, S. 292: Keine „Tatfrage“, sondern „Wertungsfrage“, bei der dem beurteilenden Richter notwendiger Weise ein gewisser Beurteilungsspielraum zukommt, da die Beurteilung eng mit der Aufklärung des Sachverhalts verflochten ist.

[407] Vgl. nur RGZ 141, 129 (131); 166, 98 (101)

intellegunt-Ansatz zurückführen. Die Problematik der genauen Bestimmung der Schwere des Sorgfaltsverstoßes war daher schon dem RG bewusst. So kann die hybride Definition als Versuch gesehen werden, sich dem entscheidenden Sorgfaltsmaß in zweifacher Hinsicht zu nähern. Es wurde nicht nur auf den Sorgfaltsverstoß an sich abgestellt, um grobe Fahrlässigkeit zu beschreiben, sondern auch auf das Unbeachtetlassen dessen abgestellt, was im gegebenen Falle jedem hätte einleuchten müssen. Dieser Teil der Definition ist zunächst näher zu betrachten. Denn er lässt zwei Auslegungsvarianten zu. Insoweit ist er einerseits als Weiterführung des alten *omnes-intellegunt*-Ansatzes des gemeinen Rechts gesehen worden, der ein generelles Höchstmaß an Fahrlässigkeit vermutet. Damit betrete er im Ergebnis die Schwelle zum Vorsatzverdacht, wenigstens aber zur bewussten Fahrlässigkeit, die an die Grenze zum Vorsatz heranreiche.[408] Es wurde hiergegen allerdings eingewandt, dass für eine solche faktische Annäherung zwischen Vorsatz und Fahrlässigkeit, die nur noch graduelle Unterschiede zwischen beiden Verschuldensformen aufweist, im geltenden Recht im Gegensatz zum gemeinen Recht die notwendige Grundlage fehle. Eine Gleichstellung der Rechtsfolgen von Vorsatz (dolus) und grober Fahrlässigkeit (culpa lata) fände heute eben nicht mehr in gleicher Weise statt, wie im römischen Recht.[409] Nimmt man die Formel überdies beim Wort, so käme grobe Fahrlässigkeit eigentlich nie vor.[410] Schon der zu beurteilende Fall würde beweisen, dass eben nicht jeder gesehen hat, was zu sehen war. Jedenfalls aber dürften die Umstände, die von jedermann erkannt werden konnten, im Ergebnis wohl als „*offenkundig*", als „*evident*" beschrieben werden können. Andererseits ließe sich in diesem Teil auch eine plastische Umschreibung des Mindestmaßes an Sorgfalt erblicken. Sie böte einen schlichten Bezugspunkt für die vorzunehmende graduelle Herabsetzung der einfachen Sorgfalt. Denn indem als einzuhaltende Sorgfalt dasjenige bezeichnet wird, was „jedem" hätte einleuchten müssen, werde das Sorgfaltsmaß am „typisch Unterdurchschnittlichen" festgemacht.[411] So gesehen wäre zwar die zweite Hälfte der Definition vom Wortlaut her dem *omnes-intellegunt* des gemeinen Rechts entlehnt, erführe aber im geltenden Recht eine andere, den aktuellen Begriff der groben Fahrlässigkeit beschreibende Deutung, die sich vom Vorsatzverdacht des gemeinen Rechts scheinbar entfernt.

In dieser Hinsicht würde sich die grobe Fahrlässigkeit unmittelbar an die einfache anschließen. Es bliebe Raum für Abstufungen von einfacher zur groben Fahrlässigkeit. Fest könnte lediglich stehen, dass erkannt werden muss, was ohne besondere Anstrengung erkennbar war und daher auch von einem weniger Aufmerksamen erkannt worden wäre. Die Grenzen der groben Fahrlässigkeit

---

408 *Deutsch*, Fahrlässigkeit und erforderliche Sorgfalt², §8, S. 154

409 *Deutsch*, Allg. Haftungsrecht², Rn 422

410 So schon *Enneccerus/Nipperdey*, All. Teil, 2. Halbband¹⁵, §212, S.1312; *Weyl*, Verschuldensbegriffe, S. 274

411 In diesem Sinne *Bokelmann*, Grobe Fahrlässigkeit, S. 17

wären in diesem Verständnis nur wenig konturiert; ihre Abgrenzung zur einfachen Fahrlässigkeit nur fühlbar und fließend.

Im Rahmen der ersteren Auslegungsvariante würde für die grobe Fahrlässigkeit indes nur ein „Höchstmaß“ an Sorgfaltslosigkeit ausreichen. Wie eben angedeutet macht die Formel als echtes materielles Sorgfaltsmaß zunächst wenig Sinn. Allerdings kann sie eben auch als Umschreibung einer Vermutung gesehen werden. Denn liegen Umstände derart offen zu Tage, drängen sie förmlich ins Bewusstsein des Betrachters, so erscheint es völlig unverständlich, warum von ihnen keine Notiz genommen wurde. Es drängt sich aus objektiver Sicht der Verdacht auf, der Handelnde hatte sehr wohl Kenntnis. Eine materielle Zurechnung würde hier am relativen Begriff der Offenkundigkeit festmachen. Er enthält seine Konturen, wie ein Sorgfaltsmaßstab, erst nach Feststellung der Perspektive. Folglich ist nicht jeder Umstand für jeden gleich offenkundig. Je nach Beurteilungsmaßstab können auch grundsätzlich leicht verdeckt liegende Umstände für Bestimmte noch offensichtlich sein; dagegen aber auch offen zu Tage liegende Umstände in einzelnen Fällen nicht offenkundig sein. Klar wird hieraus jedenfalls: Auch die Bezeichnung als offenkundig beinhaltet eine Wertung. Sie ist nicht zu trennen von der Frage nach den zu Grunde zu legenden Erkenntnismöglichkeiten, nach dem anzulegenden Sorgfaltsmaßstab. An ihm hängt auch mittelbar der Berührungspunkt zum Vorsatz. Denn je objektiver Offenkundigkeit beurteilt wird, desto mehr steht die Sanktion von Vorsatzverdacht im Blick.

bb. Die subjektive Komponente der Definition

Von entscheidender Bedeutung ist aber im hier zu besprechendem Zusammenhang, dass schon das RG[412] und dann auch der BGH[413] zu ihrer eben dargestellten ohnehin ungriffigen Formel den Standpunkt eingenommen haben, eine Qualifizierung der Fahrlässigkeit als grob könne nur unter Berücksichtigung der Individualität des Handelnden geschehen. In Ausformung der Vorgaben des BGH hat das BSG besonders prägnant formuliert, grobe Fahrlässigkeit erfordere eine *„besonders grobe und auch subjektiv schlechthin unentschuldbare Pflichtverletzung, die das gewöhnliche Maß an Fahrlässigkeit erheblich übersteigt“.*[414] Dabei soll das Maß der Fahrlässigkeit insbesondere nach den persönlichen Umständen, der Kritikfähigkeit, dem Einsichtsvermögen des Beteiligten wie den besonderen Umständen des Falles zu beurteilen sein.[415]

412 RG JW 1924, 1977 (1978 f.)

413 BGHZ 10, 14 (17); 119, 147 (149); BGH NJW 1988, 1265 (1266);

414 BSG DB 1978, 307 (308); ganz ähnlich BGH NJW 1992, 316 (317) m.w.N.; zuletzt BGH NJW 2003, 1188 f.

415 BGH NJW 1992, 316 f. (erhöhte Anforderungen an ein Kreditinstitut)

Die stützenden Argumente für diese These sind indes eher mager. Während das RG in einer älteren Entscheidung[416] noch mit dem Hinweis auf die Berücksichtigung von individuellen Unfähigkeiten in §254 BGB eine greifbare Begründung zu liefern versuchte, die sich aber auch hierin ohne nennenswerte Begründung erschöpfte, hat sich der BGH in seiner Leitentscheidung allein mit dem Verweis auf den „Wesensbegriff" der groben Fahrlässigkeit begnügt.[417] Auch in der Folge blieb er eine genaue Herleitung schuldig.[418]

Dazu wird – im dogmatischen Sinne erschwerend - geradezu formelhaft betont, dass die gebildete Ausfüllung des Begriffs einheitlich für alle zivilrechtlichen Normen zur groben Fahrlässigkeit gelte.[419] Unabhängig vom Anwendungsbereich soll also die grobe Fahrlässigkeit im Grundsatz von einer gemischt objektiv-subjektiven Definition her bestimmt werden.

b. Literatur

Einen Verstoß „gegen jede Kleiderordnung" als grobe Fahrlässigkeit zu definieren,[420] oder grobe und einfache Fahrlässigkeit schlicht danach zu unterscheiden, ob man sagen könne, „das kann vorkommen" oder „das darf nicht vorkommen"[421], zeigt, wie wenig die grobe Fahrlässigkeit einer handfesten Definition zugänglich ist. Eingangs[422] war bereits von einem nur „gefühlten" Rechtsbegriff die Rede. Die Problematik wird bestätigt, wenn man die „ernsthaften" Definitionsversuche des Schrifttums auf sich wirken lässt.

aa. Überblick

Gegen Ende des 19. Jahrhunderts füllte *Dernburg* den „omnes-intellegunt" - Ansatz mit der Wendung aus, dass „totale Gleichgültigkeit" gegenüber dem geherrscht haben müsse, was unter den gegebenen Umständen hätte geschehen

---

[416] RG JW 1924, 1977 (1978 f.)

[417] BGHZ 10, 14 (16)

[418] Dies stellten auch fest: *v. Reuter*, Die grobe Fahrlässigkeit im Privatversicherungsrecht, S. 31; *König*, Die grobe Fahrlässigkeit, S.151; *Bokelmann*, Grobe Fahrlässigkeit, S. 37 ff.

[419] So ausdrücklich BGH VersR 1959, 222 (223); BGH VersR 1966, 1150; zuletzt BGH NJW 2003, 1118 f.; hierzu Schrifttum genauso: Lohe, VersR 1968, 323; *Weingart*, VersR 1968, 427; kritisch: MüKo[4]/*Grundmann*, §276 Rn 95; Soergel[12]/*Wolf*, §276 Rn 126; *Deutsch*, Allg. Haftungsrecht[2], Rn 422

[420] *Wodrich*, VersR 1967, 1067 (1068)

[421] *Frey*, ArbuR 1953, 7 (8)

[422] Siehe oben §2.

müssen.[423] Es fragt sich jedoch, was er unter „totaler Gleichgültigkeit“ verstanden haben will.

Im neueren Schrifttum wird im Lichte der Problematik nur vereinzelt versucht, grobe Fahrlässigkeit überhaupt zu definieren. So spricht *Quack* davon, dass der Fehler leicht, bei geringer Aufmerksamkeit und ohne jede Schwierigkeit zu vermeiden gewesen sein muss.[424] *Venzmer* will grobe Fahrlässigkeit pauschal dann annehmen, wenn jemand eine Bedingung setzt, die eine Durchschnittsperson als generell begünstigend für den rechtlich missbilligten Erfolg hätte erkennen können.[425] *Mühl* versteht die Außerachtlassung derjenigen Sorgfalt als grob fahrlässig, zu der jedermann im Einzelfall verpflichtet sei.[426] *Henssler* umschreibt die Formel der Rechtsprechung, indem er auf eine Erkennbarkeit abstellt, die bei „nur durchschnittlichem Merk- und Erkenntnisvermögen ohne besondere Aufmerksamkeit und besonders gründliche Überlegungen“ festgestellt werden kann.[427] Daneben findet sich vereinzelt ein Ansatz, grobe Fahrlässigkeit zwar uneinheitlich, aber im Wesentlichen doch mit der strafrechtlichen Leichtfertigkeit gleichzusetzen,[428] ohne allerdings gleichzeitig klarzulegen, was als Leichtfertigkeit anzusehen ist.

Viele stehen indes einer allgemeinen Definition der groben Fahrlässigkeit kritisch gegenüber und lehnen es grundsätzlich ab, „inhaltsleere Tautologien“[429] „ohne Erkenntniswert“[430] zu formulieren. Auch *Larenz*[431] sieht insoweit zwischen leichter und grober Fahrlässigkeit einen Gradunterschied, der sich einer genauen Bestimmung entzieht. Die Verweise auf den Einzelfall und auf das Rechtsgefühl[432] deuten an, das man sich beim Problem der groben Fahrlässigkeit in einer rechtlichen Grauzone bewegt, was es ratsam erscheinen lässt, sich mehr oder weniger eng an die Formel der Rechtsprechung anzulehnen.[433] Feststellungen, wie die grobe Fahrlässigkeit sei eine Steigerung der leichten, ein besonders

---

[423] *Dernburg*, Die Schuldverhältnisse, §63, S. 137

[424] MüKo[3]/*Quack*, §932 Rn 29

[425] *Venzmer*, Mitverursachung und Mitverschulden, S. 20; wie sich hierbei eine Unterscheidung zur einfachen Fahrlässigkeit herstellen lassen soll, ist sehr fraglich. Schon deshalb ist diese Umschreibung gänzlich unbrauchbar.

[426] Soergel[12]/*Mühl*, §932 Rn 13

[427] Soergel[13]/*Henssler*, §932 Rn 20

[428] *Enneccerus/Nipperdey*, Allg. Teil, 2. Halbband[15], §212, S. 1312; Soergel[12]/*Wolf*, §276 Rn 125; im weitesten Sinne wohl auch *Larenz*, Schuldrecht Band I: Allg. Teil[14], §20 V, S. 292; kritisch hierzu *König*, Die grobe Fahrlässigkeit, S. 45

[429] *v. Reuter*, Grobe Fahrlässigkeit im Privatversicherungsrecht, S. 14; *Riedmaier*, DAR 1978, 263; bereits *Wendt*, AcP 87 (1897), 422 (449)

[430] *Sanden*, VersR 1967, 1013 (1016)

[431] *Larenz*, Schuldrecht Band I: Allg. Teil[14], §20 IV, S.291

[432] *v. Reuter*, Grobe Fahrlässigkeit im Privatversicherungsrecht, S.14; *Riedmaier*, DAR 1978, 263

[433] Vgl. nur die Ausführungen bei RGRK[12]/*Alff*, §277 Rn 4; Staudinger[13](2001)/*Löwisch*, §276 Rn 92; Palandt[62]/*Heinrichs*, §277 Rn 5; Jauernig[10]/*Vollkommer*, §276 Rn 33; Erman[10]/*Battes*, §276 Rn 26; *Larenz*, Schuldrecht Band I: Allg. Teil[14], § 20 IV, S.291 f.

schwerer Verstoß gegen die objektiv erforderliche Sorgfalt, sind gängig. Der Verweis auf eine „gesteigerte objektive Erkennbarkeit und/oder Vermeidbarkeit"[434], bringt aber den Rechtsanwender bestenfalls auf den Weg, wie man sich der groben Fahrlässigkeit nähern kann. Zur Bestimmung eines groben Sorgfaltsverstoßes soll die Verletzung grundlegender Sorgfaltspflichten maßgebend sein, die in der jeweils gegebenen Situation besonders leicht erkennbar erscheinen und deren Einhaltung vom Betreffenden allgemein als selbstverständlich erwartet wird.[435] Auch der Ansatz von *Kötz* mit Hilfe einer ökonomischen Analyse der Fälle die grobe Fahrlässigkeit genauer zu fassen, scheint wenig zur Klärung des Begriffs beitragen zu können. Soll die grobe Fahrlässigkeit an einem Vergleich der Kosten der Sicherungsmaßnahmen mit dem Nutzen, der aus der Abwendung des Risikos erwachsen wäre, festgemacht werden,[436] so kann dies nur erfolgreich sein, wenn sich die Kosten eines verkehrsgerechten Verhaltens immer zuverlässig beziffern ließen. Dies ist jedoch überaus zweifelhaft.[437]

bb. Schwerpunkte der Diskussion

Begründungsbedarf hat das Schrifttum vor allem an zwei sich teils überschneidenden Thesen der höchstrichterlichen Rechtsprechung ausgemacht.

Zum einen ist versucht worden, die klare Aussage des RG und des BGH zur Berücksichtigung eines subjektiven Elements in der groben Fahrlässigkeit argumentativ zu erfassen. Zum anderen sollte auch die Berechtigung der einheitlichen Bestimmung der groben Fahrlässigkeit im gesamten Zivilrecht beleuchtet und gegebenenfalls nachgewiesen werden. Dies mag, wie *König*[438] meint, ein Stück weit auch an der einfachen, mit Ja oder Nein zu beantwortenden Fragestellung liegen, ob personales Verschulden entscheidend sein soll oder nicht bzw., ob es einen einheitlichen Begriff gibt, oder nicht. Dabei darf aber nicht übersehen werden, dass sich diese Streitpunkte gerade deshalb so plakativ darstellen lassen, weil hier deutliche Widersprüche zur geltenden Rechtsprechung und Lehre im Hinblick auf die einfache Fahrlässigkeit zu Tage treten. Ob diese Widersprüche überhaupt und gerade auch in Fällen der grob fahrlässigen Unkenntnis zu Tage treten dürfen, wird nun zu klären sein.

---

[434] So MüKo[4]/*Grundmann*, §276 Rn 97

[435] Soergel[12]/*Wolf*, §276 Rn 123

[436] *Kötz*, NJW 1984, 2447 (2448)

[437] Ebenso Soergel[12]/*Wolf*, §276 Rn 90, 122

[438] *König*, Die grobe Fahrlässigkeit, S. 68

3. Der anzulegende Sorgfaltsmaßstab

Für wen die Umstände letztlich in gesteigertem Maße erkennbar sein müssen, sprich aus welcher Perspektive man die Situation zu beurteilen hat, ist ein wesentlicher Aspekt der bisher geführten Diskussion um die grobe Fahrlässigkeit, da neben einem objektiv groben Sorgfaltsverstoß eine subjektiv vorwerfbare Pflichtverletzung gefordert wird.

Diese Praxis bietet insoweit eine relativ klare Unterscheidung zur einfachen Fahrlässigkeit. Sie lässt sich daher auch als eine Steigerungsmethode erkennen. Denn ein subjektiver Maßstab bei der Bemessung der Sorgfalt wird in der Regel eine Erleichterung der Anforderungen mit sich bringen. Er führt zu einer Verengung der Perspektive und zur Beachtlichkeit der individuellen Schwächen. So sollen selbst zur Gewohnheit gewordene Nachlässigkeiten bei der Beurteilung des Verschuldensvorwurfs im Sinne von grober Fahrlässigkeit mildernd in Betracht gezogen werden können.[439] Gegen diese Praxis in ihrer Allgemeinheit finden sich jedoch grundlegende Bedenken.

a. Das subjektive Element der groben Fahrlässigkeit

Die grundsätzliche Berücksichtigung subjektiver Momente in der groben Fahrlässigkeit trifft, soweit ersichtlich, bisher aber nur auf wenig Widerstand.[440] In der Rechtsprechung verschiedener OLG´s finden sich einige wenige Entscheidungen, die auf einen rein objektiven Begriff der groben Fahrlässigkeit verweisen.[441] Begründungen nach beiden Seiten sucht man an diesen Stellen aber meist

---

[439] BGH NJW 1988, 1265 (1266)

[440] Zustimmend: Staudinger[13](2001)/*Löwisch*, §276 Rn 93 ff.; MüKo[3]/*Hanau*, §277 Rn 5, 10; Soergel[12]/*Wolf*, §276 Rn 125; Jauernig[10]/*Vollkommer*, §276 Rn 33; Palandt[62]/*Heinrichs*, §277 Rn 5; *Larenz*, Schuldrecht Band I: Allg. Teil[14], §20 V, S. 292; a.A. aber bereits *Weyl*, Verschuldensbegriffe, S. 276; offen: *Schütz*, VersR 1967, 733; Erman[10]/Battes, §276 Rn 26; kritisch auch MüKo[3]/*Quack*, §932 Rn 30; MüKo[4]/*Grundmann*, §276 Rn 95; differenzierend schließlich *Deutsch*, Allg. Haftungsrecht[2], Rn 425 f.

[441] OLG Karlsruhe VersR 1958, 225 (226): Es ist ein „beschränkt objektiver Maßstab anzulegen. Danach liegt grobe Fahrlässigkeit nicht erst dann vor, wenn das verletzte Sorgfaltsgebot für jeden Durchschnittsmenschen erkennbar war, sondern schon dann, wenn es für einen Durchschnittsangehörigen der einschlägigen Verkehrskreise...auf der Hand lag".; OLG Celle VersR 1960, 507: „Der Maßstab ist...ein objektiver."; OLG Frankfurt VersR 1973, 610 (611): „Bei der Bewertung des Verhaltens des Kl. als grob fahrlässig wird der Bewertungsmaßstab nicht mit Rücksicht auf die persönlichen Eigenschaften und Gewohnheiten des Haftungspflichtigen gewonnen, sondern im Hinblick auf die Verkehrserfordernisse... ."; OLG Nürnberg VersR 1965, 582 (583): An der Feststellung der groben Fahrlässigkeit „ändert auch die Tatsache nichts, dass möglicherweise der Bekl. als Ausländer mit dem Verhalten von Fahrzeugen auf Kleinpflaster nach kurz vorher einsetzendem Regen nicht vertraut war; denn es kommt für die zivilrechtliche Verantwortlichkeit nur auf die typischen Kenntnisse und Fähigkeiten an...".

vergebens. Überwiegend wurde versucht, Erklärungen für die klare Aussage der höchstrichterlichen Rechtsprechung zu finden und man sprang dieser mit teilweise sehr vordergründigen Argumenten zur Seite. Der Weg führte über die Motive zum BGB[442] und Art. 34 Satz 2 GG[443] zum Präventionszweck, der den Normen der groben Fahrlässigkeit allgemein innewohnen soll[444]. Schließlich wurde auch die Nähe der groben Fahrlässigkeit zum Vorsatz[445] bemüht.

Lohe hat aus dem Satz in den Motiven zu §§144, 145 des ersten Entwurfs zum BGB[446], der Richter habe im einzelnen Fall zu prüfen, ob mit ausnehmender Sorgfalt verfahren worden sei, ein subjektives Element gefolgert. Was ihm zu diesem Schluss bewegt hat, kann aber nicht nachvollzogen werden. Weder der Verweis auf den Einzelfall, noch der auf die ausnehmende Sorgfalt lässt zu, dass man subjektive Momente als vom Gesetzgeber anerkannte Kriterien der groben Fahrlässigkeit bezeichnet.[447]

Weingart folgert gar aus dem Sinn und Zweck des Art. 34 Satz 2 GG, nämlich die Stärkung der individuellen Entschlusskraft des einzelnen Beamten aus Verringerung des Haftungsrisikos, dass die Berücksichtigung eines persönliches Verschulden bei der groben Fahrlässigkeit schon in der Verfassung verankert und daher allgemein zu beachten sei. Zwar ist dem zuzugeben, dass Art. 34 Satz 2 GG die Haftung des einzelnen Beamten bei einfacher Fahrlässigkeit auf den Staat überleitet und erst bei grober Fahrlässigkeit oder Vorsatz eine persönliche Haftung des Beamten erfolgt. Entscheidend sei hier daher ein gewisser Präventions- und Sanktionscharakter der Haftung bei grober Fahrlässigkeit, der es rechtfertigt auch persönliche Momente bei der Haftungsbegründung mit einzubeziehen. Verallgemeinerungsfähig ist diese These aber nicht, da nicht alle Rechtsnormen, die auf grobe Fahrlässigkeit abstellen, diesen Zweck verfolgen. Vor allem aber lässt sich schon einwenden, dass, wie *König*[448] bereits erkannt hat, die Normen des BGB und damit der Fahrlässigkeitsbegriff im heutigen Rechtssinne wesentlich älter ist als die des GG. Daher kann bezweifelt werden, dass im Grundgesetz eine Norm geschaffen werden sollte, die Einfluss auf den zivilrechtlichen Fahrlässigkeitsbegriff zeitigen sollte. Der Gedanke des Präventions- und Sanktionszwecks im Anwendungsbereich der groben Fahrlässigkeit ist auch von *Röhl*[449] aufgegriffen worden. Nur erschließt er sich dieses Argument von der anderen Seite her und geht davon aus, dass im Wesentlichen sämtliche Normen, die auf grobe Fahrlässigkeit abstellen, ein Sanktions- oder zu-

---

[442] *Lohe*, VersR 1968, 323 (325)

[443] *Weingart*, VersR 1968, 427 (430)

[444] *Röhl*, JZ 1974, 521 (522 ff.)

[445] So im Wesentlichen *Sanden*, VersR 1967, 1013; *Röhl*, JZ 1974, 521 ff.

[446] *Mugdan*, Materialien, Band 1, Motive, S. 507

[447] So auch *v. Reuter*, Die grobe Fahrlässigkeit im Privatversicherungsrecht, S. 32; *König*, Die grobe Fahrlässigkeit, S. 151

[448] *König*, Die grobe Fahrlässigkeit, S. 152

[449] *Röhl*, JZ 1974, 521 (522 ff.)

mindest Präventionscharakter inne wohnen soll. Im Zivilrecht trete neben den Schadensausgleichsgedanken auch ein Präventionsgedanke, da der Handelnde speziell durch die Haftungsnormen zur Vermeidung von Schädigungen angehalten werden soll. Durch die Übernahme der meisten, durch einfache Fahrlässigkeit verursachten Schäden durch kollektive Haftungsträger, komme vor allem der groben Fahrlässigkeit dieser Präventionscharakter zu, bei der dann ein Rückschlagen der Haftung auf den Schädiger erfolgt. Weiterhin folgert er, dass dieser Präventionszweck der Normen eine Haftung nur dann erlaube, wenn dem Handelnden auch subjektive, individuelle Entlastungsgründe zu Gute kommen können. Folglich sei allgemein ein subjektives Moment in der groben Fahrlässigkeit zu beachten.[450]

Um ein subjektives Element in der groben Fahrlässigkeit zu begründen, wurde schließlich versucht, seine „parallele Stellung" zum Vorsatz fruchtbar zu machen. Sowohl *Sanden, Lohe* als auch *Röhl* haben auf eine innere Beziehung zwischen Vorsatz und grober Fahrlässigkeit abgestellt, um hieraus Auslegungsansätze für letztere abzuleiten. *Röhl* hält insoweit den gemeinrechtlichen Grundsatz des *culpa lata plane dolo comparatur*[451] nicht für überholt und sieht die Entwicklung des Zivilrechts dahingehend, dass die Unterscheidung zwischen einfacher Fahrlässigkeit und grober wichtiger wird als die zwischen grober Fahrlässigkeit und Vorsatz.[452] Daher sei es angemessen, sich bei der Auslegung der groben Fahrlässigkeit eher am (subjektiven) Vorsatztatbestand zu orientieren, als an dem der Fahrlässigkeit. Die besondere Nähe soll sich vor allem aus dem Gleichlauf der beiden Verschuldensformen im Hinblick auf die rechtsgeschichtliche Entwicklung und aus der Anordnung gleichermaßen harter Rechtsfolgen ergeben, woraus insbesondere zu folgern sei, dass bei der groben Fahrlässigkeit wie beim Vorsatz der Wille oder wenigstens das Bewusstsein des Menschen eine maßgebliche Rolle spielen müsse.[453] Dies führe notwendiger Weise zu einer subjektiven Sichtweise. Nahe läge es dann aber, von einer inneren, genetischen Verwandtschaft der beiden Verschuldensarten auszugehen, die dazu führen muss, dass Vorsatz und Fahrlässigkeit mit allen ihren Abstufungen als eine nur in quantitativer Hinsicht unterscheidbare Verschuldensform bildet. Betrachtet wurden von *Röhl* indes - sehr vordergründig - nur die Rechtsfolgen beider Begriffe, woraus sich eine inhaltliche Anlehnung herleiten lassen könne. Was diese Überlegung betrifft, so müsste ein Vergleich der Rechtsfolgen aus der Zusammenstellungen der Begriffspaare Vorsatz und Fahrlässigkeit und Vorsatz und grobe Fahrlässigkeit zu dem Ergebnis führen, dass die grobe Fahrlässigkeit aus anderen Elementen zusammengesetzt ist als die einfache. Dieser Schluss ist jedoch nicht möglich. Denn genauso wie Vorsatz und grobe Fahrläs-

---

[450] *Röhl*, JZ 1974, 521 (526)

[451] Siehe bereits Fn 380

[452] *Röhl*, JZ 1974, 521 (526)

[453] *Sanden*, VersR 1967, 1013 (1016); ebenso *Lohe*, VersR 1968, 323 (324)

sigkeit gleiche Rechtsfolgen zeitigen können, ist gerade eine Haftung für Vorsatz und einfache Fahrlässigkeit die Regel. Im Zivilrecht wird grundsätzlich bei Vorsatz oder (einfacher) Fahrlässigkeit in gleicher Weise gehaftet.[454] Daher kann nicht nur bei grober Fahrlässigkeit eine parallele Haftung zum Vorsatz angenommen werden. Würde obiges Argument wirklich stichhaltig sein, so müsste die gefolgerte Konsequenz bei der Ausformung des Tatbestandes gerade auch bei der Fahrlässigkeit an sich stichhaltig sein. Die Gleichstellung der Rechtsfolgen bei Vorsatz und grober Fahrlässigkeit im heutigen Recht kann vielmehr auch von der anderen Seite, also von der einfachen Fahrlässigkeit her begründet werden. Im Rahmen der Haftungsbeschränkungen z.B., die eine Haftung des Schädigers erst für grobe Fahrlässigkeit und Vorsatz normieren, kann davon ausgegangen werden, dass der Gesetzgeber in diesen Fällen dem Handelnden im Vergleich zur einfachen Fahrlässigkeit privilegieren wollte.[455] Mit Überschreiten der Grenze zur groben Fahrlässigkeit soll er aber haftbar gemacht werden können. Es versteht sich von selbst, dass dann, wenn für grobe Fahrlässigkeit gehaftet werden soll, dies erst recht für Vorsatz als schwerere Verschuldensform gelten muss.[456] Es ist also keineswegs grundsätzlich so, dass die Rechtsfolge am Vorsatz festmacht und die grobe Fahrlässigkeit nur gleichgestellt werden soll. Ausgangspunkt der Betrachtung kann gerade auch die Erleichterung der Haftung für einfache Fahrlässigkeit sein.

Wird allerdings aus der Norm deutlich, dass von einer Vorsatzsanktion als Basis ausgegangen werden muss, so könnte eine andere Sichtweise denkbar sein. Grundlegend gilt es gilt nämlich ein praktisches Problem zu lösen, nämlich die Schwierigkeit, für den Vorsatz die inneren Tatsachen des Willens und der Kenntnis oder nur des Bewusstseins zu beweisen. Daher könnte man im Rahmen der Vorsatzhaftung darauf zurückgreifen wollen, bei besonders schweren Sorgfaltsmängeln die Vermutung zu sanktionieren, es läge ein wissentliches und/oder willentliches Handeln vor. Angebracht kann dieser Weg aber nur sein, wenn man mit der jeweiligen Norm, die Vorsatz- und Fahrlässigkeitshaftung gleichstellt, eigentlich nur Vorsatzfälle erfassen wollte.[457] Ob hieraus dann gerade ein subjektiver Ansatz der groben Fahrlässigkeit gefolgert werden kann, ist schon hier zu bezweifeln. In dieser Hinsicht wurde bereits[458] angedeutet, dass sich ein dann zu sanktionierender Vorsatzverdacht eher aus einer objektiven Betrachtung heraus gewinnen lässt. Hierauf wird später noch genauer einzugehen sein.

---

[454] Vgl. nur Soergel[12]/*Wolf*, §276 Rn 44

[455] So insbesondere *Deutsch*, Allg. Haftungsrecht[2], Rn 420

[456] Zu diesem „banalen Grund“ einer Gleichstellung, siehe *König*, Die grobe Fahrlässigkeit, S. 153

[457] So auch *Bokelmann*, Grobe Fahrlässigkeit, S. 34

[458] Siehe oben §6 II 2 a.aa.

b. Einheitliche Inhaltsbestimmung der groben Fahrlässigkeit im Zivilrecht ?

Ist von einem Sanktions- und Präventionscharakter der Normen zur Herleitung eines subjektiven Elements die Rede, so führt dies wieder zu unserer Betrachtung der einfachen Fahrlässigkeit zurück. Diese Enklave eines subjektiven Elements im zivilrechtlichen Fahrlässigkeitsbegriff hat *Deutsch*[459] bereits herausgearbeitet. Insoweit tragen die erörterten Überlegungen hierzu nachvollziehbare Ansätze in sich. Ebenso klar tritt dann aber auch die Tatsache zu Tage, dass sie keine umfassenden, allgemeingültigen Begründungen liefern können.[460] *Deutsch*[461] nennt es insoweit einen „Rückfall in nichtdifferenzierende Begriffsjurisprudenz", wenn die Rechtsprechung heute allgemein davon spricht, dass die subjektive Vorwerfbarkeit zu einem im gesamten Zivilrecht einheitlich geltenden Rechtsbegriff der groben Fahrlässigkeit gehört.

Hier trifft die Diskussion um ein subjektives Element oder eine rein objektive Herleitung mit dem Problem des vermeintlich einheitlichen Begriffs der groben Fahrlässigkeit zusammen. Eine Verallgemeinerung über alle Anwendungsbereiche hinweg führt zwangsläufig dazu, dass die Wertungsgrundlagen, der Sinn und Zweck der Regelung ausgeblendet werden müssen. Im Hinblick auf ein „Dogma" der Einheitlichkeit ist zudem anzumerken, dass der BGH selbst immer wieder betont hat, es komme stets auf die Würdigung aller Umstände des Einzelfalls an.[462] Von daher ließen sich allgemeine Regeln über das Vorliegen von grober Fahrlässigkeit nur mit großen Vorbehalten aufstellen.[463] Was der BGH dunkel als „Umstände des Einzelfalls" umschreibt, kann bei Lichte besehen nur heißen, dass auch die Rechtsprechung eine Differenzierung nach Wertungsgesichtspunkten vornimmt, die sich auch aus dem Sinn und Zweck des Anwendungsbereichs der groben Fahrlässigkeit ergeben. Denn „Umstände des Einzelfalls" lassen sich nur dann zutreffend würdigen, wenn das Regelungsziel der Norm in die Abwägung miteinbezogen wird. Gerade die Inhaltsbestimmung der groben Fahrlässigkeit bei §932 BGB, zu dem bezeichnender Weise die Leitentscheidung des BGH zur groben Fahrlässigkeit ergangen ist, bietet schon ein anschauliches Beispiel. Hier lässt die Rechtsprechung[464] un-

---

[459] *Deutsch*, Fahrlässigkeit und erforderliche Sorgfalt², §8, S. 154 ff.; siehe auch oben S. 49 f.

[460] Dies haben auch die Monographien zum Thema vor allem von *v. Reuter*, *Bokelmann* und *König* hinlänglich herausgearbeitet.

[461] *Deutsch*, Allg. Haftungsrecht², Rn 425

[462] Vgl. nur BGH VersR 1952, 117 (118); 1959, 222 (223); BGH NJW-RR 1992, 2418

[463] So schon der Leitentscheidung BGHZ 10, 14 (16); bestätigt in VersR 1967, 909 (910)

[464] BGH NJW 1994, 2093 (2094); BGH ZIP 2000, 146 ff.

ter nahezu einhelligem Beifall der Literatur[465] die propagierte Einheitlichkeit außen vor und stellt allein auf ein objektives Moment ab. Teils hat der BGH selbst die Ausländereigenschaft eines Käufers, der mit den Gepflogenheiten im deutschen Rechtsverkehr nicht vertraut war, nicht als vom Vorwurf der groben Fahrlässigkeit entlastend angesehen.[466] Ein auch subjektiv schlechthin unentschuldbares Verhalten lag hier sicherlich nicht vor.

Die Gründe hierfür können vorerst im Sinn und Zweck der Norm gesucht werden. Denn werden die Interessen des Eigentümers aus Gründen des Verkehrsschutzes relativiert,[467] so muss im Gegenzug auch bei der Inhaltsbestimmung der groben Fahrlässigkeit die Objektivität des Verkehrsschutzes ausschlaggebend sein.[468]

c. Stellungnahme

Demnach bleibt festzuhalten, dass die gemischt objektiv - subjektive Inhaltsbestimmung der groben Fahrlässigkeit sicherlich nicht einheitlich für das gesamte Zivilrecht erfolgen kann, sondern der ratio legis zu folgen hat.[469] Wie schon *Deutsch* für die einfache Fahrlässigkeit nachgewiesen hat, so hat sich auch die Auslegung für die grobe Fahrlässigkeit als Steigerungsbegriff am teleologischen Fundament der betreffenden Norm zu orientieren. Es liegt insoweit an, wie die einfache, so auch die grobe Fahrlässigkeit in ein der Dogmatik übergeordnetes Abwägungssystem von Interessen und Wertungen einzubetten. Hierbei kann von folgender Prämisse ausgegangen werden: Auch bei der groben Fahrlässigkeit streiten die Wertungspole des Vertrauensgrundsatzes des Zivilrechts und das eng verstandene Verschuldensprinzip als Zurechnungsgrundlagen gegeneinander. Je mehr der Anwendungsbereich der groben Fahrlässigkeit einer gerechten Risikoabgrenzung dient und daher auch dem Vertrauensgrundsatz des Zivilrechts zuzuordnen ist, desto weniger kann die Individualität des Handelnden berücksichtigt werden. Denn das Abstellen auf eine persönliche, individuelle

---

465 MüKo[3]/*Quack*, §932 Rn 30; Staudinger[13](1995)/*Wiegand*, §932 Rn 45, 49 ff.; Staudinger[13](2001)/*Löwisch*, §276 Rn 98; Soergel[13]/*Henssler*, §932 Rn 20; MüKo[4]/*Grundmann*, §276 Rn 95; *Bokelmann*, Grobe Fahrlässigkeit, S. 44; *Deutsch*, Fahrlässigkeit und erforderliche Sorgfalt[2], §15, S. 346; *ders.*, Allg. Haftungsrecht[2], Rn 425; *v. Caemmerer*, Karlsruher Forum 1961, S. 19 (27); *Westermann/Gursky*, Sachenrecht[7], §46 2 c, S. 376 f.; *König*, Die grobe Fahrlässigkeit, S. 165 f.; *Mayer*, Der Rechtsirrtum und seine Folgen im Zivilrecht, §15, S. 235; a.A. *Lohe*, VersR 1968, 323 (327); RGRK[12]/*Pikart*, §932 Rn 41

466 BGH NJW 1965, 687

467 Siehe hierzu auch oben §5 I 2 c.

468 *Bokelmann*, Grobe Fahrlässigkeit, S. 44; MüKo[4]/*Grundmann*, §276 Rn 90, 95

469 Ebenso *v. Reuter; Bokelmann; König* in teilweiser enger Anlehnung an *Deutsch*; deutlich auch *Schlechtriem*, Schuldrecht, Allg. Teil[5], S. 173 f., Rn 331

Vorwerfbarkeit im Sinne des engen Verschuldensprinzip widerspricht diesem Gedanken.

Den Ausgangspunkt einer Beurteilung bildet generell ein objektiver Vergleich der tatsächlich aufgewandten zur objektiv notwendigen Sorgfalt. Nicht zu erkennen, was „jeder" erkannt hätte, setzt zunächst einen allgemeinen, einen generellen Bezugspunkt. Ergibt sich aus dem Anwendungsbereich der groben Fahrlässigkeit der Vertrauensgrundsatz des Zivilrechts als die maßgebliche Wertungsgrundlage, so folgen aus diesem Prinzip die Verhaltensanforderungen und Verhaltensstandards, die es zu beachten gilt. Sie erfordern einen objektiven Maßstab. Führt man diesen Ansatz im Hinblick auf die grob fahrlässige Unkenntnis hier fort, so muss eine graduelle Steigerung der Sorgfaltspflichtverletzung grundsätzlich wiederum anhand eines objektiven Maßstabs gewonnen werden. Denn ist gerade in den Wissensnormen der Vertrauensgedanke herrschendes Prinzip, so ist an einem objektiv – typisierten Sorgfaltsbegriff auch bei einer Steigerung der einfachen zur grob fahrlässigen Unkenntnis festzuhalten. Es könnte aber fraglich sein, ob diese an sich logische Konsequenz gezogen werden kann, wenn das Gesetz erst an die grobe Fahrlässigkeit eine Sanktion knüpft und hierin eine gewollte Privilegierung des Handelnden gesehen wird.[470] So ließe sich folgern, dass in dieser Norm auch keine Verhaltensanforderung zu einem Verhalten nach dem typischer Weise im Verkehrskreis geltenden Sorgfaltsstandard erkannt werden kann. Daher könnte sich also auch der Verkehr nicht unmittelbar darauf verlassen, jener Standard werde eingehalten. Vertrauen könnten die Verkehrsteilnehmer eben nur darauf, dass es keine besonders schweren Sorgfaltspflichtverletzungen geben darf. Eine gewisse Fehlleistung müsste also mit einkalkuliert werden da eine absolute Vertrauensbasis fehlt.[471]

Legen diese Überlegungen nun aber eine tatsächliche Einschränkung des objektiven Sorgfaltsmaßstabs nahe? Diese Frage lässt sich letztlich nur wieder anhand einer Betrachtung des Anwendungsbereichs der groben Fahrlässigkeit beantworten. Soll eine echte persönliche Privilegierung erreicht werden, kann eine subjektive Betrachtung folgen. Bleibt es aber allein bei einer bezweckten Herabsetzung der in objektiver Hinsicht an den Verkehr zu stellenden Anforderungen, wird nur die Vertrauensbasis relativiert. Ein objektiver Sorgfaltsmaßstab ist daher weiterhin erforderlich.

---

470 *König*, Die grobe Fahrlässigkeit, S. 164: „Vergrößerung des Handlungsspielraums..."

471 *Esser*, Schuldrecht Band I: Allg. Teil[4], §38 VI, S. 251 spricht in diesem Zusammenhang von einem „Abgehen von dem allgemeinen Vertrauensprinzip".

§7 Die „positive" Kenntnis

I. Begriffsbestimmung

Die Begriffe der „Kenntnis" und des „Wissens" sind grundsätzlich gleichbedeutend. Im Strafrecht macht §16 StGB den Vorsatz von der „Kenntnis" der Tatumstände abhängig. Im Zivilrecht wird relativ häufig[472] auf die „Kenntnis" oder auf das „Bekanntsein" mit der einen oder anderen Tatsache abgestellt, was ebenfalls in den Bereich des Kenntnisbegriffs fällt und nur eine sprachliche Variation des Gesetzgebers darstellt. Insoweit kann die „Kenntnis" als ein sehr zentraler Begriff des Rechts bezeichnet werden. Dieser Bedeutung wird die bisher spärliche wissenschaftliche Auseinandersetzung mit der Thematik nur wenig gerecht, zumal auch keine gesetzliche Definition vorliegt. Eine genaue Inhaltsbestimmung fehlt bislang wohl auch deshalb, weil man geneigt sein mag, die Eindeutigkeit des Begriffs im allgemeinen Sprachverständnis herauszustellen.

Wenn nun der BGH unter der zivilrechtlich relevanten Kenntnis im Wesentlichen eine nicht notwendig von allen, insbesondere von unbegründeten Zweifeln befreite Gewissheit der Existenz oder Nichtexistenz eines Umstandes ansieht,[473] so kommt darin indes eine objektivierende Relativität der Inhaltsbestimmung zum Ausdruck, auf die der Wortlaut an sich nicht schließen lässt. Denn die Wortbedeutung der Kenntnis verlangt eher eine subjektive, individuelle Betrachtung. Sucht man nach einer Wortbedeutung im allgemeinen Sprachgebrauch, so stößt man auf den Versuch einer Definition der Kenntnis anhand einer Verweisung auf den Begriff des „Wissens".[474] Als „Wissen" wird wiederum jene Erkenntnis bezeichnet, die an der Wahrheit ihres Gegenstandes nicht zweifelt, da sie dessen Tatsächlichkeit feststellt und sich der natürlichen einsichtigen Gründe seines Da- und So - Seins versichert.[475] Wer also etwas weiß, der sucht gerade nicht nach begründeten oder unbegründeten Zweifeln. Er ist sich des Umstandes gewiss. Soweit man noch von einem gesicherten vorrechtlichen Kenntnisbegriff ausgehen sollte, so wird jener also zumindest nicht in das Recht übertragen.

Im zivilrechtlichen Schrifttum spiegelt sich jenes Spannungsverhältnis zwischen subjektiver Ansicht in Anlehnung an das allgemeine Sprachverständnis und eher objektiver, beurteilender Sichtweise denn auch wieder. Ausgehend von den Protokollen zum BGB, die - streng subjektiv - das Kennen als das „Führwahr-

[472] Siehe nur die exemplarische Aufzählung der Wissensnormen: oben §5 II 1 a.
[473] BGHZ 26, 256 (261), so schon RGZ 88, 4 (6)
[474] Duden, Das große Wörterbuch der deutschen Sprache, Bd. 4, S. 1443
[475] Der große Herder, 5. Aufl., 9. Bd., S. 1244

halten einer in Wirklichkeit gegebenen Tatsachen"[476] ansahen, folgte man zunächst der Definition, Kenntnis sei eine durch äußere Ereignisse (Sinneseindrücke) oder durch geistige Vorgänge (Schlussfolgerungen) hergestellte, der Wirklichkeit entsprechende Vorstellung von einem Umstand.[477] Wenn hier *v. Thur*[478] hinzufügt, sie sei die „Vorstellung einer Tatsache als einer sicher vorhandenen", so lässt sich erkennen, dass eine subjektive Tendenz vorherrschte. Denn schon der Begriff „Vorstellung" verengt den Blick auf den Einzelnen. Muss jener nun eine Tatsache sogar als „sicher vorhanden" erachten, ist praktisch nur seine subjektive Überzeugung ausschlaggebend. Bald erwuchs jedoch, wohl aus der Feststellung, sie sei eine innere, nach außen hin nicht erkennbare Tatsache,[479] der Drang nach Objektivierung. Schon *Reichel*[480] verstand daher unter rechtlich relevanter Kenntnis ein Bewusstsein, das so beschaffen ist, dass ein verständiger Durchschnittsmensch in der konkreten Situation den Umstand zumindest für höchstwahrscheinlich halten würde. Sollte dennoch ein Zweifel von dem Betreffenden genannt werden, sei er als grundlos zu ignorieren. Im Ergebnis führt diese These nun wieder auf die eingangs genannte, heute wohl gültige, objektivierende Inhaltsbestimmung des BGH zurück.

In der strafrechtlichen Diskussion ist man der Enge des Wortlauts in gewisser Weise auch durch ein Abstellen auf den Begriff des „Bewusstseins" entkommen. Der *Duden* definiert insoweit zwar ein „Kennen" eines Umstandes auch als „Kennenlernen und im Bewusstsein behalten"[481]. Der Begriff erweist sich aber letztlich als noch weniger greifbar. So ließ sich aus der vom Gesetz geforderten Kenntnis die allenthalben praktizierte Ausweitung des psychologischen Faktums auf nur „sachgedankliches Mitbewusstsein"[482] erreichen. Eine aktuelle handlungsbedeutsame Kenntnis oder Vorstellung sämtlicher Tatumstände wird nicht verlangt. Es soll ein sog. „ständig verfügbares Begleitwissen"[483] genügen. Dabei erinnern doch jene Fälle von gerade nicht präsenten Wissen auch sehr stark an eine Vergesslichkeitssituation, die im Grunde eher auf eine Fahrlässigkeit schließen lässt, indem der Betreffende nicht die nötige Aufmerksamkeit aufgewandt hat, um die Umstände aktuell im Bewusstsein zu behalten. Zudem wird dem subjektiven „Begleitwissen" durch die Adjektive „ständig verfügbar"

---

[476] *Achilles/Gebhard/Spahn*, Protokolle, Band III, S. 86

[477] *v. Thur*, Allg. Teil, Band II, 1. Hälfte, §49, S. 127; ähnlich bereits *Becker*, Kennen und Kennenmüssen, S. 7 f.: „Einen Umstand kennen...heißt, sich des Vorhandenseins des Umstandes in dem maßgebenden Augenblick bewusst zu sein."

[478] *v. Thur*, Allg. Teil, Band II, 1. Hälfte, §49, S. 130

[479] *Baur/Stürner*, Sachenrecht[17], §23 IV 1a, S. 262

[480] *Reichel*, Grünhut's Zeitschrift, 42 (1916), S.173 (189)

[481] Duden, aaO

[482] Im Anschluss an: *Platzgummer*, Bewusstseinsform des Vorsatzes, S. 83 ff.; *Wessels/Beulke*, Strafrecht Allg. Teil[32], §7, S. 81 Rn 240; *Tröndle/Fischer*[51], StGB, §15 Rn 4 m.w.N.

[483] *Wessels/Beulke*, Strafrecht Allg. Teil[32], §7, S. 81 Rn 240

ein wertendes Element zur Seite gestellt, das es erlaubt objektiv im Einzelfall zu beurteilen, welches Wissen zugerechnet werden sollte. Aus den Anwendungsfällen[484] dieser Definition ergibt sich, dass hier aus einer gesicherten allgemeinen Erfahrung im Hinblick auf relativ offenkundige Situationen objektiv zwangsläufige Erkenntnisprozesse als generell stattfindend anerkannt werden. Eine echte subjektive Kenntnis des Handelnden kann letztlich offen bleiben.[485]

Man stößt aber letztlich gerade bei der Frage, ob und inwieweit man an die Kenntnis einen objektiven Maßstab anlegen kann, der zu einer funktionellen Relativierung des Kenntnisbegriffs führt, wieder auf die Problematik einer sanktionierbaren Verhaltensanforderung, sich bestimmtes Wissen zu verschaffen.[486] Nichts desto trotz hält sich die Thematik bislang weitgehend in seiner prozessualen Einkleidung; wohl vor allem im Hinblick auf den expliziten Wortlaut der Normen. Denn muss als Fixpunkt der Auslegung weiterhin die Wortsinngrenze bleiben,[487] so stehen dem jene Auffassungen deutlich entgegen, die durch Auslegung der jeweiligen Normen ermitteln wollen, ob eine „abgeschwächte Kenntnis“ im Sinne eines ernstlich Für-möglich-haltens vergleichbar dem Wissenselement beim bedingten Vorsatz in den betreffenden Fällen genüge, um den Begriff der „Kenntnis“ auszufüllen.[488]

Hiergegen finden sich auch Ansichten, die im Wortlaut des Gesetzes eher den Willen des Gesetzgebers erkennen, an das kognitive Merkmal der „Kenntnis“ seien gerade höhere Anforderungen zu stellen, als an jenes des allgemeinen Vorsatzes.[489] Hält man hieran fest, was angesichts des Wortlauts unumstößlich scheint, so bleibt die Kenntnis eine subjektive, innere Tatsache, die im Einzelfall nachgewiesen werden muss und nicht nur zugerechnet werden kann. Bereits *Weyl*[490] ging insoweit davon aus, die Kenntnis stelle ein „objektives Faktum“ dar, das per se nicht mit einem (zurechenbaren) Verschuldensmoment operiere. Dessen Subjektivität folge alleine aus der Tatsache, dass es sich „in der Seele“ des Erwerbers (als innere Tatsache) abspiele. Die Kenntnis bzw. das Wissen müsste also, um rechtlich relevant zu bleiben, tatsächlich nachgewiesen werden.

---

[484] Kenntnis der qualifizierenden besonderen Örtlichkeit in §§243, 244 StGB, Kenntnis des Alters des missbrauchten Kindes in §176 StGB oder Kenntnis besonderer Pflichtenverhältnisse des Täters wie die Beamteneigenschaft, usw.

[485] Kritisch zur Lehre des sachgedanklichen Mitbewusstseins in diesem Sinne ebenso: *Köhler*, GA (128) 1981, 283 ff. und passim.; *Vest*, Vorsatznachweis und materielles Strafrecht, S. 98

[486] So auch *Buck*, Wissen und juristische Person, §6, S. 48

[487] Vgl. nur *Larenz*, Methodenlehre[6], S. 309 ff., 329, 332

[488] Soergel[12]/*Wolf*, §276 Rn 45, 46

[489] MüKo[4]/*Grundmann*, §276 Rn 157

[490] Weyl, Verschuldensbegriffe, §34, S. 208 Fn 3

II. Das Nachweisproblem hinsichtlich inneren Tatsachen

Der Nachweis der inneren Tatsache des Wissens als Element des Vorsatzes ist, wie *Henkel*[491] bemerkt hat, ebenso wie das Wollen „durchaus mit Grund als die Achillesferse des Beweisrechts bezeichnet worden". Zwar verstößt gegen die prozessuale Wahrheitspflicht gemäß §138 Abs. 1 ZPO, wer der Wahrheit zu wider, die Kenntnis von relevanten Umständen in Abrede stellt. Eine solche „Lüge" ist schlicht prozessual unbeachtlich.[492] Sie müsste vom Gericht als Geständnis gewürdigt werden; so will es §138 Abs. 3 ZPO. Die Problematik des Nachweises einer inneren Tatsache wird dadurch letztlich aber nicht gelöst. Die Fiktion des §138 Abs. 3 ZPO verlagert nur das Problem. Nunmehr müsste statt der Kenntnis eben eine „Lüge" des Betreffenden feststehen. Im Strafrecht verhindert schon der Grundsatz des *nemo tenetur se ipsum accusare*, dass dem Betroffenen eine aktive Rolle in der Aufklärung innerer Tatsachen übertragen werden kann. Sein Schweigen kann nicht als Indiz gegen ihn verwandt werden; auch nicht in der Strafzumessung. Sogar eine Lüge soll nach allerdings bestrittener Ansicht keinerlei Sanktionen zeitigen dürfen.[493]

Nichts desto trotz umfasst die Grundregel der Beweislastverteilung im Zivilrecht, dass jede Partei die Beweislast für die tatsächlichen Voraussetzungen der ihr günstigen Rechtsnorm trägt,[494] auch innere Tatsachen, sofern diese als Hauptbeweise gelten. Die beweisbelastete Partei hat insoweit den vollen Beweis zu erbringen. Dieser ist geführt, wenn das Gericht vom Vorliegen der (inneren) Tatsachen überzeugt ist. Ebenso verlangt §261 StPO für das Strafrecht die „aus dem Inbegriff der Verhandlung geschöpfte Überzeugung" des Richters. Wann diese „Überzeugung" als gegeben angenommen werden darf, ist eine Frage des anzulegenden Beweismaßes, welches insbesondere bei inneren Tatsachen eine grundlegende Problematik in sich birgt.

1. Die Beweismaßproblematik

Nach Ansicht des BGH[495] bedarf es als Grad der Überzeugung des Gerichts zwar keiner absoluten Sicherheit im Sinne einer mathematischen Wahrheit. Dennoch hat der Beweisführer beim Gericht einen so hohen Grad an Wahrscheinlichkeit für das Vorliegen der inneren Tatsache zu erzeugen, dass in der

---

[491] *Henkel*, FS Eb. Schmidt, S. 578

[492] BGHZ 19, 387 (390)

[493] Vgl. *Roxin*, Strafverfahrensrecht[24], §25, S. 178 Rn 9

[494] Vgl. nur BGH NJW 1993, 2168 (2170) m.w.N.; 1999, 353 (354); *Rosenberg*, Die Beweislast[5], S. 90 ff.; Stein/Jonas/*Leipold*[21], §286 ZPO Rn 38; *Jauernig*[27], Zivilprozessrecht, §50, S. 207;

[495] BGH NJW 2000, 953 (954) m.w.N.

freien Beweiswürdigung gemäß §286 ZPO keine vernünftigen Zweifel bleiben und das Gericht auch die innere Tatsache als wahr erachtet. Diese auch als Wahrheitsüberzeugungstheorie[496] bezeichnete Ansicht stellt das wohl herrschende Beweismaß dar.[497]

Die inneren Tatsachen, wie die beschriebene Kenntnis, bleiben in der Praxis aber letztlich Interna, solange kein Geständnis des Betreffenden vorliegt. Ein unmittelbarer Nachweis ist nicht denkbar; auch ansonsten treten in seltenen Fällen innere Vorgänge nach außen und werden für Dritte wahrnehmbar. Nur wenn sich der Betreffende Dritten gegenüber über sein Inneres äußert, gelingt (womöglich) ein Zeugenbeweis. Eine Parteivernehmung bleibt dagegen oft unfruchtbar, wenn die Partei sich vom Gericht unbeeindruckt zeigt und schweigt.[498]

Folglich ist man regelmäßig auf einen mittelbaren, indirekten Beweis angewiesen.[499] Die beweispflichtige Partei soll insoweit (äußere) Umstände nachweisen, die nach der allgemeinen Lebenserfahrung den Schluss auf die innere Tatsache zulassen.[500] Ein solcher (vermeintlicher[501]) Indizienbeweis wird (notgedrungen) als zulässig angesehen.[502] Legt man obiges Überzeugungsmaß zugrunde, stellt sich die berechtigte und schwierige Frage, ab wann der Richter diesen Schluss vollführen darf. Welche äußeren Tatsachen müssen vorliegen, dass ein tragfähiger Schluss auf die zu beweisende innere Tatsache verbleibt?

Muss der Richter aus seiner subjektiven Sicht die innere Tatsache für wahr halten, liegt die Latte sehr hoch, da es wohl immer Aspekte geben wird, die die Überzeugung des Richters erschüttern; insbesondere, da er die Individualität des Betreffenden kaum nachhaltig überblicken kann, was jedoch zu einer wirklichen Überzeugungsbildung im Hinblick auf die Wahrheit unumgänglich wäre. Streng genommen lässt sich ein „jeden vernünftigen Zweifel ausschließender Grad von Wahrscheinlichkeit“[503] nur unter teilweiser Missachtung der

---

[496] Eingehend hierzu: *Prütting*, Gegenwartsprobleme der Beweislast, §8, S. 73 ff.; *Greger*, Beweis und Wahrscheinlichkeit, S. 121

[497] Für das Strafrecht: Vgl. nur BGHSt 10, 210 ff.; *Roxin*, Strafverfahrensrecht[24], §15, S. 90 Rn 13; *Kleinknecht/Meyer-Goßner*[46], §261 StPO Rn 2

[498] *Baur/Stürner*, Sachenrecht[17], §23 IV 1a, S. 262; auf den im Strafrecht geltenden *nemo-tenetur*-Grundsatz wurde oben bereits hingewiesen.

[499] *Henkel*, FS für Eb. Schmidt, S.578 ff.; *Larenz*, Methodenlehre[6], S. 126; *v. Thur*, Allg. Teil, Band II, 1. Hälfte, §49, S. 125

[500] *Medicus*, Karlsruher Forum 1994, S.4 (6); Vgl. bereits *Manigk*, Willenserklärung und Willensgeschäft, § 148, S. 626: Der Beweis wird „in der Regel auf den Nachweis von Umständen gründen, aus denen sich logisch oder psychologisch die gesuchte Unbekannte „Kenntnis“, „guter Glaube“ ergibt,...“

[501] Hierzu im Folgenden, unten §7 I 2.

[502] BVerfG NJW 1993, 2165: „Die Feststellung innerer Tatsachen ist jedenfalls in der Weise möglich, dass Umstände festgestellt werden, die nach der Lebenserfahrung auf das Vorhandensein der festzustellenden Tatsache (sog. Indiztatsache) schließen lassen.“

[503] BGHZ 18, 311 (318)

Individualität des Einzelnen herstellen. Obgleich der Richter seine Überzeugung im großem Maße durch „Schlussfolgerungen“ gewinnen darf,[504] wird das Problem durch den Hinweis auf den Grundsatz der freien Beweiswürdigung des Richters lediglich überdeckt.[505]

In dieser Hinsicht gerät vor allem im zivilrechtlichen Schrifttum vermehrt die Ansicht in die Diskussion, das Beweismaß auf eine Wahrscheinlichkeitsüberzeugung zu reduzieren. Ob dies eine über einzelne Fallgruppen hinaus gehende, allgemein tragfähige These sein kann,[506] braucht hier nicht erläutert zu werden. Jedenfalls in Bezug auf die Problematik des Nachweises der inneren Tatsachen scheint diese „Wahrscheinlichkeitsüberzeugungstheorie“[507] aber Auswege aufzuzeigen. Ein subjektives „Für-wahr-halten“ des Richters könnte durch eine objektiv fundierte Wahrscheinlichkeit im höchsten Grad ersetzt werden.[508] Dem subjektiven Kenntnisbegriff würde ein objektives Nachweismodell entgegengesetzt, das aus den feststehenden äußeren Umständen eine juristisch verwertbare Wahrscheinlichkeit der Kenntnis konstruiert.

Diese Lehre hat jedoch zu recht überwiegend Kritik erfahren,[509] die schon am Wortlaut des §286 ZPO festmacht. Es wird konstatiert, dieser verlange eben, dass die tatsächliche Behauptung durch den Richter „für wahr...zu erachten“ sei,[510] so dass ein gänzlich objektiviertes Beweismaß nicht angelegt sei. Allenfalls sei als objektive Tendenz die Entscheidung des Richters auf ihre Übereinstimmung mit Denk-, Natur- oder Erfahrungssätzen zu überprüfen.[511] Die Begriffe „Wahrheit“ und „Wahrscheinlichkeit“ könnten dennoch nicht gleichgesetzt werden.[512] Neben der Befürchtung, das gesetzliche System der Beweislast würde hierdurch verwässert, steht aber hauptsächlich der Aspekt im Raum, die Re-

---

[504] Vgl. hierzu bereits Dahlmanns (Hrsg.), Entwurf einer Deutschen Civilprozeßordnung nebst Begründung von 1871, S. 314 ff.

[505] So wohl auch *Sallawitz*, Die tatbestandsmäßige Gleichstellung von grob fahrlässiger Unkenntnis mit der Kenntnis, S. 71 ff.

[506] Zu den verschiedenen Ansätzen im Zivilrecht: *Kegel*, Festgabe für Kronstein, S. 321 (335) (die überwiegende Wahrscheinlichkeit sei „das beste was wir haben“); *Bender*, FS für Baur, S. 247 ff. (allgemeine Reduzierung unter Berücksichtigung der Feststellungskosten); *M. Huber*, Das Beweismaß im Zivilprozeß, S. 136 ff. (Reduzierung in bestimmten Fallgruppen)

[507] *Greger*, Beweis und Wahrscheinlichkeit, S. 91 ff.

[508] *Maassen*, Beweismaßprobleme im Schadensprozessrecht, S. 32, 54 f., 153 ff.; subjektiverer Ansatz noch von *Musielak*, Grundlagen der Beweislast, §6, S.105 ff; Vgl. zum Ganzen *Greger*, Beweis und Wahrscheinlichkeit, S. 94 ff.

[509] Für das Strafrecht: vgl. *Roxin*, Strafverfahrensrecht[24], §15, S. 90 Rn 13;

[510] Stein/Jonas/*Leipold*[21], §286 ZPO Rn 4 ff.; *Greger*, Beweis und Wahrscheinlichkeit, S. 104 f.

[511] Nach *Prütting*, Gegenwartsprobleme der Beweislast, §8, S. 65 ist dieser Ansatz als „gemischt subjektiv – objektive Theorie“ zu bezeichnen. Zur aus objektiver Wahrscheinlichkeit fundierten subjektiven Überzeugung des Tatrichters im Strafrecht: vgl. *Meurer*, FS für Tröndle, S. 533 ff.; *Roxin*, Strafverfahrensrecht[24], §15, S. 91 Rn 14

[512] Vgl. die sog. „Anastasia – Entscheidung“ des BGH in: BGHZ 53, 244 (255 f.)

duzierung des Beweismaßes auf bloße Wahrscheinlichkeit zeitige auch unübersehbare Auswirkungen auf die Umgrenztheit des materiellen Rechts.[513] Wahrscheinlichkeit könne schon deshalb nicht ausreichen, weil ansonsten der bloße Verdacht eine Verurteilung auslösen könne.[514] und dies als eine Verletzung des materiellen Rechts angesehen sei.[515] Auf dem Wege einer Beweismaßreduzierung werde also das materielle Recht umgangen. Im Strafrecht freilich wird daher, auch im Lichte des *in-dubio-pro-reo*-Grundsatzes,[516] an einem sehr hohen Grad von Wahrscheinlichkeit festgehalten.[517] Wie die Ausführungen zum Kenntnisbegriff[518] gezeigt haben, ist eine Tendenz zur Auflockerung des materiellen Rechts, teils unter dem Deckmantel einer teleologischen Auslegung, aber ebenfalls feststellbar. Denn beweisrechtliche Strenge führt zwangsläufig zu einem Ausweichen in den Begriffen des materiellen Rechts. Hier scheint aber auch der richtige Ort der Diskussion des Problems, da das Prozessrecht nur die Vorgaben der materiellen Gerechtigkeit umzusetzen hat. Dies wird schon daraus deutlich, dass der Gesetzgeber bei Ausgestaltung der materiellen Normen des Zivilrechts genau abgewogen hat, wen das Risiko der Nichterweislichkeit treffen soll.[519] Hier finden sich die entscheidenden Formulierungen, die eine Beweislast für die Parteien regeln. Das materielle Recht hat sich daher auch um funktionelle Begriffe zu bemühen.

---

[513] MüKo[2]/*Prütting*, §286 ZPO Rn 38 f.; *ders.*, Gegenwartsprobleme der Beweislast, §8, S. 77 f.; *Walter*, Freie Beweiswürdigung, §8, S. 182 f.; *Greger*, Beweis und Wahrscheinlichkeit, S. 111 f.;

[514] So *Schreiber*, Theorie des Beweiswertes für Beweismittel im Zivilprozeß, S. 14

[515] *Greger*, Beweis und Wahrscheinlichkeit, S. 84; grundlegend zu einer „Haftungsverlagerung durch beweisrechtliche Mittel": *Stoll*, AcP 176 (1976), S. 145 ff.

[516] Positiv rechtlich formuliert in Art.6 Abs.2 EMRK.

[517] *Hoyer*, ZStW 105 (1993), 523 (542 ff.), der im Ergebnis auf eine mindestens 96%-tige Wahrscheinlichkeit abstellen will, wenngleich schon grundsätzlich die Geltung des *in-dubio*-Grundsatzes auf Ebene der Beweiswürdigung nicht unumstritten ist. Vgl. *Kleinknecht/Meyer-Goßner*[46], §261 StPO Rn 26

[518] Siehe oben §7 I.

[519] *Leipold*, Beweislastregeln und gesetzliche Vermutungen, S.46 ff.

2. Tragfähiger Indizienbeweis der Kenntnis

Üblicherweise wird indes der Nachweis der inneren Tatsache der Kenntnis anhand des sog. Indizienbeweises als möglich, aber auch als ausreichend angesehen.[520] Da hierbei ein Schluss von äußeren und somit leicht feststellbaren Umständen auf die innere Tatsache gezogen wird, dessen Grundlage die allgemeine Lebenserfahrung darstellt,[521] begnügt man sich bei Lichte besehen letztlich doch mit einem Wahrscheinlichkeitsurteil, auch wenn man Wahrscheinlichkeit im Grunde nur als ein Hilfsmittel zur Überzeugungsbildung verstanden wissen will.[522]

Es stellt sich daher die Frage, ob es sich hierbei im Ergebnis nicht nur um einen Beweis handelt, der jedenfalls über die Qualität eines Anscheinsbeweises nicht hinauskommt.[523] Letzterer soll für das Strafrecht nicht in Betracht kommen können.[524] Denn er wird eben auch dann als geführt angesehen, wenn (nur) äußere Umstände festgestellt wurden, die erfahrungsgemäß typischer Weise bestimmte Folgen zeitigen.[525] Auffallend ist, dass im Grunde Regeln der allgemeinen Lebenserfahrung, die auch als sogenannte Erfahrungssätze bezeichnet werden,[526]

---

[520] Siehe schon oben Fn 499, 500, 502; Zöller[23]/*Greger*, vor §284 ZPO Rn 10a; *Baumgärtel*, Beweislastpraxis, S.183 Rn 273 m.w.N.; BGH NJW 1983, 2034 (2035); wobei der BGH selbst von einem nur geringen Beweiswert des Indizienbeweises ausgeht, vgl. hierzu BGH NJW 1984, 2039 (2040); siehe aber für ein grundsätzliches Ausreichen des mittelbaren Beweises auch: BGH NJW 1992, 1899 (1900); in strafrechtlicher Hinsicht: Siehe *Vest*, Vorsatznachweis und materielles Strafrecht, S. 58 f.

[521] Der Richter erhält beim Indizienbeweis Tatsachen, aus denen er kraft seiner Lebenserfahrung auf das Vorliegen der zu beweisenden (inneren) Tatsachen schließt, aber auch schließen darf. Vgl. *Hartmann* in: Baumbach/Lauterbach/Albers/Hartmann[60], ZPO, Einf §284 Rn 16. Das schweizerische Bundesgericht formulierte zum Vorsatznachweis im Strafrecht insoweit deutlich: „Der Richter hat auf das Einverständnis zur Tatbestandsverwirklichung zu schließen, wenn sich dem Täter der Erfolg seines Verhaltens als wahrscheinlich aufdrängte, dass sein Verhalten nur als Inkaufnahme dieses Erfolges ausgelegt werden kann“ (BGE 109 IV, 140, 101 IV, 46).

[522] Zu Letzterem Vgl. BGH VersR 1957, 248

[523] Den Kenntnisbeweis als bloßen Anscheinsbeweis bezeichnet *Sallawitz*, Die tatbestandsmäßige Gleichstellung der grob fahrlässigen Unkenntnis mit der Kenntnis, S. 77 ff.

[524] *Volk*, GA 1973, 161 m.w.N.; *Roxin*, Strafverfahrensrecht[24], §15, S. 92 Rn 16: Das Strafrecht erlaube es nicht, dass „an die Stelle der Gewissheit, die durch einen typischen Geschehensablauf verbürgte Wahrscheinlichkeit tritt“.

[525] *Baumgärtel*, Beweislastpraxis, S. 161 Rn 230; kritisch zum Anscheinsbeweis als solchem schon *Heusler*, AcP 62 (1879), S. 209 (233 f.); für eine „Abschaffung“ des prima-facie-Beweises wegen der damit einhergehenden Verringerung des Beweismaßes *Walter*, Freie Beweiswürdigung, §10, S. 208; *Maasen*, Beweismaßprobleme im Schadensprozessrecht, S. 66, 102 geht schließlich davon aus, dass gerade der Anscheinsbeweis eine haltbare Relativierung des Beweismaßes auf das einzig geltende Maß der überwiegenden Wahrscheinlichkeit darstellt. Ebenfalls als Mittel der Beweismaßsenkung begreift den Anscheinsbeweis in Ansätzen *Rommé*, Der Anscheinsbeweis im Gefüge von Beweismaß und Beweislast, S. 132, 134, 138; ebenso *Roth*, ZHR 154 (1990), S. 514 (521)

[526] *Schwab/Rosenberg/Gottwald*, Zivilprozessrecht[15], §13, S. 646 und §15, S. 661

beiden Beweisschlüssen als Katalysator dienen,[527] so dass ein handfester Unterschied in der Beweisqualität scheinbar fehlt. Demzufolge erkennt ein großer Teil der Literatur gerade keinen echten Unterschied zwischen den beiden Beweisarten.[528] Hiergegen wird, auf den ersten Blick zutreffend, eingewandt, der Anscheinsbeweis basiere im Gegensatz zum Indizienbeweis nur auf einer allgemeinen abstrakten Erfahrung; letzterer wiederum schließe gerade aus der individuellen Sachlage auf die Haupttatsache. Dieser qualitative Unterschied manifestiere sich dann auch in der Folge, dass eben nur der Indizienbeweis ein endgültiger und zwingender sei, wobei der Anscheinsbeweis widerleglich bleibe.[529] Dies trägt dem überwiegenden Anwendungsbereich des Anscheinsbeweis in der *„prima-facie"*-Situation Rechnung, die der Stärke des Beweises abträglich ist.

Entscheidende Achillesferse beider Beweisarten gerade beim Nachweis von inneren Tatsachen ist jedoch die allgemeine Lebenserfahrung, oder nur anders ausgedrückt, der „typische Geschehensablauf, der der Regel des Lebens, dem Üblichen, dem Gewöhnlichen entspricht"[530] als Beweisgrundlage an sich. Sie stellt das entscheidende Moment dar, egal, ob man sie an abstrakte oder konkrete äußere Umstände anlegt, die die Stärke des Beweises beeinflussen können. Bei inneren Tatsachen bleibt jedoch für einen ganz abstrakt zu beurteilenden, typischen Geschehensablauf aufgrund des notwendig subjektiven Anknüpfungspunktes eigentlich nur wenig Raum.[531] So hatte schon das RG einen Anscheinsbeweis bei inneren Tatsachen abgelehnt.[532] Auch der BGH zweifelt teils an der Tragfähigkeit dieses Beweisschlusses.[533] Fehlt aber jene Grundlage beim Anscheinsbeweis, was zur Folge hat, dass es auf die Erschütterung dessen durch den Vortrag einer ernsthaften Möglichkeiten einer Abweichung vom Ty-

---

[527] Vgl. nur *Kollhosser*, AcP 165 (1965), 46 f.

[528] Siehe nur Stein/Jonas/*Leipold*[21], §286 ZPO Rn 87; *Schwab/Rosenberg/Gottwald*, Zivilprozessrecht[15], §115, S 661; *Prölss*, Beweiserleichterungen im Schadensersatzprozess, S. 26 f; *Prütting*, Gegenwartsprobleme der Beweislast, §9, S. 100; kritisch hins. einer brauchbaren Unterscheidung auch *Volk*, GA 1973, 161 (170 ff.)

[529] *Baumgärtel*, Beweislastpraxis, S. 186 Rn 281

[530] Stein/Jonas/*Leipold*[21], §286 ZPO Rn 88; *Kollhosser*, AcP 165 (1965), 46 (53)

[531] Explizit Stein/Jonas/*Leipold*[21], §286 ZPO, Rn 117; einschränkend *Hartmann* in: Baumbach/Lauterbach/Albers/Hartmann[60]; Anh. §286 ZPO Rn 16; deutlich *Hainmüller*, Anscheinsbeweis und Fahrlässigkeitstat, S. 225; *Henkel*, FS für Eb. Schmidt, S. 578 (590); bezogen auf Willensentschlüsse MüKo[2]/*Prütting*, §286 Rn 47; *Pawlowski*, Der prima-facie-Beweis, S. 67; *Diederichsen*, ZZP 81 (1968), 45 (60 f.); *Henke*, JR 1961, 48 (49); kritisch auch *Buck*, Wissen und juristische Person, §6, S. 89, 90; *Mayer*, Der Rechtsirrtum und seine Folgen im bürgerlichen Recht, §5, S. 64, der ebenfalls die Tragfähigkeit praktischer Erfahrungsregeln als Beweisgrundlage beim Rechtsirrtum in Frage stellt; *Greger*, Beweis und Wahrscheinlichkeit, S.199, der aber meint innere Tatsachen immer durch einen normalen Indizienbeweis nachweisen zu können; siehe zum Ganzen auch *Walter*, ZZP 90 (1977), 270 ff.

[532] RGZ 130, 359

[533] BGH NJW 1985, 3080 (3082); ebenso BGH NJW 1988, 2040 f.; aber uneinheitlich: Vgl. *Walter*, ZZP 90 (1977), 270 (275 ff.)

pischen erst gar nicht ankommt, so fehlt sie auch beim Indizienbeweis, der natürlich dann noch zu führen sein wird, wenn Indizien vorliegen, die nicht erst durch die Verknüpfung mit der allgemeinen Lebenserfahrung ihre Beweiskraft erlangen, wie z.B. ein Zeuge, dem die innere Tatsache in irgendeiner Weise kundgetan wurde. Ansonsten bestehen jedoch nur schwer aufzulösende Probleme hinsichtlich eines tragfähigen Vollbeweises der Kenntnis als innere Tatsache.

3. Tatsächliche Vermutung als Teilbereich des Anscheinsbeweises

In der zivilrechtlichen Rechtsprechung wird im Rahmen des Kenntnisnachweises teils auch auf eine aus den objektiven Umständen geschlossene Vermutung abgestellt. So heißt es hinsichtlich der subjektiven Voraussetzungen des Sittenwidrigkeitsurteils bei §138 Abs.1 BGB, dass bei Vorliegen der objektiven Voraussetzungen, die subjektive Kenntnis derer oder zumindest ein leichtfertiges Sich-verschließen ihnen gegenüber, „so nahe" liege, „dass dem Senat eine entsprechende Vermutung gerechtfertigt erscheint."[534] Bei solchen als „tatsächliche Vermutungen" bezeichneten Beweisregeln,[535] handelt es sich ebenfalls um eine Anwendung der Grundsätze des Anscheinsbeweises.[536] Dies hat der BGH in seiner Herleitung selbst ausgesprochen; bei entsprechender Stärke sei allein aus einer in der Lebenserfahrung gründenden Regel, aus einem Erfahrungssatz des Lebens eine tatsächliche Vermutung zu folgern. Auf Grund dieses Erfahrungssatzes sei dann der Beweis des ersten Anscheins erbracht.[537]

Auch wenn die richtige Einordnung dieser Rechtsfigur in der Literatur angesichts der teils widersprüchlichen Rechtsprechung als noch nicht gelungen angesehen wird und vertreten wird, sie könne als Beweislastregel, als Anscheinsbeweis oder als ein Satz der Lebenserfahrung außerhalb des Anscheinsbeweises angesehen werden,[538] bleibt festzuhalten, dass auch die Tragfähigkeit einer tatsächlichen Vermutung zumindest an einem zwingenden Erfahrungssatz hängt, den es bei inneren Tatsachen, wie erörtert, wenn überhaupt, nur sehr ein-

---

[534] BGHZ 98, 174 (178); ganz ähnlich BGHZ 35, 356 (361)

[535] *Reichel*, Grünhut's Zeitschrift 42 (1916), S. 173 (225): „Von einer tatsächlichen Vermutung spricht man dann, wenn Umstände vorliegen, die ihrer Art nach gemäß feststehenden Erfahrungssätzen mit überwiegender Wahrscheinlichkeit zu dem Schlusse führen, das zu Beweisende sei wahr."

[536] *Walter*, Freie Beweiswürdigung, §10, S. 211 f. („de- facto – Anscheinsbeweis"); *Baumgärtel*, Beweislastpraxis, S. 224 Rn 357; *Blomeyer*, Gutachten 46. Juristentag, §4, S. 41; ebenso bereits *Reichel*, Grünhut's Zeitschrift 42 (1916), S. 173 (225 f.); a.A *Weitnauer*, FS für Larenz, S. 905 (923); *Hirtz*, MDR 1988, 182 (186) (...„Erfahrungssatz führt für den Kläger den vollen Beweis"...); *Bruns*, Zivilprozessrecht², §32, S.255 (Ähnlichkeit mit gesetzlichen Vermutungen)

[537] BGHZ 2, 82 (85)

[538] Siehe hierzu *Musielak*, Grundlagen des Beweislast, §7, S. 156 ff.; *Prütting*, Gegenwartsprobleme der Beweislast, §7, S. 50 ff.; *Baumgärtel*, Beweislastpraxis, S. 228 Rn 367

geschränkt geben kann. Zudem wird an der prinzipiellen Widerleglichkeit jener Vermutung gelegentlich gezweifelt.[539] Dies zu recht. Denn die Grenze zu einer Fiktion, die meist zu einer unzulässigen Korrektur des materiellen Rechts führt,[540] ist fließend. Es ist nicht eindeutig feststellbar, wann die Rechtsprechung den Bereich der Vermutung verlässt und, nachdem man auf einen bestimmten Kenntnisstand anhand des Vergleichs mit einem redlichen Dritten geschlossen hat, schließlich davon ausgeht, der Betroffene „müsse sich so behandeln lassen, als" hätte er Kenntnis.[541] Sie beginnt in dem Moment, in dem man dem Betroffenen den vollen Gegenbeweis für das Nichtvorliegen der inneren Tatsache auferlegt.

4. Innere Tatsache und Beweislastumkehr

Der Nachweis der inneren Tatsache der Kenntnis beruht nach dem Bisherigen letztlich allein auf einem als unabwendbar verstandenem Schluss des Richters von einem objektiv festgestellten Kennen-können auf die subjektiv vermutete positive Kenntnis.[542] Es bleiben also bei Lichte besehen daher nur die äußeren Merkmale einer objektiven (groben) Fahrlässigkeit übrig, die tatsächlich sicher festgestellt werden können. Der Richter kann in diesen Fällen rein objektiv höchstens zu dem sicheren Schluss im Sinne eines Vollbeweises kommen, dass gröbste Fahrlässigkeit vorliegt und daher der Verdacht der Kenntnis im Raum steht. Zieht man hieraus in Verbindung mit der allgemeine Lebenserfahrung den beweisrechtlichen Schluss, es läge Kenntnis vor, so liegt darin eine Risikozuordnung, wer in diesen Fälle die Schwierigkeit des Nachweises tragen soll. Man betritt das Terrain des materiellen Rechts.

Für den Anscheinsbeweis ist eine Querverbindung zwischen prozessualem und materiellem Recht schon formuliert worden.[543]

---

[539] *Weitnauer*, FS für Larenz, S. 905 (923) („echte Beweislastumkehr"); *Prütting*, Gegenwartsprobleme der Beweislast, §7, S. 50 f. m.w.N.

[540] So *Prütting*, Gegenwartsprobleme der Beweislast, §7, S. 58, der feststellt, dass es hierzu an einer methodischen und gesetzlichen Legitimation fehle. Kritisch auch *Walter*, Freie Beweiswürdigung, §10, S. 214 f.

[541] Für diese Formulierung exemplarisch: BGHZ 133, 246 (250 f.)

[542] So auch *Peters/Zimmermann*, Gutachten, S. 247; *Peters*, JZ 1983, 121 (123); ähnlich *Medicus*, Karlsruher Forum 1994, S.4 (13)

[543] *Pawlowski*, Der prima-facie Beweis, S. 67 geht davon aus, dass der prima-facie Beweis der Schuld nichts anderes ist, als der Ausdruck eines objektiven Schuldbegriffs. *Diederichsen*, ZZP 81 (1968), 45 (60 ff.); *ders.*, Karlsruher Forum 1966, 25 f. erkennt ebenso eine Modifizierung des Schuldbegriffs durch den Anscheinsbeweis, weist auf die Nähe von Beweislast und Anscheinbeweis in den praktischen Auswirkungen hin und bezeichnet beide als materielle Zurechnungsprinzipien bezüglich des Beweisrisikos. *M. Huber*, Das Beweismaß im Zivilprozeß, S. 133 hat hierzu festgestellt, dass im Bereich des Verschuldensnachweises eine Beweismaßsenkung anhand des Anscheinsbeweises überflüssig sei, da die Nachweisproblematik schon im Bereich der materiellen Rechts über den objektiven

Nicht zuletzt deshalb wird jener auch im Strafrecht als unbrauchbar angesehen. Einerseits trägt im Strafrecht auch der Ankläger die Aufklärungslast; der Richter hat nach §244 Abs.2 StPO den wahren Sachverhalt zu ermitteln. Andererseits ist für das Strafrecht erkannt worden, dass die dem Anscheinsbeweis innewohnende Wertung in großen Teilen der materiellen Konstruktion einer objektiven Zurechung entspricht, die der subjektiven Tendenz des Strafrechts widerspräche.[544]

Im Zivilrecht aber lässt sich an die angedeutete Risikokonstellation zunächst unmittelbar der Sphärengedanke anschließen. Ihm folgend läge es nahe, in jenen Fällen die Beweislast gänzlich umzukehren. Denn derjenige, bei dem die Kenntnis eintritt oder nicht einritt, kann als einziger darüber Auskunft geben. Er soll das Vorliegen oder Nichtvorliegen der inneren Tatsache letztlich dann auch beweisen müssen. Echte, für den Vollbeweis nötige Gewissheit ist bei der Kenntnis als innerer Tatsache für den beweisbelasteten Dritten, wie oben erörtert, gerade schwer erreichbar. Ist ihr Nachweis aber Voraussetzung für den Eintritt einer Rechtsfolge, so ist der mit der Rechtsfolge Belastete bis dahin begünstigt. Dies wäre jedenfalls dann unverständlich, wenn es gerade jenem ein Leichtes wäre seine Unkenntnis zu beweisen.

Man stößt hier jedoch auf das Problem des Beweisbelasteten ein Negativum beweisen zu müssen. Die früher herrschende Negativentheorie[545] vertrat den aus dem römischen Recht stammenden Grundsatz *negativa non sunt probanda*. Negatives galt also als nicht beweisbar. Der deutsche Gesetzgeber ist daher traditionell zögerlich, einen Negativbeweis abzuverlangen.[546] Die Schwierigkeit folgt im wesentlichen daraus, dass der Beweisbelastete nachweisen muss, ein entsprechender Umstand sei niemals eingetreten, was in concreto bedeuten kann, dass eine Vielzahl von Alternativen, wie es zu diesem Umstand kommen hätte können, widerlegt werden müssen. Für den Beweis der Unkenntnis hieße dies, dem Beweisbelasteten zumindest abzuverlangen, für jeden Zeitpunkt seit der objektiven Erkennbarkeit der fraglichen Tatsache und für jede objektive Möglichkeit zur Information schlüssig vorzutragen, dass keine Kenntnisnahme stattfinden konnte.[547] In der heutigen Praxis wird indes ein Beweis negativer Tatsachen grundsätzlich für denkbar erachtet.[548] Meist ließe sich der

---

Sorgfaltsmaßstab erreicht werden könne.

[544] Eingehend *Volk*, GA 1973, 161 (166 ff.)

[545] *Musielak*, Die Grundlagen der Beweislast im Zivilprozeß, §10, S. 259 ff.; *Rosenberg*, Die Beweislast[5], §25, S.330 ff.

[546] *Leenen*, DStR 2002, 34 (35); vgl. auch *Reichel*, Grünhut's Zeitschrift 42 (1916), S. 173 (222 f.) zur Beweislast der Bösgläubigkeit bei §932 BGB

[547] *Musielak*, Grundkurs ZPO, §6, S. 237 Rn 393; kritisch *Blomeyer*, Gutachten, 46. Juristentag, S. 7 („Beweis ist zuweilen kaum zu erbringen.")

[548] Vgl. nur BGHZ 101, 49 (55); Zöller[23]/*Greger*, vor §284 Rn 24; *Rosenberg*, Die Beweislast[5], §25, S.330 ff.; *Prütting*, Gegenwartsprobleme der Beweislast, §19 IV 1, S. 253 f.; *Spiro*, Begrenzung privater Rechte, Band I, §351, S. 871 Fn 4

negative Umstand durch positive Sachumstände so eng einkreisen, dass auf das Vorliegen oder Fehlen der Umstandes mit genügender Sicherheit geschlossen werden könne.[549] Im Ergebnis wird aber notwendiger Weise der Vortrag hinsichtlich der Bestimmtheit der zu beweisenden negativen Tatsache dem Gegner aufgebürdet, da dieser in jenen Fällen substantiiert bestreiten muss. D.h. dieser muss Umstände darlegen, die auf den Eintritt der zu beweisenden Tatsachen schließen lassen. Hierauf hat dann die beweisbelastete Partei zu erwidern.[550] Für den Beweis der Unkenntnis würde dies bedeuten, dass der Beweisgegner Tatsachen vortragen müsste, die auf eine Kenntnis beim Belasteten schließen lassen und dadurch die vom Beweisbelasteten behauptete Unkenntnis zu bestreiten. Je schlüssiger also der beweisbare Vortrag des Beweisgegners wäre, desto schwieriger wäre es für den Belasteten weiterhin seine Unkenntnis beweisbar zu halten, da gegen ihn die aus objektiven Tatsachen konstruierte Vermutung der Kenntnis streitet. Im Ergebnis bleibt es auch hier also bei einem Beweisschluss aus objektiven Tatsachen durch den Richter, mit dem Unterschied, dass das Risiko eines Zweifels denjenigen trifft, bei dem innere Tatsache eingetreten sein soll. Schon an Beweisqualität wird dadurch nichts gewonnen.

Es bleibt, bei Lichte besehen, ein anhand der teleologischen Grundlagen der Norm zu lösendes Problem, wer die Unsicherheit des Beweises zu tragen hat.[551] Insoweit kann die Entscheidung darüber, wer für das Vorliegen der Kenntnis die Beweislast trägt, auch als Entscheidung darüber angesehen werden, ob die an der Kenntnis hängenden Rechtswirkungen schon bei bloßer Möglichkeit oder tatsächlich erst bei Gewissheit[552] eintreten.[553] Denn die beweisbelastete Partei hat dem Richter Gewissheit zu verschaffen; obliegt die Beweislast dem Gegner reicht für ein Eintreten der Rechtsfolge aus, dass dessen Gegenbeweis scheitert und folglich die behauptete Tatsache schlicht nur möglich bleibt. Die hierin liegende Risikoverantwortung führt in das materielle Recht.[554]

Zumindest auf halbem Wege hin zu einer prozessualen Umkehr der Beweislast befindet sich die sogenannte Darlegungslast nach Zugriffsmöglichkeiten und Wahrnehmungsbereichen hinsichtlich der betreffenden Informationen und die daraus folgenden prozessualen Erklärungspflichten des Beweisgegners.[555] Die Konstruktion einer eigenen Aufklärungspflicht der nicht beweisbelasteten Partei weicht jedenfalls die Grenze entscheidend auf. Teils einschrän-

---

549 *Baumgärtel*, Beweislast, S. 212

550 Zur Substantiierungspflicht des Beweisgegners grundlegend: BGH VersR 1966, 1021

551 Im Hinblick auf das Verjährungsrecht: siehe unten §11 IV.

552 „Gewissheit" soll hier als Synonym für den Begriff der „Überzeugung" verstanden werden, wie dieser oben im Rahmen der Beweismaßthematik gebraucht worden ist. Zur Parallelität dieser Begriffe Vgl. *Greger*, Beweis und Wahrscheinlichkeit, S. 20

553 So auch zum Verjährungsrecht *Spiro*, Begrenzung privater Rechte, Band I, §350, S.869

554 Zöller/*Greger*[23], Vor §284 Rn 34 und 17

555 Vgl. Zöller[23]/*Greger*, vor §284 ZPO Rn 34; MüKo[2]/*Peters*, §138 ZPO Rn 21

kend will die Rechtsprechung daher nur im Einzelfall eine „sekundäre Behauptungslast“ annehmen.[556] Aber auch jene gerät in Konflikt mit dem im Zivilrecht bestehenden Verbot des Ausforschungsbeweises. Danach braucht die materiellrechtlich nicht beweisbelastete Partei dem Beweisgegner gerade keine seinen Vortrag erst schlüssig machenden Beweistatsachen liefern.[557]

5. Ergebnis

Alles in allem wird deutlich, dass die Beweisproblematik, die die innere Tatsache der Kenntnis aufwirft, letztlich nach einer Lösung im materiellen Recht verlangt.[558] Hinsichtlich des zuletzt erörterten Beweislastaspekts ist zu zunächst bedenken, dass andernfalls der bloßen Lebenserfahrung des entscheidenden Richters ein normativer Gehalt zu zuerkennen wäre, da ihm die oben angesprochene, per se rein materielle Risikoverteilungsfunktion obliegen würde.[559] Zuzustimmen ist der These *Gregers*, dass die einzige Funktion des Beweisrechts darin liegen dürfe, die tatsächliche Rechtslage im Prozess zu sichern und da, wo es dies nicht könne, den Weg zur Beweislastentscheidung freizugeben habe.[560]

Aber auch hinsichtlich der Lösung der Thematik im Rahmen der Beweiswürdigung, sofern sich diese Differenzierung überhaupt trennscharf vornehmen lässt, besteht das Problem der zweifelhaften abstrakten Typizität des zu beurteilenden Geschehens. Im Grunde deutet darüber hinaus die Wendung des

[556] BGHZ 140, 156 (158); BGH NJW-RR 1999, 1152; bereits BGH NJW 1961, 826 (828)

[557] Stein/Jonas/*Leipold*[21], §284 ZPO Rn 40 ff. und §138 ZPO Rn 28. Ob in Einzelfällen die Figur der Beweisvereitelung Platz greifen kann, die im Ergebnis zumindest über den (Um-)Weg der freien Beweiswürdigung zu einer Umkehr der Beweislast führen soll, braucht nicht im Detail betrachtet zu werden. Denn von ihr geht letztlich wohl keine entscheidende Erleichterung der Beweissituation aus. Sie kann nur in den Fällen wirklich beachtlich werden, wo eine schuldhaftes Verhalten des Beweisgegners vorliegt. Folglich müsste jenes erst bewiesen werden. Vgl. zur Figur der Beweisvereitelung Stein/Jonas/*Leipold*[21], §286 Rn 120 ff.; Zöller/*Greger*[23], §286 Rn 11; auch Thomas/Putzo/*Reichold*[25], §286 ZPO Rn 17 ff.

[558] Dies erkennt zur gesamten Problematik des Anscheinsbeweises *Walter*, Freie Beweiswürdigung, §10, S. 214 f. Eine parallele Diskussion findet bereits hinsichtlich des Tatbestandsmerkmals der Kausalität statt. Aufgrund der Beweisschwierigkeiten wird vertreten, man müsse im materiellen Recht schon eine „mögliche Kausalität“ ausreichen lassen. Vgl. *Bydlinski*, AcP 158 (1959), 410 (427); *Greger*, Beweis und Wahrscheinlichkeit, S. 179 ff.; dagegen: *Prütting*, Gegenwartsprobleme der Beweislast, §9, S. 99 ff.. Wird statt eines Nachweises der Kausalität nur eine wertende Zurechnung des Schadens verlangt, so findet im Ergebnis ebenfalls eine Verlagerung der Thematik ins materielle Recht statt. In diesem Sinne *Diederichsen*, Karlsruher Forum 1966, S.25; für den Kenntnisnachweis ebenso *Faßbender*, Innerbetriebliches Wissen und bankrechtliche Aufklärungspflicht, S. 222; dagegen ist *Gill*, Der besondere Verjährungsbeginn für Schadensersatzansprüche in §852 I BGB, S. 207 ohne nähere Begründung und Auseinandersetzung mit der Thematik der Ansicht, für die Beweisfrage sei es im Rahmen des §286 ZPO schlicht „legitim“ vom Kennen-müssen auf die Kenntnis zu schließen.

[559] *Prütting*, Gegenwartsprobleme der Beweislast, §7, S. 55

[560] *Greger*, Beweis und Wahrscheinlichkeit, S. 179

„typischen Geschehensablauf", das Abstellen auf die „allgemeine Lebenserfahrung" darauf hin, dass in Wahrheit eine zurechenbare Pflichtwidrigkeit des Verhaltens gesucht wird, die ein Element der Fahrlässigkeit wäre. Letztlich bliebe der Fahrlässigkeit insoweit die Funktion eines Auffangtatbestandes bei nicht lösbaren Beweisschwierigkeiten. Im Strafrecht ist in der Rechtsprechung des BGH[561] gerade diese These schon angeklungen. Das BVerfG[562] hat hierauf jedoch erwidert, dass dies nur dann tatsächlich möglich sein könne, wenn auch die Voraussetzungen der Fahrlässigkeit bewiesen worden seien.[563] Diese Prämisse sollte im Folgenden mit im Blick gehalten werden, wenn die materiellen „Aufweichungen" des Kenntnisbegriffs kritisch betrachtet werden.

III. Das „Aufweichen" der Kenntnis im materiellen Recht

Der Schwierigkeit des Nachweises der Kenntnis als subjektive innere Tatsache kommt die Praxis daher zurecht auch vom materiellen Recht her entgegen. Die beweisrechtliche Notwendigkeit einer objektiven Beurteilungsgrundlage spiegelt sich schon in der oben[564] angeführten Kenntnisdefinition des BGH wider. Die Unkenntnis erst dann als rechtlich relevant zu erachten, wenn objektiv „vernünftige Zweifel"[565] nachweisbar sind, schafft insoweit einerseits eine beweisrechtlich brauchbare Ausgangsposition. Andererseits knüpft sie aber auch ohne Zweifel ein Band zwischen der Beweisproblematik und dem materiellem Recht, indem sie den faktischen (prozessualen) Nachweis in Richtung (materieller) Zurechnung verschiebt.[566]

Die materiell-rechtlich relevante Unkenntnis führt sodann unmittelbar in die Diskussion um die rechtliche Beachtlichkeit eines Irrtums. Denn beiden Bewusstseinsformen ist gemeinsam, dass die richtige Vorstellung fehlt.[567] Sie

---

561 BGHSt 17, 212 ff. (Es müssen „alle Fahrlässigkeitsdelikte zugleich als Auffangtatbestände für nicht nachweisbar vorsätzliches Handeln angesehen werden")

562 BVerfG GA 1969, 269 ff.

563 Alles andere widerspräche in strafrechtlicher Hinsicht schon dem sog. Schuldprinzip.

564 Siehe oben §7 I.

565 RGZ 88, 4 (6): wo ein objektiv „vernünftiger Zweifel" aufhört, wird die sichere Kenntnis beginnen...

566 Das Zusammenspiel von Beweis und wertender Zurechnung spiegelt sich auch in der These *Wassermeyers*, Der prima-facie-Beweis und die benachbarten Erscheinungen, S. 15 f. wider, ein Anscheinsbeweis sei nur im Hinblick auf den Verschuldens- genauer den Fahrlässigkeitsnachweis möglich. Denn nur hier könne ein sogenannter „Rechtsbeweis" geführt werden, der keine (nach seiner These unzulässige) Folgerung auf eine Tatsache verlange, sondern nur „unmittelbar auf die Verletzung der erforderlichen Sorgfalt" zurückführe, von der sich die Gerichte ohnehin „überzeugen" würden, auch wenn ein Verschulden nicht tatsächlich nachgewiesen sei. Diese Querverbindung verkennt *Blomeyer*, Gutachten 46. Juristentag, §3, S. 23.

567 Beide Bewusstseinsformen werden überwiegend gleichgestellt. Vgl. *Mayer*, Der Rechtsirrtum und seine Folgen im bürgerlichen Recht, §2, S. 18

lässt sich zunächst in zwei Aspekte aufspalten. Einerseits wird seit jeher versucht - beginnend bei der Kenntnis als echtem Vorsatzelement - die positive Rechtskenntnis im materiellen Recht zu umgehen. Pauschal wird dabei häufig auf den Rechtssatz des *error iuris nocet*[568] verwiesen. Entgegen der oben dargestellten Meinung, Kenntnis und Schuld seien nicht im „technischen" Sinne zu verbinden, neigt man in der (Rechts-) Irrtumsthematik eher dazu, ohne Umschweife eine „Entschuldbarkeit" zu prüfen.[569] Andererseits bleibt aber auch die positive Tatsachen- oder Umstandskenntnis nicht davor verschont, funktionell relativiert zu werden.

1. Die materiell – rechtliche „Fiktion"[570] der Rechtskenntnis

a. Ausgangspunkt der Entwicklung

Im Zivilrecht zeigt sich das Problem am deutlichsten bei den Normen der Sittenwidrigkeit. So wird im Rahmen des §138 und des §826 BGB heftig diskutiert, ob eine Unkenntnis des Sittenwidrigkeitsverdikts den Handelnden entlasten kann.[571] Den Ausgangspunkt des Streits bildet aber das Strafrecht. Hier entlud sich aufgrund der zumeist ausschließlichen Vorsatzverantwortlichkeit die Wortlautstrenge in handfesten Strafbarkeitslücken. Es begann eine wissenschaftliche Auseinandersetzung, die im Disput zwischen der sogenannten Vorsatz- und der Schuldtheorie aufging. Die Zivilistik reibt sich bislang im wesentlichen nur an den dort entwickelten Thesen und Argumenten.[572]

Nach der sog. Vorsatztheorie, die heute im Zivilrecht noch als allgemein herrschend angesehen wird,[573] wird vorsätzliches Handeln nur dann angenommen, wenn auch die Kenntnis der Rechtswidrigkeit des Handelns nachgewiesen wer-

---

568 Dieser geht auf die Digestenstelle (D. 22, 6, 9, 1) zurück: *„regula est iuris quidem ignorantiam cuique nocere, facti vero ignorantiam non nocere"*

569 Vgl. hierzu *Mayer,* Der Rechtsirrtum und seine Folgen im Zivilrecht, §5, S. 34 ff., 154 et passim.

570 Bereits im Jahre 1866 bezeichnete *Beseler,* System des gemeinen deutschen Privatrechts[2], §22, S. 60, die Rechtspraxis einen Rechtsirrtum regelmäßig nicht als entschuldigt anzusehen, als „Fiktion".

571 Zum Streitstand vgl. vorerst Erman[10]/*Palm,* §138 Rn 40 ff.; Erman[10]/*Schiemann,* §826 Rn 11 ff.

572 *Mayer,* Der Rechtsirrtum und seine Folgen im bürgerlichen Recht, §7, S. 75

573 Staudinger[13](2001)/*Löwisch,* §276 Rn 21; Erman[10]/*Battes,* §276 Rn 18;; Palandt[62]/*Heinrichs,* §276 Rn 11; *Esser/Schmidt,* Schuldrecht Band I: Allg. Teil, Teilband 2[8], §26 I, S. 79 f.; *Larenz,* Schuldrecht Band I: Allg. Teil[14], §20 II, S. 279 ff.; *Fikentscher,* Schuldrecht[9], Rn 505 f.; *Blomeyer,* Allg. Schuldrecht[4], §24, S. 122 f.; überwiegend auch *Spickhoff,* Gesetzesverstoß und Haftung, §8, S. 208; *Deutsch,* Allg. Haftungsrecht[2], Rn 353; aus der Rspr. vgl. nur BGHZ 118, 201 (208); differenzierend: MüKo[4]/*Grundmann,* §276 Rn 158; Soergel[12]/*Wolf,* §276 Rn 55 ff.

den kann.[574] Die sog. Schuldtheorie verzichtet hingegen auf eine positive Kenntnis der Rechtswidrigkeit und hält das Verdikt des vorsätzlichen Handelns auch aufrecht, wenn die Unkenntnis der Rechtswidrigkeit nur vermeidbar war.[575] Der Gesetzgeber hat im Strafrecht in Gestalt des §17 StGB eine (zumindest) sehr ähnliche Wertung getroffen.[576] Liegt Vermeidbarkeit dabei schon dann vor, wenn objektiv Anlass bestehe, nachzudenken oder sich zu erkundigen,[577] ist eine echte materielle Erkundigungspflicht anzunehmen.[578] Ein Argument für die Schuldtheorie wird schon darin erkannt, dass, ließe eine Rechtsordnung einen Rechtsirrtum allgemein beachtlich werden, die Tür zu einem rein subjektiven Recht offen wäre; sein Geltungsanspruch wäre stark gefährdet.[579] Knüpft man indes zur Feststellung des Vorsatz an die Vermeidbarkeit des Irrtums an, hängt sie klar an der Feststellung einer Fahrlässigkeit.[580] So hält sich auch der Vorwurf gegen die Schuldtheorie, sie sei eine Umdeutung von Fahrlässigkeit in Vorsatz.[581] Dass dem wohl so ist, belegt auch die ständige Rechtsprechung des BGH zu §17 StGB. Er will einen Täter wegen Vorsatzes nicht nur bestrafen, wenn er das Bewusstein der Rechtswidrigkeit gehabt hat, sondern eben auch wenn er jenes bei gehöriger Anspannung des Gewissens hätte haben können.[582]

Warum aber die Schuldtheorie ihre Berechtigung erfahren hat, wird aus dem Vergleich mit den Folgen der strengen Vorsatztheorie und ihre daraus resultierenden Aufweichungen recht deutlich. Nach der strengen Vorsatztheorie[583] bedarf es für das Verdikt des Vorsatzes des Nachweises, der Betreffende habe im Bewusstsein der Rechtswidrigkeit gehandelt. Kann dieser Nachweis

---

574 Vgl. *Jescheck/Weigend*, Lehrbuch des Strafrechts Allg. Teil[5], §41, S. 452 f. m.w.N.; *Wessels/Beulke*, Strafrecht Allg. Teil[32], §11, S. 148 Rn 463 ff.

575 Ausgehend von *Welzel*, Abhandlungen zum Strafrecht und zur Rechtsphilosophie, S. 250 ff.; zum heutigen Streitstand vgl. *Jescheck/Weigend*, Lehrbuch des Strafrechts Allg. Teil[5], §41, S. 452 f; *Wessels/Beulke*, Strafrecht Allg. Teil[32], §11 Rn 461 ff.; von *Enneccerus/Nipperdey*, Allg. Teil, Teilband 2[15], §210 I 2, S. 1302 wurde sie auch in das Zivilrecht übernommen.

576 Ausgangspunkt dieser Regelung war die Praxis des RG (z.B. RGSt 61, 258; 63, 218) im Rahmen des alten §59 StGB zwischen unbeachtlichem strafrechtlichem und beachtlichen außerstrafrechtlichem Irrtum zu unterscheiden.

577 Vgl. *Tröndle/Fischer*[51], StGB, §17 Rn 7; BGHSt 9, 172 ff.

578 *Wessels/Beulke*, Strafrecht Allg. Teil[32], §11, S. 125 Rn 465; *Tröndle/Fischer*[51], StGB, §17 Rn 9

579 Grundlegend stellt *Rittner*, FS für v. Hippel, S. 391 (394) insoweit fest, dass jede Lehre von Rechtswissen und Rechtsirrtum davon auszugehen hat, dass die Geltung des Rechts und damit seine Anwendung nicht davon abhängen kann, ob der einzelne das Recht kennt oder nicht. Zur geschichtlichen Entwicklung dieses Arguments vgl. *Mayer*, Der Rechtsirrtum und seine Folgen im bürgerlichen Rechts, §5, S. 28 ff.

580 So schon *Mezger*, Moderne Wege, S. 42; *Jescheck/Weigend*, Lehrbuch des Strafrechts Allg. Teil[5], §41, S. 458; *Tröndle/Fischer*[51], StGB, §17 Rn 7 ff.

581 *Koriath*, Jura 1996, 113 (120) mit Verweis auf *Binding*; *Schröder*, ZStW 65 (1953), S. 178 (195)

582 Seit BGHSt 2, 194 ff.; eingehend und kritisch zum Merkmal der „Gewissensanspannung“ *Mattil*, ZStW 74 (1962), S. 201 ff.

583 Vgl. exemplarisch *Baumann/Weber/Mitsch*, Strafrecht Allg. Teil[10], §21, S. 458 Rn 40 ff.

nicht erbracht werden, liegt kein Vorsatz vor. Es liegt auf der Hand, wo die Schwächen dieser Ansicht auszumachen sind. Einerseits wäre jemand bevorteilt, der sich tatsächlich keinerlei Gedanken über die Rechtswidrigkeit seines Tuns gemacht hat. Andererseits aber wäre gerade auch mancher nicht widerlegbaren Ausrede Tür und Tor geöffnet.[584] Im Grenzbereich von Fahrlässigkeit und Vorsatz zeigt sich dies besonders. Liegt die Unrechtmäßigkeit so offen, dass ein vernünftiger Mensch sie sicher hätte erkennen müssen, so sträubt sich das Rechtsgefühl Vorsatz zu verneinen.[585] Darum wurden auch in der Vorsatztheorie solche Fälle, in denen höchste Fahrlässigkeit nachweisbar war, trotzdem dem Vorsatz unterworfen; Rechtsblindheit oder Rechtsfeindschaft seien im materiell-rechtlichen Sinne genauso zu behandeln wie das Bewusstsein der Rechtswidrigkeit.[586]

Gegen diese Konstruktion wurde von den Anhängern der Schuldtheorie daher der Vorwurf der Fiktion erhoben. Man erkenne Vorsatz, wo im materiell – rechtlichen Sinne für die Vorsatztheorie keiner sei.[587] Konsequenter sei es, das Unrechtsbewusstein aus dem Vorsatz ganz heraus zu lösen und als eigenen Punkt in der Schuld zu prüfen. Gestützt wurde diese These auch vom Vorsatzverständnis der finalen Handlungslehre[588], die im Handeln des Einzelnen immer eine Zweckgerichtetheit erkennt und für vorsätzliches Handeln insoweit das Wollen und die Voraussicht des Erfolges ausreichen lässt. Ein Bewusstsein der Rechtswidrigkeit sei für ein zweckgerichtetes, vorsätzliches Handeln nicht unmittelbar nötig. Ob dieser Konstruktion nicht ebenfalls der Vorwurf zu machen ist, eine Fiktion zu sein,[589] mag dahinstehen.

In unserem Zusammenhang entscheidend ist indes eines: Beide Theorien suchen im beschriebenen Grenzbereich gleichermaßen den Vorsatz in der einzig nachweisbaren (groben) Fahrlässigkeit. Über den Umweg einer materiell – rechtlichen Gleichstellung wird von den Anhängern der Vorsatztheorie das Problem bekämpft, dem Handelnden bei einer offen zu Tage liegenden Rechtslage den dann unvernünftigen Einwand zu gestatten, er habe diese nicht gekannt. Ein solch unvernünftiger Einwand ist unglaubwürdig. Die Schuldtheorie

---

584 Dies hat *Schmidhäuser*, JZ 1979, 361 ff. als Grund für die Entscheidung der Rspr. für die Schuldtheorie angeführt. Ebenso *Mattil*, ZStW 74 (1962), S. 201, 203; *Koriath*, Jura 1996, 113 (116); ähnlich äußerte sich auch *Baumann*, AcP 155 (1956), S. 495 (502, 518).

585 Man hat der strafrechtlichen Rechtsprechung zur Trennung von unbeachtlichen strafrechtlichen und beachtlichen außerstrafrechtlichen Irrtum insoweit vorgeworfen, sie mache ihre rechtliche Konstruktion von der „Schweinehundfrage“ abhängig. War man sich einig, dass der potentielle Täter ein „Schuft“ und strafbar sei, so habe man mit einer entsprechenden Konstruktion des Vorsatzes begonnen. Vgl. *Baumann*, AcP 155 (1956), S. 495 (499)

586 Sog. eingeschränkte Vorsatztheorie, ausgehend von *Mezger*, NJW 1951, 500 ff.; *Hall*, FS für E. Mezger, S. 229 (232)

587 *Wessels/Beulke*, Strafrecht Allg. Teil[32], §11, S. 149 Rn 464 spricht von einer „Preisgabe des eigenen dogmatischen Ausgangspunktes“.

588 *Welzel*, JuS 1966, 421; *Maurach/Zipf*, Strafrecht Allg. Teil[8], §20 I, S. 282 Rn 13

589 *Koritah*, Jura 1996, 113 (120)

hingegen ermöglicht es, aus der Vermeidbarkeit des Rechtsirrtums direkt auf ein potentielles Unrechtsbewusstsein zu schließen, das für Vorsatz ausreichend sei.[590] Letztlich bleibt dennoch bei beiden Theorien in gewisser Weise nur ein Verdacht greifbar, der sanktionswürdig erscheint.[591] Jedenfalls lässt sich die Relation von Verdacht der Unrechtskenntnis und Vermeidbarkeit des Rechtsirrtums, wie sie die Schuldtheorie fordert, dahingehend auflösen, zu behaupten, dass in der Praxis die Überzeugung des Richters vom Fehlen der notwendigen Rechtskenntnis den Verdacht besiegt und gleichsam die Unvermeidbarkeit des Irrtums feststellt. Mit anderen Worten: Die Feststellung der Vermeidbarkeit eines Rechtsirrtums ist faktisch identisch mit dem Verdacht der Betreffende handele ohne Irrtum.

Im Strafrecht ist die Entscheidung zugunsten der Schuldtheorie durch §17 StGB gefallen.[592] Im Zivilrecht ist die Diskussion aber weiterhin aktuell, wenngleich eine scheinbar gefestigte herrschende Meinung die Vorsatztheorie als geltend ansieht,[593] die als *obiter dictum* des RG geboren wurde.[594] Ausgangspunkt der Betrachtung dieses Problems ist zunächst aber auch im Zivilrecht eine unterschiedliche Auffassung von der Funktion und vom Inhalts des Vorsatzes. Zum einen wird er als allgemeines Schuldmerkmal als Wissen und Wollen des Erfolges im Bewusstsein der Rechtswidrigkeit definiert,[595] zum anderen aber auch vom Schuldurteil an sich abstrahiert als rechtlich relevante Finalität, das Wollen einer bestimmten Tat in Kenntnis aller Umstände.[596] Im Sinne der ersteren Ansicht läge klar: Der Vorsatz nimmt das Unrechtsbewusstsein als Schuldelement in sich auf. Ein Irrtum hinsichtlich der Rechtswidrigkeit müsse den Vorsatz entfallen lassen, da dem Handelnden kein Schuldvorwurf gemacht werden könne. Die Grenze zur Fahrlässigkeit ist insoweit eindeutig konturiert. Bei nur vermeidbaren Rechtsirrtum bleibt das Verdikt der Fahrlässigkeit.

Die Anhänger dieser Lehre sehen nun gerade in der Entstehungsgeschichte zum BGB deutliche Hinweise hierauf. Vorsatz und Fahrlässigkeit würden

---

[590] *Vest*, ZStW 103 (1991), 584 (611) führt daher den Erfolg der Schuldtheorie auf die Verhinderung der denkbaren Beweisprobleme zurück.

[591] Bezeichnender Weise führt auch *Welzel*, Abhandlungen zum Strafrecht und zur Rechtsphilosophie, S. 252 f. als Begründer der modernen Schuldtheorie zur Illustration seiner These nur Fälle von, wie selbst sagt, „offensichtlicher" Rechtswidrigkeit vor.

[592] So die h.M.. Vgl. *Jescheck/Weigend*, Lehrbuch des Strafrechts Allg. Teil[5], §41, S. 452 m.w.N; *Wessels/Beulke*, Strafrecht Allg. Teil[32], §11, S. 149 Rn 462 ff.; *Lesch*, JA 1996, 346 ff.; als verfassungskonform bestätigt durch das BVerfG in E 41, 121 ff.; aber mit weiteren Differenzierungen in strenger und eingeschränkter Schuldtheorie, wobei letztere von der Rspr. bevorzugt wird; siehe hierzu auch unten §7 III 2 a.; gänzlich a.A. aber *Schmidhäuser*, JZ 1979, 361 ff.

[593] Siehe oben Fn 573

[594] *Mayer-Maly*, AcP 170 (1970), S. 133 (154) mit Verweis auf RGZ 72, 4 (6 ff.)

[595] H.M.; Erman[10]/*Battes*, §276 Rn 16; Palandt[62]/*Heinrichs*, §276 Rn 10, 11 m.w.N.; MüKo[3]/*Hanau*, §276 Rn 49 ff.; *Fikentscher*, Schuldrecht[9], Rn 504

[596] *Enneccerus/Nipperdey*, Allg. Teil, Teilband 2[15], §210, S. 1302, 1304

vom BGB eindeutig als Erscheinungsformen der Schuld angesehen.[597] Vor allem aus den Erläuterungen zu §144 des ersten Entwurfs[598] ergebe sich dies. In den Motiven heißt es denn auch klar: „Unter Verschulden wird ein auf Vorsatz oder Fahrlässigkeit beruhendes Verhalten verstanden.“[599] Sie gehen weiter davon aus, dass sich das BGB von der römisch-rechtlichen Tradition, von der gemeinrechtlichen Lehre bezüglich des Rechtsirrtums emanzipieren wollte. Ein Rückfall in die Parömie *error iuris nocet*, wie sich die Schuldtheorie darstelle, sei daher zu vermeiden.[600] Fest gemacht wird diese These an §146 Abs.1 des ersten Entwurfs, der eine Irrtumsregel enthielt und konstatierte: „Im Sinne dieses Gesetzes ist unter Irrtum sowohl der Irrtum über Tatsachen, als auch der Rechtsirrtum...zu verstehen.“[601] Obwohl diese Regelung keinen Eingang ins BGB fand, bleibe sie Ausdruck des Vorverständnisses des Gesetzes, eine Differenzierung von Rechts- und Tatsachenirrtum, wie sie die Schuldtheorie vornehmen muss, sei im Zivilrecht nicht gewollt.[602]

Die Vorsatztheorie führt aber zweifelsohne zu einer Subjektivierung der Zurechnung, die bereits den bei der Fahrlässigkeit festgestellten und gebilligten Objektivierungstendenzen des Zivilrechts widerspricht. In diesem Sinne ist bereits der Einwand formuliert worden, sie sei im Ergebnis systemwidrig, da jeder noch so unvernünftige Irrtum des Einzelnen die Schuld ausschließe.[603] Auffallenderweise rückt die Praxis in Fällen, wo die Frage tatsächlich einmal entscheidend wird, auch im Zivilrecht an die Wertung des §17 StGB heran.[604] Sie bleibt insoweit in der römisch-rechtlichen Behandlung des Rechtsirrtum verhaftet.

Insbesondere im Rahmen der Sittenwidrigkeitsthematik der §§138 und 826 BGB hat sich – wie einleitend angedeutet - eine gefestigte Rechtsprechung[605] und herrschende Lehre[606] herausgebildet, die abweichend von der Vorsatztheorie ein Bewusstsein der Sittenwidrigkeit als durch ein „leichtfertig sich

---

597 Hierzu eingehend *Baumann*, AcP 155 (1956), S. 495 (510 ff.); ihm folgend *Fikentscher*, Schuldrecht[9], Rn 504; ebenso *Larenz*, Schuldrecht Band I: Allg. Teil[14], §20 II, S. 281

598 *Mugdan*, Materialien, Band 1, Allg. Theil, S. XCV

599 *Mugdan*, Materialien, Band 1, Motive, S. 508

600 *Mayer-Maly*, AcP 170 (1970), S. 133 (144 ff.)

601 *Mugdan*, Materialien, Band I, Motive, S. 509

602 *Baumann*, AcP 155 (1956), S. 495 (502, 509)

603 *Geilen*, JZ 1964, 6 (8 ff.); *Mayer*, Der Rechtsirrtum und seine Folgen im Zivilrecht, §7, S. 83

604 *Niese*, JZ 1956, 457 (465) ist hier der Meinung, es könne insoweit schon von einer Geltung der Schuldtheorie im Zivilrecht ausgegangen werden. Staudinger[13](2003)/*Oechsler*, §826 Rn 61 spricht wenigstens von einer „Durchbrechung der zivilrechtlichen Vorsatztheorie“

605 BGHZ 128, 255 (257 f.); BGH NJW 1990, 389 (390); 1994, 2289 ff.; BGH NJW-RR 1986, 1150 ff.

606 Soergel[12]/*Hönn*/*Dönneweg*, §826 Rn 52 ff.; MüKo[3]/*Mertens*, §826 Rn 42 ff.; Staudinger[13](2003)/*Oechsler*, §826 Rn 82 ff.; Palandt[62]/*Thomas*, §826 Rn 8 ff.; *Esser/Schmidt*, Schuldrecht Band I: Allg. Teil, Teilband 2[8], §26 I, S. 81; *Larenz/Canaris*, Schuldrecht II/2[13], §78 III, S. 454 f.

dieser Erkenntnis verschließen"[607] ersetzbar ansieht. Äquivalent hierzu wird auch der Begriff der „Gewissenlosigkeit" verwendet, der wiederum explizit mit der groben Fahrlässigkeit gleichgesetzt wird.[608] Grundlage dieser Ansicht ist zuweilen, dass die Anforderungen an die guten Sitten als allgemein bekannt, als evident gelten müssen,[609] was eine beweisrechtliche Vermutung tragen kann, dass auch der Betreffende jene gekannt hat oder diese wenigstens nicht kennen wollte. So spricht der BGH[610] bei §138 BGB dann davon, ein objektiv grobes Missverhältnis von Leistung und Gegenleistung lege zwingend nahe, Sittenwidrigkeit anzunehmen.[611] In haftungsrechtlicher Hinsicht hat *Canaris* die Notwendigkeit der Rechtsprechung zutreffend dahingehend umschrieben, dass ansonsten die Gefahr bestünde, dass der Rechtsschutz für den Kläger leer zulaufen drohe, obgleich der Beklagte in Wirklichkeit vorsätzlich gehandelt hat.[612] Es soll daher auch nicht auf die positive Kenntnis oder auf das Bewusstsein des Sittenverstoßes ankommen, wenn der Handelnde unter groben Verstoß gegen die zu beobachtenden Sorgfaltspflichten Behauptungen („ins Blaue hinein") aufstellt und von daher weiß, dass die Gefahr ihrer Unrichtigkeit besonders hoch ist.[613]

Im Ergebnis wird aus Leichtfertigkeit, die der groben Fahrlässigkeit gleichsteht, zunächst Bewusstsein im Sinne eines *dolus eventualis* und letztlich Kenntnis fingiert. Ähnlich geht *Mertens* davon aus, die Rechtsprechung erschließe sich den Schädigungsvorsatz des Betreffenden „normativ aus dem groben Fehlverhalten".[614] Ein Teil des Schrifttums sieht daher eine solche Aufweichung der (Sittenwidrigkeits-)Kenntnis als nicht mehr hinnehmbar an. Sie überschreite die Grenze zur Fahrlässigkeit.[615] Hiergegen wird nun vom BGH vorgebracht, man halte dennoch am Vorsatzerfordernis des §826 BGB fest.[616] Wie viel dieses Bekenntnis im Ergebnis wert ist, ist indes fraglich, da bei §826 BGB nach gefestigter Meinung bereits das Vorliegen von *dolus eventualis* für ausreichend

---

607 BGH NJW 1980, 445 (446); lesenswert BGH NJW1994, 2289 ff.; aktuell BGH NJW 2003, 2825 ff.

608 Seit RGZ 143, 48 (51): „Gewissenlosigkeit" = grobe Fahrlässigkeit; ebenso BGHZ 10, 228 (233); ohne Diskussion auch MüKo[3]/*Mertens*, §826 Rn 42, 46; Staudinger[13](2003)/*Oechsler*, §826 Rn 82

609 *Mayer-Maly*, AcP 170 (1970), S. 133 (163)

610 BGH NJW 1981, 1206 (1207)

611 Palandt[62]/*Heinrichs*, §138 Rn 30; Erman[10]/*Palm*, §138 Rn 38, 40;

612 *Canaris* in: Großkommentar HGB, Anh. zu §357 Anm. 1278, 1280; neuerdings insoweit zutreffend Staudinger[13](2003)/*Oechsler*, §826 Rn 96 ff., der aber meint der Problematik auf prozessualem Wege (Anscheinsbeweis) begegnen zu können; Staudinger[13](2001)/*Löwisch*, §276 Rn 55: Es „muß vermieden werden, dass die Rechtsunkenntnis zu einer bequemen Ausrede" wird.

613 Staudinger[13](2003)/*Oechsler*, §826 Rn 83

614 *Mertens*, ZHR 143 (1979), 174 (182); insoweit kritisch angesichts des *lex lata Larenz/Canaris*, Schuldrecht II/2[13], §78 III, S. 454 f.

615 *Hopt*, AcP 183, 608 (633 f.); *Honsell*, JuS 1976, 621 (628); *Damm*, JZ 1991, 373 (383)

616 Palandt[62]/*Thomas*, §826 Rn 12; Erman[10]/*Schiemann*, §826 Rn 14; bereits BGH NJW 1962, 1766 ff.; RGZ 72, 175 (176)

gehalten wird.[617] Wenn die Praxis dann hierbei den Nachweis des bedingten Vorsatz allein aus der festgestellten besonderen Leichtfertigkeit des Betreffenden folgert,[618] bleibt nichts anderes als eine Haftung für Vorsatzverdacht, der sich aus der nachweisbaren groben Fahrlässigkeit ergibt.

Die These, dass im geltenden Zivilrecht gerade die Einbruchstellen des Billigkeitsrechts, wie §§138, 826 BGB möglicherweise mehr Spielraum in dieser Hinsicht gewähren,[619] erscheint im Kern als Ansatzpunkt, da man hier vertreten könnte, die Grenze zur Sittenwidrigkeit sei für den Handelnden noch greifbarer, als die Kenntnis des Rechts. Es bleibt aber bei Lichte besehen doch lediglich eine Vermutung, ein Verdacht der Kenntnis bzw. des Vorsatzes.

b. Reduktion der Rechtskenntnis in der Praxis

Die Rechtspraxis hat vom eben dargelegten Ausgangspunkt im Rahmen der Vorsatzdiskussion in Bezug auf die Rechtskenntnis an verschiedenen Orten eine weitergehende Reduktion des Wissenserfordernisses vorgenommen.

Bei §852 BGB a.F. etwa führt eine mangelnde Rechtskenntnis in der Regel nicht zu einer relevanten Unkenntnis.[620] Die bloße Umstandskenntnis soll hier ausreichen. Eine pauschale Gleichstellung von Tatsachen- und Rechtskenntnis erwog auch das RG, das konstatierte, dass die Kenntnis eines Forderungsübergangs bereits bei Kenntnis der zugrunde liegenden Tatsachen vorliegt. Denn die Kenntnis der Rechtsfolge ergebe sich hieraus von selbst.[621] Die gegenwärtige Rechtsprechung nimmt dagegen bei der Feststellung der Rechtskenntnis zumeist Bezug auf den „redlich Denkenden Dritten" als Vergleichsmaßstab im Sinne der schon dargestellten Objektivierung des Kenntnisbegriffs. So hat der BGH in gewisser Weise abweichend zum RG zur Kenntnis des Forderungsübergangs festgestellt, sie sei dann beim Betreffenden anzunehmen, wenn ihm Tatsachen bekannt seien, die *nach allgemeiner Kenntnis* einer Forderungsübergang begründen.[622] Auch zunächst zu §990 Abs.1 Satz 2 BGB und anschließend ebenso zu §819 BGB wurde entschieden, es liege Kenntnis vom Mangel des Besitzrechts bzw. Rechtsgrund vor, wenn der Betreffende in einer Weise über die Sachlage aufgeklärt worden ist, dass sich ein vom eigenem Vor-

[617] Soergel[12]/*Hönn/Dönneweg*, §826 Rn 53, 66; Erman[10]/*Schiemann*, §826 Rn 14; Palandt[62]/*Thomas*, §826 Rn 10; Staudinger[13](2003)/*Oechsler*, §826 Rn 75, 85

[618] BGH WM 1975, 559; BGHZ 136 (176 f.)

[619] *Deutsch*, Allg. Haftungsrecht[2], Rn 364

[620] MüKo[3]/*Stein*, §852 Rn 10; Erman[10]/*Schiemann*, §852 Rn 10; Palandt[61]/*Thomas*, §852 Rn 4; RGRK[12]/*Kreft*, §852 Rn 30; *Schnaufer*, Die Kenntnis des Geschädigten als Auslöser für den Beginn der Verjährungsfrist, S. 27; BGH VersR 1966, 632 (634)

[621] RG 60, 200 (204); zustimmend MüKo[4]/*Roth*, §407 Rn 14

[622] BGH WM 1977, 51

teil nicht beeinflusster, *redlich denkender Dritter* der Überzeugung vom Mangel nicht verschließen würde.[623]

Wenn der BGH dem aber eine weitere Überlegung zu Grunde legt und davon ausgeht, dass zwar sowohl die Kenntnis von den die Rechtsfolge begründenden Tatsachen, als auch Kenntnis von der Rechtsfolge selbst zu fordern sei, aber eben „vorsätzlich auch derjenige handelt, der die zugrundeliegenden Tatsachen kennt und die sich daraus ergebende Rechtsfolge in Kauf nimmt (bedingter Vorsatz)“ und daher dem bedingten Vorsatz das *bewusste* Sich - verschließen gegenüber dieser Erkenntnis gleichgestellt werden müsse,[624] so scheint er trotz seines objektiven Ansatzes an einem subjektiven Element festhalten zu wollen. Der Bereicherungsschuldner, der um sich die Vorteile zu sichern, sich bewusst der Einsicht verschließt, verdiene ebenso wenig Schutz wie derjenige, der sich dieser Einsicht öffne. Kraft einer solchen Gleichstellung will er sich wohl im Bereich des Vorsatzes halten. Andererseits wird dies jedoch nicht konsequent durchgehalten, wenn er ein bewusstes „Sich-verschließen“ einem nur unvernünftigen Rechtsirrtum gleichstellt.[625]

In der Lehre besteht insoweit im wesentlichen Einigkeit, dass dieser Entwicklung, obgleich sie in Konflikt mit dem Wortlaut der Normen gerät, zugestimmt werden könne.[626] Zur Begründung wird mitunter auf die Argumente der eingeschränkten Vorsatztheorie zurückgegriffen und angeführt, es solle keine Bevorzugung desjenigen stattfinden, der sich gewissenlos und gleichgültig gegenüber den Umständen und den daraus resultierenden Rechtsfolgen zeige.[627] Rechtstechnisch kann daher auch hier der Einwand treffen, die fehlende Kenntnis werde schlicht fingiert.[628]

Es wird aber darüber hinaus erkannt, dass eine Relativierung der Kenntnis gerade auch deshalb gelten müsse, weil auch derjenige, der die notwendige Kenntnis tatsächlich gewonnen habe, nicht selten dazu neigen werde, sein Wissen in Abrede zu stellen.[629] *Martinek* stellt weiter fest, dass hier ein Indizienbe-

---

[623] Zu §990 BGB vgl. BGHZ 26, 256 (269); zu §819 BGB vgl. BGHZ 133, 246 (250)

[624] BGHZ 133, 246 (250 f.); ganz ähnlich im Gewährleistungsrecht für die Mangelkenntnis BGH WM 1978, 1175 (1176)

[625] BGHZ 32, 76 (77): „Bösgläubig ist, wer sich durch Heranziehung juristischer Konstruktionen auf einen Rechtsirrtum beruft, für den nach dem natürlichen Denken eine vernünftige Grundlage fehlt, oder wer sich bewusst der Erlangung der Kenntnis seines mangelnden Besitzrechtes verschließt.“

[626] Erman[10]/*H.P. Westermann*, §819 Rn 1; Palandt[62]/*Sprau*, §819 Rn 2; kritisch MüKo[3]/*Lieb*, §819 Rn 2 mit Verweis auf *Mayer-Maly*, FS für Lange, S. 293 (301 ff.), der aber selbst eine Art Bewusstsein des Empfängers ausreichen lässt, nach der Sachlage keinen Anspruch zu haben und die hierin liegende Verbindung zur groben Fahrlässigkeit sehr wohl erkennt.

[627] *Buck*, Wissen und juristische Person, §6, S. 77; *Martinek*, JZ 1996, 1099 (1101); *Esser/Schmidt*, Schuldrecht Band I: Allg. Teil, Teilband 2[8], §26 I, S. 81; ähnlich Palandt[62]/*Sprau*, §819 Rn 2, der auf den Begriff der „Rechtsblindheit“ abstellt

[628] Deutlich: RGRK[12]/*Heimann-Trosien*, §819 Rn 4: ...“muss die Kenntnis als erlangt gelten, wenn“...; *Schilken*, Wissenszurechnung, S.292 f.

[629] *Martinek*, JZ 1996, 1099 (1100); *Schreiber*, JuS 1978, 230

weis meist lediglich zu Tage fördert, dass der Bereicherungsschuldner den Rechtsmangel „hätte kennen müssen", was aber nach dem Wortlaut eben gerade nicht ausreiche. Es sei daher verständlich, dass im Schrifttum bereits bezweifelt wurde, ob die Beschränkung auf die positive Kenntnis insgesamt „rechtspolitisch glücklich"[630] sei. In der Praxis bleibe aber nichts anderes als der Versuch nach den Regeln des Anscheinsbeweises von der Kenntnis „eindeutiger Tatsachen" auf die Kenntnis der Rechtsgrundlosigkeit zu schließen.[631] Die Schwäche dieser Vorgehensweise ist bereits[632] aufgezeigt worden. Sie umfasst neben der Rechtskenntnis an sich, aber gerade auch ein von der Rechtsprechung gefordertes Bewusstsein hinsichtlich eines „Sich-verschließens".

Insbesondere die von *Martinek*[633] vertretene sogenannte *normativ-objektive* Bestimmung des Kenntniskriteriums versucht die Beweisprobleme im materiellen Recht aufzufangen. Da sie lösgelöst von den subjektiven Vorstellungen des Bereicherungsschuldners die Kenntnis des Rechtsmangels aus der positiven Tatsachenkenntnis erschließen wollen, soweit sich diese „objektiv", sprich „einem redlich denkenden Dritten, aufdrängt", wird - wie auch im Rahmen der Anscheinsbeweislösung - ein rein objektiver Schluss von äußeren Tatsachen auf die innere Würdigung vollzogen. Nur wird dieser Schluss nicht erst auf beweisrechtlicher Ebene relevant, sondern er soll schon normimmanent möglich sein. Eine konkrete, (vielleicht auch subjektive) Betrachtung sei hier vom Normzweck her nicht angezeigt. Abgestellt wird einerseits auf die „konditionsrechtliche Funktion eines objektiven Interessensausgleichs". Dieser Zweck des Bereicherungsrechts soll eine rein objektive Betrachtungsweise verlangen. Schließlich sei andererseits auch die nach §819 Abs.4 BGB der Kenntnis gleichgestellte Rechtshängigkeit ein rein objektives Faktum, das kein Raum für subjektive Ansätze lasse. Trotz des richtigen Rückgriffs auf den Telos der Norm bleibt aber das Wortlautproblem, das auch nicht dadurch völlig eliminiert wird, wenn man behauptet, es bleibe ja weiterhin wenigstens bei der Notwendigkeit der positiven Tatsachenkenntnis.[634]

Die Grenze zur Fahrlässigkeit wird sowohl von der Rechtsprechung, als auch von der normativ-objektiven Theorie *Martinek`s* überschritten.[635] Daher gibt es in der Literatur konsequenter Weise Stimmen, die zutreffend feststellen, bei §819 BGB reiche trotz des Wortlauts im Ergebnis eine grob fahrlässige Un-

---

630 So *Larenz/Canaris*, Schuldrecht Band II, Teilband 2[13], §73 II 1a, S. 310

631 BGHZ 35, 356 (361):"...es liegt nahe, daß ihnen (die Rechtslage) bewusst geworden ist..."

632 Vgl. §7 II 5.

633 *Reuter/Martinek*, Ungerechtfertigte Bereicherung, §18, S. 642 ff.; *Martinek*, JZ 1996, 1099 (1101)

634 *Martinek*, JZ 1996, 1099 (1102)

635 Ebenso MüKo[3]/*Lieb*, §819 Rn 2, der deshalb die geschilderte Praxis einer materiellen Aufweichung der Kenntnis auf beweisrechtliche Folgerungen beschränken will.

kenntnis der Rechtsgrundlosigkeit aus.[636] Jedenfalls bleibt ein Abstellen auf eine nicht nachweisbare, sondern nur fingierte (Rechts-) Kenntnis, genauso beim allein nachweisbaren Verdacht stehen und muss jenen zurechnen.

2. Die materiell – rechtliche „Fiktion" der Tatsachenkenntnis

a. Gleichlauf von Rechts- und Tatsachenirrtum?

Die Rechtskenntnis hat folglich ausgehend von der eingeschränkten Vorsatz- und noch mehr von der Schuldtheorie eindeutig eine „normative" Wendung zur Fahrlässigkeit erfahren. Ein Rechtsirrtum ist grundsätzlich nur dann beachtlich, wenn er unvermeidbar war. Hätte ein „redlich denkender Dritter" Rechtskenntnis erlangt, bleibt eine Unkenntnis im Einzelfall rechtlich irrelevant. Zwar wird im geltenden Recht ganz allgemein davon ausgegangen, dass der Rechtsirrtum nicht anders zu behandeln sei als der Tatsachenirrtum. Allerdings wird, wie schon *v. Thur*[637] bemerkt hat, nur der Rechtsirrtum zu meist auf Fahrlässigkeit beruhend angesehen.

Dies wohl auch deshalb, weil einer ebensolchen normativen Fortbildung der Tatsachenkenntnis der Gesetzeswortlaut scheinbar noch wesentlich klarer entgegen steht. §16 StGB und im Zivilrecht die ausdrückliche Verwendung des Wortes „Kenntnis" lassen bei Tatsachen augenscheinlich noch weniger Spielraum. Denn anders als bei einer Rechtsfrage hängt eine verwertbare Tatsachenkenntnis nicht von einer Art „Parallelwertung in der Laiensphäre"[638] ab. Von daher lässt sich die bloße Tatsachenkenntnis schwerer ins Verhältnis zu einem „redlich denkenden Dritten" setzen. Sie liegt - verkürzt formuliert - entweder vor oder eben nicht.

Nichts desto trotz wird im Straf- und Zivilrecht versucht, auch im Bezug auf die Umstandskenntnis dem klaren Wortlaut zu entfliehen. Dies liegt nahe, da die theoretische Unterscheidung von Rechts- und Tatsachenkenntnis kaum trennscharf vorgenommen werden kann.[639] Die dogmatischen Schwierigkeiten dessen

---

636 *Koppensteiner/Kramer*, Ungerechtfertigte Bereicherung², §15, S. 143 ff.; ebenso *Wilhelm*, Rechtsverletzung und Vermögensentscheidung, S. 188, Fn 421; Vgl. auch den Vorschlag von *König* in: Gutachten, S. 1515 (1523, 1549) *de lege ferenda* an die grobe Fahrlässigkeit anzuknüpfen.

637 *v. Thur*, Allg. Teil, Band II, 1. Hälfte, §49, S. 133

638 Staudinger¹³(1999)/*Lorenz*, §819 Rn 6; Staudinger¹³(2003)/*Oechsler*, §826 Rn 69; *Mayer-Maly*, FS für H. Lange, S.293 (301); Vgl. auch *Esser/Weyers*, Schuldrecht Band II: Besonderer Teil, Teilband 2⁸, §51 III, S.117 f.

639 *Mayer-Maly*, AcP 170 (1970), 133 ff.; *Rittner*, FS für Hippel, S. 391 (404 ff.); ebenso bereits *Binding*, Die Normen und ihre Übertretung, Bd. IV, S. 473 f.

werden besonders gut an der umstrittenen Einschränkung deutlich, die die strafrechtliche Rechtsprechung in ihrer Schuldtheorie vornimmt. Entgegen der strengen Schuldtheorie[640] fasst sie nicht auch den Irrtum über die rechtfertigende Situation unter §17 StGB, sondern sieht sich gezwungen diesen Irrtum über Tatsachen doch wieder unter §16 StGB zu subsumieren.[641] Auch im Zivilrecht musste sich die Rechtsprechung insbesondere bei §779 BGB um eine klare Abgrenzung von Rechtslage und Sachverhalt bemühen, da nur ein Irrtum hinsichtlich Letzterem den Vergleich unwirksam werden lässt.[642] Auch sie ist aber gescheitert. In der Praxis fließen Sachverhalt und Rechtslage ineinander, so dass vorgeschlagen worden ist, zum Sachverhalt schlicht alle tatsächlichen und rechtlichen Verhältnisse zu rechnen, die die Parteien als feststehend angenommen haben.[643] Schließlich bedingt wohl jede rechtserhebliche Tatsache, die gekannt werden soll, dass in irgendeiner Weise ihre Rechtserheblichkeit erkannt wird. In dieser Hinsicht lässt sich auch auf die Rechtsprechung des BGH zum Verjährungsbeginn nach §852 BGB a.F. verweisen, wo gerade keine ausreichende Tatsachenkenntnis bei „zweifelhafter und verwickelter Rechtslage" vorliegen soll.[644] Kann folglich eine fehlende Rechtskenntnis auf die Tatsachenkenntnis durchschlagen, müsste sich insoweit im Umkehrschluss eine schädliche Rechtsunkenntnis eben auch auf Tatsachen erstrecken können.

Die grundsätzliche Berechtigung einer teilweisen Gleichstellung der beiden Irrtümer lässt sich indes auch mit Blick auf die historische Ausgangsbasis der Diskussion erläutern.

Wie eingangs[645] schon erwähnt wird häufig zur Rechtfertigung der Benachteiligung des Rechtsirrtums auf den römischen-rechtlichen Grundsatz des *error iuris nocet* verwiesen. In der dahinter wohl vermuteten Allgemeinheit galt jenes Prinzip jedoch im römischen Recht nicht.[646] Unabhängig von der Frage,

---

640 Die strenge Schuldtheorie, wie sie von *Welzl* begründet wurde, wird heute nur noch selten vertreten. Andererseits besteht beim sog. Erlaubnistatbestandsirrtum keineswegs Einigkeit zu welchen Folgen er führt. Zum Streit um die sog. rechtsfolgenverweisende Schuldtheorie vgl. *Jescheck/Weigend*, Lehrbuch des Strafrechts Allg. Teil[5], §41, S. 462 ff.

641 Vgl. aus der Rechtsprechung nur BGHSt 31, 264 (286) seit BGHSt 3, 105 ff.; 3, 194 ff.; dies ist seit jeher eine klassische Streitfrage, an der die künstliche Unterscheidung zwischen Rechts- und Tatsachenirrtum auf dem praktischen Prüfstand steht. Vgl. *Binding*, Die Normen und ihre Übertretung, Bd. III, S. 72 ff. m.w.N.

642 Bereits in RGZ 157, 266 wurde die Unterscheidung getroffen, dass ein reiner Rechtsirrtum „kein Irrtum über den Sachverhalt" darstellt, wie ihn §779 BG voraussetzt. In Fortführung dieser Rspr. BGH NJW 1961, 1460

643 Vgl. Palandt[62]/*Sprau*, §779 Rn 14; Erman[10]/*Terlau*, §779 Rn 24; MüKo[3]/*Pecher*, §779 Rn 64

644 Bereits BGH NJW 1960, 380 (381); 1999, 2041 ff. m.w.N.; vgl. auch Palandt[61]/*Thomas*, §852 Rn 4; MüKo[3]/*Stein*, §852 Rn 10; Soergel[12]/*Zeuner*, §852 Rn 12. Bereits in RGZ 76, 61 ff. hatte das RG z.B. auch rechtliche Zweifel über die Person des Ersatzpflichtigen als entlastend angesehen. Der BGH hat sich dem in BGH VersR 1957, 30 ff. angeschlossen.

645 Siehe oben §7 III.

646 Vgl. *Binding*, Die Normen und ihre Übertretung, Band III, S. 65 ff.

bis zu welcher Ausprägung dieses Prinzip Geltung beanspruchen kann, lässt sich jedenfalls aus seinen teleologischen Grundlagen eine gemeinsame Basis mit der schädlichen Umstandsunkenntnis herleiten. Zwar stand neben dem *error (ignorantia) iuris nocet* als Rechtsregel auch ein *error (ignorantia) facti non nocet*, so dass eine Gleichstellung von tatsächlichem Kennen und einer Vermutung (Fiktion) der Kenntnis also nur im Hinblick auf die Rechtslage tragfähig gewesen zu sein scheint.[647] In Verbindung mit einem allgemeinen, aber unselbstständigen Gebot zur inneren Sorgfalt ergab sich ein Kennen-müssen des Rechts nach Auffassung der römischen Juristen aber aus zweierlei Aspekten: Zum einen aus dem Verständnis, das Recht an sich sei allen Rechtssuchenden zumindest über Rechtsgelehrte zugänglich. Eine Unkenntnis bzw. ein Irrtum müsse daher in der Regel unbeachtlich bleiben. Er könne mit *culpa* zugerechnet werden. Zum anderen sei aber auch eine persönliche, eigene Kenntnis dann unter ein Kennen-müssen zu fassen, soweit allgemein bekannte, allgemein offenkundige rechtliche Umstände zur Kenntnis zu nehmen seien. In diese Hinsicht sollte ein Kennen-müssen, ein *scire debere* aber nun auch auf Tatsachen zutreffen können, wenn sie im Zusammenhang mit der Rechtslage stehen und im letzteren Sinne ebenso leicht erkundbar waren, wie das Recht selbst.[648] Denn im Kern entscheidend sei die Glaubwürdigkeit der Irrtumsbehauptung.[649] Als allgemein bekannt wurden z.B. Tatsachen angesehen, die von jedermann zu erfahren waren oder auch solche, die - wie ein Gesetz - allgemein zugänglich bekannt gemacht wurden, speziell in Registern oder Büchern.[650] Eine unterschiedliche Behandlung von Recht und Tatsachen gründete folglich allein auf der regelmäßig unterschiedlichen objektiven Erkenntnismöglichkeit. Das Recht sei insoweit grundsätzlich für jedermann zugänglich und *finitum*[651], also fest umgrenzt. Dies könne für eine rechtserhebliche Tatsache aufgrund der nicht immer leicht zu erkennenden Tatsachenlage nicht grundsätzlich gelten.[652] Von daher wird ersichtlich, dass es zunächst eine falsche Verallgemeinerung wäre, ein *ignorantia (error) facti non nocet* bzw. *ignorantia (error) iuris nocet* als starre Rechtsprinzipien darzustellen.[653] Sie bildeten insoweit nur Erkenntnis- und Beurteilungsregeln. War Wissen des Betreffenden aus den objektiven Umständen zu vermu-

---

[647] Paul. D. 22, 6, ; Vgl. *Kaser*, Das römische Privatrecht, Erster Abschnitt², §58, S. 242

[648] *Engelmann*, Irrtum und Schuld, §3, S. 50 f.

[649] *Binding*, Die Normen und ihre Übertretung, Band III, S. 69

[650] Auch wenn die allgemeine Bekanntschaft aller mit dem Recht als Utopie anzusehen sei, so bleibe ein *error juris nocet* jedenfalls für Normen erhalten, die „im Gesichtskreis des normalen Menschen liegen". So *v. Thur*, Allg. Teil, Band II, 1. Hälfte, §49, S. 133 f..

[651] *Mayer-Maly*, AcP 170, 133 (139)

[652] So schon *Binding*, Die Normen und ihre Übertretung, Band III, S. 68 ff.; *Engelmann*, Irrtum und Schuld, Einleitung, S. 17 f., 20; zur sog. „Offenkundigkeitshypothese" auch *Rittner*, FS für v. Hippel, S. 391 (396 ff.)

[653] *Mayer-Maly*, AcP 170, 133 (139); *Engelmann*, Irrtum und Schuld, Einleitung, S. 20, §2 II, S. 40 ff.

ten, wie bei evidenten Umständen, trafen ein materiell-rechtliches *scire debere* und eine beweisrechtliche Vermutung des *scire* sowohl in Bezug einer Rechtsfrage, als auch hinsichtlich bloßen tatsächlichen Umständen zusammen.[654]

Die Evidenz bestimmter Fakten kann folglich als eine tragfähige Querverbindung von schädlicher Rechts- und Tatsachenunkenntnis gesehen werden. In Fällen evidenter tatsächlicher Umstände kann man berechtigt von einem *error (ignorantia) facti nocet* zu sprechen.[655] Ganz in diesem Sinne meint *Baumann*[656], dass eine unterschiedliche Bewertung des Irrtums über die Rechtslage und einer „grobirrigen" Vorstellung über die Umstände keinesfalls gerechtfertigt ist. Auch *Jakobs*[657] und *Frisch*[658] haben im Strafrecht den Schritt in Richtung „Gleichstellung" von Rechts- und Tatsachenunkenntnis getan, indem unter „gerichteter Fahrlässigkeit", so *Jakobs*, eine Verschuldensform verstanden werden kann, die auf Gleichgültigkeit beruhend sowohl im Bezug auf die Kenntnis von Tatsachen, als auch im Bezug auf die Kenntnis des Rechts vorliegen kann. Im Rahmen dieser „gerichteten", also groben fahrlässigen Unkenntnis - oder mit *Frisch* dieser „normativen" Kenntnis - überlagern sich nun Fahrlässigkeit und Vorsatz im Wissenselement auch soweit nur Tatsachen betroffen sind. Basis einer Gleichstellung ist gerade die Feststellung einer extremen Sorgfaltslosigkeit, im Hinblick auf objektiv evidente Umstände.

b. Reduktion der Tatsachenkenntnis auf „Eventualwissen"

Wenn der BGH[659] dem Bereicherungsschuldner vorwirft, dass er nicht wie ein „redlicher Dritter" die (Rechts-)Kenntnis aus Tatsachen gezogen hat, die ihm bekannt waren, so bleibt er angesichts der Beweisproblematik auf halben Wege stehen. Vom Vorstehenden aus weiter gedacht, wäre der Schritt hin zu einem Schluss aus den äußeren Tatsachen auf die Kenntnis bereits im Hinblick auf

---

654 Zum Ganzen: *Engelmann*, Irrtum und Schuld, §2, S. 41 f., §7, S. 100f. und insbesondere §9, S. 132 f., 146

655 Bereits *v. Savigny*, System des heutigen römischen Rechts, Band 3, S. 333, 335 sprach davon, dass sich beide Irrtümer auf einen gemeinsamen Grundsatz zurückführen lassen, „dass kein Irrthum, der auf großer Nachlässigkeit beruht, dem Irrenden zu gut kommen soll, oder, was die Sache von anderer Seite her ausdrückt, dass nur derjenige Irrthum gelten gemacht werden darf, den man justus oder probabilis error, justa ignorantia nennen kann". Vgl. auch *Hübner*, FS für Kaser (1976), S. 715 (721 f.)

656 *Baumann*, AcP 155 (1956), S. 495 (504)

657 *Jakobs*, ZStW 101 (1989), S. 516 (529 ff., 533 f.) erkennt gerade die Parallele zwischen dem von ihm der gerichteten Fahrlässigkeit unterworfenen Tatsachenirrtum zur oben beschriebenen Behandlung des Unrechtsirrtums im Sinne eines *error iuris nocet*. Kritisch hierzu *Köhler*, Die bewusste Fahrlässigkeit, S. 369: ..."extrem objektivistische-normativistische Vorstellung"...

658 *Frisch*, Vorsatz und Risiko, S. 235 ff.

659 Siehe oben Fn 624

diese Tatsachen nur konsequent. Schaden muss insoweit auch eine *ingnorantia facti*, wenn ein „redlicher Dritter" diese nicht übersehen hätte. Die Behauptung, offen zu Tage liegende Fakten, die auf die Rechtsfolgen schließen lassen, nicht erkannt zu haben, kann nicht anerkannt werden.

Zurecht sind daher *Canaris*[660] und auch *Lorenz*[661] der Meinung, eine Reduktion der Kenntnis sei im Hinblick auf die „Sach- *und* Rechtslage" angebracht. In der Praxis ist diese Tendenz bereits festzustellen. Es finden sich vor allem Ansätze mit Hilfe des *dolus eventualis* bloßes Eventualwissen auch auf der Tatsachenebene ausreichen zu lassen und der Kenntnis gleichzustellen.

aa. Reduktion der Tatsachenkenntnis bei §852 BGB a.F.

Bei §852 Abs.1 BGB a.F. ist die Rechtsprechung bei genannter Gleichstellung angelangt. Schon 1955 hat der BGH[662] anerkannt, dass der Geschädigte eine für den Beginn der Verjährung im Sinne des §852 Abs.1 BGB ausreichende Kenntnis von der Person der Schädigers besitze, wenn er zwar Namen und Anschrift des Schädigers nicht positiv kenne, er sich aber in zumutbarer Weise ohne nennenswerte Mühe alle zur Klageerhebung fehlenden Angaben verschaffen kann. *Büning*[663] illustrierte hierzu einige plastische Beispielsfälle, wie z.B., dass der Geschädigte den Schädiger zwar nicht mit Namen kennt, aber doch weiß, er wohne ein paar Häuser weiter oder dessen Telefonnummer oder das Autokennzeichen kennt. In solchen Fällen sei es unbillig, dem Geschädigten ein vielleicht jahrelanges Untätigbleiben zuzugestehen.[664]

Diese Auflockerung der Kenntnis wird als Korrektur aufgrund eines rechtsmissbräuchlichen Verhalten des Geschädigten verstanden. Dieser soll nicht die Möglichkeit erhalten, die Verjährungsfrist missbräuchlich dadurch zu verlängern, dass er die Augen vor einer sich aufdrängenden Kenntnis verschließt.[665] Es erscheine als bloße „Förmelei", wenn sich der Geschädigte in so einen Fall, wo jeder andere in der Lage des Geschädigten Kenntnis gehabt hätte, sich auf seine Unkenntnis beruft. Grund für diese Entwicklung sind nicht zuletzt die bekannten Beweisschwierigkeiten des Schuldners, da jener eine innere Tatsache, wie

---

660 *Larenz/Canaris*, Schuldrecht, Bd. II/2[13], §73 II 1a, S. 309 f.

661 Staudinger[13](1999)/*Lorenz*, §819 Rn 6

662 BGH NJW 1955, 706 ff. und seither in ständiger Rspr.: Vgl. hierzu exemplarisch BGH NJW 1985, 2022 f.; BGH VersR 1995, 551 f.; BGH NJW 1990, 2808 (2810); 2000, 953 ff.; zuletzt: BGH NJW 2001, 1721 ff.

663 *Büning*, Die Verjährung der Ansprüche aus unerlaubten Handlungen, S.33 ff.

664 *Büning*, Die Verjährung der Ansprüche aus unerlaubten Handlungen, S.33 ff.

665 Siehe nur BGH NJW 2000, 953 ff. m.w.N.

die Kenntnis des Gläubigers praktisch nicht nachweisen kann.[666] Dennoch betont der BGH im gleichen Atemzug formelhaft, dass einer Ausweitung des Kenntniskriteriums eine (Wortlaut-) Grenze gesetzt sei. So könne selbst eine grobfahrlässige Unkenntnis der Kenntnis an sich nicht gleichstehen.[667] Eine Pflicht, im Interesse des Schädigers an einem möglichst frühzeitigen Verjährungsbeginn, eigene Initiativen zur Erlangung der Kenntnis über Schadenshergang und die Person des Schädigers zu entfalten, bestehe nicht.[668] Eine Verbindung dieser Auflockerungstendenzen zur (groben) Fahrlässigkeit wird daher von Vielen verneint.[669] Wird nun aber als entscheidendes Element auf eine Mühelosigkeit der Kenntnisgewinnung abgestellt, wie die Rechtsprechung dies tut, so wird doch relativ deutlich das Terrain der Fahrlässigkeit betreten. Hiergegen wird krampfhaft an einer Fiktion der Kenntnis aus §§242, 162 BGB analog festgehalten, um dem Wortlaut des §852 BGB genüge zu tun.[670] Das Problem wird erkannt, aber auch durch die künstliche Definition, dass „nicht die fahrlässig verschuldete, sondern nur die missbräuchliche Nichtkenntnis“[671] relevant sei, nicht dogmatisch sauber gelöst.[672] Immer wieder gerät man in der Praxis zwangsläufig in die Terminologie der Fahrlässigkeit, da eine Sanktion bei Unkenntnis trotz „müheloser“ Kenntnismöglichkeit eben auch eine Pflicht vermuten lässt, sich über die Person des Schuldner zu informieren.[673] Ebenso führt eine Gleichstellung mit der Kenntnis bei Versäumung gleichsam auf der Hand liegender Erkenntnismöglichkeiten scheinbar deutlich auf die Sanktion einer (grob) fahrlässigen Verletzung der inneren Sorgfaltspflicht zurück.[674] *Steffen*[675], der frühere Vorsitzende des Haftungssenates des BGH, hat dies selbst erkannt, indem er auf „sehr starke Tendenzen“ hinweist, im Rahmen des §852 BGB mit einem Vorwurf des §276 BGB an den Geschädigten zu arbeiten. Auch der BGH

---

[666] *Medicus*, Karlsruher Forum 1994, S. 4 (6); so auch *Lorenz/Riem*, Lehrbuch zum neuen Schuldrecht, S. 30 Rn 53

[667] BGH NJW 1985, 2022; 1990, 2808 (2810); VersR 1991, 1032; NJW-RR 1988, 411 (412); VersR 1995, 551 (552); NJW 1994, 3092 (3094)

[668] BGH NJW 1985, 2022 (2023); 1993, 648 ff.; 2000, 953 ff.; 2001, 1721 f. m.w.N.

[669] MüKo[3]/*Stein*, §852 Rn 11, 30; Erman[10]/*Schiemann*, §852 Rn 10; Soergel[12]/*Zeuner*, §852 Rn 10; Jauernig[9]/*Teichmann*, §852 Rn 2a; ebenso bereits *Engelmann*, FS für Binding, S. 205 (214); kritisch jedoch *Peters*, JZ 1983, 121 (123); zum neuen Recht vgl. *Bereska* in: Henssler/Bereska (Hrsg.), Praxis der Schuldrechtsreform; Teil 2: Verjährung Rn 57

[670] Vgl. nur BGH NJW 2001, 1721 ff.; aus dem Schrifttum: Soergel[13]/*Wolf*, §162 Rn 16; Erman[10]/*Hefermehl*, §162 Rn 7

[671] BGH NJW 1985, 2022 (2023), 2001, 1721 (1722)

[672] Kritisch auch *Moraht*, Spätschäden im Deliktsrecht, S. 225 ff.

[673] Vgl. *Schlund*, JR 1984, 197

[674] Dies wurde bereits von *Büning*, Die Verjährung der Ansprüche aus unerlaubten Handlungen, S. 32 ff., 44, 45 festgestellt. Ebenso neuerdings *Mansel*, Die Reform des Verjährungsrechts in: Ernst/Zimmermann (Hrsg.), Zivilrechtswissenschaft und Schuldrechtsmodernisierung 2001, S. 333 (380)

[675] *Steffen*, Karlsruher Forum 1994, S. 32 (33)

selbst gab gelegentlich zu erkennen, dass er an seinem Grundsatz der Ungleichwertigkeit von Kenntnis und bloßem Kennen-müssen nicht konsequent festhalten will. Wie sonst könnte er zu der Einschränkung seines Grundsatzes gelangen, er bedeute nicht, dass sich der Verletzte völlig untätig verhalten darf.[676]

Letztlich ist der bemühte strukturelle Unterschied von einem rechtsmissbräuchlichen „Sich-verschließen" zu einem (grob) fahrlässigen Nichtkennen bei Lichte besehen bestenfalls theoretischer Natur. Ein „Sich-verschließen" beinhaltet ein vorsätzliches und daher subjektives Willenselement. Wenn zudem von einem rechtsmissbräuchlichen Handeln die Rede ist, so deutet dies in Richtung Arglist[677]. Erwähnenswert in diesem Zusammenhang ist auch §16 Abs.2 Satz 2 VVG, der eine Kenntnis eines Umstandes annimmt, derer sich der Betreffende „arglistig entzogen hat". Aber wie *Medicus*[678] festgestellt hat, ist der Verweis auf eine etwaige Arglist wenig fruchtbar, weil auch die arglistige Kenntnisverweigerung Vorsatz und folglich Wissen erfordern würde. Nur mit dem Kunstgriff des *dolus eventualis* erhält man sich den Bereich der Arglist.[679] Ein „Sich-verschließen" wird folglich als bedingt vorsätzliche Unkenntnis begriffen.

Der BGH hat – wie oben erwähnt[680] – die Verbindung von einem rechtsmissbräuchlichen „sich-verschließen" und dem bedingten Vorsatz bereits explizit ausgesprochen. Ein *dolus eventualis* lässt sich indes wiederum nur dann tatsächlich nachweisen, wenn auch ein subjektiver Wille zum Verschließen vor der Kenntnis festgestellt werden kann. Damit befindet man sich aber praktisch wieder im gleichen Dilemma eine innere Tatsache nachweisen zu müssen. Folglich wäre regelmäßig in solchen Fällen nach einem äußerlich erkennbaren Motiv für ein „Sich-verschließen" zu suchen, um ein verwertbares Indiz für den vermuteten Willen zu haben. Fände man jenes aber schon in der Möglichkeit die Verjährungsfrist auf Kosten des Schuldners zu verlängern, ließe es sich quasi immer konstruieren. Ein solches Motiv wäre daher nicht viel wert. Konsequenter Weise sieht die Rechtsprechung auch davon ab, ein Motiv zu bemühen. Sie begibt sich gänzlich in den Bereich des Billigkeitsrechts, indem es ausreichen soll, dass die Sachlage allein eine Wertung als „Förmelei" verdient, wobei aber der Bereich des (bedingten) Vorsatzes nicht verlassen werden soll, solange man an einem „sich verschließen" festhält und dadurch das Wollenselement des Vorsatzes betont.

---

[676] So ausdrücklich in BGH NJW 1968, 988

[677] Auf jene wird in den parallelen Problematiken der „Behauptung ins Blaue hinein" oder bei einem „Verschweigen aus gut Glück" häufig verwiesen. Vgl. hierzu exemplarisch BGHZ 117, 363 (368); auch Palandt[62]/*Heinrichs*, §123 Rn 11 m.w.N.

[678] *Medicus*, Karlsruher Forum 1994, S. 4 (6): §16 VVG sei insoweit „nicht sehr glücklich formuliert".

[679] Bedingter Vorsatz genügt für die Annahme von Arglist. Vgl. nur Palandt[62]/*Heinrichs*, §123 Rn 11

[680] Siehe oben §7 III 1 b.

Unklar ist aber bislang geblieben, ob es dogmatisch überhaupt angebracht sein kann, in den Wissensnormen den tatsächlichen Beweisschwierigkeiten im Bereich des kognitiven Elements durch ein Betonen des voluntativen Elements zu begegnen.

bb. Der dolus eventualis und seine Anwendung in den Wissensnormen

Bereits *Reichel* hat sich 1916 mit dem Zusammenhang von Kenntnis und dem bedingten Vorsatz beschäftigt. Er ging davon aus, dass ausreichende Kenntnis schon dann vorhanden sei, wenn der Betreffende Zweifel an Umständen habe, er aber gleichwohl, ohne diese aufzuklären, handle und die zweifelhafte Ausgangslage „bewusst und unbekümmert" in Kauf nehme.[681] In sehr ähnlicher Weise verfährt – wie erörtert – auch die heutige Praxis, wenn es gilt, Eventualwissen zur Ausfüllung des Tatbestandsmerkmals der positiven Kenntnis ausreichen zu lassen.[682]

Setzt man das Kenntniserfordernis im Hinblick auf die Tatsachenkenntnis herab, so betritt man also das Terrain des *dolus eventualis*. Er zeichnet sich dadurch aus, dass er keine Kenntnis, keine Gewissheit eines Umstandes erfordert, sondern es bereits schaden kann, mit dem rechtserheblichen Umstand zu rechnen. Es reicht ein Eventualwissen aus. Sanktioniert wird hierbei ein Handeln auf bewusst unsicherer Tatsachengrundlage. Dieses Handeln soll dann in rechtlicher Hinsicht dem Vorsatz zuzuordnen sein, wenn dem Betreffenden nachgewiesen werden kann, dass er mit den Folgen aus der unsicheren Tatsachengrundlage „einverstanden"[683] gewesen sei oder diese zumindest „billigend in Kauf nehme"[684]. Klar wird hieraus, dass eine Berücksichtigung von unsicherem Wissen im wesentlichen nur dann haltbar sein kann, wenn die Unsicherheit der Kenntnis durch eine Art kompensierendes Willenselement aufgefangen werden kann.

Entscheidend kommt es also darauf an, ob bei dem Rechtsbegriff der Kenntnis als eigenes Tatbestandsmerkmal überhaupt ein zusätzliches Willenselement konstruiert werden kann. Doch schon *Weyl* hat hierzu festgestellt, dass es in den Regelungsbereichen der Kenntnis gerade nicht darauf ankomme zu sagen, er hat es nicht kennen wollen, sondern es ausreiche, zu sagen, er hat die

[681] *Reichel*, Grünhut's Zeitschrift, 42 (1916), S. 173 (189)

[682] *Buck*, Wissen und juristische Person, §6, S.64: „Der Grund für eine Schlechterstellung liege nicht in einer (Nachforschungs-)Pflichtverletzung, sondern in der Billigung des Schadens des Dritten, dessen Entstehen für möglich gehalten wird."

[683] BGHZ 7, 311 (313)

[684] BGH NJW-RR 1995, 936 (937)

Kenntnis (grob) fahrlässig nicht gewonnen.[685] Was *Weyl* hier andeutet, ist bereits[686] erkannt worden. Aufgrund der teleologischen Basis der Wissensnormen im Vertrauensschutz hat der Gesetzgeber bewusst eine Einschränkung des sog. Willensdogmas vorgenommen. Der Wille des Handelnden spielt gerade keine Rolle.[687] Entscheidend ist nur seine Kenntnis, sein Wissen. Folglich erscheint hier eine Kompensation des Mangels im Wissenselement durch die (gleichfalls praktisch schwierige) Feststellung eines überschießenden Willenselement zumindest als dogmatisch inkonsequent; die bisherige Praxis hierzu ist daher anzuzweifeln. Gibt nun der Gesetzeswortlaut keine Reduzierung der Kenntnis auf bloßes Eventualwissen her, so bleibt zur Verortung die grobe Fahrlässigkeit.

cc. Die Diskussion um den dolus eventualis und seine beweisrechtliche Intention

Findet sich der *dolus eventualis* in den Wissensnormen rechtstechnisch gesehen in der groben Fahrlässigkeit, hat man sich insbesondere zur dann gebotenen Inhaltsbestimmung der groben Fahrlässigkeit die Intention dieses künstlichen Vorsatzgebildes zu vergegenwärtigen.

Sowohl im Strafrecht, als auch im Zivilrecht kann er als nichts anderes angesehen werden, als ein materiell-rechtliches Instrument, um den Betreffenden, dem nur eine unsichere Umstandskenntnis nachgewiesen werden kann, einer Vorsatzsanktion zu unterwerfen. Es geht also darum, ein Nachweisproblem auf der Wissensebene zu beseitigen. Dabei kommt in vielen Entscheidungen offen zum Ausdruck, dass der Richter eigentlich den Verdacht hegt, es liege echter Vorsatz (direkter Vorsatz, sprich „sicheres Wissen")[688] vor. *Vest* fragt sich zurecht, wie sich sonst die Wendungen in manchen Urteilen erklären ließen, es sei „zumindest", „wenigstens" oder „jedenfalls" Eventualvorsatz gegeben.[689] Er erkennt weiter, dass die Konstruktion des bedingten Vorsatzes den materiell-rechtlichen Anwendungsbereich des Vorsatzes ausdehnt und es so dem Richter gelingen kann, Entlastungsstrategien dogmatisch aufzufangen.

---

685 *Weyl*, Verschuldensbegriffe, §32, S. 181; auch Soergel[12]/*Wolf*, §276 Rn 46 geht davon aus, dass bei Wissensnormen mit Blick auf das Prinzip des Vertrauensschutzes das Wollenselement des Vorsatzes entfällt.

686 Siehe oben §5 II 4 b.

687 Wohl ebenso *Buck*, Wissen und juristische Person, §6, S, 58; ähnlich *v. Thur*, Allg. Teil, Band II, 1. Hälfte, §49, S. 141

688 *Jescheck/Weigend*, Lehrbuch des Strafrechts Allg. Teil[5], §29, S. 289; *Wessels/Beulke*, Strafrecht Allg. Teil[32], §7, S. 74 f. Rn 213

689 Zur Beweisfunktion des *dolus eventualis*: *Vest*, ZStW 103 (1991), 584 (609 f.); *Volk*, ZStW 97 (1985), 914 sprich von „einer Auffangkonstruktion des bedingten Vorsatzes" für Fälle der „Beweisnot".

Die Beweisthematik zieht sich darüber hinaus wie ein roter Faden durch die gesamte Diskussion um den *dolus eventualis*, der gerade hierdurch immer wieder an die Grenzen der groben Fahrlässigkeit stößt und sie überschreitet. Denn will man die konstruktive Möglichkeit des bedingten Vorsatz nutzen, kommt es in der Praxis entscheidend auf den Nachweis des kompensierenden Willenselements an. Auch hier zeigt sich indes wiederum das bereits dargestellte Nachweisproblem hinsichtlich innerer Tatsachen. Nach der wohl herrschenden sog. Billigungstheorie soll *dolus eventualis* vorliegen, wenn neben dem unsicherem Wissen um die Möglichkeit, dass sich ein Risiko verwirklichen kann, eine innerliche Billigung dessen stattfindet.[690] Nichts anderes ist gemeint, wenn in der strafrechtlichen Praxis gefordert wird, der Handelnde müsse in den möglichen Erfolg „einwilligen" oder sich mit ihm „abfinden"[691]. Auch im Zivilrecht wird auf diese Formel zurückgegriffen.[692] Gemeinsam ist dieser auch, dass der Nachweis jenes Willenselements als innerer Tatsache eben auf die beschriebenen praktischen Schwierigkeiten stößt.[693] Man ist hier genauso, sofern nicht ausnahmsweise ein Geständnis vorliegt, immer auf die Wertung von äußeren Indizien angewiesen. Meist wird – wie oben[694] bei §852 BGB a.F. angedeutet - ein Handlungsmotiv gesucht, um hieraus Rückschlüsse auf den Willen des Handelnden ziehen zu können. Überspitzt könnte man sagen, durch den *dolus eventualis* eröffnet sich in der Praxis die Möglichkeit, den Beweis der sicheren Kenntnis dadurch zu umgehen, dass man auf das Willenselement ausweicht, welches anhand von Indizien, die wiederum aus äußeren Tatsachen zu gewinnen sind, im konkreten Fall schlicht tatsächlich beweisbarer scheint. Daher muss speziell auch die Definition des Willenselements beweisbar gehalten werden. Die daraus folgende Notwendigkeit der Objektivierung wird auch aus der Diskussion um den materiellen Gehalt des *dolus eventualis* erkennbar.

Der BGH setzt insoweit schon kein echtes Billigen im natürlichen Wortsinn mehr voraus, sondern ein „Billigen im Rechtssinne".[695] Die Aufnahme in den Willen durch den Handelnden stellt nur eine „spezifische Form der Einsicht in die Realmöglichkeit"[696] des Risikos dar, da eben auch an sich Unerwünschtes *nolens volens* verwirklicht werden kann. Damit nähert sich der BGH sehr stark

690 St. Rspr.; vgl. nur RGSt 72, 43; BGHSt 7, 363 (369); *Wessels/Beulke*, Strafrecht Allg. Teil, §7, S. 76 Rn 219; *Tröndle/Fischer*[51], StGB, §15 Rn 9 ff.

691 *Jescheck/Weigend*, Lehrbuch des Strafrechts Allg. Teil[5], §29, S. 299 mit zahlreichen Nachweisen zur h.M.

692 Staudinger[13](2001)/*Löwisch*, §276 Rn 18, 19; Erman[10]/*Battes*, §276 Rn 16; MüKo[4]/ *Grundmann*, §276 Rn 156, 161; *Deutsch*, Allg. Haftungsrecht[2], S. 219 Rn 337 f.; *Esser/Schmidt*, Schuldrecht Band I: Allg. Teil, Teilband 2[8], §26 I, S. 79

693 Dies erkennt für das Zivilrecht besonders: *Blomeyer*, Allg. Schuldrecht[4], §24, S. 122

694 Siehe oben §7 III 2 b.bb.

695 Erstmals im berühmten „Lederriemen – Fall": BGHSt 7, 363 (369)

696 So *Köhler*, JZ 1981, 35

an die bereits von *Engisch*[697] vertretene Gleichgültigkeitstheorie an, die ein „Sich-Abfinden“ mit dem Risiko aus Gleichgültigkeit ausreichen lässt. An der wertenden Annahme einer Gleichgültigkeit treffen nun Vorsatz und Fahrlässigkeit materiell-rechtlich aufeinander.[698] Sie kann beim Handelnden einerseits zu einer der Fahrlässigkeit immanenten besonders intensiven Sorglosigkeit, aber andererseits auch zu einem Annehmen eines sich möglicherweise realisierenden Risikos führen. Entscheidend ist hier die Erkenntnis, dass somit das „psychische Faktum“[699] des Vorsatzes infolge des bestehendes Nachweisproblems in das Werturteil der Fahrlässigkeit übergeht. Im Ergebnis wird der Vorsatz nur zugerechnet,[700] aber nicht mehr nachgewiesen. Deutlich wird dies, wenn der 2. Strafsenat des BGH[701] als Revisionsinstanz(!) konstatiert, bedingter Vorsatz läge vor, wenn der Täter den Eintritt des Erfolges als möglich und nicht ganz fernliegend erkennt und billigt. Weiter führt er aus, die Annahme einer Billigung läge grundsätzlich dann nahe, wenn der Täter sein Vorhaben trotz äußerster Gefährlichkeit durchführt, ohne auf einen glücklichen Ausgang vertrauen zu können. So dann fährt er schlicht fort: „So liegt der Fall hier.“ Er subsumiert im Ergebnis unter seine Beweisregel und bezieht diese so in den materiell-rechltichen Begriff des Vorsatzes mit ein.[702] Er stützt sein Verdikt des bedingten Vorsatzes allein auf den Nachweis der „äußersten Gefährlichkeit“ des Vorhabens und bildet anschließend ein (objektives) Werturteil über das dem Täter hier zuzuschreibende Bewusstsein. Als Revisionsinstanz wäre der BGH eigentlich an die Beschränkung des §261 StPO gebunden, nachdem eine beweisrechtliche Würdigung im Einzelfall grundsätzlich dem Tatrichter überlassen werden muss. Die Zwitterstellung der Definition des *dolus eventualis* zwischen Beweisregel und materieller Zurechnung scheint letzteres aber irrelevant werden zu lassen.

Dieser herrschenden Auffassung zum *dolus eventualis* stehen daher Theorien entgegen, die auf ein so stark objektiviertes voluntatives Element gänzlich verzichten wollen. Sie suchen die entscheidende Antwort allein auf der Ebene des kognitiven Vorsatzelements.[703] Vor allem nehmen sie die Entfernung des BGH vom eigentlichen Wortsinn des Begriffs der „Billigung“ zum Anlass am Bishe-

---

697 *Engisch*, Vorsatz und Fahrlässigkeit, S. 190 ff.

698 Vgl. auch *Frisch*, Vorsatz und Risiko, §1, S.8: „gemeinsamer Erklärungshintergrund für Vorsatz und Fahrlässigkeit“; für das Zivilrecht ähnlich: MüKo[4]/*Grundmann*, §276 Rn 161

699 *Jakobs*, GA 1971, 257 (260)

700 *Hruschka*, FS für Kleinknecht, S. 191 (201); ebenso *Vest*, ZStW 103 (1991), 584 (608)

701 BGH NStZ 1981, 22 f.

702 Auch *Vest*, Vorsatznachweis und materielles Strafrecht, S. 108 findet in den Wendungen zum Billigungselement des *dolus eventualis*, speziell in dem Begriff der „Inkaufnahme“ eine Objektivierung, die stark an eine „zusammenfassende Bewertung eines Sachverhaltes“ erinnere. Besonders deutlich schweizerische BGE 109 109 IV 140, 101 IV 46: „Der Richter hat auf das Einverständnis zur Tatbestandverwirklichung zu schließen, wenn sich dem Täter der Erfolg seines Verhaltens so wahrscheinlich aufdrängte, dass sein Verhalten nur als Inkaufnahme dieses Erfolges ausgelegt werden kann.“

703 *Puppe*, ZStW 103 (1991), 9

rigen zu zweifeln.[704] *Schmidhäuser*[705] erkennt im Rahmen seiner sog. Möglichkeitstheorie Vorsatz bereits dann, wenn der Handelnde die Tatumstände und den künftigen Ablauf des Geschehens „wenigstens für konkret möglich hält", der Handelnde also ausreichendes „Tatbewusstsein" habe. Die sog. Wahrscheinlichkeitstheorie[706] verlangt als notwendiges Bewusstsein zwar mehr, da insoweit das Vorliegen von Vorsatz vom Grad der Wahrscheinlichkeit abhängt, mit der der Täter die Realisierung des Risikos erwartet. Beurteilt man indes auf objektiver Ebene nun den Gegenstand der (bewussten) Fahrlässigkeit und des so verstandenen bedingten Vorsatzes, so kann sich praktisch kein Unterschied mehr ergeben.[707] Wenn *Puppe* schließlich allein am sichtbaren Verhalten des Täters anknüpft, das Ausdruck seiner Einstellung zum Risiko, sprich zum tatbestandsmäßigen Erfolg sei und dann konstatiert es liege Vorsatz vor, wenn ein Verhalten von einer Qualität vorliege, dass ein Vernünftiger es nur unter der Maxime eingehen würde, dass dies sein soll oder wenigstens sein darf,[708] so enthält dieser Vorsatzbegriff nicht nur eine beweisrechtliche Komponente in materiellem Gewand; eine solche „Normativierung"[709] des Willenselements - von Vielen als der richtige Kern der kognitiven Theorien erkannt[710] - schafft zudem eine Querverbindung zum Werturteil der Fahrlässigkeit. Denn sie leitet über von einer einfachen Betrachtung der faktisch - psychologischen Befindlichkeit des Handelnden zu einer beurteilenden Sichtweise des Verhaltens im Vergleich zu einem vernünftigen Menschen in der konkreten Situation. Auf die gleiche Vorgehensweise ist nun aber auch das Beweisrecht hinsichtlich des Nachweises einer inneren Tatsache ganz allgemein angewiesen.

Im Ergebnis bedeutet diese Objektivierung des *dolus eventualis*, dass nur der Nachweis der unsicheren Kenntnis von der Möglichkeit eines im konkreten Fall realisierbaren Risikos notwendig ist. Handelt der Betreffende trotzdem, obwohl jeder andere nicht gehandelt hätte, so liegt schon *dolus eventualis* und nicht erst (grobe) Fahrlässigkeit vor. Der Vorsatzbereich scheint aber nur deshalb hier angemessen, da sich dem Richter der Verdacht des vorsätzlichen Handelns aufdrängt.[711]

---

704 *Schmidhäuser*, JuS 1980, 241 (246)

705 *Schmidhäuser*, JuS 1980, 241 (242)

706 *H. Mayer*, Strafrecht Allg. Teil, S. 250 ff.

707 So selbst *Schmidhäuser*, JuS 1980, 241

708 *Puppe*, ZStW 103 (1991), S. 9, 15: "normativer, einheitlich für alle Vorsatzformen geltender Vorsatzbegriff"

709 *Puppe*, ZStW 103 (1991), S. 14

710 *Baumann/Weber/Mitsch*, Strafrecht Allg. Teil[10], §20, S. 438 Rn 55; ähnlich auch *Kühl*, Strafrecht Allg. Teil[4], §5 Rn 87, 88

711 *Kühl*, Strafrecht Allg. Teil[4], §5 Rn 88: In solchen Situation sei die Annahme von Eventualvorsatz „naheliegend".

Lässt sich aber eine funktionelle Objektivierung und folglich eine Reduktion des nachzuweisenden Wissen und Willens schon im Strafrecht erkennen, so bietet das Zivilrecht hierzu scheinbar noch bessere Rahmenbedingungen. Ihm wohnt schon grundsätzlich eine objektive Tendenz inne. Nichts desto trotz bliebe aber das Wortlautproblem. Tatsächlich nachweisbar sind indes hier wie da allein äußere Umstände, denen die Wertung anhaften kann, sie wären objektiv „mühelos" zu erkennen gewesen. Dem Richter ist es dann vorbehalten, zu entscheiden, ob solche evidenten Umstände vorgelegen haben, die den dann bestehenden Vorsatzverdacht zur rechtlichen Wahrheit eines echten Vorsatzes werden lassen. Auf die Problematik dieses Beweisschlusses wurde bereits eingegangen.[712]

Schließlich lässt sich feststellen, dass der *dolus eventualis* per se als materielle Beweishilfe die Grenzen zur (groben) Fahrlässigkeit überschreitet. In den Wissensnormen ist die konstruktive Möglichkeit ihn in dieser Funktion anzuwenden zweifelhaft. Es bleibt aber die grobe Fahrlässigkeit, die insoweit eine Sanktion für vermutetes Wissen ermöglicht, das ausgereicht hätte, den Betreffenden zu einem Andershandeln anzuregen.

dd. Die „Evidenz" von Umständen als Verkehrsschutzgrenze in den Fällen des Missbrauchs der Vertretungsmacht

Eine der eben geschilderten gang ähnliche Problematik ergibt sich im Hinblick auf die Rechtsprechung[713] in den Fällen des Missbrauchs der Vertretungsmacht. Hier trägt grundsätzlich der Vertretene das Risiko der Einschaltung eines Vertreters, welches aus der rechtlichen Unabhängigkeit von Vertretungsmacht und zugrundeliegendem Rechtsgeschäft resultiert. Er ist auch an solche Rechtsgeschäfte gebunden, die der Vertreter nach dem Innenverhältnis eigentlich nicht vornehmen durfte. Davon hat die Rechtsprechung jedoch schon früh Ausnahmen zugelassen und zu anerkannten Fallgruppen zusammengefasst. Unstreitig wird das Risiko dem Vertretenen abgenommen, wenn Vertreter und Dritter kollusiv zusammenwirken. Ein so zustande gekommenes Rechtsgeschäft ist nach §138 BGB nichtig.[714] Ebenso unproblematisch wird ein Einwand des Rechts-

[712] Siehe oben §7 II 5.

[713] Vgl. zunächst BGH NJW 1990, 384 ff. m.w.N.; BGH NJW 1994, 2082 ff.;

[714] MüKo[4]/*Schramm*, §164 Rn 106 m.w.N.

missbrauch des Vertretenen aus §242 BGB zugelassen, wenn der Dritte positive Kenntnis vom Missbrauch der Vertretungsmacht durch den Vertreter hatte.[715]

Neuralgischer Punkt der Missbrauchslehre ist aber der Fall, dass auch ein nur objektiv ersichtlicher, ein evidenter Missbrauch des Vertreters für den Rechtsmissbrauchseinwand aus §242 BGB bereits ausreichen soll,[716] ohne dass dem Dritten wenigstens positive Kenntnis nachgewiesen werden müsste. Hierzu vertrat die Rechtsprechung lange Zeit die These, dass der Rechtsmissbrauchseinwand bereits gerechtfertigt sei, wenn der Dritte den Missbrauch kannte oder bei Aufwendung der erforderliche Sorgfalt „hätte kennen können".[717] Im sogenannten „Thyssenbankurteil" aus dem Jahre 1966 zurrte dann der BGH seine Evidenzformel fest, ohne aber die bisherige Rechtsprechung ausdrücklich aufzugeben, und konstatierte entgegen dem bisherigen Ansatz, dass dem Drittem zwar grundsätzlich „keine besondere Prüfungspflicht" hinsichtlich der Vertretungsmacht der Vertreters treffe. Der Vertretene sei aber gegen den Missbrauch der Vertretungsmacht insoweit geschützt, als der Vertreter von seiner Vertretungsmacht „in ersichtlich verdächtiger Weise" Gebrauch gemacht hat, so dass beim Dritten „begründete Zweifel entstehen mussten", ob nicht ein Treueverstoß beim Vertreter vorliege. Das sei insbesondere dann der Fall, wenn sich nach den Umständen des Falles die Notwendigkeit einer Rückfrage „geradezu aufdränge, diese aber unterlassen wurde".[718]

Teile des Schrifttums haben hieraus zweierlei abgeleitet. Einerseits soll durch das offen zu Tage Treten eines Missbrauchs für den Dritten eine Informations- bzw. Nachforschungspflicht ausgelöst werden,[719] deren Verletzung andererseits in Fahrlässigkeitmaßstäben bewertet werden kann.[720] Welche Intensität der Pflichtverletzung letztlich notwendig sein soll, war angesichts der schwankenden Rechtsprechung in der Lehre lange Zeit umstritten.[721] Nunmehr scheint sich jedoch gerade die Ansicht durchgesetzt zu haben, die auf eine grob fahrläs-

---

[715] Die Lösung des Problems über den Einwand der Arglist gemäß §242 BGB, vgl. MüKo[4]/*Schramm*, §164 Rn 114; Staudinger[13](2001)/*Schilken*, §167 Rn 96; BGHZ 113, 315 (320) ist bestritten. Die Gegenmeinung ausgehend von *Flume*, Allg. Teil, Zweiter Band[4], §45, S. 789 will diese Fälle auf Grundlage des Vertretungsrechts lösen; vgl. zum Streitstand nur: Staudinger[13](2001)/*Schilken*, §167 Rn 95 m.w.N.

[716] Staudinger[13](2001)/*Schilken*, §167 Rn 97 m.w.N.

[717] BGH NJW 1966, 1911 mit zahleichen Nachweisen aus der Rspr.; siehe auch Soergel[13]/*Leptien*, §177 Rn 18

[718] BGH WM 1966, 491 ff.; BGHZ 127, 239 (241); zuletzt BGH NJW 1999, 2883 ff: Notwendig sei eine massive Verdachtsmomente voraussetzende objektive Evidenz des Missbrauchs.

[719] Staudinger[13](2001)/*Schilken*, §167 Rn 98; RGRK[12]/*Steffen*, §167 Rn 24; *Tank*, NJW 1969, 6 (10)

[720] *Schott*, AcP 171, 385 (397); *Tank*, NJW 1969, 6 (10)

[721] Zum Meinungsstand: Vgl. nur Staudinger[13](2001)/*Schilken*, §167 Rn 98; MüKo[4]/*Schramm*, §164 Rn 116

sige Verletzung der Nachforschungspflicht abstellt.[722] Bereits dieser Streit ist auch Ausdruck der dogmatischen Unsicherheit im Umgang mit der geschilderten Konstruktion. Lässt man bloße Fahrlässigkeit ausreichen, so kommt man scheinbar nicht umhin dem Dritten eine echte allgemeine Nachprüfungspflicht aufzuerlegen, deren Verletzung zu sanktionieren ist.[723] Dies wird aber überwiegend für zu weitgehend empfunden, da damit die gesetzgeberische Wertentscheidung für die Abstraktheit der Vertretungsmacht unterlaufen werde.[724] Wenn auch bislang als Kern des Streits die Intensität der Nachforschungspflicht gelten kann, so dreht sich die Problematik jedoch im Eigentlichen schon um das „Ob" einer Nachforschungspflicht in diesen Fällen und somit um die Bewertung solcher Situationen in Fahrlässigkeitsgraden überhaupt. *Hübner*[725] deutet diese Frage zutreffend an. Er erkennt, dass es Fälle gibt, in denen der Nachweis des *dolosen (kollusiven)* Verhaltens des Dritten nicht möglich ist und man hier, aus Richtersicht, darüber nachdenken muss, die Grenze des *dolus* in Richtung grober Fahrlässigkeit zu überschreiten.[726] Lässt man aber *doloses* Handeln von vorneherein außer Betracht und sanktioniert nur die Außerachtlassung einer Nachforschungspflicht, so werde die Entscheidung auf eine andere Basis gestellt. Nur welche Basis dies tatsächlich sein soll, darüber wird nicht problematisiert.

Vordergründig bestechend ist daher insoweit der Ansatz von *Flume*, der nur auf die Evidenz des Missbrauchs, also auf die objektive Offenkundigkeit, abstellen will. Dabei soll es dann gerade nicht auf die Außerachtlassung einer Nachforschungspflicht als eine Pflichtverletzung im Sinne der Fahrlässigkeitdogmatik ankommen. Das Problem, so *Flume*, könne bei richtiger Würdigung gar nicht auftauchen. Entscheidend sei allein die objektive Offenkundigkeit der Umstände, die ein sogenannter *reasonable man* erkannt hätte.[727] Es stellt sich aber die Frage, ob im Abstellen auf den *reasonable man* als Maßstab tatsächlich etwas anderes sanktioniert wird, als die Außerachtlassung einer Sorgfaltsanforderung, die letztlich auf Fahrlässigkeit hinausläuft.[728] *Flume* hat dem entgegengesetzt, dass es nicht um ein tatsächliches "Sehen", sondern um ein „Erkennen" geht und es daher auf den *reasonable man* nur insoweit ankommt, als ein normaler Maßstab hinsichtlich der Fähigkeit beschrieben werden muss.[729] Illustrierend setzt er in der Fußnote hinzu, dass man eben auch das Offensichtliche ü-

[722] OLG Dresden, NJW-RR 1995, 803 ff.; Soergel[13]/*Leptien*, §177 Rn 18; MüKo[4]/*Schramm*, §164 Rn 115; *Schott*, AcP 171, 385 (397); so bereits *Enneccerus/Nipperdey*, Allg. Teil, Teilband 2[15],§183, S. 1125 Fn 25

[723] Vgl. *Enneccerus/Nipperdey*, Allg. Teil, Teilband 2[15],§183, S. 1125 Fn 25

[724] *Larenz/Wolf*, Allg. Teil[8], §46, S. 895 Rn 148; MüKo[4]/*Schramm*, §164 Rn 115; Palandt[62]/*Heinrichs*, §164 Rn 14

[725] *Hübner*, FS für E. Klingmüller, S. 173 (175)

[726] Ebenso *Fischer*, FS für Schilling, S. 3 (21)

[727] *Flume*, Allg. Teil, Zweiter Band[4], §45, S. 789 ff.

[728] So explizit *Fischer*, FS für Schilling, S. 3 (13)

[729] *Flume*, Allg. Teil, Zweiter Band[4], §45, S. 790

bersehen kann.[730] Damit will er verdeutlichen, dass sein Evidenzmerkmal kein Verschuldenselement beinhalten soll und es daher, aus seiner Sicht, keine Gleichsetzung von Evidenz und (grober) Fahrlässigkeit geben kann.

Nunmehr hat auch *Schramm*[731] die Thematik aufgegriffen und auf die dogmatischen Inkonsequenzen hingewiesen. Seiner Meinung nach läge eine Verortung des Evidenzkriteriums in §242 BGB nahe, so dass es auf die Feststellung einer groben Fahrlässigkeit nicht ankäme. Wenn aber *Schilken*[732] hierzu ausführt, es sei Evidenz nicht im Sinne von Verantwortlichkeit, sondern als Ausdruck einer widerleglichen Vermutung gemeint, so wird klar, dass auch hier Beweisschwierigkeiten zu einer Aufweichung der materiellen Voraussetzungen führen, obwohl – wie oben[733] gesehen – eine widerlegliche Vermutung, als Teilbereich des Anscheinsbeweises, ihre Wurzel auf prozessualen Terrain hat. Die so verstandene Evidenz hat folglich eine Zwitternatur; einerseits prozessuale Rechtsfigur als Beweishilfe, andererseits aber gerade materieller Zurechungs- und Wertungsaspekt.

Man umgeht damit aber nur das eigentliche Problem der Herleitung einer echten Nachforschungspflicht. Denn trifft den Dritten keine Pflicht nachzuforschen bzw. zumindest von den Umständen Kenntnis zu nehmen, die er schuldhaft verletzen kann, fragt es sich, wie eine materielle Zurechnung erfolgen soll? Die abstrakte Evidenz kann dem Dritten vorerst nicht schaden. So wie das Risiko des Vertreterhandelns anhand des Veranlassungsprinzips grundsätzlich dem Vertretenen auferlegt wird,[734] genauso muss auch das Risiko der Evidenz dem Dritten zugerechnet werden. In der Funktion der Evidenz als Abwägungsinstrument hinsichtlich der widerstreitenden Interessen des Vertretenen und des Dritten, ist das Verhältnis des Dritten zur Evidenz von grundsätzlicher Bedeutung.

So kann der Begriff nicht weiter führen als zur Frage nach der Verantwortlichkeit des Dritten.[735] Verwiesen werden muss an dieser Stelle an die bereits[736] erörterte These des BVerfG zur Auffangfunktion der Fahrlässigkeit bei Beweisproblemen. Ihre Voraussetzungen müssten gerade vorliegen, um eine Zurechung vornehmen zu können. Es schließt sich nun also der Kreis und man

---

[730] *Flume*, Allg. Teil, Zweiter Band[4], §45, S. 790 Fn 33b

[731] MüKo[4]/*Schramm*, §164 Rn 116 ff.

[732] Staudinger[13](2001)/*Schilken*, §167 Rn 97

[733] Siehe oben §7 II 3.

[734] *Gessler*, FS für von Caemmerer, S. 531 (540); BGHZ 50, 112 (115) geht sogar davon aus, dem Vertretenen könne gemäß §254 BGB etwaiges Mitverschulden aufgrund vernachlässigter Kontrollen zugerechnet werden. Dies wird jedoch bestritten. Dem BGH wird vorgeworfen, er weiche im Primäranspruch auf die culpa in contrahendo aus, die lediglich zu einem Sekundäranspruch führen kann. Vgl. *Hübner*, FS für Klingmüller, S. 173 (182); Ein paralleles Problem existiert bei der Anscheinsvollmacht.

[735] *Hübner*, FS für Klingmüller, S. 173 (181)

[736] Siehe oben Fn 562

gelangt zur (groben) Fahrlässigkeit als Zurechnungselement. Bedeutsam ist also vorerst nicht, wie *Flume* meint, dass man auch Offensichtliches übersehen kann, sondern die Feststellung, ob Offensichtliches übersehen werden darf.

Schotts These[737] in diesem Zusammenhang, Evidenz sei nichts anderes als der objektiv verstandene Begriff der groben Fahrlässigkeit geht sicherlich zu weit, da sie die dem Anwendungsbereich zugrundeliegende teleologische Basis unbeachtet lässt. Die Umschreibung *Hübners*[738], wer „sinnfällige Evidenz nicht zur Kenntnis nimmt, handelt...grob fahrlässig", passt besser. Sie verdeutlicht, dass die Funktion der groben Fahrlässigkeit darin bestehen kann, Evidenz zuzurechnen und sich von daher eine Gleichsetzung der Begriffe zunächst verbietet. Wird indes auf das Prinzip der Vertrauensschutzes als Grundlage der Beachtlichkeit von offenkundigen Umständen abgestellt und hieraus eine allgemeine Sorgfaltspflicht des Dritten abgeleitet,[739] eröffnet sich ein Anwendungsbereich für die (grobe) Fahrlässigkeit. Die praktischen Ergebnisse dürften die gleichen sein.[740]

IV. Ergebnis

Die positive Kenntnis ist als unfunktioneller Rechtsbegriff zu bezeichnen, dessen echter Nachweis zumeist durch ein Ineinandergreifen von materiellen und prozessualen Konstruktionen bewerkstelligt wird. Im Ergebnis wird die Kenntnis schon jetzt nicht nur (prozessual) nachgewiesen, sondern (materiell) zugerechnet. Insoweit bleibt hier in der Regel als nachweisbarer Sachverhalt allein die objektive Evidenz der Umstände, aus der die Vermutung abgeleitet wird, der Betreffende habe Kenntnis oder er verschließe sich derer vorsätzlich. Greifbar ist schließlich nur ein Kenntnis- bzw. ein Vorsatzverdacht.

Die sanktionierte Kenntnisvermutung muss, um endgültig dem Beweisproblem im Hinblick auf innere Tatsachen zu Leibe zu rücken, ausschließlich an den gegebenen äußeren Tatsachen festmachen. Wird dadurch die Grenze zur Fahrlässigkeit nicht nur verwischt, sondern bereits überschritten, fragt es sich, ob dies angesichts der kaum lösbaren Beweisproblematik nicht auch erwünscht sein kann. Denn nimmt man, wie dies die dargestellte Fiktion der Rechts- und Tatsachenkenntnis (mit ihren Anleihen beim bedingten Vorsatz) und die eben erörter-

[737] *Schott*, AcP 171, 385 (397)

[738] *Hübner*, aaO

[739] *Fischer*, FS für Schilling, S. 3 (21); *Schmidt-Rimpler*, FS f. Knur, S. 235 (251): ..."sorgfaltsverletzendes Verhalten in eigenen Angelegenheiten, das - wie im Recht als sozialer Ordnung verständlich – deswegen dem Unwerturteil der rechtlichen Schuld unterworfen wird, weil und soweit das Verhalten in seinen Rechtsfolgen sich ungünstig auf andere auswirkt"...

[740] So auch MüKo^4/*Schramm*, §164 Rn 116, 117

te Evidenzformel beim Missbrauch der Vertretungsmacht praktizieren, einen rein objektiven Schluss aus der Offenkundigkeit (Evidenz) von Tatsachen zur Grundlage der Sanktion, bleibt eine echte, tragfähige Zurechnung auf der Strecke. Dies führt zwangsläufig zu einem starren, unflexiblen Maßstab, der, geht man von einem gänzlich objektiven Ansatz aus, die Gefahr birgt eigentlich einen allwissenden *„juristischen homunculus"* als Maßstab anzunehmen und daher selbst einfache Fahrlässigkeit in der betreffenden Situation mit einbeziehen könnte, welche wohl kaum vom Gesetzgeber als Verkehrsschutzgrenze in den betreffenden Fällen gedacht sein kann.

Der BGH wählt bewusst einerseits den „redlichen Dritten" als Vergleichsmaßstab, andererseits stellt er aber auch darauf ab, ob sich Verdachtsmomente geradezu aufgedrängt haben. Er befindet sich damit im Bereich einer zurechenbaren groben Fahrlässigkeit. Auch wenn nach seinem Verständnis insoweit wohl keine subjektive Betrachtung eingeleitet werden soll, die im Sinne von Verantwortlichkeit zu einem „echten" subjektiven Verschuldenskriterium führen könnte, was auch dem Telos der Wissensnormen widerspräche, sollte dennoch erkannt werden, dass die Kenntnis eines „redlich denkenden Dritten" dem Handelnden zugerechnet werden muss. Die Feststellung, dass der Betreffende im vorliegenden Fall nicht wie ein „redlicher" Verkehrsteilnehmer gehandelt hat, führt zwangsläufig zur Frage eines „schuldhaften" Verhaltens. Jemandem, der die Kenntnis nicht gewinnt, die ein „redlicher Dritter" gewonnen hätte, ist eine Sorgfaltswidrigkeit zu attestieren. Und jemanden, der nicht erkannt haben will, was jeder andere erkannt hätte, dem ist, nach herrschender Definition, grobe Fahrlässigkeit vorzuwerfen.

Letztlich hat auch der BGH bei seinen Versuchen, die positive Kenntnis für die Praxis handhabbarer zu machen, gelegentlich bereits die Ebene der bloßen (materiell-rechtlichen) Fiktion verlassen und hat z.B. im Rahmen des §819 BGB auf eine schuldhafte Verletzung einer Sorgfaltspflicht bei Überprüfung des Rechtsgrunds verwiesen.[741]

---

[741] BGHZ 72, 9 (14)

§8 Der Kenntnisverdacht und die grobe Fahrlässigkeit

Spickhoff[742] hat bereits darauf hingewiesen, dass mit der Aufweichung des Kenntniskriteriums in der Praxis der Bereich des Vorsatzverdachts betreten wird, der wiederum für die Annahme der groben Fahrlässigkeit kennzeichnend sei. Er hat dabei auf die *culpa lata* - Formel *Ulpian's* verwiesen, die den zweiten Teil der heute allgemein geltenden Definition der groben Fahrlässigkeit darstellt.[743]

Ausgehend von einer rechtsgeschichtlichen Betrachtung, die die Querverbindung von Vorsatzverdacht und grober Fahrlässigkeit im römischen und gemeinen Recht etwas näher beleuchten wird, sollen anschließend exemplarisch zwei bereits normierte tatbestandsmäßige Gleichstellungen der Kenntnis mit der groben Fahrlässigkeit auf ihre beweisrechtliche Auffangfunktion hin untersucht werden und darauf hinführen, wie letztlich eine Inhaltsbestimmung der groben Fahrlässigkeit in dieser Funktion vorgenommen werden könnte.

I. Der „dolus praesumptus" und die „culpa lata (latior)" im römischen Recht

Sätze in den Digesten, wie *magna culpa dolus est*[744], *culpa lata plane dolo comparabitur*[745] oder *nerva diceret, latiorem culpam dolum esse*[746] zeigen, wie fließend die Grenzen zwischen dem Vorsatz und der groben Fahrlässigkeit im römischen Recht gesehen wurden. Sie boten den Nährboden für eine zunehmende Vermischung der Verschuldensarten von Vorsatz und grober Fahrlässigkeit.[747] Dabei waren die Begriffe des *dolus verus*, der *culpa lata* und der *culpa dolo proxima*, die später auch *culpa latior* genannt wurde,[748] zu unterscheiden. Letztere wurde als Unterform der *culpa lata* entwickelt. Ihr wurde von den Glossatoren und Postglossatoren ein *dolus praesumptus* angedacht,[749] der dahingehend verstanden werden kann, die bereits beschriebene Vorsatzvermutung der *culpa lata* - Definition als Rechtsbegriff zu erfassen.

---

[742] *Spickhoff*, FS für E. Schumann, S. 443 (461)

[743] Siehe hierzu bereits oben §6 II 1.

[744] D 50, 16, 226

[745] D 11, 6, 1, 1; 36, 4, 5, 15

[746] D 16, 3, 32

[747] *Dilcher*, Die Theorie der Leistungsstörungen, S. 32

[748] Unter Verweis auf die Lehre des Bartolus: *Engelmann*, Irrtum und Schuld, Einleitung, S. 23, §6 III, S. 80; kritisch aber *Hoffmann*, Die Abstufungen der Fahrlässigkeit in der Rechtsgeschichte, S. 70

[749] *Dilcher*, Die Theorie der Leistungsstörungen, S. 26 ff., 33 f.; *Hoffmann*, Die Abstufungen der Fahrlässigkeit in der Rechtsgeschichte, S. 40, 56 ff.

Hierunter litt die scharfe Abgrenzung des Vorsatzes von der groben Fahrlässigkeit. Die materielle Zurechnungsfrage wurde zusehends durch die Beweisfrage überlagert. Was den Nachweis der Kenntnis (in der Regel als Vorsatzelement) anbetrifft, stand in der damaligen Praxis ebenso die Beachtlichkeit oder Glaubwürdigkeit des Unwissenheits- bzw. des Irrtumseinwands zur Beurteilung. Der prozessuale Nachweis der inneren Tatsache einer Rechts- oder Umstandskenntnis hing auch im römischen Recht am Indizienbeweis, der als ausreichend angesehen wurde.[750] Manche Indizien schienen sich insoweit zu einer Vermutung, zu einen *dolus praesumptus* verdichten zu können,[751] der aber dann vom Betroffenen grundsätzlich widerlegt werden konnte, so dass von der Wirkung eines bloßen Anscheinsbeweises auszugehen ist. Diese Vermutung galt insbesondere, wenn die Unkenntnis als völlig unverständlich angesehen wurde, weil die zu erkennenden Umstände offensichtlich oder allgemeinkundig waren. Dieser Regel lagen zunächst Prinzipien des Beweisrechts zu Grunde, wie die Ansicht, dass Offenkundiges keines Beweises bedarf.[752] So wurde von der Offenkundigkeit für verständige Menschen, die ohne Beweis anzunehmen war, aus Erfahrung und Menschenkenntnis auf die Unwahrscheinlichkeit und somit auf die Unglaubwürdigkeit eines Irrtums über Offenkundiges geschlossen.[753]

Dass solch offensichtliche Umstände nicht zur Kenntnis genommen wurden, erfüllte indes daneben in materiell-rechtlicher Hinsicht den Tatbestand einer besonders schweren Sorgfaltspflichtverletzung, der *culpa latior*. Sie ging graduell[754] noch über die *culpa lata* hinaus und stand wie *Bartolus*[755] erkannte, zwischen der *culpa lata* und dem *dolus*. Es gab quasi eine verdächtige *culpa dolo proxima*. In dieser Hinsicht wurde teils auch die Wendung *paria sunt scire et scire debere* zur Andeutung einer Vermutung (eines Kenntnisverdachtes) gebraucht, welcher letztlich mit *culpa lata* zugerechnet wurde.[756] Wie jener mit den Prinzipien des *error (ignorantia) iuris nocet* bzw. *error (ignorantia) facti non nocet* in Verbindung steht, ist oben[757] bereits erörtert worden. Er konnte jedenfalls in Fällen von offenkundigen Umständen Geltung beanspruchen.

Wurde nun im *dolus praesumptus* - trotz seinem weithin prozessualem Anliegen - auch eine materiell-rechtliche Verschuldensform erkannt, so konnte

---

[750] *Engelmann*, Irrtum und Schuld, §4, S. 53 ff.

[751] Hierzu auch *Hoffmann*, Die Abstufungen der Fahrlässigkeit in der Rechtsgeschichte, S. 71

[752] Vgl. den heutigen §291 ZPO

[753] *Engelmann*, Irrtum und Schuld, §7, S. 100, 101

[754] *Hoffmann*, Die Abstufungen der Fahrlässigkeit in der Rechtsgeschichte, S. 76

[755] *Bartolus* zitiert von *Engelmann*, Irrtum und Schuld, §6, S. 80 mit: *„Latior culpa est medium inter haec duo dolum et latam culpam et de utroque participat."*

[756] *Engelmann*, Irrtum und Schuld, §15, S. 319 ff.; Dagegen geht *Hall*, FS für Mezger, S. 229 (239) davon aus, es liege eine echte *Dolus*fikton vor.

[757] Siehe §7 III.

unter seine Voraussetzungen subsumiert werden. Insoweit stellte man hierbei grundsätzlich auf die Voraussetzungen der *culpa lata* ab.[758]

Der *dolus praesumptus* stellte also eine Zurechnungsform dar, die sich an der Grenze zwischen Beweis und materiellem Recht bewegte. Er schaffte eine Möglichkeit den durch äußere Umstände entstandenen Vorsatz- bzw. Kenntnisverdacht materiell - rechtlich zu erfassen.[759] Seine gespaltene Rechtsnatur verdeutlicht das Problem, dass eine innere Tatsache kaum je nachgewiesen, sondern vielmehr (nur) materiell anhand der *culpa* zugerechnet werden kann.[760]

Im römischen Zivilrecht löste sich diese theoretische Problematik in der Praxis auf, da eine grundsätzliche Gleichstellung der Rechtsfolgen für *dolus* und *culpa lata* galt.[761] Man erblickte aber wohl gerade im *dolus praesumptus* eine nachvollziehbare Erklärung, warum die *culpa lata* insgesamt dem *dolus* gleichgesetzt war. In der Pandektistik des 19. Jahrhunderts wurde, ausgehend von einer Gleichstellung zur Vorsatzhaftung, die *culpa lata* als Sorfaltslosigkeit angesehen, bei der man unmöglich annehmen könne, dass der Schädiger unwissentlich gehandelt hat;[762] sie wurde auch als Nachlässigkeit beschrieben, die „über alle Grenzen geht", die sogar der an sich Nachlässige in eigenen Angelegenheiten zu vermeiden weiß. Hieraus wurde sodann gemäß den Vorgaben der *dolus - praesumptus - Lehre* gefolgert, dass wer eine solche Nachlässigkeit zugestehen muss, den Verdacht erwecke, dass er nicht bloß nachlässig gewesen sei. Er dürfe sich nicht darüber beklagen, wenn er den rechtlichen Folgen des Vorsatzes unterworfen werde. Eine Gleichstellung der Rechtsfolgen wurde folglich häufig damit begründet, dass bei einer groben Sorgfaltsverletzung der Verdacht einer vorsätzlichen Handlung bestehe.[763] In diesem Sinne wurde es als bloßer Vorwand angesehen zu behaupten, man kenne nicht, was allen anderen aber be-

---

[758] Die genaue Einordnung des *dolus praesumptus* war jedoch umstritten. Theoretisch wurde zwar ein erwiesenes Nichtwissenwollen vollends zum *dolus* gerechnet. Dies sollte dann vorliegen, wenn die Unkenntnis einer Tatsache durch bewusste Unterlassung einer möglichen Kenntnisnahme absichtlich/willentlich nicht beseitigt wurde, um in Unkenntnis der Umstände handeln zu können. Dies galt gleichermaßen für die Tatsachen- und die Rechtsunkenntnis. Da indes hier wiederum die Problematik des Nachweises einer inneren Tatsache virulent war, wurde aber auch jene Unkenntnis im Zweifel vom *dolus praesumptus* umfasst, der zur *culpa lata* führte. Vgl. ausführlich *Dilcher*, Die Theorie der Leistungsstörungen, S. 26 ff.; auch *Engelmann*, Irrtum und Schuld, Einleitung, S. 18 ff.

[759] Vgl. auch *Vest*, Vorsatznachweis und materielles Strafecht, S. 21

[760] *Hübner*, FS für Kaser (1976), S. 715 (735) erkennt dies, wenn er konstatiert, dass sich schon in der Klassik insoweit eine Objektivierungstendenz gezeigt habe, mit der vermieden würde, in die inneren Vorgänge, die der *dolus* Begriff voraussetzte, hinzustoßen.

[761] *Kaser*, Das römische Privatrecht, Erster Abschnitt², §118, S. 511

[762] So *Kritz*, zitiert von *Hoffmann*, Die Abstufungen der Fahrlässigkeit in der Rechtsgeschichte, S. 176

[763] *Windscheid/Kipp*, Lehrbuch des Pandektenrechts, Band I⁹, §101, S. 522 ff.

kannt ist. Dass denjenigen die Haftungsfolgen für Vorsatz treffen, sei durchaus angemessen.[764]
Es gilt schließlich festzuhalten, dass schon im römischen Recht durch eine *culpa lata*, die zu einem *dolus praesumptus* führen konnte, eine nachweisbare grobe Fahrlässigkeit im Vorsatz gesucht wurde. In einer *culpa dolo proxima* wurde eine materiell-rechtliche Zurechnungsform für Vorsatzverdacht erkannt, die als höchste Form der *culpa lata* galt. Auch später im gemeinen Recht deuteten manche Definitionen darauf hin, die *culpa lata* als Zurechnungsform allein für Vorsatzverdacht zu behandeln. Es wurde zwar geltend gemacht, Vorsatz und (grobe) Fahrlässigkeit seien *alii* und nur eine Sanktionsgleichstellung aufgrund ethischer Vergleichbarkeit der Schuldstufen ließe eine Umgehung dieser Tatsache zu.[765] Umgekehrt wird aber insbesondere deutlich, dass eine materiell-rechtliche Annäherung bzw. Gleichstellung der beiden Verschuldensformen aus der beweisrechtlichen Notwendigkeit heraus besonders wünschenswert war.[766]

II. Die grobe Fahrlässigkeit und ihre Inhaltsbestimmung als Zurechnungselement von Kenntnisverdacht

Aus dem geltenden Recht sollen nun zunächst exemplarisch zwei Fälle herausgegriffen und betrachtet werden, in denen der Gesetzgeber bereits eine Gleichstellung von Kenntnis und grober Fahrlässigkeit vorgenommen hat. Ihre Analyse soll zeigen, dass auch hier das Argument der Beweisbarkeit der Kenntnis mitentscheidend ist und häufig allein ein Kenntnis- bzw. Vorsatzverdacht sanktioniert wird, der dann anhand der groben Fahrlässigkeit zugerechnet wird.

---

[764] *Hasse/Bethmann-Hollweg*, Die Culpa, S. 85 ff., aber kritisch zu der materiell - rechtlichen Vermischung von *dolus verus*, *culpa lata* und *dolus praesumptus*.

[765] Insbesondere *Hasse/Bethmann-Hollweg*, Die Culpa, S. 85 ff.

[766] Im deutschen (Straf-)Recht fand in dieser Hinsicht, nachdem in der *Constitutio Criminalis Bambergensis* (1507) und in der *Carolina* (1532) die Wende zum Schuldprinzip vollzogen wurde und der Vorsatznachweis relevant wurde, zunächst *Carpzovs* Lehre vom *dolus indirectus* besonderen Anklang, die Tötungs- und Verletzungsvorsatz gleichstellte und so dem Täter die Ausrede abschnitt, er habe das Opfer nicht töten wollen. Im Übergang zum 19. Jahrhundert lehrte dann *Feuerbach* eine allgemeine Vorsatzvermutung, die sogar in Art. 43 des Bayerischen Strafgesetzbuchs (1813) kodifiziert wurde. Man nahm eine Handlung mit „rechtswidrigen Vorsatz" an, solange sich nicht aus den Umständen die Gewissheit oder Wahrscheinlichkeit des Gegenteils ergibt. *Feuerbachs* Lehre wurde aber durchaus kritisch betrachtet und im Ergebnis Art. 43 als bloße Beweisrichtlinie für den Richter gedeutet. *Feuerbach* selbst distanzierte sich später von seiner Idee einer echten Vorsatzvermutung und entwickelte aus dem von ihm kritisierten *dolus indirectus* die Ansätze des bedingten Vorsatz, wie er auch heute noch in der Diskussion steht. Auf seine Funktion als Beweishilfe ist bereits eingegangen worden. Siehe oben S. 149 ff.. Zum Vorstehenden vgl. *Vest*, Vorsatznachweis und materielles Strafrecht, S. 22 ff.

1. Die Gleichstellung der Kenntnis mit grob fahrlässiger Unkenntnis in §442 Abs.1 BGB[767] (§460 Satz 1 BGB a.F.)

Der Kaufvertragsabschluß ohne Erhaltung der Mangelrechte trotz der Kenntnis vom Mangel wird im Schrifttum nicht selten dahingehend gedeutet, dass damit eine Art Billigung des Mangels vorliegt, die als Vertragsbestandteil angesehen wird, so dass im Ergebnis nach der subjektiven Fehlertheorie kein Mangel der Kaufsache mehr vorliegt.[768] Schließlich soll aber auch die grob fahrlässige Unkenntnis ausreichen, um dieselbe Rechtsfolge auszulösen. Hierzu wird überwiegend vertreten, dass eine Untersuchung der Kaufsache weder Pflicht noch Obliegenheit des Käufers sei. Trotzdem müsse er aber grobe Fahrlässigkeit vermeiden.[769] Daher sei er zu einer Untersuchung angehalten, wenn besondere Umstände zur Vorsicht mahnen[770] oder er über eine besondere Sachkunde verfügt[771]. Welche Problematik diese Dogmatik aufwirft und welche Basis der groben Fahrlässigkeit hier dagegen zugrunde liegen kann, ist bereits erläutert worden.[772] In diesem Sinne sprechen auch bereits die Motive von einer allgemeinen Pflicht des Käufers „aufzupassen" und „die Augen offen zu halten".[773] Hiervon ausgehend erschließt sich die Ansicht, hier von einem verkehrswidrigen Verhalten zu sprechen, das dann sanktioniert wird, wenn die Grenze zur groben Fahrlässigkeit überschritten wird.[774]

Gerade aber das Abstellen auf die grobe statt nur auf einfache Fahrlässigkeit wird auch für ein Indiz gehalten, die rechtspolitische Rechtfertigung des §460 Satz 2 BGB a.F. in einem weiteren Argument zu suchen. *Grunewald* bezeichnet diese Regelung gerade deshalb als sinnvoll, weil der Verkäufer dem Käufer wegen der subjektiven Komponente der Kenntnis nur unter großen Schwierigkeiten nachweisen kann, dass er von einem Fehler gewusst hat. Dagegen soll grob fahrlässige Unkenntnis bei offenkundigen Fehlern vielfach auf der Hand liegen.[775] Die Bestimmung könne also als wesentliche Beweiserleichterung für den Verkäufer dienen.[776] Und zwar in zweierlei Hinsicht: Zum einen in

---

[767] Die gleiche Problematik findet sich auch bei §536b Abs.1 BGB (§539 BGB a. F.)

[768] Vgl. hierzu *Köhler*, JZ 1989, 761 (762); Erman[10]/*Grunewald*, §460 Rn 1

[769] Allg. Meinung; Vgl. nur Palandt[62]/*Putzo*, §442 Rn 13; Staudinger[13](1995)/*Honsell*, §460 Rn 7

[770] Erman[10]/*Grunewald*, §460 Rn 11; RGZ 131, 343 (354)

[771] Palandt[62]/*Putzo*, §442 Rn 14 ; RGZ 131, 343 (354)

[772] Siehe oben §6.

[773] *Mugdan*, Materialien, Band 2, Motive, S. 226

[774] MüKo[3]/*H.P. Westermann*, §460 Rn 1; Jauernig[9]/*Vollkommer*, §460 Anm. 2a; a.A.: Soergel[12]/*Huber*, §460 Rn 3, der diese alte Rechtsauffassung des „wer die Augen nicht auftut, tut den Beutel auf" als überholt ansieht.

[775] Erman[10]/*Grunewald*, §460 Rn 2; ebenso Soergel[12]/*Huber*, §460 Rn 4; dagegen *Köhler* JZ 1989, 761 (764)

[776] Soergel[12]/*Huber*, §460 Rn 4

Bezug auf die positive Kenntnis. Zum anderen aber auch in Bezug auf einen vereinbarten Haftungsausschluss bei gebrauchten Sachen, die mit einem offensichtlichen Mangel behaftet sind. Hier soll sogar der Schluss vom Ignorieren des offensichtlichen Mangels auf den Willen des Käufers erfolgen, die Sache so zu kaufen wie sie ist. Bei den Beratungen zum BGB wurde in dieser Hinsicht erläutert, dass wenn der Käufer die offensichtliche Mangelhaftigkeit der Sache nur in grob fahrlässiger Weise übersehen konnte, der Verkäufer zu der Annahme berechtigt sei, dass der Käufer sie in dem nämlichen Sinne habe kaufen wollen. Wenn das Gesetz hier dem Käufer die Berufung auf die Mangelhaftigkeit der Sache abschneide, so beschränke es damit im Interesse des Verkehrs das sogenannte Willensdogma.[777] Dieser Ansatz ist im Verlauf bereits des öfteren als allgemeiner Ausfluss des Vertrauensschutzprinzips des Zivilrechts erkannt worden, das den Wissensnormen zugrunde liegt.

Die grobe Fahrlässigkeit wird hier also zu Zwecken der Beweiserleichterung als Auffangtatbestand erkannt. Sie wird in diesem Rahmen schon bisher grundsätzlich objektiv - typisiert hergeleitet.[778]

Die Neufassung des §460 BGB durch §442 Abs. 1 Satz 2 BGB, der auch §439 BGB a.F nunmehr mitumfasst, basiert auf Art. 2 Abs. 3 der EU-Verbrauchsgüterkaufrichtlinie[779]. Danach sollte dem Käufer schaden, wenn er „vernünftiger Weise nicht in Unkenntnis“ über die Mangelhaftigkeit der Kaufsache sein konnte. Diese Wendung setzt zweifelsohne einen objektiven Bezugspunkt zur Beweiserleichterung. Der Gesetzgeber geht nun ausweislich der Gesetzesbegründung zu §442 BGB gerade davon aus, dass sein Abstellen auf die grobe Fahrlässigkeit lediglich eine Anpassung an die Terminologie des BGB sei.[780] Beweisfunktion und objektive Inhaltsbestimmung der groben Fahrlässigkeit in diesem Zusammenhang, lassen sich also kaum ernsthaft anzweifeln.

2. Die Gleichstellung der Kenntnis mit grob fahrlässiger Unkenntnis in §932 Abs.2 BGB

Führt die Gesetzesbegründung zu §442 BGB n.F. an eben genannter Stelle aus, dass die Wendung der Richtlinie „vernünftiger Weise nicht in Unkenntnis“ in

---

[777] *Achilles/Gebhard/Spahn*, Protokolle, Band II, S. 318

[778] RGZ 131, 343 (355); OLG Hamm DAR 1995, 446 f.; Staudinger[13](1995)/*Honsell*, §460 Rn 7; MüKo[3]/*H.P. Westermann*, §460 Rn 8, 9 (Wer eine „Verkehrssitte“ zur Prüfung nicht erfüllt, handelt grob fahrlässig.); Erman[10]/*Grunewald*, §460 Rn 10; a.A.: Jauernig[9]/*Vollkommer*, §460 Rn 6

[779] Richtlinie 1999/44/ EG Abl EG Nr. L 171/12 vom 7.7.1999

[780] RegBegr. abgedruckt in: Canaris (Hrsg.), Schuldrechtsmodernisierung 2002, S. 855; zustimmend *Büdenbender* in: Anwaltkommentar BGB, §442 Fn 1; *Ernst/Gsell*, ZIP 2000, 1410 (1416); kritisch aber *Honsell*, JZ 2001, 278 (279), der meint die Wendung „vernünftiger Weise nicht kennen“ weise eher auf die Relevanz der einfachen Fahrlässigkeit hin. Vgl. hierzu auch unten §11 III 3 b.

der Sache der grob fahrlässigen Unkenntnis entspreche, die das BGB auch an anderer Stelle, nämlich in §932 Abs.2 kenne, so lenkt dies den Blick auf den wohl geläufigsten Fall einer tatbestandsmäßigen Gleichstellung von Kenntnis und grob fahrlässiger Unkenntnis. Wie schon erörtert herrscht im Hinblick auf die Inhaltsbestimmung der groben Fahrlässigkeit in diesem Anwendungsbereich Einigkeit, dass ein objektiv-typisierter Maßstab angelegt werden muss.[781] Als Grund dafür wird zumeist der Zweck der Normen des gutgläubigen Erwerbs genannt, der darin liege, die Sicherheit und Leichtigkeit der Güterzirkulation zu ermöglichen.[782] Indem der Gesetzgeber nun aber gerade die Verbindung zwischen einem „vernünftiger Weise" nicht kennen und §932 Abs.2 BGB herstellt, wird auch die Beweiserleichterungsintention der so verstandenen groben Fahrlässigkeit erneut deutlich.

Interessant hierzu ist, dass die Rechtsprechung eine allgemeine Nachforschungsobliegenheit des Erwerbers stets verneint hat[783] und stattdessen enge Fallgruppen entwickelt hat, in denen von einer solchen Pflicht ausgegangen werden muss. Grob unterteilt lassen sich Nachforschungspflichten bei konkreten Verdachtsmomenten[784] und bei generell verdächtigen Erwerbssituationen[785] erkennen. Die Außerachtlassung dieser Pflichten soll dann die grobe Fahrlässigkeit quasi indizieren. Die Würdigung von Verdachtsmomenten ist Gegenstand der inneren Sorgfalt. Es fragt sich aber, ob tatsächlich nur die Außerachtlassung dieser inneren Sorgfaltsanforderung sanktioniert werden soll. Zweifel hierzu drängen sich vor allem aufgrund der Ansicht der bisherigen Rechtsprechung auf, dass eine Erfolgsaussicht der unterlassenen Erkundigungen unberücksichtigt bleiben könne. Insoweit soll unbeachtlich sein, ob die unterlassenen Erkundigungen überhaupt zu einer den Erwerb hindernden Erkenntnis geführt hätten.[786] Schon das RG hatte folgenden Fall im obigen Sinne entschieden[787]: Eine Gesellschaft hatte einen PKW unter Eigentumsvorbehalt erworben. In der Folge wurde dieser vom Geschäftsführer der Gesellschaft im eigenen Namen an Dritte übereignet. Nachdem die Gesellschaft Volleigentümerin geworden war kam es zum Streit zwischen der Gesellschaft und den Dritten. Das Berufungsgericht erkannte grobe Fahrlässigkeit bei den Erwerbern, da sie sich mit „völlig nichtssagenden Erklärungen" des Geschäftsführers zufrieden gegeben hätten,

---

[781] Siehe oben Fn 464, 465

[782] Vgl. nur Staudinger[13](1995)/*Wiegand*, Vorbem. zu §932 Rn 3; *Bokelmann*, Grobe Fahrlässigkeit, S. 43

[783] BGH NJW-RR 1987, 1456 (1457); BGH NJW 1975, 735 (736)

[784] BGH NJW-RR 1987, 1456 hins. konkreten Verdachtsmomenten

[785] BGH WM 1989, 1756 (1758); BGHZ 77, 274 (278); BGH NJW 1996, 2226 ff; hins. generell verdächtigen Situationen

[786] BGH NJW 1994, 2022 (2024); 1991, 1415 (1417); ebenso RGRK[12]/*Pikart*, §932 Rn 49, 61; aber str. a.A. Jauernig[10]/*Jauernig*, §932 Rn 17

[787] RGZ 143, 14 (18); bestätigt durch RGZ 147, 321 ff.

ohne weitere Erkundigungen über die Eigentumsverhältnisse anzustellen. In der Revisionsinstanz brachten diese aber dann vor, der Geschäftsführer hätte wohl auch bei weiteren Nachfragen die Wahrheit vertuscht, so dass sie weiterhin keine Kenntnis von der wahren Eigentumslage erlangt hätten. Das RG folgte diesem Einwand nicht. Schon die Unterlassung der objektiv notwendigen Nachforschungen würden reichen, um grobe Fahrlässigkeit hier anzunehmen. Ein ursächlicher Zusammenhang zwischen Nachforschung und Kenntnis habe bei §932 BGB außer Betracht zu bleiben.

Es fällt hier zunächst ins Auge, dass sich das RG eindeutig über den Wortlaut des §932 BGB hinwegsetzt, der verlangt, dass die relevante Unkenntnis auf Fahrlässigkeit zurückzuführen ist. Da hier der Einwand eines rechtmäßigen Alternativverhaltens insoweit nicht gelten soll, könnte zunächst gefolgert werden, dass es auf eine nachweisbare und vorwerfbare Verletzung der inneren Sorgfalt nicht ankommen soll. Vielmehr reicht es aus, dass Verdachtsmomente unbeachtet gelassen worden sind. Sanktioniert wird hier also „blindes Vertrauen", das in der konkreten Situation nicht gerechtfertigt erscheint. Ob bei der Erfüllung der nötigen Sorgfaltsanforderungen tatsächlich „Kenntnis" vorgelegen hätte, soll unbeachtet bleiben. Diese Ansicht wurde aufgrund der Loslösung vom Wortlaut kritisiert.[788] Dennoch bemühte man sich um Argumente, um an ihr festhalten zu können. Vielfach wird die Funktion des §932 BGB als Ausgleichsnorm im System des Vertrauensschutzes, das dem Erwerber einen gutgläubigen Erwerb ermögliche, als Ansatz gewählt.[789] Ein schützenswertes Vertrauen müsse sich der Erwerber daher schon dann absprechen lassen, wenn rein objektiv dieses in einem Maße erschüttert ist, das es unter Beachtung der Interessen des Eigentümers nicht mehr gerechtfertigt erscheint, für ihn einen guten Glauben anzunehmen.

Einer solchen Fiktion der Rechtsprechung liegt jedoch wohl die Berücksichtigung des sich aus der erkennbaren (groben) Sorgfaltswidrigkeit ergebenden Vorsatzverdachts zugrunde. Man ist sich einig, dass soweit objektiv eindeutige Umstände vorliegen, eine Gleichbehandlung mit den Fällen der positiven Kenntnis konstruiert werden muss. In diesen Fällen ließe sich an der Außerachtlassung der inneren Sorgfalt insoweit anknüpfen, als das Nachdenken (bzw. Nachforschen) hier zumindest Zweifel an der Eigentümerstellung erbracht hätte. Geht der Erwerber aber ohne das Anstellen von weiteren Nachforschungen darüber hinweg, so liegt der Schluss auf eine Billigung der Folgen nahe. Insoweit scheint es gerechtfertigt, die „Bösgläubigkeit" zu vermuten.

---

788 Besonders *Morman*, WM 1966, 2 (9)

789 *Wiegand*, JuS 1974, 201 (208); ähnlich Soergel[13]/*Henssler*, §932 Rn 24

Man bewegt sich hier nun wieder im Bereich des *dolus eventualis*,[790] der bereits Gegenstand der Diskussion war. Hier wurde erkannt, dass er im Hinblick auf Wissensnormen ein eigener Anwendungsbereich zumindest zweifelhaft ist, da gerade kein kompensatorisches Willenselement beachtlich bleibt. Es bleibt folglich nur, die Vermutung des vorsätzlichen Handelns im Rahmen der groben Fahrlässigkeit zu verorten. Der BGH hat diese Vermutungsfunktion der grob fahrlässigen Unkenntnis selbst schon aufgenommen und für den Wertpapierhandel in der Nachkriegszeit formuliert, es spräche eine tatsächliche Vermutung für die Bösgläubigkeit des Erwerbers.[791] Es lässt sich also eine Auffangfunktion der groben Fahrlässigkeit hinsichtlich eines *dolus eventualis* erkennen.[792] *Mühl* hat hierzu konstatiert, dass in jenen Fällen meist eine Erkundigungspflicht und bei deren Unterlassung jedenfalls grobe Fahrlässigkeit vorliegen wird.[793] Zäumt man diese Ansätze nun von hinten auf, also ausgehend von der groben Fahrlässigkeit, führen sie auf den Vorsatzverdacht zurück. Liegen in solchen Fällen „Unsicherheiten" hinsichtlich der Eigentümerstellung vor, die jedem anderen vernünftigen Menschen zu Erkundigungen Anlass gegeben hätten, nimmt aber der Erwerber diese nicht vor, so wird er so behandelt als hätte er Kenntnis von der Nichtberechtigung. Denn handelt er trotz der objektiv offensichtlichen (leicht erkennbaren) „Unsicherheiten" ist es gerechtfertigt zu vermuten, dass er diese kennt und bewusst keine weiteren Nachforschungen anstellt. Betont wird zwar, dass es keinen Schluss vom *dolus eventualis* auf grobe Fahrlässigkeit

[790] Ganz in diesem Sinne hat auch schon *Reichel*, Grünhut's Zeitschrift 42 (1916), S. 173 (192) konstatiert, nicht die Kausalität, sondern die Schuld sei das Entscheidende. Die Bewusstseinslage würde sich in diesen Fällen geradezu als „Eventualwissen" darstellen. Er führt weiter (S. 195 ff.) sehr deutlich vor, wie die Praxis zu einer relevanten Bösgläubigkeit kommt: Einem objektiv bestimmten Zweifel des Erwerbers („Im Sinne des Verkehrsrechts zweifelt somit...derjenige, dessen Bewusstseinslage so geartet ist, dass ein verständiger Durchschnittsmensch in gleicher Lage den betreffenden Umstand weder für höchstwahrscheinlich, noch für ganz unwahrscheinlich halten würde."), schließt er die Feststellung an, dass eben jeder „Zweifler" ein „Eventualwisser" sei.

[791] BGH WM 1955, 1247 (1248)

[792] Erhellend ist in dieser Hinsicht auch die Diskussion um den alten Hehlereitatbestand des §259 StGB a.F.. Dieser ließ hinsichtlich dem nötigen Hehlereivorsatzes ausreichen, dass der Täter die rechtswidrige Herkunft der Sache kennt oder „den Umständen nach annehmen muss". Zwar erkannte man hierin teils eine Ausweitung des Tatbestandes auf fahrlässige Hehlerei. Überwiegend sah man aber in dieser Wendung eine beweisfreundliche Umschreibung des *dolus eventualis*. Vgl. *Vest*, Vorsatznachweis und materielles Strafrecht, S. 139 ff.; *Heimann-Trosien*, NJW 1952, 366 f.; *Birnbaum*, Die Leichtfertigkeit, S. 227 ff.. 1974 wurde die Norm vor allem aufgrund des Konfliktes mit der Unschuldsvermutung des Strafrechts (siehe die angegebenen Gründe in BT-Ds. 7/550, S. 253) aufgegeben. Bezeichnender Weise folgte den kritischen Anmerkungen hierauf eine Stellungnahme der Gesetzgebungskommission, die feststellte, dass, „wenn sich aufgrund äußerer Umstände dem Täter die Überzeugung von der strafbaren Herkunft der Sache aufdrängen muss, wird in aller Regel mittels eines Indizienbeweises, Vorsatz, zumindest bedingter Vorsatz, nachgewiesen werden können, ohne dass es einer gesetzlichen Erleichterung der Beweisführung bedarf." (BT-Ds. 7/1261, S. 19)

[793] Soergel[12]/*Mühl*, §932 Rn 11

durch Anscheinsbeweis gibt.[794] Ein solcher ist auch nicht gefragt,[795] da die Vermutung in die entgegengesetzte Richtung läuft.

Ganz in diesem Sinne konstatierte auch schon *Wendt*[796], dass man sich zur Bestimmung der groben Fahrlässigkeit beim Erwerb vom Nichtberechtigten stets die Annäherung an den Vorsatz vor Augen führen müsse und als Prüfstein gelte, ob nicht „wenigstens Verdacht oder gar Wahrscheinlichkeit des Wissens vorhanden ist, um darauf hin von grober Fahrlässigkeit zu sprechen". Ähnlich stellt nunmehr *Gursky*[797] auf „handgreifliche" Anhaltspunkte für die Nichtberechtigung des Verfügenden ab. Auch die Rechtsprechung hat die grobe Fahrlässigkeit schon bisher auffällig eng im Hinblick auf Vorsatz- bzw. Kenntnisverdacht ausgelegt, da sie oftmals bereits auf „offensichtliche" Verdachtsmomente abgestellt hat.[798]

3. Allgemeine Inhaltsbestimmung der groben Fahrlässigkeit bei einer tatbestandsmäßigen Gleichstellung mit der Kenntnis

Bisher machte man gegen eine Ausweitung der Kenntnis in die (grobe) Fahrlässigkeit hinein neben dem zweifelsohne schlagenden Wortlautargument weithin geltend, es bestehe die große Gefahr entgegen dem Willen des Gesetzgebers und der teleologischen Notwendigkeit das Tor zur einfachen Fahrlässigkeit zu öffnen.[799] Der Schlüssel zur Begrenzung dieses Risikos liegt in einer genauen Bestimmung des Sorgfaltsmaßstabs, der in den Fällen der Zurechnung von Kenntnis- oder Vorsatzverdacht anzulegen wäre.

Es wurde oben[800] erörtert, dass die bislang als einheitlich gültig bezeichnete Definition der groben Fahrlässigkeit als zweigeteilt angesehen wird, wobei der letzte Teil bereits den Vorsatzverdacht im Sinne der alten *culpa-lata*-Formel beinhaltet. Dieser wurde mangels allgemeiner Gleichstellung von Vorsatz und grober Fahrlässigkeit bisher als unbrauchbar betrachtet. Es wurde vorstehend

---

794 RGRK[12]/*Pikart*, §932 Rn 38

795 In dieser Hinsicht hat auch *Fassbender*, Innerbetriebliches Wissen und bankrechtliche Aufklärungspflichten, S. 191 den untauglichen Versuch von *Sallawitz*, Die tatbestandsmäßige Gleichstellung von grob fahrlässiger Unkenntnis mit Kenntnis, S. 54 ff. erkannt, Eventualvorsatz als Mittel zur Verringerung der subjektiven Anforderungen im Wissensbereich heranzuziehen.

796 *Wendt*, AcP 89 (1899), 1 (8), der im Anschluß den Vorwurf der *culpa lata* an der Einstellung des Erwerbers festmacht, der nach dem Satz handele, „was ich nicht weiß, macht mich nicht heiß".

797 *Westermann/Gursky*, Sachenrecht[7], §46 2 c, S. 376

798 BGH DAR 1966, 299: „..handgreifliche Anhaltspunkte...; BGH ZIP 2000, 146 (148): "...es ist nicht dargelegt, aus welchem Grund der Umstand (der fehlenden Berechtigung des Veräußerers) für den Beklagten offensichtlich gewesen sein könnte..."; KG Berlin, Schaden-Praxis 2002, 436: "...offenliegende, mühelos erkennbare Verdachtsgründe..";

799 Bereits *Wendt*, AcP 89 (1899), 1 (6 f.)

800 Siehe §6 II 2.

diskutiert und erkannt, dass jener Teil aber auch im Sinne des heutigen Anwendungsbereichs ausgelegt werden könnte, indem das Wörtchen „jeder" in der Definition als Umschreibung einer Reduzierung des Sorgfaltsmaßstabs im Vergleich zur einfachen Fahrlässigkeit angesehen werden könnte, gerade hier aber die Problematik der Abgrenzung zur einfachen Fahrlässigkeit aufflammt, da dann der Bereich des Vorsatzverdachtes verlassen werden muss. Es liegt aber nach dem Bisherigen auch klar, dass in der Praxis gerade aufgrund der Beweisproblematik hinsichtlich innerer Tatsachen ein bloßer Kenntnis- bzw. Vorsatzverdacht sanktioniert wird, der in materieller Hinsicht in der groben Fahrlässigkeit beheimatet ist. Es böte sich daher an, jedenfalls bei einer tatbestandsmäßigen Gleichstellung der Kenntnis mit der grob fahrlässigen Unkenntnis, die gängige Formel der groben Fahrlässigkeit in den Fällen, in denen Kenntnisverdacht zugerechnet werden soll, wieder in alter Tradition zu verstehen und auf ihren zweiten Teil zu reduzieren, der dann beim Wort genommen werden könnte.

Es müsste hierbei auf eine Erkennbarkeit im Höchstmaß abgestellt werden, welche als Offenkundigkeit oder Evidenz beschrieben werden kann, die einen Verdacht der tatsächlichen Kenntnis bzw. einer vorsätzlichen Unkenntnis tragen kann. Bereits angeklungen ist, dass aber auch das Merkmal der Offenkundigkeit oder Evidenz ein relatives ist, das der genaueren Inhaltsbestimmung anhand der Perspektive und des Vergleichsmaßstabes bedarf. Hierbei sollte auf die Verkehrskreisbildung der Fahrlässigkeit unmittelbar zurückgegriffen werden und die zu sanktionierende Offenkundigkeit objektiv-typisiert bestimmt werden. Im Rahmen der Auslegung der groben Fahrlässigkeit in den Wissensnormen ist bereits dargelegt worden, dass hier nur ein objektiver Maßstab der teleologischen Basis dieser Normen entspricht. Gleiches muss natürlich auch im Falle der Zurechnung von Kenntnisverdacht gelten.

Dies kann auch nicht durch den eigentlich subjektiven Ausgangsbegriff der Kenntnis in Frage gestellt werden. Einerseits wird, wie bereits[801] eingehend erläutert, der Kenntnisbegriff im Zivilrecht generell einer Objektivierung unterzogen. Andererseits würde gerade ein subjektiver Ansatz in der groben Fahrlässigkeit auch den zu gewinnenden Vorteil der leichteren Nachweisbarkeit und Zurechenbarkeit wieder völlig zu Nichte machen. Der Verdacht einer Kenntnis wird gerade aus einer objektiven Betrachtung gewonnen und durch diese getragen. Ein zusätzliches subjektives Element der groben Fahrlässigkeit lässt sich hier nicht vertreten, da die Berücksichtigung von individuellen Dispositionen einer Vermutung aus nachweisbaren äußeren Umständen den Boden entziehen würde.

Die strenge Auslegung der groben Fahrlässigkeit erst ab Evidenz würde in diesen Fällen eine ausreichende und vor allem bestimmbare Grenze zur einfachen Fahrlässigkeit schaffen.

---

[801] Siehe oben §7 I.

§9 Zwischenresümee

Die Rechtsbegriffe der „Kenntnis" und der (groben) „Fahrlässigkeit" finden in den Wissensnormen ihren Bezug in einem grundlegenden, aber unselbstständigen Verhaltensgebot zur „inneren Sorgfalt" im Hinblick auf ein im Prinzip des Vertrauensschutzes wurzelndes Gebot des Selbstschutzes.

Die objektivierende Tendenz des Zivilrechts verlangt grundsätzlich eine Zurechnung anhand eines objektiv-typisierten Fahrlässigkeitsbegriffs. Zudem folgt aus der telelogischen Basis der Wissensnormen die Notwendigkeit eines objektiven Maßstabs. Auch eine Steigerung der einfachen zur groben Fahrlässigkeit setzt nicht zwangsläufig ein zusätzlich subjektives Element in der Zurechnung voraus. In den Wissensnormen, denen die Regelung widerstreitenden Vertrauens aufgegeben ist, ist jedenfalls immer ein objektiver Maßstab geboten.

Die „Kenntnis" ist im allgemeinen ein unfunktioneller Rechtsbegriff, der in der Zivilrechtspraxis aufgrund der gegebenen Beweisschwierigkeiten zunehmend in Richtung grober Fahrlässigkeit aufgeweicht worden ist, was *de lege lata* klar im Konflikt mit dem Wortlaut der jeweiligen Normen steht. Greifbar ist in den Fällen allein ein Kenntnis- bzw. Vorsatzverdacht, der nur anhand der groben Fahrlässigkeit zurechenbar ist. Die grobe Fahrlässigkeit müsste hier dann eng im Sinne von Evidenz ausgelegt werden, die aus einer objektiv-typisierten Perspektive beurteilt werden müsste. *De lege lata* finden sich tatbestandsmäßige Gleichstellungen der Kenntnis mit der groben Fahrlässigkeit, in denen aber obige Auslegung auffallend stimmig erscheint.

Im neuen Verjährungsrecht hat nun der Gesetzgeber gerade den Schritt von der Kenntnis hin zu einer Gleichstellung mit der groben Fahrlässigkeit unternommen. Es fragt sich daher insbesondere, ob nicht die gefundene enge Auslegung der groben Fahrlässigkeit im neuen Verjährungsrecht anzuwenden ist.

Zweiter Teil:

Die tatbestandsmäßige Gleichstellung der Kenntnis und der grob fahrlässigen Unkenntnis im neuen Verjährungsrecht

§10 Die historischen, teleologischen und dogmatischen Grundlagen der Verjährung

Um die Rechtsbegriffe der Kenntnis und der groben Fahrlässigkeit im neuen Verjährungsrecht genauer beleuchten zu können, muss - wie schon im allgemeinen Teil - eine Ausgangsbasis geschaffen werden. Nur vor dem Hintergrund der teleologischen und dogmatischen Konzeption des Verjährungsrechts kann eine Inhaltsbestimmung der Begriffe stattfinden. In dieser Hinsicht ist die Frage zu beantworten, ob sich auch im Institut der Verjährung die im allgemeinen Teil herausgearbeiteten Strukturen der Wissensnormen finden lassen.

Zu Beginn scheint eine Betrachtung der rechtshistorischen Entwicklung des Verjährungsrechts gewinnbringend, da ersichtlich werden wird, dass zentrale Überlegungen auch heute noch Geltung beanspruchen.

I. Rechtshistorische Grundlagen des Instituts der Verjährung

1. In allgemeiner Hinsicht

Den Ausgangspunkt einer historischen Aufarbeitung des Verjährungsrechts bildet das klassische römische Recht. Es fällt zunächst ins Auge, dass es das Institut der Verjährung im römischen Recht nicht von vorneherein gab.[802] Ursprünglich galten sämtliche *actiones* als *actiones perpetuae*[803]. Erst im Rahmen der Rechtssetzung durch die Magistrate, dem sog. *ius honorarium*, entstanden einzelne *actiones*, die auf eine gewisse Ausübungszeit beschränkt waren.[804] Unter der allgemeinen Definition der Verjährung wurde jedoch zunächst nicht die Einrede der Verjährung verstanden, die wir als heutigen Verjährungsbegriff kennen. Denn ursprünglich stand die erwerbende Wirkung des Zeitablaufs im Vordergrund. Die sogenannte *usucapio* knüpfte an den widerspruchslosen Besitz einer Sache über eine bestimmte Zeitspanne hinweg den vollständigen Eigentumserwerb und entsprach daher der heutigen Ersitzung. *Unterholzner*[805] nannte

---

[802] *Windscheid/Kipp*, Lehrbuch des Pandektenrechts, Band I[9], §106, S. 548; *Peters/Zimmermann*, Gutachten, S. 113

[803] *Dernburg/Sokolowski*, System des Römischen Rechts, 1. Teil[8], §130, S. 268; *Ebihara*, Zeitschrift der Savigny-Stiftung, Roman. Abt., 110. Band, S. 602 (608). Als *actiones* wurden selbstständige, prozessuale Klagerechte bezeichnet.

[804] Zum Beispiel, waren die prätorischen Bußklagen innerhalb eines Jahres geltend zu machen. Auch die ädilizischen Sachmängelklagen waren auf eine Zeit von sechs Monaten beschränkt. Vgl. *Windscheid/Kipp*, Lehrbuch des Pandektenrechts, Band I[9], §106, S. 548; *Kaser*, Das römische Privatrecht, Zweiter Abschnitt[2], §199, S.71 f.; *ders.*, Das römische Privatrecht, Erster Abschnitt[2], §131, S. 559

[805] *Unterholzner*, Verjährungslehre, Band 1, S.32 ff.

als früheste belegte Quelle der *usucapio* die Zwölftafelgesetze[806]. Dagegen war eine aufhebende oder rechtsvernichtende bzw. rechtshemmende Wirkung der Verjährung bisweilen nur als flankierende Regelung zur *usucapio* bekannt und verfolgte von daher ursprünglich den Schutz des Besitzes. Diese sogenannte *praescriptio longi temporis* stellte klar, dass nach Ablauf einer Verjährungszeit, die zunächst parallel zur Ersitzungsfrist 40 Jahre betrug und erst später kraft Gewohnheitsrecht auf 30 Jahre reduziert wurde,[807] selbst der Eigentümer der Sache den während dieser Zeit unumstrittenen Besitzer nicht mehr mit Herausgabeansprüchen sollte behelligen können.[808] Im Jahre 424 n. Chr. erweiterte ein Edikt des Theodosius II. den Anwendungsbereich der *praescriptio longi temporis* auf alle *actiones*. Dieses Edikt wird von weiten Teilen der rechtshistorischen Betrachtungen des Verjährungsrechts letztlich als die eigentliche Geburtsstunde des Instituts der Verjährung bezeichnet.[809]

Im deutschen Recht finden sich bis zur Zeit der Rezeption des römischen Rechts nur wenige Spuren eines Verjährungsrechts. Neben dem Grundsatz „Hundert Jahre Unrecht war keine Stunde Recht“[810], war etwa ab dem 13. Jahrhundert das Institut der „Verjährung von Jahr und Tag“[811] bzw. der „Verschweigung“ bekannt, das in ihrem Regelungsanliegen mit dem ursprünglichen sachenrechtlichen Ansatz des römischen Verjährungsrechts gleichgesetzt werden kann und ebenfalls den Besitzer einer Sache gegen die verspätete Inanspruchnahme durch den Eigentümer, aber auch sonstigen Dritten schützen sollte. Vereinzelt wurde auch die sogenannte „unvordenkliche Verjährung“ aus älterem deutschen Gewohnheitsrecht abgeleitet.[812] Sie regelte sowohl Fälle der Ausübung als auch der Nichtausübung eines Rechts. Insoweit soll ein Zustand, der seit Menschengedenken bestanden hat, rechtlich nicht mehr anfechtbar sein, wobei dem Institut daher einerseits rechtsmindernde, andererseits aber auch rechtsbegründende Kraft zukommen kann. Als Frist wird auf einen Zeitraum

---

[806] Ca. 450 v.Chr.

[807] *Peters/Zimmermann*, Gutachten, S. 113

[808] Später, nachdem im Corpus iuris für die Ersitzung vor allem von beweglichen Sachen und Grundstücken kürzere Fristen (drei und 10 bzw. 20 Jahre) galten, behielt die 30-jährige Frist im Rahmen einer darüber hinaus möglichen außerordentlichen Ersitzung, für die ein ordentlicher Erwerbsgrund nicht notwendig war, ihre Geltung. Sie wurde nunmehr *longissimi temporis praescriptio* genannt (C. 7, 39, 8, 1). Diese Frist ist zudem als Ausgangspunkt der langen Tradition einer 30 – jährigen allgemeinen Verjährungsfrist anzusehen. Vgl. hierzu *Peters/Zimmermann*, Gutachten, S. 113

[809] *Windscheid/Kipp*, Lehrbuch des Pandektenrechts, Band I[9], §106, S. 548, insbes. Fn 2; *Dernburg/Sokolowski*, System des Römischen Rechts, 1. Teil[8], §130, S. 269; *Oetker*, Die Verjährung, S. 20; *Peters/Zimmermann*, Gutachten, S. 112; *Danco*, Die Perspektiven der Anspruchsverjährung in Europa, S. 32

[810] *Graf/Dietherr*, Deutsche Rechtssprichwörter[2], S.95; *Zimmermann*, JZ 2000, 853 (854)

[811] *Unterholzner*, Verjährungslehre, Band 1, S. 67, 72 f.; *Hübner*, Grundzüge des deutschen Privatrechts[5], §1, S. 16 f.

[812] Zum Ganzen: *Windscheid/Kipp*, Lehrbuch des Pandektenrechts, Band I[9], §113, S. 580, wo dagegen für eine Herleitung aus kanonischem und römischem Recht plädiert wird.

abgestellt, der am Erinnerungsvermögen einer Generation festmacht, das wenigstens 40 Jahre zurückreichen soll.[813] Rechtstechnisch soll diesem Institut aber nur eine beweisrechtliche Funktion im Sinne einer widerleglichen Vermutung zukommen.[814]

Vor allem *v. Savigny*[815] wird es zugeschrieben, die systematische Trennung der beiden unterschiedlichen Verjährungswirkungen vorangetrieben zu haben und den engen, aufhebenden Verjährungsbegriff, der im heutigen Rechtsverständnis vorherrscht, als eigenes Rechtsinstitut etabliert zu haben.[816] Seiner Idee zu Folge wird im geltenden Recht des BGB die erwerbende Verjährung als Ersitzung im Sachenrecht geregelt.

Mit dem Einzug des materiell-rechtlichen Anspruchsbegriffs, der das materielle Recht aus seiner prozessualen Einkleidung löste und zuerst von *Windscheid*[817] als Anknüpfungspunkt der Verjährung gesehen wurde, wandelte sich auch das Verständnis des Verjährungsrechts. Denn bis zu diesem Zeitpunkt war die Verjährung nach Vorbild des römischen Rechts als rein prozessuales Institut ausgestaltet, das an den Eintritt der sogenannten Klageverjährung als Rechtsfolge die Unzulässigkeit der Klage band.

Bekanntlich folgte das BGB sowohl der *Windscheid`schen* Konzeption einer Anspruchsverjährung, als auch der von *v. Savigny* beschriebenen Trennung der erwerbenden und aufhebenden Rechtsfolgen des Zeitablaufs. Denn einerseits lege der Ausdruck der Klageverjährung das Missverständnis nahe, dass das spezifische Moment der Klagebefugnis den Gegenstand der Verjährung bilde, die Verjährung sich aber nicht gegen die prozessuale Zuständigkeit der gerichtlichen Verfolgung richte, sondern gegen die Berechtigung selbst. Andererseits seien auch die Rechtsbildungen der ursprünglich unter dem Terminus der Verjährung verstandenen Institute so verschieden, dass eine einheitliche Behandlung nicht gestattet sei.[818]

Letztlich ist aber zu konstatieren, dass sich ein einheitlicher historischer und gar rechtsgebietsübergreifender Ausgangspunkt eines allgemeinen Instituts der Verjährung nicht ausmachen lässt. Schon *Unterholzner*[819] hat insoweit festgestellt, dass sowohl dem römischen, als auch dem kirchlichen und einheimischen Recht der Begriff einer bei allen Rechten und Rechtsverhältnissen eintretenden Ver-

---

[813] Das BGB hat dieses Institut nicht übernommen, wenngleich sie in den vom EGBGB dem Landesrecht vorbehaltenen Materien weiterbesteht; Vgl. Staudinger[13](2001)/*Peters*, Vorbem zu §§194 ff. Rn 36

[814] *Dernburg/Sokolowski*, System des Römischen Rechts, 1. Teil, §129, S. 267; Staudinger[13](2001)/*Peters*, Vorbem zu §§194 ff Rn 36

[815] *v. Savigny*, System des heutigen römischen Rechts, Band 4, S. 309 ff.

[816] *Coing*, Europäisches Privatrecht, Band 2, §45, S. 281 f.

[817] *Windscheid*, Die Actio des römischen Civilrechts, S. 37 ff.

[818] *Mugdan*, Materialien, Band 1, Motive, S. 511 f.

[819] *Unterholzner*, Verjährungslehre, Band 1, S. 90 ff.

jährung völlig fremd ist.[820] Zuletzt hat *Oetker*[821] darauf hingewiesen, dass die bisherigen Erkenntnisse eher auf eine unterschiedlich verlaufende und zusammenhanglose Dogmengeschichte hindeuten. Dass nun im alten deutschen Recht vor der Rezeption nur Fragmente eines Verjährungsrechts existierten, mag noch nicht einmal verwundern. Doch dass auch das römische Recht für Klagen zunächst keine Verjährungsfristen vorsah,[822] macht vor allem deutlich, dass ein rechtsbeschränkendes Institut wie die Verjährung kein Faktum der Rechtswirklichkeit ist, sondern gerade wegen seines in Teilen auch enteignenden[823] Wesens schon damals eine Abwägung der zu berücksichtigenden Interessen als notwendig erscheinen ließ.

2. In besonderer Hinsicht auf ein Kenntnis- bzw. Erkennbarkeitskriterium

Im Rahmen der erkannten Notwendigkeit eines Interessensausgleichs gab es aber bereits im römischen Recht Ansätze[824] dies rechtstechnisch auch anhand einer differenzierten Bestimmung des Verjährungsbeginns umzusetzen.

Grundsätzlich folgerte später zwar die gemeinrechtliche Literatur aus den römisch-rechtlichen Vorgaben einen objektiven Verjährungsbeginn, der, in Tradition der prozessualen Ausgestaltung der Verjährung, an die Entstehung des Klagerechts anknüpfte.[825] Vor allem aber die Frist der einjährigen oder noch kürzeren Verjährung der sogenannten prätorischen und aedilizischen Klagerechte[826] sollten *utiliter* berechnet werden,[827] was zur Folge hatte, dass der Beginn der Frist, dessen Art der Berechnung *tempus utile* genannt wurde, erst mit „billiger Rücksicht" auf die Zeit angenommen wurde, in der eine Klage für den Gläubiger aufgrund bestimmter Gründe nicht möglich war. Es wurde hierbei,

---

820 Ebenso *Windscheid/Kipp*, Lehrbuch des Pandektenrechts, Band I[9], §106, §105, S. 545 Fn 6

821 *Oetker*, Die Verjährung, S.20 f.

822 *Kaser*, Das römische Privatrecht, Zweiter Abschnitt[2], §199, S.71

823 *v. Bar*, Gemeineuropäisches Deliktsrecht, Band II, §5, S. 591 Rn 554; *Mansel/Budzikiewicz*, Das neue Verjährungsrecht, §1 Rn 54 ff.; Staudinger[13](2001)/*Peters*, Vorbem zu §§194 ff Rn 8; BVerfGE 68, 193 (222); BVerfGE 37, 140 ff.

824 Im wesentlichen wurden aber die Verjährungsfristen als *tempus continue* berechnet und ein Beginn der Frist an objektiven Umständen, meist der Entstehung des Rechts bzw. der Beginn des Besitzes festgemacht.

825 *Dernburg/Sokolowski*, System des Römischen Rechts, 1. Teil[8], §131, S. 269; *Windscheid/Kipp*, Lehrbuch des Pandektenrechts, Band I[9], §107, S.551 f., Fn 3; umstritten war dabei aber bereits, wann ein Klagerecht entstehen sollte. Häufig wurde auf den Zeitpunkt der Rechtsverletzung abgestellt, der aber wiederum nicht eindeutig bestimmt werden konnte.

826 Siehe oben Fn 805

827 *Dernburg/Sokolowski*, System des Römischen Rechts, 1. Teil[8], §78, S. 156 f.; *Windscheid/Kipp*, Lehrbuch des Pandektenrechts, Band I[9], §104, S. 541

teils gleich unseren heutigen Hemmungstatbeständen, nicht per se jeder Grund, der die Ausübung des Rechts verhindert hat, als rechtlich relevant erachtet. Neben tatsächlichen, objektiven Verhinderungsgründen wie die Unmöglichkeit der Rechtsverfolgung wegen „feindlicher Gefangenschaft“(!), Untätigkeit der Gerichte oder wegen des Verweilens des Gläubigers im Ausland und der „Verhinderung an der Heimkehr durch Stürme“(!), wurde es auch als Hindernis angesehen, wenn man „mit seinem Rechte unbekannt ist“[828].

Gerade ob der prozessualen Ausgestaltung der Verjährung ist die Bestimmung des Verjährungsbeginns *utiliter* mit dem im römischen Recht als *in integrum restitutio* bekannten Institut der Wiedereinsetzung in den vorigen Stand hier zusammen zu nennen.[829] Soweit die Frist[830] nicht *utiliter*, sondern *continue* zu bestimmen war, konnte man die Unzulässigkeit der Klage infolge Fristablaufs insbesondere dann abwenden, wenn man geltend machte, etwa aufgrund Minderjährigkeit, Zwangs, Betrugs oder eben auch Irrtums[831] nicht zur Erhebung der Klage befugt oder in der Lage gewesen zu sein.[832] Insoweit galt für den praktisch wichtigen Fall des Minderjährigen nach Erreichen der Volljährigkeit ein *annus utilis*[833] als zusätzliche Frist, seine Ansprüche zu verfolgen. In dieser Frist sah man eine Nachforschungspflicht für den Volljähriggewordenen begründet, ob er in den Jahren der Minderjährigkeit einen Rechtnachteil erlitten hat, den er nun ausgeglichen haben möchte.[834] Nutzte er diese Frist nicht, um das notwendige Wissen zu erlangen, so lag keine ausreichende, rechtlich relevante Unkenntnis vor, die zu einer *restitutio* führen konnte.[835]

Auch im Kaufrecht wurde betreffend der Wandelungsklage, der sog. *actio redhibitoria* und der Minderungsklage, der sog. *actio quanti minoris*, für die

---

[828] *Windscheid/Kipp*, Lehrbuch des Pandektenrechts, Band I[9], §104, S. 542 Fn 6; *Unterholzner*, Verjährungslehre, Band 1, S. 284

[829] *Peters/Zimmermann*, Gutachten, S. 252, 308 erkennen eine Querverbindung des Instituts der Wiedereinsetzung in den vorigen Stand nach §233 ZPO und der materiellen Ausgestaltung einer beachtlichen Hinderung an der Geltendmachung eines Rechts, wie sie vor allem im Begriff der „höheren Gewalt“ normiert ist, auch für das heutige Recht und plädieren dafür, beide Institute zu harmonisieren. Hiergegen betont *Schmidt-Räntsch*, Das neue Verjährungsrecht, S. 60 f. Rn 190 ff. die Unterscheide zwischen dem prozessualen und materiellen Regelungsanliegen.

[830] Die Wiedereinsetzung war jedoch nicht möglich gegen die langen 30- und 40-jährigen Fristen. *Windscheid/Kipp*, Lehrbuch des Pandektenrechts, Band I[9], § 115, S. 588

[831] Wobei für den Irrtum hier nur ein sehr enger Anwendungsbereich im Erbrecht verblieb. Ansonsten wurde aber erkannt, dass der Irrtum keine Bedeutung erlangen dürfe, da sonst das Institut der Verjährung einer großen Teil ihres Nutzens verlieren würde. Vgl. hierzu *Windscheid/Kipp*, Lehrbuch des Pandektenrechts, Band I[9], §118, S. 595 und §119, S. 598 Fn 16

[832] *Windscheid/Kipp*, Lehrbuch des Pandektenrechts, Band I[9], §116, S. 589

[833] Seit der justinianischen Reform galt dann nicht mehr ein Jahr, sondern ein sog. *quadriennium continuum*, also ein Zeitraum von vier Jahren. *Windscheid/Kipp*, Lehrbuch des Pandektenrechts, Band I[9], §120, S. 600 Fn 10

[834] *Unterholzner*, Verjährungslehre, Band 2, §153, S. 14

[835] Dieser Gedanke des Minderjährigenschutzes liegt, überführt ins materielle Recht, dem heutigen §210 (§204 a.F.) BGB zugrunde.

eine kurze 6-Monatsfrist bzw. 12-Monatsfrist galt,[836] in einem Fragment von *Papian*[837] der Beginn der Verjährungsfrist von Erkennbarkeit des Klagerechts, sprich des diesem zugrundeliegenden Mangels der Kaufsache abhängig gemacht.[838]

Die *utiliter*-Berechnung der Verjährungsfrist führte jedoch besonders im gemeinen Recht zu Kontroversen, um deren Brauchbarkeit. Denn es wurde die Gefahr durchaus erkannt, dass diese Berechnungsweise eine ungebührliche Verlängerung der Frist zur Folge haben könnte.[839] Im Lichte dessen war es in der gemeinrechtlichen Literatur umstritten, welche Ausprägung eine *utitliter*-Berechnung erhalten sollte. Vor allem die Unkenntnis seines Rechts sollte überwiegend keine Tatsache sein, die einen grundlegenden Dispens der Wirkungen des Zeitablaufs für den Gläubiger unter allen Umständen herbeiführte. Nicht jede Unkenntnis sei als rechtlich erheblich zu behandeln. Denn „wenn die Lage der Dinge so ist, dass man bei gehöriger Sorgfalt sich diese Bekanntheit hätte erwerben können, so ist billig eine Ausnahme zu machen“[840]. Diese Ansicht *Unterholzners* zeigt bereits, dass im gemeinen Recht die Unkenntnis meist dann beachtlich sein sollte, wenn sie nicht auf eine Nachlässigkeit des Gläubigers hindeutete. Das RG vertrat zur Unkenntnis des Käufers vom Mangel als Fall des *tempus utile* die Auffassung, dass die Frist erst laufe, wenn der Käufer den verborgenen Fehler der Sache entdeckt hat, also von der Zeit seines Wissens an, sofern ihm nicht der Vorwurf gemacht werden kann, dass das Nichtentdecken des Fehlers auf einem groben Verschulden beruhe.[841] Die wohl herrschende Meinung in der pandektischen Literatur erkannte die Unkenntnis als rechtlich relevant, die auf einem entschuldbaren Irrtum beruht.[842] Bereits im PrALR[843] galt die entschuldbare Unkenntnis allgemein als Hemmungsgrund für die Verjährungsfrist. Dagegen vertrat *v. Savigny* die Auffassung, ein Irrtum könne nur dann beachtlich werden, wenn der Gläubiger beweisen könne, derselbe sei besonders schwer zu entdecken gewesen. Ansonsten müsse er grundsätzlich unbeachtet bleiben.[844]

Im PrALR findet sich auch erstmals eine Regelung zum subjektiven Verjährungsbeginn im Deliktsrecht und einer unabhängig von der Kenntnis ablau-

---

[836] Ulp D. 21, 1, 19, 6

[837] D. 21.1.55 Pap. 12 resp.

[838] Zur Problematik eines subjektiven Verjährungsbeginns im Gewährleistungsrecht und zur rechtspolitischen Entscheidung des Gesetzgebers siehe unten Fn 1071

[839] Vgl. *v. Savigny*, System des heutigen römischen Rechts, Band 4, S. 435; *Spiro*, FS für Lewald, S. 585 (595)

[840] *Unterholzner*, Verjährungslehre, Band 2, §153, S. 14

[841] RGZ 21, 162 (164)

[842] *Windscheid/Kipp*, Lehrbuch des Pandektenrechts, Band I[9], §104, S. 542

[843] §§516 ff., 512 ff. I 9 Preußisches Allgemeines Landrecht (= PrALR)

[844] *Windscheid/Kipp*, Lehrbuch des Pandektenrechts, Band I[9], §104, S. 542 Fn 7 mit weiterem Verweis auf Möglichkeiten der Beachtung des Irrtums außerhalb des gesetzlichen *tempus utile*.

fenden Maximalfrist. §54 PrALR I.6 lässt für Klagen aus Delikt die dreijährige Verjährungsfrist in dem Zeitpunkt anlaufen, nachdem „das Dasein und der Urheber desselben zu seiner (des Gläubigers) Wissenschaft gelangt" sind. §55 PrALR I.6 „deckelt" diese Frist indem er regelt, dass es auf den Zeitpunkt der erlangten Wissenschaft nicht weiter ankommt, wenn seit dem Zeitpunkt der Schadenzufügung dreißig Jahre verflossen sind.[845] Die Motive zum BGB[846] berufen sich nun explizit auf diese Regelung als Vorbild der Verjährungsregelung in §852 BGB a.F., deren Zustandekommen jedoch nur schwer aus den römischrechtlichen Vorgaben herzuleiten ist. Denn das römische Recht kannte grundsätzlich keine solche kurze Verjährungsfristen in Bezug auf Schadensersatzansprüche.[847]

Die Sichtweise einer unbeachtlichen Unkenntnis, soweit sie auf vorwerfbare Nachlässigkeit beruht, kann insoweit auch mit dem damaligen teleologischen Verständnis der Verjährung in Verbindung gebracht werden. Dem Institut der Verjährung lag im gemeinen Recht ein gewisser Sanktions- und Strafgedanke *(poena neglegentiae)* zugrunde[848], der es rechtfertigte, dem nachlässigen Gläubiger sein Recht zu nehmen. Von daher erscheint es nachvollziehbar, dass eine solche Rechtsfolge nur dann haltbar sein konnte, wenn dem Gläubiger ein persönlicher Vorwurf zu machen war.

V. Savigny betonte dann aber nachdrücklich den notwendig objektiven Charakter des Verjährungsrechts, da die „wohltätige Wirkung" der Verjährung ansonsten sehr stark beeinträchtigt würde.[849] Er sprach sich für einen rein an äußeren Merkmalen festzumachenden Beginn der Verjährung aus. Die widerstreitenden Interessen müssten daher typisiert abgewogen werden, wobei als Rechtfertigung der Verjährung schon die Annahme ausreiche, dass der Gläubiger „meist den Vorwurf der Nachlässigkeit verdiene, wenn er die Verjährung, sey es auch aus Unbekanntschaft mit der Verletzung, ablaufen lässt"[850].

Eine solch objektive Ansicht setzte sich auch bei den Beratungen zum BGB durch, da sich der Aspekt, dass die beim Gläubiger zu vermutende Nachlässigkeit als Rechtfertigung der Verjährung ausreiche, auch in den Motiven zum BGB wiederfindet. Insoweit lag der Verjährungsregelung des BGB die Auffassung zugrunde, dass eine Aufweichung der objektiven Parameter der Verjährung schon angesichts der Länge der Fristen nicht angezeigt sei, da sämt-

[845] *Hattenauer* (Hrsg.), Allgemeines Landrecht für die Preußischen Staaten von 1794³, S.92

[846] *Mugdan*, Materialien, Band 2, Motive, S. 742

[847] *Windscheid/Kipp*, Lehrbuch des Pandektenrechts, Band I⁹, §110, S.570 Fn 4

[848] Siehe Fn 855

[849] *v. Savigny*, System des heutigen römischen Rechts, Band 3, S. 408 f.

[850] *v. Savigny*, System des heutigen römischen Rechts, Band 3, S. 409

liche Fristen so bemessen seien, dass im Laufe dieser Zeit typischer Weise mit der Kenntnis des Gläubigers zu rechnen sei.[851]

Festzuhalten bleibt, dass im römischen Recht die Unkenntnis seines Rechts für den Gläubiger an und für sich keine grundsätzlich beachtliche Tatsache war, um den Beginn bzw. den Lauf der Verjährungsfrist zu beeinflussen. Vorausgesetzt werden musste, dass die Erlangung der Kenntnis aus besonderen Gründen nicht möglich oder zumindest nicht zu verlangen war. Nur dann konnte man sagen, dass eine *causa* und *justa ingnorantiae* vorhanden ist.

Solange man die Verjährung als Strafsanktion gegen einen nachlässigen Gläubiger sah, kam man konsequenter Weise zur Auffassung, die Unkenntnis dürfe nicht auf einer vorwerfbaren Nachlässigkeit beruhen. Im Lichte *v. Savigny's* objektiven Verständnis, verlor sich dann die normierte Beachtlichkeit der Unkenntnis des Rechts im Verjährungsrecht bis auf die Regelung der Deliktsverjährung in §852 Abs.1 BGB a.F. und die Fragmente, die sich im Begriff der „höheren Gewalt" des §203 Abs. 2 BGB a.F. finden lassen. Hierauf wird später noch zurück zu kommen sein.

II. Die teleologischen Grundlagen des Instituts der Verjährung

Wie vorstehende Ausführungen schon andeuten, mündet die Aufarbeitung der Geschichte der Verjährung unmittelbar in einer Auseinandersetzung mit ihrer Ratio. Zwar besteht seit jeher das Bedürfnis nach einer Rechtfertigung des Instituts. In diesem Sinne legten auch die Motive zum Allgemeinen Teil des BGB klar, dass die Verjährung nur ein „Mittel zum Zweck" ist und kein „Selbstzweck"[852] sein kann. Doch gilt damals wie heute, dass die Verjährung nicht auf eine einzige rechtfertigende Überlegung gestützt werden kann, da die mit der Verjährung verfolgten Ziele teilweise widerstreitend sind. Schon die Tatsache, dass die römischen Gesetze und *constitutiones*, die eine Verjährung regelten, meist für sich standen und die erwähnten Zwecke ihnen nicht eindeutig zu entnehmen waren und sind,[853] deutet darauf hin, dass zur Rechtfertigung der Rechtswirkung der Verjährung eine Abwägung der konfligierenden Interessen des Schuldners und des Gläubigers vorzunehmen ist.

---

[851] *Mugdan*, Materialien, Band 1, Motive, S. 526

[852] *Mugdan*, Materialien, Band 1, Motive, S. 512

[853] *Ebihara*, Zeitschrift der Savigny-Stiftung, Roman. Abt., 110. Band, S. 602 (608)

In der Zeit der Rezeption bewegte sich die Diskussion im Wesentlichen um die Aspekte des Strafzwecks gegenüber einem nachlässigen Gläubiger[854], des Schutzes des Beklagten[855] und der (öffentlichen) Rechtssicherheit. Die *poena neglegentiae* beherrschte zunächst diese Auffassungen, wenn auch teils durch andere Aspekte überlagert. (Objektiver) Schuldnerschutz und (subjektiver) Strafzweck wurden doch alsbald, wie eben geschildert, als gegenläufig erkannt.

Im Zuge dessen hat *v. Savigny*[856] die Ratio des Instituts der zivilrechtlichen Verjährung näher beleuchtet. Seine Erkenntnisse und Thesen werden nach wie vor[857] als „repräsentativ"[858] angesehen. Als allgemeinsten und entscheidendsten Grund für ein Institut der Verjährung sah *v. Savigny* das Bedürfnis, „die an sich ungewissen, des Streites und des Zweifels empfänglichen, Verhältnisse des Rechts und des Vermögens dadurch festzustellen, dass die Ungewissheit in gewisse Zeitgrenzen eingeschlossen wird". Der zweite Grund läge in der „Präsumtion der Tilgung desjenigen Rechts, welches durch die Klage verfolgt werden soll". Als drittes weist zwar auch *v. Savigny* auf die Strafzwecke gegenüber einem nachlässigen Gläubiger hin, lässt diese aber nicht zu einem positiven Grund für die Verjährung erwachsen, sondern sieht darin nur eine Rechtfertigung gegen den Vorwurf der Härte und Ungerechtigkeit. Weiterhin beruft er sich auf die Notwendigkeit, die „einseitige Macht" des Klägers zu beschränken, der durch lange Verzögerungen der Klageaufstellung die Verteidigung des Beklagten zu erschweren im Stande ist. Schließlich nennt er die Verminderung der Prozesse, die aber nur insofern als echter Zweck der Verjährung gelten soll, als durch die Verjährung viele sowieso unbegründete Klagen ohne große Mühe abhalten bzw. sogar einer ungerechten Verurteilung wegen fehlender Beweise vorgebeugt würde.[859]

Auch das moderne Verjährungsrecht folgert seinen Sinn und Zweck im wesentlichen aus den gleichen Wertungsgrundlagen heraus, die einerseits private Interessen, andererseits aber auch ganz wesentlich öffentliche Interessen zum Ge-

---

[854] *Guyet,* AcP 11 (1828), S. 62 (68): „Berücksichtigt man hierbei, dass Justinian...in der Regel seinen Constitutionen die Gründe vorausschickt, welche ihn zu deren Erlassung bewogen haben...und dass er hier ausdrücklich die *desidia* als den Beweggrund nennt, so leidet die Behauptung, dass nur die zu bestrafende Nachlässigkeit einer zur Klage berechtigten Person die Ursache der Einführung der Verjährung gewesen sei, wohl keinen Zweifel mehr."

[855] *Vermehren,* Zeitschrift für Civilrecht und Prozeß 2 (1829), S. 319 (328 f.): „Unsere Gesetze selbst geben augenscheinlich zu erkennen, dass es ihnen um einen Schutz und die Sicherheit des Beklagten und nicht um die Strafe des Gläubigers zu thun war."

[856] *v. Savigny,* Das System des heutigen römischen Rechts, Band 5, S. 267 ff.

[857] Vgl. nur *Oetker,* Die Verjährung, S.33; *Mansel,* Die Reform des Verjährungsrechts, in: Ernst/ Zimmermann (Hrsg.), Zivilrechtswissenschaft und Schuldrechtsreform 2001, S. 333 (342)

[858] *Peters/Zimmermann,* Gutachten, S. 112

[859] *Peters/Zimmermann,* Gutachten, S. 112

genstand haben sollen[860]. Bis heute hat sich jedoch kein allgemeingültiger Rechtfertigungsansatz herausgebildet, so werden Sinn und Zweck der Verjährung immer noch als „nicht unproblematisch“[861] angesehen.

1. Nichtschuldnerschutz

Als wichtigste Funktion wird überwiegend[862] und vor allem auch von der Gesetzesbegründung zum neuen Verjährungsrecht[863] der Schutz des Schuldners vor nicht bestehenden Forderungen genannt. Dieser ist deshalb nötig, da es der Gläubiger in der Hand hat, den Zeitpunkt der Inanspruchnahme des Schuldners zu bestimmen. Wie schon die Motive zum BGB aus dem Jahre 1899 auf den Punkt formulieren, gilt es die „verdunkelnde Macht der Zeit“[864], die sonst für den Gläubiger streiten würde, zu begrenzen. Denn soweit der Gläubiger die anspruchbegründenden Tatsachen beweisen kann, trifft es den Schuldner, der bis dahin unbehelligt war und noch keine Vorsorge gegen eine Inanspruchnahme, z.B. in der Sicherung etwaiger entlastender Beweistatsachen, getroffen hat, die Beweissituation so hinzunehmen, wie sie nun im Zeitpunkt der Inanspruchnahme besteht. Dieses Ungleichgewicht gilt es zu relativieren, indem man der Zeit nur eine durch den Einwand der Verjährung begrenzte Angriffsfläche zur „Verdunkelung“ bietet.

2. Schuldnerschutz

Die Verschlechterung der Beweislage[865] betrifft aber ebenso den tatsächlichen Schuldner. So war in den Motiven zum BGB[866] insbesondere die Verkürzung der regelmäßigen Verjährungsfrist im Lichte dieses Zweck betrieben worden.

---

860 Vgl. vorerst nur Palandt[62]/*Heinrichs* Überbl v §194 Rn 9 m.N. zur höchstrichterlichen Rspr.; BGH NJW-RR 93, 1060; BGHZ 59,74

861 *Larenz*, Allg. Teil[7], §14, S. 253

862 *Mansel*, Die Reform des Verjährungsrechts in: Ernst/Zimmermann (Hrsg.), Zivilrechtswissenschaft und Schuldrechtsreform, 2001, S. 333 (342); *Oetker*, Die Verjährung, S.37 f.; *Zimmermann*, JZ 2000, 853; BMJ (Hrsg.), Abschlußbericht der Kommission zur Überarbeitung des Schuldrechts, 1992, S. 34

863 Vorbemerkung der RegBegr zu §§195 bis 197 abgedruckt in: Canaris (Hrsg.), Schuldrechtsmodernisierung 2002, S. 607 ff.

864 *Mugdan*, Materialien, Band 1 Motive S. 512

865 Zu diesem wichtigen Grund für die Verjährung vgl. Soergel[13]/*Niedenführ*, Vor §194 Rn 2; Soergel[13]/*Niedenführ*, Band 2a, Vor §194 Rn 3; Staudinger[13](2001)/*Peters*, Vorbem zu §§194 ff Rn 5; Bamberger/Roth/*Henrich*, §194 Rn 2; *Peters/Zimmermann*, Gutachten, S. 104

866 *Mugdan*, Materialien, Band 1, Motive, S. 516

Vor allem bei §196 BGB wurde dies deutlich, da dieser die täglichen Geschäfte des Lebens abdecken sollte, die für sich genommen zahlreich und eher unbedeutend sind. Gerade deshalb hätten die Beteiligten diese in der Regel bald vergessen. Beweise, wie Quittungen werden selten geschaffen oder letztlich selten aufbewahrt, so dass eine Verdunkelung schon in kurzer Zeit eintritt.

Die Kommission zur Überarbeitung des Schuldrechts berücksichtigt neben der Verschlechterung der Beweislage zuungunsten des Schuldners in ihrem Abschlußbericht auch, dass der Schuldner möglicherweise infolge Zeitablauf selbst Regressmöglichkeiten gegen einen Dritten verloren hat, sei es aufgrund tatsächlicher Schwierigkeiten, wie die eingetretene Zahlungsunfähigkeit, oder rechtlicher Hinderungsgründe, wie seinerseits das Eintreten der Verjährung[867]. Zwar gehen die Motive zum BGB - in der Tradition *v. Savignys* - davon aus, dass derart spät geltend gemachte Ansprüche nach der Lebenserfahrung regelmäßig von vorneherein „innerlich unbegründet oder bereits erledigt"[868] sind. Die Berücksichtigung des möglichen Verlusts der Regressmöglichkeiten zugunsten des Schuldners beleuchtet aber schon die andere, problematischere Seite des Schuldnerschutzes. Stehen dem Schuldner begründete Ansprüche entgegen, so ist er aus kaufmännischer Sicht gehalten, Rückstellungen zur Abdeckung dieser Anspruchsrisiken zu bilden und sich insoweit für eine Inanspruchnahme bereit zu halten.[869] Ohne dem Institut der Verjährung wäre der Schuldner nun auf ewig mit dem Risiko der Inanspruchnahme belastet, für das er Vorsorge zu treffen hätte. Seine Dispositionsfreiheit wäre, was die anderweitige Verwendung seines Kapitals anbelangt, verkürzt und würde sich mit stetiger Teilnahme am Rechtsverkehr und den dadurch gegebenen Haftungsrisiken fortschreitend weiter verkürzen. Das Institut der Verjährung soll diesen Effekt bereinigen, wobei dies bei einer regelmäßigen Verjährungsfrist von 30 Jahren, wie sie im alten §195 BGB galt, kaum greifbar war. Nur bei den kurzen, insbesondere bei den Gewährleistungsfristen konnte der Zweck als Argument tatsächlich herhalten. Im neuen Recht, das in § 195 BGB n.F. eine kurze dreijährige Regelverjährung normiert, tritt das Ziel des Dispositionsschutzes nun aber deutlicher und realisierbarer hervor.

Der Einwand der Verjährung zugunsten des Schuldners muss von daher notwendiger Weise auch im Falle begründeter oder gar unstreitiger Ansprüche berechtigt sein.[870] Deshalb trifft er die Gläubiger unterschiedlich hart. Hat tatsächlich gar kein Anspruch bestanden, so kann es für den betroffenen vermeintlichen Gläubiger keine rechtlich einschneidende Wirkung haben, keine Chance

---

[867] BMJ (Hrsg.), Abschlußbericht, S. 35

[868] *Mugdan*, Materialien, Band 1, Motive, S. 512

[869] Vgl. Staudinger[13](2001)/*Peters*, Vorbem zu §§194 ff Rn 5

[870] *Mansel*, Die Reform des Verjährungsrechts in: Ernst/Zimmermann (Hrsg.), Zivilrechtswissenschaft und Schuldrechtsreform, 2001, S. 333 (347); Soergel[13]/*Niedenführ*, Vor §194 Rn 2; Staudinger[13](2001)/*Peters*, Vorbem zu §§ 194 ff Rn 5

zur gerichtlichen Klärung des Sachverhalts zu erhalten. Er verliert in materiell rechtlicher Hinsicht keine Vermögenswerte. Völlig anders stellt sich aber die Sach- bzw. Rechtfertigungslage für einen Gläubiger dar, dessen Anspruch an sich begründet wäre. Hier zeigt sich der enteignende Charakter der Verjährung, der gegen die oben erörterten Aspekte des Schuldnerschutzes abzuwägen ist.

Vor allem aber blanke Gerechtigkeitserwägungen lassen an der These zweifeln, dass es allein die durch Zeitablauf herbeigeführte Beweisnot des Schuldners rechtfertigt, dem Gläubiger einen begründeten Anspruch zu nehmen. *Spiro*[871] nennt diese Aufgabe des Instituts der Verjährung „Schutz gegen Überraschungen und Befürchtungen", die selbst für den an sich um seine Schuld wissenden Schuldner streitet.

3. Rechtssicherheit

Gerade in jenen kritischen Fällen wird zur Rechtfertigung der harten Folgen der Verjährung häufig[872] ganz abstrakt auf die bestehenden öffentlichen Interessen des Rechtsfriedens und der Rechtssicherheit abgestellt. *Spiro* ist der Auffassung, dass diese Aspekte nur eine mittelbare Wirkung des Instituts der Verjährung darstellen.[873] Jedenfalls müssen beide in enger Verbindung mit dem Schuldnerschutzgedanken betrachtet werden. Denn einerseits ist die Herstellung von Rechtssicherheit und Rechtsfrieden kein Selbstzweck, sondern notwendiger Weise immer auf den Schutz der streitenden Parteien ausgerichtet, so dass die Rechtssicherheitsfunktion der Verjährung im Grunde Schuldnerschutz bedeutet. Andererseits nützt die durch die Verjährung hergestellte Rechtssicherheit eben nur dem, der durch die vorher bestehende Unsicherheit betroffen ist, also wiederum nur dem Schuldner. Daran ändert auch die Tatsache nichts, dass im alten Verjährungsrecht der §225 Satz 1 BGB a.F. das grundsätzliche Verbot enthielt, durch Rechtsgeschäft die Verjährung auszuschließen.[874] Schon die zur Umgehung der alten Rechtslage von Lehre und höchstrichterlicher Rechtsprechung[875] geschaffene Hilfskonstruktion, die eine Vereinbarung über den Lauf der Verjährung bzw. über den Verzicht auf die Geltendmachung der Verjährungseinrede durch Gedanken des Vertrauensschutzes im Rahmen des §242 BGB beachtlich

---

[871] *Spiro*, Begrenzung privater Rechte, Band I, §7, S.11

[872] *Heinrichs*, Karlsruher Forum, S. 3 (7); MüKo[4]/*Grothe*, §194 BGB Rn 6; Soergel[13]/*Niedenführ*, Vor §194 Rn 2; Erman[10]/*Hefermehl*, Vor §194 Rn 2; Bamberger/Roth/*Henrich*, §194 Rn 2; vgl. auch Vorbemerkung der RegBegr zu §§195 bis 197 abgedruckt in: Canaris (Hrsg.), Schuldrechtsmodernisierung 2002, S. 607 ff.

[873] *Spiro*, Begrenzung privater Rechte, Band I, §15, S. 23; ebenso Staudinger[13](2001)/*Peters*, Vorbem zu §§194 ff Rn 7

[874] MüKo[4]/*Grothe*, §194 BGB Rn 6; a.A. Erman[10]/*Hefermehl*, Vor §194 Rn 4

[875] Vgl. nur BGH NJW 1998, 902 m.w.N.

werden ließ, zeigt, dass gerade kein über den Parteiinteressen schwebender Regelungszweck vorlag. Der aktuelle Gesetzgeber hat dies erkannt und entsprechend dem tatsächlichen Regelungszweck im neuen § 202 BGB das Institut der Verjährung der Vertragsfreiheit und Parteiautonomie geöffnet.[876]

Dennoch bildet der Rechtssicherheitsgedanke, wenn er auch nicht allein aus öffentlichen Interessen abgeleitet werden kann, einen der wesentlichen Gründe des Instituts der Verjährung. Auf ihn wird noch häufiger abzustellen sein.

4. Prozessökonomie

Dem Institut der Verjährung als Regelungsziel den Schutz gerichtlicher Ressourcen aufzugeben,[877] wird von der herrschenden Meinung[878] verneint. Zwar hat die Geltendmachung der Einrede der Verjährung im Prozess, sofern sie durchgreift unmittelbar zur Folge, dass ein Prozess möglicherweise schneller beendet ist.[879] Die Ausgestaltung als Einrede macht aber die Realisierung des Ziels ganz und gar vom Verhalten des Schuldners abhängig. Die hat in der Praxis sehr häufig schon zu der Erkenntnis geführt hat, dass der Einredecharakter der Verjährung eine Klageerhebung gerade nicht sinnlos macht. Denn es besteht die Hoffnung, der Schuldner wird sich, gleich aus welchen Gründen, nicht auf diese berufen.

Aber trotz des Gegenarguments von *Mansel*[880], die Einrede werde „in aller Regel" erhoben, kann die Bezugnahme auf die Praxis nicht darüber hinweg helfen, dass der Einredecharakter die Effizienz des Instituts der Verjährung in die Hände des Schuldner legt. Daher ist der prozessökonomische Effekt kein greifbares Ziel der Verjährung.

5. Ergebnis

Die zu beachtenden Regelungszwecke und -ziele sind folglich vornehmlich aus dem Rechtsverhältnis zwischen Gläubiger und Schuldner abzuleiten. Andere,

---

876 RegBegr zu §202 abgedruckt in: Canaris (Hrsg.), Schuldrechtsmodernisierung 2002, S. 624 f.

877 *Zimmermann*, Comparative Foundations, S. 80

878 Ausgehend von *Spiro*, Begrenzung privater Rechte, Band I, §14, S. 21 f.; MüKo[4]/*Grothe*, §194 Rn 6; Staudinger[13](2001)/*Peters*, Vorbem zu §§194 ff Rn 7; *M. Wolf*, FS für Schumann, S. 579 (580 f.); hiergegen aber: *Mansel*, Die Reform des Verjährungsrechts in: Ernst/Zimmermann (Hrsg.), Zivilrechtswissenschaft und Schuldrechtsreform, 2001, S. 333 (344)

879 Soergel[13]/*Niedenführ*, Vor §194 Rn 2: „praktisch bedeutsamer Nebeneffekt"

880 *Mansel*, Die Reform des Verjährungsrechts in: Ernst/Zimmermann (Hrsg.), Zivilrechtswissenschaft und Schuldrechtsreform, 2001, S. 333 (344)

nicht dieser Beziehung entspringende Aspekte wirken aber dennoch auf die Interessens-auflösung mit ein. Letztlich lassen sich aber aus den skizzierten Verjährungszwek-ken nur Ansätze zur dogmatischen Ausgestaltung des gesetzlichen Verjährungssystems finden. Sie legen aber den Gesetzgeber nicht auf ein bestimmtes System fest.[881] Dennoch zeigen sie die zu beachtenden Wertungspole auf und schränken die Gestaltungsfreiheit des Gesetzgebers insoweit ein. Denn aufgrund der Eigentumsqualität der Ansprüche als Regelungsgegenstände ist Art. 14 GG berührt,[882] so dass auch in der Dogmatik des Zivilrechts ein Weg der effektiven Interessensabwägung gewählt werden muss.

III. Der dogmatische Sitz des Instituts der Verjährung

Als entscheidendes Rechtfertigungsproblem erweist sich also die (möglicherweise) eintretende „enteignende Wirkung" der Verjährung. Wann die Rechtswirkungen der Verjährung in diesen Fällen zum Schutz für den Schuldner notwendig und für den Gläubiger zumutbar sind, ist die Frage, die es zu klären und argumentativ aufzuarbeiten gilt. Eine Rechtfertigung ist, wie die diskutierten Zwecke des Verjährungsrechts gezeigt haben, aus einer Abwägung der Schuldner- und Gläubigerinteressen zu gewinnen. Diese leitet daher über zum Problem der richtigen dogmatischen Verortung des Instituts der Verjährung, da der Abwägung der gegenläufigen Interessen ein rechtlicher „Anzug geschneidert" werden muss.

Wohl aufgrund der Vielzahl der forensischen Probleme, die, die rechtliche Schärfe des Verjährungsrechts mit sich bringt, fand eine genauere dogmatische Betrachtung bisher nur sehr sporadisch statt. Vor allem wird eine klare Einordnung der Verjährung ihrer materiell-rechtlichen Natur[883] entsprechend weitgehend vernachlässigt. Dies ist einerseits sicher auch rechtsgeschichtlich bedingt, da man sich vor Augen halten muss, dass das Institut der Verjährung, wie oben geschildert,[884] eigentlich erst mit ihrer Normierung im BGB eine materiell-rechtliche Gestalt erhalten hat. Seither fehlt aber andererseits eine dogmatisch konsequente Herleitung dieser materiell-rechtlichen Einrede.[885] Die neueren Abhandlungen zum Verjährungsrecht ziehen sich weitgehend auf die dogmatische Leerformel des Schuldnerschutzes zurück, der gegenüber der „fairen Chance" für den Gläubiger seine Ansprüche zu realisieren abgewogen werden

---

[881] MüKo[4]/*Grothe*, Band 1a, vor §194 Rn 9

[882] Siehe hierzu bereits Fn 824

[883] *Peters/Zimmermann*, Gutachten, S. 108: „Institut des materiellen Rechts"; Vgl. auch *Oetker*, Die Verjährung, S.44 ff.; *M. Wolf*, FS für Schumann, S. 579 (580)

[884] Siehe oben unter §10 I 1.

[885] Dies hat auch *Oetker*, Die Verjährung, S. 49 festgestellt.

müsse.[886] In dieser Weise deutet auch der Abschlußbericht der Kommission zur Überarbeitung des Schuldrechts die notwendige Interessensabwägung an.[887] Schon die Motive zum BGB sprechen ebenso wenig aufschlussreich, von einem „Opfer", das der betroffene Gläubiger aufgrund seiner beharrlichen Nichtbetätigung des Anspruchs und dem daraus abzuleitenden geringen Interesse an dem Inhalte des Anspruchs erbringen muss.[888] Für ein solches Opfer des Gläubigers wird aber vorausgesetzt, „dass er grundsätzlich hinreichend Gelegenheit haben muss, das Bestehen der in Rede stehenden Forderung zu erkennen, diese zu prüfen und ggf. die gerichtliche Durchsetzung zu initiieren"[889]. Erst wenn der Gläubiger sich in dieser Angelegenheit als nachlässig erweise, sollten ihn grundsätzlich die nachteiligen Folgen des Instituts der Verjährung treffen.[890]

Allein aus diesen wenigen Sätzen wird bereits eines deutlich: Die rechtshindernde Wirkung der Verjährung wird aus dem Verhalten des Gläubigers abgeleitet,[891] das ihn im Verhältnis zum Schuldner näher an das Risiko der unberechenbaren tatsächlichen Auswirkungen des Zeitablaufs rückt.[892] Er hat es vornehmlich in der Hand durch eine Geltendmachung seines Anspruchs die Gefahren zu vermeiden, vor denen der Schuldner geschützt werden soll. Wenn der Gläubiger die Möglichkeit hatte, durch rechtzeitige Geltendmachung seines Anspruchs, die Verjährungsfolgen abzuwenden, so geschieht ihm kein Unrecht.[893]

Dennoch wird auf den in der gemeinrechtlichen Lehre diskutierten einseitigen Straf- oder Sanktionsgedanken in der aktuellen Diskussion gerade nicht mehr abgestellt.[894] Das Privatrecht diene nämlich nicht der Bevormundung und Erziehung der Parteien.[895] Damit ist aber vorerst noch nicht viel gewonnen.

---

[886] Wohl ausgehend von *Spiro*, Begrenzung privater Rechte, Band I, §16, S.24 f.; *Peters/Zimmermann*, Gutachten, S. 104; *Piekenbrock*, Jahrbuch Junger Zivilrechtswissenschaftler 2001, S.309 (314); *Mansel*, Die Reform des Verjährungsrechts in: Ernst/Zimmermann, Zivilrechtswissenschaft und Schuldrechtsreform 2001, S. 333 (351)

[887] BMJ (Hrsg.), Abschlußbericht der Kommission zur Überarbeitung des Schuldrechts, 1992, S.34

[888] *Mugdan*, Materialien, Band 1, Motive, S. 512

[889] *Mansel/Budzikiewicz*, Das neue Verjährungsrecht, §1 Rn 56

[890] Soergel[13]/*Niedenführ*, Vor §194 Rn 2; *Piekenbrock*, Jahrbuch Junger Zivilrechtswissenschaftler 2001, S.309 (314)

[891] Vgl. *Mugdan*, Materialien, Band I, Motive, S. 512 f., 515; Erman[10]/*Hefermehl*, Vor §194 Rn 5; Soergel[13]/*Niedenführ*, Vor §194 Rn 2

[892] *Lawson*, AcP 159 (1960), 97 (103)

[893] *Spiro*, Begrenzung privater Rechte, Band I, §16, S. 25

[894] Ausdrücklich *Spiro*, Begrenzung privater Rechte, Band I, §19, S. 28 f.

[895] Vgl. nur Staudinger[13](2001)/*Peters*, Vorbem zu §§194 ff Rn 6

1. Das Prinzip des Vertrauensschutzes als Grundlage der Verjährung

Betrachtet man zunächst den oben zitierten Zweck der Verjährung, den Schuldner in seiner Dispositionsfreiheit zu schützen und ihn davor zu bewahren, all zu lang die Inanspruchnahme durch den Gläubiger befürchten zu müssen, so ist der Weg nicht weit, anzunehmen, dem Institut der Verjährung läge das Prinzip des Vertrauensschutzes zugrunde. Denn je länger der Gläubiger schweigt, desto weniger rechnet der Schuldner damit, in Anspruch genommen zu werden.[896] Da nun aber sowohl derjenige Schuldner geschützt wird, der nichts „befürchtet", also guten Glaubens ist, nichts zu schulden, als auch derjenige, der positiv weiß, dass ihn der Gläubiger in Anspruch nehmen will, deutet alles auf den Schutz von abstraktem (typisiertem) Vertrauen hin.[897]

Ohne aber auf ein solch übergeordnetes Prinzip abzustellen, wird in der Literatur vielfach nur „ein Gleichklang mit dem Verbot widersprüchlichen Verhaltens (§242)"[898] angenommen, der dahingehend zu verstehen sein soll, dass die Befugnis der Verjährungseinrede für den Schuldner eine „spezialgesetzliche Konkretisierung" dessen sei, was nach allgemeinen schuldrechtlichen Prinzipien mit dem Verbot des *venire contra factum proprium* erreicht werde.[899] Deutlicher stellt *Zimmermann*[900] auf den Gesichtspunkt des Vertrauensschutzes ab, indem er, wohl anlehnend an die Ansätze *v. Savignys*[901], an dem durch den Zeitablauf indizierten Desinteresse des Letzteren ein auf Seiten des Schuldners steigendes und gleichzeitig auf Seiten des Gläubigers schwindendes Schutzbedürfnis festmacht. Insoweit führe die Nichtgeltendmachung des Anspruchs zu einem legitimen und schutzwürdigen Vertrauen des Schuldners.[902] Daneben wird von *Zimmermann* auch eine dadurch zum Ausdruck kommende „Nähe" zur Verwirkung[903] erkannt, die auf „vergleichbaren Überlegungen" aufbaut. Bei beiden sei

---

[896] *Spiro*, Begrenzung privater Rechte, Band I, §8, S.14 f.; *Dannemann/Karatzenis/Thomas*, RabelsZ 1991, 697 (699)

[897] Für *M. Wolf*, FS für Schumann, S. 579 (585) stellt der Vertrauensschutzaspekt den wesentlichen Zweck des Verjährungsrechts dar.

[898] *Büdenbender*, JuS 1997, 481 (482)

[899] *Büdenbender*, aaO; sogar direkt auf das Verbot des *venire contra factum proprium* abstellend: *Gill*, Der besondere Verjährungsbeginn für Schadensersatzansprüche in §852 I BGB, S. 12

[900] *Zimmermann*, JuS 1984, 409 (410)

[901] Vgl. oben §10 II.

[902] *Zimmermann*, JuS 1984, 409 (410); *ders.*, Comparative Foundations, S. 78

[903] Ebenso in der „Nähe" der beiden Rechtsinstitute „Verjährung" und „Verwirkung" befinden sich die sog. „Ausschlussfristen" (z.B. §§ 121 Abs.2, 124 Abs.3; 626 Abs.2 BGB). In allen drei Fällen wird das fortgesetzte Untätigbleiben des Berechtigten sanktioniert. In Abgrenzung zur Verjährung wird für die Verwirkung vertreten, sie gelte *ipso iure*. Vgl. hierzu eingehender unten §10 III 2 b.. Ausschlussfristen sind ebenfalls von Amts wegen zu berücksichtigen. Sie erfassen im Gegensatz zur Verjährung nicht nur Ansprüche, sondern auch Rechte anderer Art. Zur Abgrenzung: Vgl. *Mansel/Budzikiewicz*, Das neue Verjährungsrecht, §2 Rn 5 ff.

es der Zeitablauf, der die Inanspruchnahme des Schuldners unzumutbar werden lässt. Im Gegensatz zur Verwirkung bilde aber diese Unzumutbarkeit kein in den Vordergrund tretendes Tatbestandsmerkmal, sondern sei lediglich (wichtiges) Motiv für den Gesetzgeber.[904] Im ersteren Sinne wird für die Verwirkung in ihrer heutigen Ausprägung vorausgesetzt, dass auf Seiten des Schuldners auch tatsächlich schützenswertes Vertrauen vorliegt.[905] Die Verjährung kennt kein solches Tatbestandsmerkmal. In Anbetracht obiger Ausführungen liegt es jedoch nahe, bei der Verjährung die Unzumutbarkeit der Inanspruchnahme für den Schuldner als Merkmal des Vertauensschutzes als durch den Gesetzgeber im Zeitablauf typisiertes Element zu sehen. Aus diesem Verständnis kann dann auch abgeleitet werden, dass die Verjährung dem schwer zu konkretisierenden Gedanken der Verwirkung Rechnung tragen und den §242 BGB in Teilbereichen entlasten soll.[906]

Sieht man letztlich die normative Aufgabe der Verjährungsregelungen darin, den Zeitpunkt zu fixieren, an dem die Entstehung einer Befugnis für den Schuldner die Leistung zu verweigern gerechtfertigt ist, weil der Gläubiger hinreichende Zeit zur Prüfung hatte, so dass der Schuldner davon ausgehen kann, dass der Gläubiger an ihr nicht mehr interessiert ist,[907] so ließe sich durchaus ein „Stufenverhältnis"[908] folgern. Die Verwirkung könnte als Instrument des konkreten und die Verjährung als Instrument des abstrakten (typisierten) Vertrauensschutzes zu verstanden werden. Insoweit könnte man annehmen, der Gesetzgeber normiere im Rahmen der Verjährung, ab wann die verspätete Geltendmachung eines Anspruchs mit Rücksicht auf die Schuldnerinteressen typischer Weise zu missbilligen ist.[909]

Peters[910] aber geht eine Abstraktion des schützenswerten Vertrauens wohl zu weit, die, wie bei der Verwirkung, allein auf materielle Gesichtspunkte abstellt. Denn es schadet dem Schuldner nicht einmal, vom Gläubiger positiv davon in Kenntnis gesetzt zu werden, dass er seinen Anspruch gelten machen will. Erst mit dem Bewirken einer gesetzlich normierten Unterbrechung oder Hemmung endet die Schutzwürdigkeit des Vertrauens. Darüber hinaus ist beim vertrauenden Schuldner der Nachweis einer kausal auf Vertrauen zurückzuführende (Vermögens-) Disposition entbehrlich. So sieht *Peters* die Notwendigkeit, die Institute der Verwirkung und der Verjährung dogmatisch scharf voneinander zu trennen, wenngleich sie „vergleichbare Funktionen“ haben, da sie beide dem

---

904 *Peters/Zimmermann*, Gutachten, S.103

905 Staudinger[13](2001)/*Peters*, Vorbem zu §§194ff. Rn 19; a.A. bzw. Aufweichung zu „wahrscheinlichem“ Vertrauen: *Canaris*, Vertrauenshaftung, S. 469

906 *Zimmermann*, JuS 1984, 409 (410)

907 *Peters/Zimmermann*, Gutachten, S. 105

908 *Oetker*, Die Verjährung, S. 46

909 Siehe auch Soergel[12]/*Teichmann*, §242 Rn 332, der grundsätzlich davon ausgeht, dass eine bloße Verspätung bei der Geltendmachung eines Rechts für sich genommen nicht zu missbilligen ist.

910 Staudinger[13](2001)/*Peters*, Vorbem zu §§194 Rn 19

Zeitablauf Rechnung tragen. Wohl auch deshalb wird die Verjährung teils nur als eine von außen an den Anspruch herangetragene Zeitschranke angesehen,[911] die zwar im Ergebnis dem Prinzip des Vertrauensschutzes dient, nicht aber in ihm wurzelt.

Letztlich führen aber die der Verjährung überwiegend zu Grunde liegenden Zwecke des Schuldnerschutzes relativ deutlich auf ein Instrument des Vertrauensschutzes hin. Die Frage ist nur, welches Vertrauen des Schuldners die Regelung der Verjährung als schutzwürdig im Auge hat. Geht man davon aus, bezweckt sei pauschal der Schutz des Vertrauens des Schuldners darauf, nicht mehr in Anspruch genommen zu werden, so lassen sich obige Bedenken nicht leicht zerstreuen.

Die Verjährung nimmt jedoch, im Gegensatz zur Verwirkung, vor allem aus Rechtssicherheitsgesichtspunkten, eine Art „Doppelnatur" zwischen materiellem und prozessualem Recht ein,[912] die auch auf den Vertrauensschutzgedanken maßgeblichen Einfluss nimmt.[913] Eine Abstraktion des Vertrauens ist nicht allein aus der Erwägung heraus zu rechtfertigen, die Verjährung sei als „Außenschranke" von jeglichen Vertrauensschutzgesichtspunkten freizuhalten. Denn besonders die Tatsache, dass, legte man dem Schuldner auf, seinen guten Glauben, sein Vertrauen im Einzelfall zu beweisen, er im Ergebnis den gleichen Nachweisschwierigkeiten ausgesetzt wäre, vor denen ihn das Institut der Verjährung an sich schützen wollte, ist im Blick zu behalten.[914] Betrachtet man nur die Formulierung der Schuldnerschutzzwecke näher, fällt auf, dass ganz wesentlich der Schutz des Schuldners vor Verwässerung der Beweislage im Vordergrund steht. Relevant wird dieser Aspekt ausschließlich bei einer gerichtlichen Geltendmachung des Anspruchs durch den Gläubiger. Insoweit gewährt die Verjährung vornehmlich Schutz bei prozessualer Inanspruchnahme. Hier ist, so *Spiro*[915], nicht nur schutzwürdig, wer glaubt nichts zu schulden, sondern auch wer es nicht sicher weiß und wer nur glaubt nicht leisten zu müssen. Für diese Schuldner ist gleichermaßen obiges Beweisproblem anzuerkennen.

---

[911] Bereits *Grawein*, Verjährung und gesetzliche Befristung, S. 45: Es ist die einen längerem Zeitraum ununterbrochen ausfüllende Tatsache der Untätigkeit des Berechtigten, „was dem Rechte von Außen her Verderben bringt". Vgl. auch *Wieling*, AcP 176 (1976), 335 (354): „Rechtsverlust durch Fristablauf"; *Oetker*, Die Verjährung, S. 49

[912] *Zimmermann*, JZ 2000, 853 (856); Staudinger[13](2001)/*Peters*, §194 Rn 4

[913] Ausdruck dieser „Doppelnatur" ist auch, dass die vorgenommene Anknüpfung der Verjährung an den Anspruchsbegriff einem echten materiellen Denkansatz hinterher hinkt, da die Rechtsfolge der Verjährung nur die Durchsetzbarkeit des Rechts per Einrede beschränkt. Konsequenz eines echten materiellen Instituts müsste aber sein, dass das Recht an sich wegfällt.

[914] *Spiro*, Begrenzung privater Rechte, Band I, §8, S. 14

[915] *Spiro*, Begrenzung privater Rechte, Band I, §8, S. 14

Die *de lege lata* vorzufindende Ausgestaltung des Instituts der Verjährung trägt dem Rechnung. Einseitig kann der Gläubiger die Verjährung nur durch prozessuale Rechtsverfolgung hemmen (§204 BGB) oder neu beginnen lassen (212 Abs.1 Nr. 2 BGB). Solange diese ausbleibt, kann der Schuldner darauf vertrauen nicht zwangsweise in Anspruch genommen zu werden. Im Falle der außerprozessualen Geltendmachung des Anspruchs durch den Gläubiger führt dagegen das Verhalten des Schuldners zur Hemmung (§§203, 205 BGB) oder zum Neubeginn der Verjährung (§212 Abs. 1 Nr. 1 BGB). Die letzteren Normen sind insoweit kodifizierter Ausdruck der notwendigen Abwägung der Vertauensschutzgesichtspunkte, solange nur eine außergerichtliche Geltendmachung stattfindet. Sie legen klar, dass kein schutzwürdiges Vertrauen des Schuldners vorliegt, wenn er die Geltendmachung des Anspruchs durch den Gläubiger akzeptiert und ihn durch sein Verhalten von einer prozessualen Rechtsverfolgung abhält. Durch ein solches Verhalten wird gerade typischer Weise ein schutzwürdiges Vertrauen des Gläubigers erweckt, der Schuldner werde sich der Forderungserfüllung nicht entziehen, so dass von Zwangsmaßnahmen abgesehen werden könne.[916] In diesem Sinne war es bisher für den BGH entscheidend, ob durch das außerprozessuale Verhalten des Schuldners eine Hinderung des Gläubigers an der prozessualen Geltendmachung vorlag.[917]

Die Verjährung schützt also den Schuldner insoweit, sich darauf verlassen (vertrauen) zu können, der Gläubiger werde seinen Anspruch zumindest nicht prozessual verfolgen; dies, trotz einer möglichen außerprozessualen Geltendmachung des Anspruchs durch den Gläubiger, soweit kein Verhalten des Schuldners vorliegt, welches den Gläubiger von einer prozessualen Geltendmachung abgehalten hat. Dieses schutzwürdige Vertrauen sieht der Gesetzgeber mit Ablauf der Verjährungsfrist als entstanden an.

Für eine solche Typisierung des schützenswerten Vertrauens sprechen schließlich insbesondere auch Rechtssicherheitsaspekte. Dass die Herstellung von Rechtssicherheit einen wesentlichen Zweck des Verjährungsrechts darstellt, ist bereits angeklungen.[918] Es leuchtet ein, dass es mit diesem Prinzip unverträglich wäre, wenn man, wie beim Rechtsinstitut der Verwirkung, eine Abwägung der nachgewiesenen(!) Parteiinteressen im Einzelfall vornähme. Die Entscheidung würde in ganz wesentlichem Maße von der Beweissituation und der Überzeugung des Richters abhängen. Eine abstrakte Beurteilung und Typisierung der Vertrauenssituation beim Schuldner gewährleistet insoweit eine für beide Seiten verlässliche Ausgangsbasis.

---

[916] *Mansel/Budzikiewicz*, Das neue Verjährungsrecht, §7 Rn 9

[917] BGHZ 9, 1 (5); 71, 86 (95 ff.); Vgl. weiter Palandt[61]/*Heinrichs*, Überbl v §194 Rn 10

[918] Siehe §10 II 3.

2. Rechtsverlust aufgrund eines zurechenbaren Verhaltens des Gläubigers

Dem Gläubiger ist ein Rechtsverlust dann zu zumuten, wenn er die Möglichkeit hatte, diesen abzuwenden.[919] *Spiro*[920] meint insoweit die Verjährung nähme dem Gläubiger nur etwas, das er bereits selbst aufgegeben hätte. Diese Sichtweise legt klar, dass die Verjährung als eine dem Gläubiger-Schuldner-Verhältnis „immanente Innenschranke"[921] verstanden wird.

In Abkehr von der Dogmatik der Verjährung als rein prozessuales Institut der Klageverjährung, die die Ansicht gefördert haben mag, die Verjährung treffe als „Außenschranke"[922] auf den Anspruch, ist es konsequent für die Verjährung einen Anknüpfungspunkt im Verhalten des Gläubigers zu wählen. Dass die Einrede der Verjährung als Ausfluss aus dem Verhältnis zwischen Gläubiger und Schuldner zu gelten hat, wird bereits aus der Rechtsprechung zur rechtsmissbräuchlichen Berufung auf die Einrede der Verjährung deutlich.[923] Träfe die Verjährung als „Außenschranke" auf den Anspruch des Gläubigers und wäre nur der Zeitablauf an sich relevant, wäre kaum erklärlich, warum sich aus einer Abwägung der Parteieninteressen und einer Bewertung des Verhaltens des Schuldners eine Rechtsmissbrauchsgrenze ergeben kann.

Die Verjährung, als „Innenschranke" verstanden, könnte daher - wie oben zu den Wissensnormen im allgemeinen schon erörtert - zum Schutz des Schuldners Verhaltensanforderungen an den Gläubiger ausformen, die sie bei Nichterfüllung sanktioniert. Es läge daher nahe, die Verjährung als Sanktion einer Pflicht- bzw. Obliegenheitsverletzung des Gläubigers anzusehen.[924] Aus den erläuterten Zwecken und dem als Basis der Verjährung erkannten Prinzip des Vertrauensschutzes folgt, dass es auch hier, wie für die Wissensnormen ersten Teil festgestellt, um ein Gebot des Selbstschutzes für den Gläubiger gehen kann, dessen Außerachtlassung rechtlich missbilligt ist und daher Rechtsfolgen zeitigen kann. Bei Lichte besehen soll einem Nichthandeln (Schweigen) des Gläubigers aus Gründen des Vertrauensschutzes für den Schuldner eine rechtliche Bedeutung beigemessen werden. Im Rahmen der dogmatischen Basis der

---

[919] *Mansel*, Die Reform des Verjährungsrechts in: Ernst/Zimmermann (Hrsg.), Zivilrechtswissenschaft und Schuldrechtsreform 2001, S. 333 (350)

[920] *Spiro*, Begrenzung privater Rechte, Band I, §16, S. 24 f.

[921] So auch *Oetker*, Die Verjährung, S. 49; ihm folgend *Mansel*, Die Reform des Verjährungsrechts in: Ernst/Zimmermann (Hrsg.), Zivilrechtswissenschaft und Schuldrechtsreform 2001, S. 333 (348)

[922] *Oetker*, Die Verjährung, S. 49

[923] Vgl. oben bereits Nachweise Fn 876; nunmehr Palandt[62]/*Heinrichs*, Überbl v §194 Rn 16: „Die Reform hat den Anwendungsbereich (des Rechtsmissbrauchs) im Verjährungsrecht erheblich eingeengt."

[924] Vgl. bereits zum alten Recht auf eine „Rücksichtnahmepflicht" aus §242 BGB abstellend *Oetker*, Die Verjährung, S. 44 ff.; auch *Spiro*, Begrenzung privater Rechte, Band I, §85, S. 185 f.; nunmehr *Mansel*, Die Reform des Verjährungsrechts in: Ernst/Zimmermann (Hrsg.), Zivilrechtswissenschaft und Schuldrechtsreform 2001, S. 333 (348); vgl. hierzu eingehend unten §10 III.

Verjährung kommt insoweit das Problem der rechtlichen Relevanz eines Untätigbleibens aus Gründen des Vertrauensschutzes in den Blick. Die undeutliche dogmatische Ausformung des Prinzip des Vertrauensschutzes im Zivilrecht erfasst daher zwangsläufig auch das Institut der Verjährung.

a. Vertrauensschutz und Rechtsgeschäftslehre als Basis eines Rechtsverlusts im Rahmen der Verjährung

Es wird die These vertreten, das Vertragsrecht an sich sei bereits ein wesentliches Ergebnis des Vertrauensgedankens; insbesondere in dem Satz des *pacta sunt servanda* soll das Prinzip seinen Niederschlag finden.[925] Sieht man im Vertrauensgedanken den tragenden Grund eines Rechtsgeschäfts,[926] so ist es nur konsequent sich schon in der Rechtsgeschäftslehre, die eigentlich vom Begriff der Willenserklärung beherrscht wird, von der ausschließlichen Beachtlichkeit des Willens zu lösen und im Hinblick auf das Vertrauen des Gegenübers jegliches Verhalten als rechtlich relevant zu bewerten. Im Umkehrschluss bietet es sich aber dann auch an, jegliche gewünschte Rechtswirkung mit einem Rückgriff auf die so aufgeweichte Rechtsgeschäftslehre zu konstruieren. In Tradition dieser Lehren wurde auch dem Untätigbleiben (Schweigen) im Rechtsverkehr mehr und mehr rechtsgeschäftliche Bedeutung beigemessen. Der BGH[927] stellte fest, „jeder müsse sich bei seinem geschäftlichen Verhalten gegenüber einem anderen denjenigen Sinn seines Verhaltens zurechnen lassen, den es verkehrsgemäß für den Empfänger habe". Für *Flume*[928] wird darin die Tendenz der Rechtsprechung ersichtlich, rechtlich relevantes Verhalten und „stillschweigende", sprich konkludente Willenserklärungen zu vermengen.

Wird an das Untätigbleiben (dem Schweigen) des Berechtigten der Verlust einer Rechtsposition geknüpft, betritt man jenes Terrain, welches eigentlich mit dem Grundsatz des *venire contra factum proprium* und besonders mit dem Institut der Verwirkung verbunden wird. Doch selbst der erstere Grundsatz blieb nicht davor verschont, rechtsgeschäftlich ausgefüllt zu werden. Exemplarisch führt *Wieling*[929] vor, dass ein Rechtsverlust aufgrund widersprüchlichem Verhalten des Berechtigten gerade nicht wegen Treueverstoßes vorliegt, sondern nur deshalb, weil sich dieser so verhalten habe, dass der Gegner auf einen konkludenten Verzicht schließen musste. Auch für das Institut der Verwirkung durch

---

925 *Dette*, Venire contra factum proprium, S. 47; *Canaris*, Vertrauenshaftung, S. 412 m.w.N.

926 Siehe bereits *Jacobi*, Die Theorie der Willenserklärungen, S. 13 f.

927 BGH NJW 1953, 58

928 *Flume*, Allg. Teil, Zweiter Band[4], §10, S. 126

929 *Wieling*, AcP 176 (1976), 334 ff.

„Sich-Verschweigen“[930] als Unterfall des *venire contra factum proprium* entstand insoweit die Meinung, sie sei rechtsgeschäftlich herzuleiten und als Rechtsaufgabe durch konkludentes Handeln zu begreifen.[931] Es fragt sich jedoch, was die Verwirkung und auch der Grundsatz des *venire contra factum proprium* dann noch vermögen. Sie wären, ließe sich jeglicher Rechtsverlust aufgrund objektiv zu betrachtenden Verhaltens des Berechtigten auf eine rechtsgeschäftliche Grundlage stellen, wohl überflüssig.

Teichmann[932] erkennt hier richtigerweise, dass gerade das Verbot des *venire contra factum proprium* und das Prinzip des Vertrauensschutzes das Vertragsrecht nicht nur ergänzen oder überlagern, sondern auch dessen Spiegelbild darstellen und deshalb gerade da greifen können, wo keine rechtsgeschäftlichen Bindungen konstruierbar seien.[933] Generell gegen eine Aufweichung im Sinne einer willensentkleideten Rechtsgeschäftslehre haben sowohl *Flume*[934] als auch ihm folgend *Canaris*[935] darüber hinaus gewichtige Bedenken vorgebracht.[936] Eine Abstraktion des Rechtsgeschäfts vom Willen widerspräche schon der Funktion der Rechtsgeschäftslehre als privatautonomes Gestaltungsmittel von Rechtsverhältnissen. In dieser Funktion müsse ein Rechtsgeschäft auf eine final auf Gestaltung der Rechtsverhältnisse gerichtete Willenserklärung zurück zu führen sein. Auch die Tatsache, dass, wie *Nipperdey*[937] es formuliert, eine „Entwicklungstendenz des bürgerlichen Rechts zu einer stärker sozialethisch fundierten Auffassung von der anerkannten Selbstgestaltung im Rahmen der Privatautonomie drängt“, was nichts anderes bedeutet, als dass im zunehmenden Massenverkehr der Gedanke des Vertrauensschutzes immer gewichtigeren Einfluss gewinnt, lässt aber dennoch bloßes Verhalten noch nicht zu einer willentlichen Gestaltung werden. Ein Bruch mit dem Grundsatz der Privatautonomie wäre unvermeidlich.

Um einen wirksamen Vertrauensschutz zu gewährleisten, gerät eine Herleitung anhand der Rechtsgeschäftslehre zudem in Konflikt mit der Irrtumsregelung des BGB, da der Erklärende immer am objektiven Gehalt seiner Erklärung festgehalten wird.[938] Letztlich hat nun auch der BGH[939] in seiner zentralen Entscheidung zur Verwirkung einen rechtlichen Unterschied zwischen der Verwirkung, die er aus den Grundsätzen von Treu und Glauben ableitet, und einem

---

930 *Flume*, Allg. Teil, Zweiter Band[4], §10, S. 121

931 RGZ 134, 195 ff.

932 *Teichmann*, JA 1985, 497 (500)

933 Auch *Kegel*, FS für Pleyer, S. 513 (532) erkennt, dass nur eine „Nähe“ zum Vertragsrecht besteht.

934 *Flume*, Allg. Teil, Zweiter Band[4], §10, S. 113 ff.

935 *Canaris*, Vertrauenshaftung, §33, S. 412 ff.

936 Vgl. *Kegel*, FS für Pleyer, S. 513 (528 ff.)

937 *Enneccerus/Nipperdey*, Allg. Teil, Teilband 2[15], § 153, S. 949

938 Canaris, Vertrauenshaftung, §4, S. 27

939 BGHZ 25, 51 ff.

stillschweigenden Verzicht erkannt. Erstere könne zwar auch gegen den Willen des Berechtigten eintreten. Ein echter Verzichtswille sei aber zu meist nicht konstruierbar.

Für eine Herleitung der Rechtswirkungen der Verjährung mit Hilfe der Rechtsgeschäftslehre muss Gleiches gelten. *Spiro*[940] erkennt zwar die konstruktive Möglichkeit, das Verhalten des Gläubigers als ein rechtsgeschäftliches und willentliches zu deuten. Unter der Prämisse, die Verjährung nähme dem Gläubiger nur etwas, das er selbst bereits aufgegeben hätte, knüpft er die Rechtsfolge der Verjährung an einem „Mangel des subjektiven Interesses" des Gläubigers an seinem Recht.[941] Er sieht das Verhalten des Gläubigers in der „Nähe" eines (stillschweigenden) Verzichts, da dem beharrlichen Schweigen des Gläubigers zu entnehmen sei, er wolle seine Forderung auch in Zukunft nicht mehr geltend machen. Auch der BGH hat diese Querverbindung bereits erwähnt.[942]
Dieser Aspekt gewinnt umso mehr an Bedeutung, wenn man sich vergegenwärtigt, dass sich die Neuregelung des Verjährungsrechts gerade für einen subjektiven Anknüpfungspunkt des Beginns der Frist entschieden hat. Jedenfalls für das Erfordernis der positiven Kenntnis der anspruchsbegründenden Tatsachen wird eine „Nähe" zum Verzicht greifbar. Denn entscheidend ist dann eine wissentliche (bewusste) Untätigkeit des Gläubigers. Eine Herleitung eines Verzichtswillens läge daher nahe.

Selbst wenn aber eine bewusste Nichtgeltendmachung ersichtlich sein sollte, liegt hierin noch kein erkennbarer gestaltender Verzichtswille, sondern allenfalls der Wille den Anspruch in der angezeigten Frist nicht gerichtlich geltend zu machen; materieller Verzichtswille und der Wille zur prozessualen Rechtsverfolgung können nicht gleichgesetzt werden.

In Schwierigkeiten gerät eine rechtsgeschäftliche Herleitung daher ganz besonders in Fällen, in denen der Gläubiger den Schuldner im Laufe der Verjährungsfrist angemahnt hat, ohne aber eine Unterbrechung zu bewirken oder, wenn der Gläubiger seine Rechte nachweislich nicht kennt, sie nur kennen könnte, wie es das neue Recht dem Wortlaut nach ebenso als ausreichend erachtet, um den Fristlauf beginnen zu lassen. Von einer wissentlichen und daher willentlichen Preisgabe der Rechte, wird man hier kaum sprechen können. Man wird daher dem Verhalten des Gläubigers eine Inhaltsbestimmung, die einen Rechtsverlust bei ihm bewirken kann, nur aufgrund der Feststellung eines insoweit „fehlerhaften"[943] Verhaltens geben können. Konsequenz wäre eine Bewertung des Gläubigerverhaltens in Verschuldenskategorien. Es ist hier letztlich auf einen qualitativer Unterschied zwischen grundsätzlich subjektiver Willenserklä-

---

[940] *Spiro*, Begrenzung privater Rechte, Band I, §17, S. 25 ff.
[941] *Spiro*, Begrenzung privater Rechte, Band I, §18, S. 28
[942] BGH NJW 1992, 1755 ff.
[943] *Spiro*, Begrenzung privater Rechte, Band I, §17, S. 26

rung als Ausfluss der Privatautonomie und einem nur zurechenbarem, rechtlich relevantem Verhalten zu hinzuweisen. Eine Herleitung der Rechtsfolgen der Verjährung anhand der Rechtsgeschäftslehre kann somit nicht erfolgen. Die Verjährung erfordert aus ihrem Sinn und Zweck, dass, anders als für den Verzicht, grundsätzlich schon das Fehlen des „richtigen" Willens oder ein verschuldeter Irrtum[944] genügen muss. Die Folgen seines Zögerns, so *Spiro*[945], soll der Gläubiger nicht nur dort tragen, wo er sie selbst übernommen hat, sondern eben auch dort, wo er sie ohne unbilligen Aufwand vermeiden konnte. In Anbetracht der schutzwürdigen Schuldnerinteressen kann die rechtliche Relevanz des Verhaltens des Gläubigers „höchstens"[946] von der Frage des Verschuldens und der Erkennbarkeit der Folgen für den Gläubiger abhängen, wobei neben das Prinzip des Vertrauensschutzes hier auch der Aspekt der Rechtssicherheit tritt, der ebenfalls eine Beschränkung des Willensdogmas erfordert.

b. Vertrauensschutz und Obliegenheitsverletzung als Basis eines Rechtsverlusts im Rahmen der Verjährung

In konsequenter Fortbildung der Kritik von *Flume* an einer Vermengung von Rechtsfolgen aus Rechtsgeschäft (*ex volante*) und kraft Gesetzes aus vertrauenschaffendem Verhalten (*ex lege*) hat vor allem *Canaris*[947] die dogmatische Selbstständigkeit der Vertrauenslehre gegenüber der Rechtsgeschäftslehre festgestellt. Willensunabhängige Rechtsfolgen aufgrund des Vertrauensschutzes ließen sich nur aus einem anderen dogmatischen Fundament gewinnen. Insbesondere der Grundsatz des *venire contra factum proprium* und §242 BGB als Generalnorm des Grundsatzes von Treu und Glauben sollen hierbei von Belang sein. Für eine ähnliche dogmatische Verortung der Verjährung im Prinzip des Vertrauensschutzes spricht zunächst die schon angedeutete Querverbindung zu den Geltungsgrundlagen der Verwirkung. Jene Querverbindung wird bislang von der wohl herrschenden Meinung noch nicht klar genug gesehen.[948] Es wirkt hier wohl noch die durch die frühere Rechtsprechung vertretene Ansicht vom „formalen Charakter" der Verjährung

---

[944] In älteren Ansichten wird mit diesem Terminus sehr häufig bereits die Fahrlässigkeit an sich beschrieben. Vgl. z.B. *Wendt*, AcP 89 (1888), 1 (10); *v. Liszt*, Deliktsobligationen im System des Bürgerlichen Gesetzbuchs, S. 55 f.

[945] *Spiro*, Begrenzung privater Rechte, Band I, §17, S. 26; Band II, §369, S. 923 f.

[946] *Spiro*, Begrenzung privater Rechte, Band II, §369, S. 923

[947] *Canaris*, Vertrauenshaftung, §33, S. 412 ff.

[948] Zur wohl h.M. vgl. Soergel[12]/*Teichmann*, §242 Rn 334; Palandt[62]/*Heinrichs*, §242 Rn 90 f.; Erman[10]/*Hefermehl*, Vor §194 Rn 1; Bamberger/Roth/*Henrich*, §194 Rn 8; die Querverbindung erkennt z.B. *Spiro*, Begrenzung privater Rechte, Band II, §371, S. 931; *Singer*, Das Verbot widersprüchlichen Verhaltens, S. 227; *Kegel*, FS für Pleyer, S. 513 (528)

„formalen Charakter“ der Verjährung nach,[949] der besonders den alleinigen Zeitablauf betont.[950]

Die Verwirkung wird nun gerade als Konkretisierung des Grundsatzes des *venire contra factum proprium* angesehen.[951] Wenn *Oetker*[952] davon ausgeht, die Verortung der Verwirkung im Grundsatz des *venire contra factum proprium* stelle eine „dogmatische Sonderstellung“ dar, die keinen Platz für die Verjährung lasse, so scheint dies zwar insoweit nicht überzeugend, als er diesen Schluss vor allem aus der Rechtsfolge der Verwirkung zieht, die sich aus dem rechtsethischen Verbot der unzulässigen Rechtsausübung ergebe und nach herrschender Meinung[953] dem Rechtsinhaber die Ausübung seines Rechts gerade von Amts wegen versage. Denn dagegen wird auch bei der Verwirkung vertreten, sie müsse wegen ihres Charakters als Schuldnerschutzinstitut als Einrede ausgestaltet werden, da dem Schuldner der Schutz nicht aufgedrängt werden könne.[954] Auch wenn *Oetker* weiter darauf abstellt, dass bei der Verwirkung anhand des sogenannten Umstandsmoments das konkret zu bewertende Verhalten des Gläubigers und die Disposition des Schuldners hieraus die Rechtsfolge rechtfertige, während sich die Rechtsfolge bei der Verjährung allein durch Zeitablauf ergebe, so kommt darin zum Ausdruck, dass er den formalen Charakter der Verjährung stärker als nötig akzentuiert. Dies mag noch im alten Recht, ob des rein objektiv ausgestalteten Fristlaufs, eine vertretbarere Ansicht gewesen sein. Durch die subjektive Anknüpfung des neuen Rechts beim Fristbeginn hat der Gesetzgeber aber jetzt auch bei der Verjährung ein Merkmal eingefügt, das einem bewertbaren Umstandsmoment sehr nahe kommt. Denn nun hängt der Beginn der regelmäßigen Verjährung, sieht man einmal von der daneben geltenden Maximalfrist ab, vom Gläubigerverhalten ab. Oben ist schon angeklungen, dass daneben auch bei der Verjährung ein vertrauensbildendes Moment beim Schuldner erkennbar ist. Verknüpft man die im neuen Verjährungsrecht relevanten Tatbestandsmerkmale, nämlich Gläubigerverhalten trotz Kenntnis (oder grob fahrlässiger Unkenntnis) des Anspruchs, Zeitablauf und letztlich durch den Zeitablauf typisiertes schutzwürdiges Vertrauen beim Schuldner, so

---

[949] Vgl. nur BGHZ 59, 323 (326) m.w.N.; Soergel[13]/*Niedenführ,* Vor §194 Rn 3

[950] Staudinger[13](2001)/*Peters*, Vorbem zu §§194 ff Rn 8 führt insoweit noch zum alten Recht aus, dass sich im Rahmen des Verjährungsrecht die Frage nach einer gerechten Abwägung der Parteiinteressen nur teilweise stelle, da die Verjährung von Ansprüchen ein natürliches Postulat sei; Ansprüche seien ihrem Wesen nach zeitgebunden. Ein Anspruch sei nach 30 Jahren nicht mehr derselbe. Je kürzer aber die Frist, desto gewichtiger wird eine rechtfertigende Abwägung der Parteiinteressen.

[951] Vgl. nur BGHZ 84, 280 (284); Palandt[62]/*Heinrichs*, §242 Rn 57; Soergel[12]/*Teichmann*, §242 Rn 332, jeweils m.w.N.; Soergel[13]/*Niedenführ*, Vor §194 Rn 16; Staudinger[13](2001)/*Peters*, Vorbem zu §§194 ff Rn 17; *Mansel/Budzikiewicz*, Das neue Verjährungsrecht, §2 Rn 13

[952] *Oetker*, Die Verjährung, S. 47

[953] BGH NJW 1966, 343(345); Soergel[12]/*Teichmann*, §242 Rn 343; RGRK[12]/*Johannsen*, Vorbem zu §194 Rn 9

[954] MüKo[4]/*Roth,* §242 Rn 481; Staudinger[13](1995)/*J. Schmidt,* §242 Rn 568 f.

bildet letztlich nur die Typisierung des Vertrauens auf Seiten des Schuldners den Unterschied zur Verwirkung. Eine Vermögensdisposition als Dokumentation des Vertrauens des Schuldners ist entbehrlich. Denn es wird gerade abstrakt festgelegt, dass der Schuldner nach Ablauf der Verjährungsfrist Vertrauen darf; ab hier gilt sein Vertrauen jedenfalls als schutzwürdig. Folglich könnte auch im Rahmen der Verjährung von einer „illoyal verspäteten Inanspruchnahme“[955] durch den Gläubiger gesprochen werden.[956]

Letztlich sind aber *Oetker's* Bedenken hinsichtlich einer Einordnung der Verjährung im Prinzip des *venire contra factum proprium* aus einem anderen Grund berechtigt. Zwar bekräftigt die Annahme einer „illoyal verspäteten Inanspruchnahme“, dass dem Gläubiger eine Verhaltensverantwortung gegenüber dem Schuldner obliegt, für eine rechtzeitige Aufdeckung der Rechtslage zu sorgen.[957] Es ist aber mit *Teichmann*[958] festzustellen, dass die Geltendmachung des Rechts als solches gerade nicht illoyal ist, wie es eine Bewertung mit *venire contra factum proprium* dem ersten Anschein nach verlangen würde. Daher geht *Kegel*[959] davon aus, es gäbe eine „Schutzpflicht“, die eine frühere Geltendmachung des Rechts gebiete. Der Gläubiger sei gerade verpflichtet, dem Mißverständnis des Schuldners vorzubeugen, die Forderung werde nicht mehr geltend gemacht. Jene „Schutzpflicht“ bilde den Kern bei der Verwirkung, so wie die Rechtswidrigkeit die Kernfrage des Deliktsrechts sei. *Singer*[960] erkennt diese Ungereimtheit ebenso und verlängert seine Konsequenzen in das (alte) Verjährungsrecht hinein. Er folgert, schon für das alte, (vermeintlich) streng objektive Verjährungssystem könne vom Vorliegen von Obliegenheiten ausgegangen werden, die sich sinnvoller Weise nicht nur auf die rechtzeitige Ausübung von Ansprüchen beziehen, sondern bereits auf die im Vorfeld gelagerte Beurteilung der Rechtslage, da diese den Gläubiger überhaupt erst in die Lage versetze, seinen Anspruch geltend zu machen. Schließlich stellt *Oetker*[961] insoweit auf „allgemeine Rücksichtnahmepflichten“ ab, die sich aus dem Grundsatz von Treu und Glauben herleiten ließen. Rechtlich missbilligt ist folglich schon die nicht erfolgte Aufdeckung der Anspruchslage, die der Gläubiger hätte vornehmen müssen. Zu diesem Zweck obliegt es ihm, Erkundigungen und Nachforschungen anzustellen. Auf den späteren Zeitpunkt der tatsächlichen Inanspruchnahme des Schuldners kommt es daher nicht mehr an. Ein *venire contra factum proprium* in seiner eigentlichen Ausprägung wird nicht mehr relevant.

---

955 So für die Verwirkung: BGHZ 25, 47 (52)

956 Ebenso *Singer*, Das Verbot widersprüchlichen Verhaltens, S. 226, 227; vgl. auch Staudinger[13](1995)/*J. Schmidt*, §242 Rn 516 ff. („Problemidentität“)

957 *Spiro*, Begrenzung privater Rechte, Band II, §380, S.976 sieht daher in dieser Formel eine “Andeutung eines Verschuldens”

958 Soergel[12]/*Teichmann*, §242 Rn 332

959 *Kegel*, FS für Pleyer, S. 513 (533 ff.)

960 *Singer*, Das Verbot widersprüchlichen Verhaltens, S. 226, 227

961 *Oetker*, Die Verjährung, S. 47

Zur dogmatischen Fundierung der eben beschriebenen Verhaltensanforderung lässt sich nun, in Anbetracht der erkannten Basis des Verjährungsrechts im Vertrauensprinzip, auf das für die Wissensnormen allgemein bestimmende Gebot des Selbstschutzes zurückgreifen, das den Gläubiger hier trifft. Er ist gehalten, seinen Anspruch in der ihm gesetzten Frist zu verfolgen, wenn er ihn geltend machen will. Konnte nun schon im alten Verjährungssystem aus dem Prinzip des Vertrauensschutzes eine „Pflicht zur inneren Sorgfalt" hinsichtlich einer etwaigen Anspruchsverfolgung angenommen werden, wie *Singer* meint, so muss dies umso mehr nun für das neue „subjektive" System gelten, das den Beginn der regelmäßigen Verjährungsfrist von der Kenntnis oder einer grob fahrlässigen Unkenntnis des Gläubigers von den Umständen abhängig gemacht, die ihn in die Lage versetzen würden, seinen Anspruch geltend zu machen. Damit lässt sich die Verjährung ganz allgemein in die im ersten Teil gefundene Struktur der Wissensnormen einpassen.

c. Der Rechtsverlust des Gläubigers aufgrund verschuldeter „Säumnis"

Die Wahrung der Verjährungsfrist kann daher als eine Obliegenheit des Gläubigers bezeichnet werden.[962] Zutreffend nennt *Spiro* die Rechtsfolge der Verjährung schließlich als Rechtsverlust aufgrund „Säumnis".[963] Wenn *v. Bar*[964] in dieser Hinsicht weiter feststellt, die Verjährung befände sich „verblüffend eng in der Nähe des Mitverschuldens", so verdeutlicht dies, dass ein Rechtsverlust den Gläubiger grundsätzlich nur treffen darf, wenn ihm die „Säumnis" zurechenbar ist. Insoweit fungieren die Beginn-, Hemmungs- und teils auch die Unterbrechungstatbestände der Verjährungsfrist als Zurechnungselemente. Denn sie legen fest, wann ein rechtlich relevantes Hindernis vorliegt, das den Gläubiger von einem rechtzeitigen Handeln abgehalten hat. Wer verhindert ist seine Forderung geltend zu machen, den soll keine Verjährung treffen.[965] Es gilt der Grundsatz: *agere non valenti non currit praescriptio*.[966]

---

[962] So bereits Staudinger[13](2001)/*Peters*, §203 Rn 26, allerdings ohne Begründung. Undeutlich Soergel[13]/*Niedenführ*, Vor §194 Rn 2: „Die Verjährung soll den Gläubiger veranlassen, rechtzeitig gegen den Schuldner vorzugehen." Zum umstrittenen Begriff der „Obliegenheit" und seine Bedeutung im Rahmen der sog. Wissensnormen: §5 II und §5 II 3 c..

[963] *Spiro*, Begrenzung privater Rechte, Band II, §371, S. 931; §408, S. 1071: „Dass man nach Fehler und Verschulden fragt, widerspricht nicht dem Gedanken, dass die Obliegenheit keine Pflicht sein muss. Fehlerhaft ist hier das Verhalten, das zwar nicht pflicht- aber regelwidrig ist, weil es verstößt gegen das, was dem einem im Interesse des anderen aufgegeben ist."

[964] *v. Bar*, Gemeineuropäisches Deliktsrecht, Band II, §5, S. 591 Rn 554

[965] *Spiro*, Begrenzung privater Rechte, Band I, §24, S. 35

[966] Zu diesem Grundsatz eingehend: *Spiro*, FS für Lewald, S. 585 ff.; *Zimmermann*, JZ 2000, 853 (865); zu den heute akzeptierten Ausnahmen dieses Grundsatzes im Mängelgewährleistungsrechts, siehe oben Fn 1071

Im alten Verjährungsrecht herrschte – wie nun schon häufig erwähnt – insgesamt ein objektives System vor, das die Zurechenbarkeit der Säumnis aus der Länge der Frist der regelmäßigen Verjährung typisiert folgerte. In Anlehnung an *v. Savigny*[967] ging man davon aus, dass bei einer Frist von 30 Jahren die Vermutung gelte, dass der Gläubiger den Anspruch wenigstens aus Nachlässigkeit nicht (mehr) verfolge. Man kann davon sprechen, dass hier das Verschuldensprinzip als Zurechnungsprinzip von einem Risikoprinzip überlagert wurde. Denn es lag 30 Jahre lang in der Sphäre des Gläubigers den Anspruch zu erkennen und zu verfolgen.

Dass im Kern aber nur eine Überlagerung des Verschuldensprinzips vorgelegen hat, zeigt sich insbesondere beim Begriff der „höheren Gewalt", der sich in §203 Abs.2 BGB a.F.[968] als Hemmungsgrund findet. Zur Inhaltsbestimmung des Begriffs wurden zwei Theorien vertreten. Nach der strengeren objektiven oder auch absoluten Theorie wurde als „höhere Gewalt" ein von außen kommendes, unabwendbares und unverschuldetes Ereignis bezeichnet. Nach der subjektiven oder relativen Theorie, die sich als herrschend durchsetzte,[969] subsumierte man bereits ein Ereignis unter den Begriff, das auch durch äußerste Sorgfalt nicht hätte vermieden werden können.[970] Beide Theorien greifen auf das Verschuldensprinzip zurück. Schon das geringste Verschulden schließt eine Hemmung aus. *Peters*[971] geht für den Regelfall davon aus, dass hier „keine objektive Risikozuweisung" normiert sei, sondern „Verhaltensanforderungen" an den Gläubiger gestellt würden. Eine Verletzung dieser Anforderungen könne anhand der §§276, 278 BGB entsprechend zugerechnet werden.

Im neuen Recht ist nun die regelmäßige Verjährungsfrist bekanntlich auf drei Jahre verkürzt, so dass ein entscheidendes Argument für eine Zurechnung aus dem Risikogedanken heraus weggefallen ist. Da zur Rechtfertigung der Rechtswirkung der Verjährung nicht mehr geltend gemacht werden kann, es sei 30 Jahre lang in der Hand des Gläubigers gelegen, den Anspruch zu verfolgen, hat der Gesetzgeber daher zu Recht den Beginn der Frist von einem subjektiven (Zurechnungs-) Element abhängig gemacht. Entscheidend ist die Kenntnis bzw. grob fahrlässige Unkenntnis von den anspruchsbegründenden Umständen und der Person des Schuldners. Erhält damit das neue Verjährungsrecht eine Struktur, die nach dem bisherigen in die Struktur der Wissensnormen eingeordnet werden kann, so liegt klar, dass das Wissenselement auch im Verjährungsrecht

---

[967] Siehe oben Fn 851

[968] Nunmehr in §206 BGB n.F.. *Mansel/Budzikiewicz*, §8 Rn 115: Eine inhaltliche Änderung war mit der Neuformulierung nicht beabsichtigt.

[969] Vgl. *Enneccerus/Nipperdey*, Allg. Teil, 2. Halbband[15], §234, S. 1417 Fn 9; Erman[10]/*Hefermehl*, §203 Rn 3; Staudinger[13](2001)/*Peters*, §203 Rn 10; Soergel[13]/*Niedenführ*, §203 Rn 3

[970] Zum Ganzen: Staudinger[13](2001)/*Peters*, §203 Rn 10

[971] Staudinger[13](2001)/*Peters*, §203 Rn 27

als Zurechnungselement im Rahmen einer Regelung des Vertrauensschutzes begriffen werden muss.

Als Zurechnungsprinzip kommt hier das Verschuldensprinzip in Betracht. Hiergegen wird indes auch im neuen Verjährungsrecht ein echter Anwendungsbereich für die (grobe) Fahrlässigkeit verneint, indem mit Verweis auf die Rechtsprechung zu §852 BGB a.F.[972] konstatiert wird, es fehle eine Sorgfaltspflicht zur Anspruchsverfolgung einem anderen gegenüber.[973] Jedoch wird die Notwendigkeit einer „Säumnis“ als Zurechnungsgrundlage erkannt und festgestellt, den Gläubiger treffe eine Obliegenheit, naheliegende und wenig Aufwand bedeutende Maßnahmen zu ergreifen.[974] Das neue Verjährungsrecht stelle insoweit auf eine schwere Form eines Verschuldens gegen sich selbst ab.[975] Wie wenig beide Kategorien allein weiterhelfen, ist im allgemeinen Teil bereits[976] erörtert worden. Auch wenn *Mansel/Budzikiewicz*[977] in ihrer Begriffsbestimmung klarlegen, es bestehe eine „Nachforschungspflicht und damit eine Pflicht zu aktivem Tun“, so bleibt diese Feststellung ohne nähere dogmatische Begründung. Erkennt man aber insgesamt eine Verhaltensanforderung zu Maßnahmen des Selbstschutzes aus Gründen des Vertrauensschutzes,[978] dessen Außerachtlassung zugerechnet werden muss, um Sanktionen zeitigen zu können, so lassen sich die Kenntnis bzw. die grob fahrlässige Unkenntnis hierbei als Zurechnungselemente des Verschuldensprinzips dogmatisch klar einordnen. Relevant ist die verschuldete Außerachtlassung des Gebots zum Selbstschutz durch den Gläubiger.

Es stellt sich im folgenden also die Frage, wie die Kenntnis und die grobe Fahrlässigkeit in diesem Anwendungsbereich ausgelegt werden können.

---

[972] Vgl. bereits oben §7 III 2 b. und exemplarisch BGH NJW 2001, 2535 (2536)

[973] *Mansel*, NJW 2002, 89 (91); *Zimmermann*, JZ 2001, 684 (687); *Ernst/Leenen/Mansel/Peters/Zimmermann*, Memorandum, S. 3; ebenso *Schmidt-Räntsch*, DRiZ 2001, 501 (504), wobei seine Ausführungen bereits darauf hindeuten, diese Feststellung eher als Verdeutlichung zu begreifen, dass keine Aufweichung bis hin zur einfachen Fahrlässigkeit gewollt ist.

[974] *Mansel*, NJW 2002, 89 (91); ebenso *Lorenz/Riem*, Lehrbuch zum neuen Schuldrecht, §2 Rn 53

[975] MüKo[4]/*Grothe*, Band 1a, §199 Rn 28; *Ernst/Leenen/Mansel/Peters/Zimmermann*, Memorandum, S. 3

[976] Siehe §5 II.

[977] *Mansel/Budzikiewicz*, Das neue Verjährungsrecht, §3 Rn 132

[978] In dieser Hinsicht bliebe auch für die Problematik der Wissenszurechnung im Rahmen des Verjährungsrechts ein dogmatisch konsequenter Anknüpfungspunkt. War bisher bereits umstritten, ob eine Wissenszurechung bei nicht ordnungsgemäßer Wissensorganisation wie im rechtsgeschäftlichen Verkehr kraft einer Organisationspflichtverletzung aus Vertrauensschutzgesichtspunkten (vgl. hierzu bereits unten Fn 311) anzunehmen sei (dafür: MüKo[3]/*Stein*, §852 Rn 14; *Baum*, Wissenszurechnung, S. 189 f.; *Grunewald*, WuB IV A. §852 BGB 2.94; a.A.: BGHZ 133, 129 (138) m.w.N., der eine Pflicht des Geschädigten im Interesse des Schädigers ablehnt), so läge nach dem hier vertretenen Ansatz eine solche „Pflicht“ bereits im Gebot des Selbstschutzes begründet. Zum neuen Verjährungsrecht stark zweifelnd, ob bisherige Ansicht des BGH noch haltbar sei: *Mansel/Budzikiewicz*, Das neue Verjährungsrecht, §3 Rn 139; ebenso *Krämer*, ZGS 2003, 379 (381); kritisch, aber differenzierend: Bamberger/Roth/*Spindler*, §199 Rn 35; für eine Weitergeltung: *Gaier*, NZM 2003, 90 (94)

§11 Die Auslegung der Begriffe der „Kenntnis" und der „grob fahrlässigen Unkenntnis" im subjektiven System der neuen regelmäßigen Verjährung

Ein grundlegendes Anliegen des Verjährungsrechts ist es, Rechtssicherheit und Rechtsfrieden herzustellen.[979] Hierzu bedarf es einer klaren Linie, was die Auslegung der Begriffe anbelangt, die die Tatbestandsmerkmale des Rechtsinstituts ausfüllen. Die allgemeine Problematik einer Auslegung und Inhaltsbestimmung der Kenntnis und der groben Fahrlässigkeit ist im ersten Teil hinreichend deutlich geworden. In der (sehr spärlichen) wissenschaftlichen Diskussion um diese Begriffe im neuen Verjährungsrecht konnte bisher noch keine Klärung erreicht werden.

I. Die bisherigen Betrachtungen der Literatur zum Wissenselement im neuen Verjährungsrecht

Hinsichtlich der positiven Kenntnis des Gläubigers von den anspruchsbegründenden Umständen und der Person des Schuldners wird in der Literatur zum neuen Verjährungsrecht vertreten, dass hier die Rechtsprechung zum alten §852 BGB ohne Umschweife weitergelte,[980] wobei man gerade die im Verlaufe dieser Arbeit bereits als problematisch gekennzeichneten Fälle einer Aufweichung der Kenntnis anhand der „Sich-verschließens"-Formel nunmehr „problemlos"[981] in die grobe Fahrlässigkeit einordnen könne. Die Definition der groben Fahrlässigkeit durch die Rechtsprechung entspräche *de facto* der Judikatur zur Kenntnis in §852 BGB, wenn auch der Normwortlaut durchaus hiervon abweiche.[982] Derartige Fälle „handgreiflicher Erkennbarkeit" seien gemeint, wenn der Gesetzgeber nunmehr grob fahrlässige Unkenntnis statt positiver Kenntnis genügen lässt. [983]

Demgegenüber wird indes die Gefahr gesehen, dass die Reichweite der Rechtsänderung hin zu Gleichstellung von Kenntnis und grob fahrlässiger Unkenntnis verkannt werden könnte. *Grothe*[984] hat bereits darauf hingewiesen, dass sich eine Beschränkung der groben Fahrlässigkeit auf jene Fälle, die zu der

[979] Siehe bereits §10 II 3.

[980] Vgl. MüKo[4]/*Grothe*, Band 1a, §199 Rn 25, 28

[981] So MüKo[4]/*Grothe*, Band 1a, §199 Rn 25; ähnlich Palandt[62]/*Heinrichs*, §199 Rn 37; *Mansel* in: Anwaltkommentar BGB, §199 Rn 55; Soergel[13]/*Niedenführ*, Band 2a, §199 Rn 49

[982] *Willingmann*, in: *Micklitz/Pfeiffer/Tonner/Willingmann* (Hrsg.), Schuldrechtsreform und Verbraucherschutz, S. 1 (23)

[983] *Leenen*, DStR 2002, 34 (35); in diesem Sinne auch *Mansel*, NJW 2002, 89 (91)

[984] MüKo[4]/*Grothe*, Band 1a, §199 Rn 25

Ausweitung des Kenntniskriteriums geführt haben, jedenfalls dem Wortlaut des neuen Verjährungsrechts, insbesondere dem §199 BGB n.F. nicht entnehmen lasse. In dieser Hinsicht wird von vielen[985] die Rechtslage nun zumindest als offen betrachtet. In der Praxis sei es gerade die Konturlosigkeit der groben Fahrlässigkeit, die in einer so zentralen Vorschrift dem Anliegen, Rechtssicherheit zu erzeugen, nicht gerecht werden könne.[986]

Diesen Bedenken kann nach den bisherigen Ausführungen nur zugestimmt werden. So finden sich zum neuen Verjährungsrecht gerade in der streitigen Frage, ob ein streng objektiver oder ein gemischt objektiv-subjektiver Maßstab für die Bestimmung der groben Fahrlässigkeit angewendet werden sollte, bereits konträre Meinungen. Während *Heinrichs*[987], *Mansel*[988] und *Spindler*[989] ein zusätzliches subjektives Element in der groben Fahrlässigkeit als geeignet ansehen, um zu verhindern, dass ein Verjährungsbeginn vorschnell bejaht wird, scheint *Grothe*[990] eher objektiv anknüpfen zu wollen. Weder für die eine, noch für die andere These werden aber Argumente angeführt. Bestenfalls wird die gemischt objektiv-subjektive Definition des BGH zur groben Fahrlässigkeit, wie sie oben[991] dargestellt wurde, als gefestigt beschrieben, so dass sich wohl eine nähere Auseinandersetzung mit ihrer Stimmigkeit im Verjährungsrecht erübrige.

---

985 Palandt[62]/*Heinrichs*, §199 Rn 37: „Grobe Fahrlässigkeit kann auch in Fällen zu bejahen sein, in denen die Rspr. zu §852 aF einen Verjährungsbeginn abgelehnt hat."; *Mansel* in: Anwaltskommentar BGB, §199 Rn 55: §199 Abs. 1 Satz 2 BGB „geht aber über diese bereits anerkannten Fälle hinaus"...; Bamberger/Roth/*Spindler*, §199 Rn 17, 19 sieht in der neuen Regelung eine „bedeutende Weiterung" und „Schlechterstellung gegenüber dem bisherigen Rechtszustand" für deliktisch Geschädigte, da der Begriff der groben Fahrlässigkeit über die Kriterien hinausgehe, die die Rechtsprechung zur Kenntnis des §852 BGB a.F. aufgestellt hat. Andererseits geht er davon aus, dass diese Kriterien ohne weiteres der grob fahrlässigen Unkenntnis entsprächen und daher fruchtbar gemacht werden könnten. Hieran anknüpfend *Krämer*, ZGS 2003, 379 (380).

986 *Piekenbrock*, in: Jahrbuch Junger Zivilrechtswissenschaftler 2001, 309 (325)

987 Zwar hatte *Heinrichs* noch in NJW 1982, 2021 (2026) die Risiken des subjektiven Elements der groben Fahrlässigkeit als Tatbestandsmerkmal der Verjährung erkannt. Es ließe dem Richter einen zu großen Beurteilungsspielraum. Nunmehr hält er aber trotzdem an einem subjektiven Element fest. Vgl. Palandt[62]/*Heinrichs*, §199 Rn 37; *ders.*, BB 2001, 1417 (1418)

988 *Mansel*, NJW 2002, 89 (91); *ders.* in: Anwaltkommentar BGB, §199 Rn 53; *Mansel/Budzikiewicz*, Das neue Verjährungsrecht, §3 Rn 132

989 Bamberger/Roth/*Spindler*, §199 Rn 20

990 MüKo[4]/*Grothe*, Band 1a, §199 Rn 25

991 Siehe oben §6 II 2 a.

II. Die Auslegung des Wissenselements mit Blick auf die teleologische Basis der Verjährung

Nach dem Wortlaut des §199 BGB n.F. kommt es entscheidend auf die Kenntnis bzw. die grob fahrlässige Unkenntnis des Gläubigers an. Mit Blick auf die oben dargestellte teleologische Basis des Verjährungsrechts im Prinzip des Vertrauensschutzes stellen die Begriffe der Kenntnis und der (grob-)fahrlässigen Unkenntnis – wie im Verlaufe dieser Untersuchung herausgestellt hat – wichtige Grenzen des Verkehrsschutzes dar. In dieser Funktion benötigt sowohl die Kenntnis an sich als auch die grobe Fahrlässigkeit eine objektiv-typisierte Anknüpfung. Die Beachtlichkeit einer für den Verkehr nicht erkennbaren individuellen Disposition des Betreffenden entzieht dem angestrebten Vertrauensschutz den Boden.

Ganz in diesem Sinne geht *M. Wolf*[992] davon aus, im Verjährungsrecht müsse sich der Beurteilungsmaßstab grundsätzlich am Vertrauensschutz orientieren. So seien sämtliche verjährungsunterbrechende Handlungen bzw. Handlungen, die der Gläubiger zur Durchsetzung seiner Ansprüche unternimmt, ausschließlich nach dem „Empfängerhorizont des Schuldners" zu beurteilen. Aber auch im Hinblick auf die herzustellende Rechtssicherheit fallen gegen eine subjektiv – individuelle Auslegung erhebliche Bedenken ins Gewicht, da sich die persönlich individuelle Disposition des Einzelnen eben[993] nur schwer überblicken lässt.

Dies vorausgeschickt, sollen nun mögliche Aspekte einer Inhaltsbestimmung der Kenntnis und der grob fahrlässigen Unkenntnis im neuen Verjährungsrecht erörtert werden.

1. Die positive Kenntnis im (neuen) Verjährungsrecht

Zum subjektiven Kenntniselement im §852 BGB a.F. wurden die tatsächlichen individuellen Erkenntnisfähigkeiten des Gläubigers als unbeachtlich angesehen. Es sei ein objektiver Maßstab anzulegen.[994] Zwar war klar, dass gegenüber einem Bewusstlosen keine Verjährungsfrist zu laufen beginnen konnte;[995] ansonsten wurden aber die intellektuellen Fähigkeiten des Einzelnen im Einzelfall nicht berücksichtigt. Der BGH führte aus, dass im Interesse der Rechtsklarheit und der Billigkeit die unterschiedlichen emotionalen und intellektuellen Fähig-

---

992 *M. Wolf*, FS für Schumann, S. 579 (585 f.)

993 Vgl. auch die parallelen Ausführungen hierzu im Lichte der Beweisproblematik oben S. 120 ff.

994 *Taupitz*, NJW 1984, 662 (663)

995 BGH VersR 1964, 302

keiten der Kenntnisperson diese weder bevorzugen noch den Schuldner benachteiligen dürften.[996] Nach *Peters*[997] seien hier alle Kenntnispersonen auf einem Niveau zu vereinigen.

Zudem schwang die Beweisproblematik in den Argumenten mit, da vereinzelt auf die nur schwere Nachprüfbarkeit der subjektiven Verfassung des Einzelnen verwiesen wurde.[998] Hierin liegt nun aber die eigentliche Rechtssicherheitsproblematik. Denn Rechtssicherheit ist nur tatsächlich herstellbar, wenn die dem Recht anzudienenden Tatsachen einwandfrei feststellbar sind. Die Kenntnis wurde daher im Lichte seiner funktionellen, praktischen Brauchbarkeit objektiviert. Entscheidend sei nur, dass der Betreffende Tatsachen kenne, die bei objektiver Würdigung, aus dem Blickwinkel einer Durchschnittsperson den Schluss auf die Begründetheit des Anspruchs zuließen.[999] Hinsichtlich des Grades der Gewissheit um diese Tatsachen, wurde weiter konstatiert, sie läge schon vor, wenn der Betreffende vernünftiger Weise veranlasst sein müsste, den Anspruch geltend zu machen.[1000]

Auch im neuen Verjährungsrecht stehen einer subjektiveren Auslegung der Kenntnis ebenso die Ziele des Instituts, insbesondere der Schuldnerschutz und die herzustellende Rechtssicherheit, entgegen. Die Verkürzung der regelmäßigen Verjährungsfrist stellt hiergegen vorerst kein Gegenargument dar, da die alte Deliktsverjährung, zu der die objektivierte Kenntnis entwickelt wurde, ebenso nur drei Jahre betrug. Aber auch die nunmehr zu Zwecken der Rechtssicherheit eingeführte Maximalfrist des §199 Abs. 3 BGB n.F. kann hier per se noch zu keiner subjektiveren Inhaltsbestimmung der Kenntnis führen, da bis zum Eingreifen dieser Frist in vielen Fällen gerade keine Rechtssicherheit hergestellt werden könnte. Im Extremfall liefe die subjektive Frist weitgehend leer. Letztlich spricht auch die neue Jahresendverjährung nicht für eine echte subjektive Inhaltsbestimmung der Kenntnis, da hierdurch nur Unsicherheiten über den exakten Zeitpunkt der Kenntniserlangung, nicht aber über die Kenntniserlangung an sich verhindert werden können.

Es stellt sich jedoch die Frage, ob nicht die tatbestandsmäßige Gleichstellung mit der groben Fahrlässigkeit nunmehr eine Möglichkeit eröffnet, die Kenntnis etwas subjektiver und mehr nach seiner ursprünglichen Wortbedeutung zu betrachten und dadurch dem Wortlaut der Norm eher gerecht zu werden. Dies ist dann denkbar, wenn die grobe Fahrlässigkeit die teleologische Basis der Verjährung bedient und als geeignetes Mittel zum Auffangen der be-

---

996 BGH NJW 1993, 648 (653)

997 *Peters*, NZV 1991, 144 (145)

998 BGH NJW 1984, 661

999 BGH NJW 1993, 2741 (2743)

1000 So jedenfalls *Peters*, JZ 1983, 121 (124)

weisrechtlichen Schwierigkeiten im Hinblick auf die positive Kenntnis erkannt wird.

2. Die grobe Fahrlässigkeit im (neuen) Verjährungsrecht

Wie *Spiro* bereits erkannt hat, geht es im Verjährungsrecht im Grunde um eine Lastenverteilung. Sie müsse dazu führen, dass der Richter dem einzelnen nicht sein (subjektives) Verschulden, sondern überhaupt seine Individualität ganz oder teilweise tragen lassen muss und nur bei einer dem anderen Teil erkennbaren Verhinderung nur ganz ausnahmsweise einmal subjektiv anknüpfen kann.[1001] Zum alten Verjährungsrecht hat *Peters*[1002] zwar im Hinblick auf eine, die „höhere Gewalt" ausschließende Sorgfaltsverletzung zunächst konstatiert, es müssten die „persönlichen Kenntnisse und Fähigkeiten" des Gläubigers berücksichtigt werden, sprich es gelte ein subjektiver Fahrlässigkeitsmaßstab. Diese These relativierte er jedoch postwendend, indem er keinerlei Irrtum des Gläubigers für den Lauf der Verjährungsfrist relevant werden lies. Als besonders entscheidend hierfür machte er geltend, dass ansonsten der Zweck der Verjährung verfehlt werde. Ausnahmen kämen selbst dort nicht in Betracht, wo der Gläubiger äußerste Anstrengungen zur Klärung unternommen hätte.[1003] Diese sehr rigide Auffassung steht jedoch weitgehend allein. Herrschend ist hier, wie bereits[1004] erörtert, dass die Einhaltung äußerster Sorgfalt entschuldigt, wobei dies am Maßstab der „vernünftigerweise zumutbaren Sorgfalt" gemessen wird.[1005] Jedenfalls aber gilt in Anbetracht der vom Gläubiger zu beachtenden inneren Sorgfalt ein grundsätzlich objektiver Maßstab.

Bislang wird nun aber in der Literatur zum neuen Verjährungsrecht wohl überwiegend ein zusätzlich subjektives Element der groben Fahrlässigkeit als notwendig erachtet,[1006] ohne hierfür eine hinreichende Begründung anzuführen.

Eine Stütze dieser Ansicht könnte sich in der Gesetzesbegründung zum neuen Verjährungsrecht finden lassen. Hier wird auf die Norm des §277 BGB mit der Erläuterung verwiesen, dass es sich bei der Kenntnisnahme von der Existenz eines Anspruchs um eigene Angelegenheiten handele, so dessen Rechtsgedanke gelten könne.[1007] Da bei der *dilligentia quam in suis* nach überwiegen-

---

[1001] *Spiro*, Begrenzung privater Rechte, Band II, §408, S. 1071

[1002] Staudinger[13](2001)/*Peters*, §203 Rn 26, 28

[1003] A.A. aber MüKo[4]/*Grothe*, Band 1a, §206 Rn 3

[1004] Siehe §10 III 2

[1005] So jedenfalls für die Rechtsunkenntnis: BGHZ 129, 282 (289); Erman[10]/*Hefermehl*, §203 Rn 5; MüKo[4]/*Grothe*, Band 1a, §206 Rn 6

[1006] Siehe oben Fn 988, 989 und 990

[1007] RegBegr. abgedruckt in: Canaris (Hrsg.), Schuldrechtsmodernisierung 2002, S. 622

der Meinung ein subjektiver Fahrlässigkeitsmaßstab angelegt wird,[1008] könnte sich hier, entgegen der eben dargelegten Ansicht, für die grob fahrlässige Unkenntnis ergeben, dass ein subjektiver Sorgfaltsmaßstab gelten müsse.

Oben[1009] ist bereits erkannt worden, dass es in den Wissensnormen, die auf dem Gedanken des Vertrauensschutzes aufbauen, eine gänzlich „eigene Angelegenheit" der Kenntnisnahme nicht gibt. Es liegt immer eine Verhaltensanforderung (auch) im fremden Interesse vor. Zudem findet sich im Rahmen der Verjährungsfrage allein keine Konstellation, die dem Telos der *dilligantia quam in suis* unterfällt. Denn eine Anknüpfung an die eigenübliche Sorgfalt rechtfertigt sich überwiegend nur dann, wenn aus einer engen personenrechtlichen Beziehung abzuleiten ist, dass sich die Beteiligten „kennen" und sich daher auch auf die persönlichen Unzulänglichkeiten des andere einstellen können.[1010] Darüber hinaus ist aber weiter fraglich, ob, soweit eine subjektive Inhaltsbestimmung der eigenüblichen Sorgfalt als richtig erachtet wird, die grobe Fahrlässigkeit dann auch eine subjektive Auslegung erfahren müsste. Dies ist per se zweifelhaft, da ansonsten ein Zirkelschluss droht. Denn könnte sich der Betreffende stets auf seine subjektiven Schwächen berufen, weil er in eigenen Angelegenheiten immer so verfahre, und damit das Verdikt der grobe Fahrlässigkeit vermeiden, so käme eine schädliche grobe Fahrlässigkeit eigentlich nie vor.[1011] Folglich kann sich eine tragfähige Einschränkung der eigenüblichen Sorgfalt nur durch eine objektiv bestimmte grobe Fahrlässigkeit ergeben.[1012]

Inwieweit die Ansichten, die ein subjektives Element der groben Fahrlässigkeit auch im Verjährungsrecht fordern, in der Praxis konsequent bleiben können, wird sich auch in der Frage zeigen, ab wann dann der Beginn der Verjährung angenommen werden kann. Zwar bildet die eingeführte Jahresendverjährung einen Puffer. Der Zeitpunkt des Eintritts einer subjektiv grob fahrlässigen Unkenntnis lässt sich dennoch kaum sicher bestimmen. Hier schlagen *Mansel/Budzikiewicz*[1013] vor, auf „den gewöhnlichen Lauf der Dinge" abzustellen und danach zu fragen, in welchem Zeitpunkt der Gläubiger seine Unkenntnis frühestens hätte beseitigen können und müssen. Hält man aber am subjektiven, individuellen Ansatz der groben Fahrlässigkeit fest, wird es einen bewertbaren „gewöhnlichen Lauf der Dinge" nur sehr eingeschränkt geben können.

[1008] Vgl. nur Staudinger[13](2001)/*Löwisch*, §276 Rn 1; Erman[10]/*Battes*, §277 Rn 2; Bamberger/Roth/*Grüneberg*, §277 Rn 8; Jauernig[10]/*Vollkommer*, §277 Rn 3; aus der Rspr. vgl. nur BGHZ 103, 338 (346); kritisch aber *Deutsch*, Fahrlässigkeit und erforderliche Sorgfalt[2], S. 315 ff., 374; *ders.*, NJW 1966, 705 ff.; *Bokelmann*, Grobe Fahrlässigkeit, S. 52 ff.

[1009] Siehe §5 II 3.

[1010] *Deutsch*, Fahrlässigkeit und erforderliche Sorgfalt[2], S. 315; *ders.*, NJW 1966, 705 (708); *ders.*, Unerlaubte Handlungen[3], Rn 129

[1011] Ebenso *Bokelmann*, Die grobe Fahrlässigkeit, S. 52 ff.

[1012] Auf eine Korrektur anhand objektiver Zumutbarkeitskriterien verweist Bamberger/Roth/ *Grüneberg*, §277 Rn 8.

[1013] *Mansel/Budzikiewicz*, Das neue Verjährungsrecht, §3 Rn 133

Schließlich stellen aber auch die Anforderungen an die Inhaltsbestimmung der groben Fahrlässigkeit als Auffangelement der schwer nachweisbaren subjektiven Kenntnis, die oben[1014] formuliert wurden, auf einen objektiven Maßstab ab. Die grob fahrlässige Unkenntnis des Verjährungsrechts kann auch insoweit nicht subjektiv bestimmt werden. Wie das Kenntniselement in der Deliktsverjährung bisher funktionell objektiv ausgelegt wurde, ist auch die grobe Fahrlässigkeit objektiv-typisiert zu bestimmen, will man dem Ziel näher kommen, den Beweisproblemen um die innere Tatsache der Kenntnis Herr zu werden. Denn die grobe Fahrlässigkeit im Rahmen ihrer Auffangfunktion benötigt eine tragfähige Zurechnungsbasis für den Verdacht der Kenntnis bzw. den Verdacht der vorsätzlichen Unkenntnis. Dies bedarf einer objektiven Ausgangsbasis.

Bleibt es hier sodann bei einer Zurechnung von Kenntnis- bzw. Vorsatzverdacht, kann nur die bis zur Offenkundigkeit gesteigerte Erkennbarkeit der Umstände relevant sein. Wie aber *Grothe*[1015] zutreffend feststellt, lässt sich aus dem Wortlaut der Norm eine Beschränkung der Funktion der groben Fahrlässigkeit auf eine Zurechnung von Kenntnisverdacht nicht entnehmen.

Es fragt sich aber, ob tatsächlich eine über die bisherige Praxis hinausgehende Ausweitung des Wissenselements angezeigt ist. Dies soll schließlich durch eine Analyse der Materialien zum neuen Verjährungsrecht beleuchtet werden.

III. Die Auslegung des Wissenselements ausweislich der Gesetzesmaterialien zum neuen Verjährungsrechts

Über die grundsätzliche Qualität der Gesetzesbegründung ist zu Beginn dieser Arbeit schon erkannt worden. Nichts desto trotz ist die Feststellung des Gesetzgeberwillens als Auslegungsgrundlage zunächst unentbehrlich.

Zu §199 Abs. 1 Nr. 2 BGB n.F. spricht die Begründung des Regierungsentwurfs davon, dass hier das aus dem bisherigen §852 Abs.1 bekannte Merkmal der Kenntniserlangung um die grobe Fahrlässigkeit „erweitert“ wird. Nach einem Zitat der bekannten Definition der groben Fahrlässigkeit des BGH[1016] wird weiter konstatiert, davon sei die Kenntnis, wie sie von §852 Abs.1 verlangt wird, „nicht weit entfernt“, da schon bislang die Rechtsprechung auf der Hand liegende Erkenntnismöglichkeit der positiven Kenntnis gleichgestellt hätte. Auch die

---

[1014] Siehe §8 II 3.

[1015] MüKo[4]/*Grothe*, Band 1a, §199 Rn 28; ebenso Palandt[62]/*Heinrichs*, §199 Rn 37

[1016] Siehe oben §6 II 2 a.

Rechtsprechung zum Grundsatz der Schadenseinheit sei im Rahmen der Auflockerungstendenzen der Rechtsprechung zu nennen, die *Peters/Zimmermann* in ihrem Gutachten bewogen hätten, die grobe Fahrlässigkeit der Kenntnis gleichzustellen. Letztlich habe der Gesetzgeber diese Anpassung in §12 ProdHaftG auch schon vollzogen.[1017]

1. §12 ProdHaftG als Vorbild des neuen Verjährungsrechts?

Die Frist des §12 Abs.1 ProdHaftG beginnt nun aber schon von dem Zeitpunkt an zu laufen, in welchen der Ersatzberechtigte vom Schaden, dem Fehler und der Person des Ersatzpflichtigen Kenntnis erlangt oder Kenntnis hätte erlangen müssen. Er stellt insoweit nach der Legaldefinition des §122 Abs.2 BGB gerade nur auf einfache Fahrlässigkeit ab.[1018] Der deutsche Gesetzgeber folgte hierbei im Jahre 1989 den Vorgaben der EG-Produkthaftungsrichtlinie[1019]. Der Divergenz zum bisher geltenden deutschen Deliktsrecht war sich der Gemeinschaftsgesetzgeber zwar bewusst. Er nahm aber die Erleichterung des Verjährungsbeginns zu Lasten des Gläubigers gerade deshalb in Kauf, um das Produkthaftpflichtrecht in allen Mitgliedsstaaten zu vereinheitlichen.[1020] Aufgrund der Umsetzungspflicht ergab sich für den deutschen Gesetzgeber kein Ermessensspielraum und somit auch keine Argumentationsnotwendigkeit, ob eine Erweiterung der deliktsrechtlichen Verjährungsregel im Rahmen des Produkthaftungsrechts angezeigt ist oder nicht. Folglich war §12 ProdHaftG auch nicht Gegenstand von weiterführenden Erörterungen im Gesetzgebungsverfahren. Vielmehr ist der auf der Richtlinie basierende Regierungsvorschlag unverändert zum Gesetz geworden.[1021] Es verwundert daher, dass sich die Gesetzesbegründung zum neuen Verjährungsrecht nun, wie selbstverständlich, auf diese Vorschrift europarechtlichen Ursprungs beruft, um eine Erweiterung des Kenntniskriteriums zu rechtfertigen. Schwerer wiegt es aber, dass der Gesetzgeber die Geeignetheit des §12 ProdHaftG als Vorbild für eine allgemeine Verjährungsregel nicht zu-

---

1017 Zum Ganzen: RegBegr abgedruckt in: Canaris (Hrsg.), Schuldrechtsmodernisierung 2002, S. 621 ff.

1018 So auch *Mansel* in: Anwaltkommentar BGB, §199 Rn 54; *Kullmann*, Kommentar zum ProdHaftG^3, §12, S.171 f.; *Taschner/Frietsch*, Kommentar zum ProdHaftG^2, §12 Rn 2 f.; *Graf v. Westphalen* in: Graf v. Westphalen (Hrsg.), Produkthaftungshandbuch, Band 2^2, §79 Rn 1 und 4 sieht diesen Unterschied in Anbetracht der Rechtsprechung zum Kenntnisbegriff des §852 BGB a.F. als „vernachlässigenswert" an. Dem kann nach dem Bisherigen schon aus Rechtssicherheitsgesichtspunkten keinesfalls zugestimmt werden.

1019 Dort Art. 10.

1020 *Kullmann*, Kommentar zum ProdHaftG^3, §12, S.172

1021 *Taschner/Frietsch*, Kommentar zum ProdHaftG^2, §12 Rn 2 f.

nächst anhand einer Auseinandersetzung mit den, diesem zu Grunde liegenden Wertungsaspekten überprüft hat.[1022]

Das ProdHaftG normiert eine Gefährdungshaftung. Ohne ein haftungsauslösendes Verschulden steht der Schädiger dem Schaden ferner. Denn er ist nur anhand seines Produktes in den Rechtsgüterbereich des Geschädigten vorgedrungen. Der genaue Schadenshergang der zum Eintritt des Schadens geführt hat, hat ausschließlich in der Sphäre des Geschädigten stattgefunden. Deshalb ist es an ihm sich möglichst rasch Klarheit über die Schadensursache, den Umfang des Schadens und folglich über den Hersteller als Person des Ersatzpflichtigen zu verschaffen. Schon von daher ist die Norm nicht in dem Maße verallgemeinerungsfähig. Diese Besonderheit des Produkthaftpflichtrechts ist zu beachten. Für eine Auslegung des neuen Wissenselementes in der regelmäßigen Verjährung gibt §12 ProdHaftG folglich nicht viel her.

2. Der Grundsatz der Schadenseinheit als Ausweitung des Kenntniskriteriums in Richtung grober Fahrlässigkeit

Die Gesetzbegründung nimmt auch Bezug auf den Grundsatz der Schadenseinheit, der die positive Kenntnis auch im Bereich des Tatbestandsmerkmals „Schaden" schon in Richtung „Vorhersehbarkeit" erweitert und daher im Ergebnis Kenntnis und Kennen-müssen gleichgestellt habe.[1023] Richtig ist, dass hier Kenntnis vom Schaden nicht als gleichbedeutend mit Kenntnis von Umfang und Höhe des Schadens verstanden wird.[1024] Vielmehr genügt es, wenn der Geschädigte davon Kenntnis erlangt, dass eine unerlaubte Handlung zu einem Schaden geführt hat, wobei er diesen in seinen einzelnen Elementen und Ausprägungen noch nicht zu überschauen braucht.[1025] Demnach beginnt die Verjährungsfrist für alle Schadensfolgen in dem Moment zu laufen, wo diese auch nur

---

1022 In diesem Sinne auch *Pieckenbrock*, Jahrbuch junger Zivilrechtswissenschaftler 2001, S. 326; kritisch ebenso *Mansel*, Die Reform des Verjährungsrechts in: Ernst/Zimmermann (Hrsg.), Zivilrechtswissenschaft und Schuldrechtsreform 2001, S. 333 (379)

1023 An dieser Rechtsprechung wollte der Gesetzgeber ganz bewusst festhalten. Vgl. RegBegr abgedruckt in: Canaris, Schuldrechtsmodernisierung 2002, S. 621; Bamberger/Roth/*Grüneberg*, §199 Rn 27; *Mansel/Budzikiewicz*, Das neue Verjährungsrecht, §3 Rn 82 bezeichnen dies als „bedauerlich". Zum Grundsatz der Schadenseinheit siehe nur BGH NJW 2000, 861 ff.; 1997, 2448 ff.; 1993, 648 ff.; 1991, 973 ff.; Soergel[13]/*Niedenführ*, §198 Rn 11; Erman[10]/*Hefermehl*, §198 Rn 8; Soergel[12]/*Zeuner*, §852, Rn 13; Erman[10]/*Schiemann*, §852, Rn 13; MüKo[3]/*Stein*, § 852, Rn 20; *Esser/Weyers*, Schuldrecht Band II: Besonderer Teil, Teilband 2[8], §61 IV, S. 255 f.; *Steffen*, Karlsruher Forum 1991, S. 14 f.

1024 Palandt[61]/*Thomas*, §852 Rn 8

1025 BGH NJW 1997, 2448 ff. m.w.N.

als möglich voraussehbar sind.[1026] Erschwerend fügt der BGH[1027] hinzu, dass es im Hinblick auf die Vorhersehbarkeit der Schadensfolge und den hierzu zu betrachtenden Verkehrkreis im wesentlichen nicht auf die (Laien-)Sicht des Geschädigten ankommen soll, sondern zumindest für Körperschäden, die Sicht der medizinischen Fachkreise entscheidend sein soll. Nur wenn der Geschädigte aufgrund des Schadensbildes keinen Anlass hätte, sich über später möglicherweise eintretende Schadensfolgen von einen Fachmann beraten zu lassen, könne eine Ausnahme von diesem Grundsatz gemacht werden. Daher scheint der These des Gesetzgebers nichts entgegenzusetzen zu sein, dass mit Hilfe dieser Konstruktion eine Ausdehnung der Kenntnis in die fahrlässige Unkenntnis hinein bereits stattgefunden hat. Zu deutlich weisen die Urteilsgründe der jeweiligen Entscheidungen in diese Richtung.

Als umstritten wäre hierbei allenfalls der anzulegende Sorgfaltsmaßstab zu bezeichnen. Wenngleich man einen objektiven Maßstab als notwendig ansieht, da ein subjektiver Maßstab dem Zweck der Schaffung von Rechtssicherheit widerstrebend angesehen wird,[1028] deutet obiger Fachkreisstandard sogar auf eine strengere Auslegung hin, als sie die einfache Fahrlässigkeit anheim stellen würde. Überwiegend stellt indes die Literatur – teils auch die Rechtsprechung[1029] – auf den Maßstab des verständigen, durchschnittlichen Betrachters ab.[1030]

Gerade die Verschärfung der Anforderungen hinsichtlich der relevanten Voraussehbarkeit der Schadensentwicklung muss aber im Zusammenhang mit einer weiteren Rechtfertigung des Grundsatzes der Schadenseinheit gesehen werden. Es wird sodann deutlich, dass hier eine dogmatisch zweifelhafte Vermischung von materieller Kenntniszurechung mit Hilfe von Fahrlässigkeit und pauschaler Billigkeitserwägungen anhand des Begriffs der „Zumutbarkeit" stattfindet, die schließlich durch den Verweis auf die Konzentration der Schadensabwicklung und der dadurch erzielbaren Befriedung der Streitigkeiten gerechtfertigt wird.[1031] Denn im Grunde indiziert die Voraussehbarkeit die Zumutbarkeit der Klageerhebung (zumindest in Form einer Feststellungsklage) für den Gläubiger. Letztere wiederum wird als hinreichendes Argument dafür angesehen, den Lauf der Verjährung in Gang zu setzen, da der Gläubiger dadurch die

[1026] BGH NJW 2000, 861

[1027] BGH NJW 1997, 2448 (2449)

[1028] Staudinger[13](2001)/*Peters*, §198 Rn 31; *Schnaufer*, Die Kenntnis vom Geschädigten als Auslöser für den Beginn der Verjährungsfrist, S. 83; *Gill*, Der besondere Verjährungsbeginn für Schadensersatzansprüche in §852 I BGB, S. 64 f.; wohl in einem Einzelfall auf einen subjektiven Maßstab abstellend aber BGH VersR 1963, 161 (162)

[1029] Vgl. exemplarisch BGH NJW 1973, 702 (703)

[1030] Staudinger[13](2001)/*Peters*, §198 Rn 31; Erman[10]/*Hefermehl*, §198 Rn 8

[1031] Zu dem zuletzt genannten Grund: Bamberger/Roth/*Spindler*, §199 Rn 27

Möglichkeit habe diese zu unterbrechen.[1032, 1033] Durch die Kombination zweier „weicher", wertender Begriffe wird die Grenze der rechtlich relevanten Voraussehbarkeit verwässert und vom Maßstab der Fahrlässigkeit gelöst, da eine unvermeidliche Wechselwirkung zwischen den Begriffen stattfindet. Allein die erforderlich gewordenen Korrekturversuche der Rechtsprechung[1034] anhand des §242 BGB und einer im Einzelfall festgestellten treuwidrigen Berufung auf die Verjährung, zeigen die dogmatischen Ungereimtheiten der insoweit kaum eingrenzbaren Schadeneinheitslehre auf.[1035]

Aber auch schon der Ausgangspunkt dieser Rechtsprechung lässt Zweifel an seiner Berechtigung in dieser Tragweite aufkommen.[1036] Zurückverfolgen lässt sich die Rechtsprechung bis zu einer Entscheidung des Preußischen Obertribunals aus dem Jahr 1846[1037], in der es um den widerrechtlichen Entzug von Weiderechten bzw. um die Trockenlegung eines Fischteiches ging. Charakteristisch war im Besonderen, dass es bei beiden Positionen gerade um Schäden ging, die regelmäßig wiederkehrten, da die Ausfälle von Heu und Fischen für den Geschädigten Jahr für Jahr aufs Neue auftraten. Das Preußische Obertribunal sah daher den Schaden als sofort ausreichend substantiierbar an. Der Geschädigte habe hier nur einen einheitlichen, weil periodisch wiederkehrenden Schaden erlitten. Der Jahr für Jahr eintretende Schaden dränge sich schon bei der ersten Realisierung auf und könne somit vom Geschädigten bereits in diesem Zeitpunkt überblickt werden. Der Beginn der Verjährungsfrist sollte deswegen für den einheitlichen Schaden bei seinem ersten Auftreten zu laufen beginnen. Ebenso hatte sich im Jahr 1907 das RG[1038] mit einem ähnlichen Fall zu beschäftigen, indem sich der Geschädigte einer dauernden Sachentziehung ausgesetzt sah. In Anlehnung an das Preußische Obertribunal vertrat das RG, der Schaden aus der dauernden Vorenthaltung sei ein einheitlicher, da er sich „peri-

---

1032 Staudinger[13](2001)/*Peters*, §198 Rn 30

1033 Diese Argumentation ist zurecht angegriffen worden. Vgl. insbesondere *Gill*, Der besondere Verjährungsbeginn für Schadensersatzansprüche in §852 I BGB, S. 104 ff.. Vor allem ende der Verweis auf die Möglichkeit einer Feststellungsklage zur Unterbrechung der Verjährung im Hinblick auf noch nicht bekannte, aber möglicherweise drohende Schäden, der von der herrschenden Meinung zur Rechtfertigung der Rechtsprechung herangezogen wird, in einem Zirkelschluss. Die Erhebung der Feststellungsklage sei nötig, da die Verjährung eines bisher noch nicht absehbaren und daher bezifferbaren Schadens drohe. Diese Sachlage erfülle sodann auch das Feststellungsinteresse des Gläubigers im Sinne des §256 Abs.1 ZPO aus. Die Verjährung drohe aber gerade deshalb, weil die Vertreter des Grundsatzes der Schadenseinheit die Verjährung vor dem Hintergrund eintreten lassen wollen, der Geschädigte sei durch die Möglichkeit eine Feststellungsklage erheben zu können hinreichend geschützt.

1034 Vgl. BGH NJW 1991, 973 (974)

1035 Kritisch insoweit besonders Staudinger[13](2001)/*Peters*, §198 Rn 31; *ders.*, NZV 1991, 144 (145)

1036 *Peters*, JZ 1983, 121 ff.; *Gill*, Der besondere Verjährungsbeginn für Schadensersatzansprüche in §852 I, S.118 ff.; kritisch auch *Mansel* in: Anwaltskommentar BGB, §195 Rn 22

1037 O.Tr. E 13, 19, zu §54 I.6 PrALR, der, wie bereits (siehe §10 I 2.) erörtert, auf ein Kenntniskriterium beim Fristbeginn setzte und von daher als Vorläufer des §852 BGB a.F. gilt.

1038 RG JW 1907, 832 f.

odisch erneuere". Eine Vorhersehbarkeit des Schadens, wie sie dem heutigen Verständnis des Grundsatzes der Schadenseinheit zu Grunde gelegt wird, erforderten diese Fälle allesamt nicht. Es ging nicht um eine mögliche, aber insgesamt noch unsichere Schadensentwicklung, sondern um sich geradezu aufdrängende Schadensposten, deren tatsächlicher Umfang zwar noch nicht feststand, aber deren Eintritt dennoch vom Geschädigten als sicher einkalkuliert werden mussten.

Der argumentative Weg hin zur heutigen Rechtsprechung ist daher weit und bis dato noch nicht beschritten.[1039] Ersichtlich war in den Ursprungsfällen eigentlich nur eine evidente Schadensvertiefung. Diese sollte dann von der Kenntnis mitumfasst werden. Man befindet sich hier allenfalls[1040] wieder in der obigen Evidenz- und Kenntnisverdachtproblematik. Aber gerade in Kombination mit dem oben schon erläuterten „funktionalen" Kenntnisbegriff und vor allem der Zumutbarkeitsklausel der Rechtsprechung, die eine ausreichende Kenntnis als erlangt sieht, wenn der Gläubiger die nötige Kenntnis zur Erhebung einer Feststellungsklage gemäß §256 ZPO hat, erfährt die Schadenseinheitslehre eine (nicht begründete) Loslösung vom Evidenzgedanken.

In den Blick gerät insoweit noch der Schadensbegriff als solcher und seine kausale Bestimmung. Nicht von der Hand zu weisen ist, dass im Voraussehbarkeitskriterium der Rechtsprechung die Wertung der adäquat-kausalen Schadensentwicklung mitbestimmend ist.[1041] Es soll eben der verjährungsrelevante Schaden als Einheit erfasst werden. Nur lässt sich das Verjährungsmerkmal der positiven Kenntnis und der Schadensbestimmungsbegriff der Adäquanz im Sinne einer objektiv, nach aller Lebenserfahrung als möglich gedachten Schadensentwicklung,[1042] nur schwer in Einklang bringen. Einerseits besteht schon das beschriebene Wortlautproblem. Andererseits verbleiben, auch bei der zu einer (grob) fahrlässigen Unkenntnis aufgeweichten Kenntnis, strukturelle Unterscheide zur Adäquanz. Es stehen sich hier zwar Zurechungsbegriffe gegenüber. Allerdings handelt es sich auf der einen Seite um einen Begriff des Verschuldens und auf der anderen um einen Begriff der wertenden Schadensbestimmung. Gemeinsam stellen beide die Frage nach der Vorhersehbarkeit eines Geschehens, die im Verschuldensbegriff der Fahrlässigkeit die innere Seite bildet.

[1039] *Peters*, JZ 1983, 121 (122) spricht in diesem Zusammenhang von einer nicht hergeleiteten Argumentation, sondern von einer nur „tradierten" Rechtsprechung

[1040] Kritisch zur Funktion des Grundsatzes der Schadenseinheit als Argumentationshilfe im Hinblick den Kenntnisbegriff besonders: *Gill*, Der besondere Verjährungsbeginn für Schadensersatzansprüche in §852 I BGB, S. 134 ff.: Der einheitliche Schadensbegriff könne allenfalls erklären, was unter Schaden i.S.v. §249 BGB zu verstehen sei, nicht aber, was seine Kenntnis bedeute.

[1041] *Gill*, Der besondere Verjährungsbeginn für Schadensersatzansprüche in §852 I BGB, S. 87, 118 ff.; *Moraht*, Spätschäden im Deliktsrecht, S. 104 ff.

[1042] Siehe zu den verschiedenen Ansätzen einer Adäquanz-Formel nur *Deutsch*, Allg. Haftungsrecht^2, Rn 136 ff.

Wie *Deutsch*[1043] erkannt hat, finden aber beide unterschiedliche Bezugspunkte. Der Verschuldensbegriff knüpft an die Rechtswidrigkeit (Pflichtverletzung) an, wo hingegen die Adäquanz allein die Schadensentwicklung zurechnen kann. Eine subjektive, persönliche Zurechung ist hierbei nicht von Nöten. Dies lässt sich auch aus den unterschiedlichen Maßstäben der Vorhersehbarkeit entnehmen. Während die Fahrlässigkeit auf den Angehörigen des Verkehrskreises abstellt, bleibt die Adäquanz beim „einsichtigen Menschen" stehen.[1044] Diese strukturellen Unterschiede werden auch dem BGH offenbar und veranlassen ihn wohl gänzlich untragbare Ergebnisse im Einzelfall zu korrigieren.[1045]
Festzuhalten ist soweit, dass, obwohl in der Praxis die Ausweitung des Kenntniskriteriums im Rahmen des Grundsatzes der Schadenseinheit in Richtung „Vorhersehbarkeit" vorgenommen wurde, eine dezidierte Entwicklung hin zur fahrlässigen Unkenntnis fehlt. Der Ausgangspunkt dieser Rechtsprechung deutet darauf hin, dass hier allenfalls eine evidente Schadensvertiefung als mitumfasst gelten sollte, die für jeden objektiv ersichtlich war und dessen Eintreten objektiv als sicher gelten konnte.[1046]

3. Ausweitung des Kenntniskriteriums ausweislich weiterer Gesetzesmaterialien

Wie weit sich nun aber die grobe Fahrlässigkeit von der Kenntnis tatsächlich entfernen sollte, liegt auch nach dem Bisherigen noch im Dunkeln, wenngleich sich eine wesentliche Ausweitung über die Zurechnung eines Kenntnisverdachts hinaus bisher nicht abgezeichnet hat.

1043 *Deutsch*, Allg. Haftungsrecht², Rn 142

1044 *Deutsch*, Allg. Haftungsrecht², Rn 142; zum Teil verwendet die Rechtsprechung auch die Formel der „allgemeinen Lebenserfahrung", siehe BGH VersR 1973, 371 (372) oder den Begriff der „typischen" Verletzungsfolge, so BGH NJW 1991, 973 (974)

1045 Inkonsequent z.B. BGH VersR 1963, 161 ff.: Zwar stellt der BGH hier objektiv erkennbare Unheilbarkeit der Schädigung fest, folgert aber hieraus keinen Verjährungsbeginn, weil diese Unheilbarkeit der Geschädigten vorerst verborgen geblieben sei.

1046 In ähnlicher Weise hat die Rechtsprechung den Grundsatz der Schadenseinheit im Bereich der Anwalts- und Steuerberaterhaftung bereits relativiert. Wie *Becker-Eberhard*, FS für Schumann, S. 1 (17 ff. m.w.N.) erkannt hat, lässt sich eine Tendenz der Rechtsprechung feststellen, auf ein objektives „Zutagetreten des Schadens" für den Beginn der Verjährung abzustellen. Weiter führt er aus (S. 23 f.), dass man im Falle eines Offenkundigwerdens des Schadens im Sinne des neuen §199 BGB (an den die §§51b BRAO und 68 StBerG bis dato aber noch nicht angeglichen sind) jedenfalls davon sprechen könne, es liege grob fahrlässige Unkenntnis des geschädigten Mandanten vor. Auch in der österreichischen Rechtspraxis wird bei vergleichbaren Verjährungsregime (Siehe hierzu auch unten: §11 III 3 b.) erst dann Kenntnis des Schadens angenommen, wenn der Schadenseintritt „sicher vorhersehbar ist", vgl. *Moraht*, Spätschäden im Deliktsrecht, S. 136 mit zahlreichen Nachweisen in Fn 518

Im Folgenden soll nun anhand einer Analyse des der Reform zu Grunde liegenden Gutachtens von *F. Peters* und *R. Zimmermann* nach weiteren Konkretisierungen der groben Fahrlässigkeit gesucht werden. Schließlich sind auch die Principles of European Contract Law mit in die Betrachtung einzubeziehen, auf die die Gesetzesbegründung an verschiedenen Stellen verweist.

a. Das Gutachten zur Reform von *Peters* und *Zimmermann*

Der Gesetzgeber nimmt in seiner Gesetzbegründung ausdrücklich Bezug auf die Vorarbeiten von *F. Peters* und *R. Zimmermann*[1047], so dass ihre Ansichten als mitbestimmend für den Willen des Gesetzgebers und somit als erhellend für eine Auslegung der Normen gelten müssen. Sie sehen in ihrem Gutachten eine Ausweitung des Kenntniskriteriums nun gerade aufgrund der virulenten Beweisprobleme hinsichtlich der inneren Tatsache der Kenntnis als notwendig an. Wann der Gläubiger positive Kenntnis erlangt habe, sei nicht immer sicher aufzuklären.[1048] Auch dürfe es nicht zu Lasten des Schuldners gehen, wenn der Gläubiger vor einer ohne weiteres gegebenen Kenntnismöglichkeit die Augen verschließe.[1049] Damit wird deutlich, dass *Peters/Zimmermann* grundsätzlich wohl keine Ausweitung des Kenntniskriteriums über die bisherige Rechtsprechung hinaus im Auge gehabt haben. Vielmehr sollte das bereits erörterte Wortlautproblem nach der funktionellen Begriffsbildung entschärft werden.

Daher scheint die grobe Fahrlässigkeit als bloßes Auffangelement gewollt zu sein, die einen bestehenden (Kenntnis-) Verdacht zurechnen soll. Ist eine weitergehende Aufweichung der Kenntnis nicht angedacht, so müsste die grobe Fahrlässigkeit im oben dargestellten Sinne eng ausgelegt werden.

b. Die Principles of European Contract Law und der europäische Standard

Die Gesetzesbegründung verweist weiterhin auf die Principles of European Contract Law.[1050] Diese enthielten in Art. 17:102 und 17:105[1051] eine regelmäßi-

[1047] Vgl. RegBegr zu §195 in: Canaris, Schuldrechtsmodernisierung 2002, S. 615 und RegBegr. zu §199 Abs.2 in: Canaris, Schuldrechtsmodernisierung 2002, S. 622

[1048] *Peters/Zimmermann*, Gutachten, S. 306

[1049] *Peters/Zimmermann*, Gutachten, S. 247

[1050] RegBegr. Vorbemerkung zu §§195 – 197 in: Canaris, Schuldrechtsmodernisierung 2002, S. 612: „Das Modell des Entwurfs knüpft damit an das Verjährungsmodell der Principles of European Contract Law an,...“; vgl. auch *Schmidt-Räntsch*, Das neue Schuldrecht, S.19 f. Rn 46 f.

[1051] Nunmehr Art.14:201 und Art.14:301 PECL

ge Verjährungsfrist, die gehemmt ist, solange der Gläubiger die Person des Schuldners oder die Umstände, auf denen sein Anspruch beruht „nicht kennt und vernünftigerweise nicht kennen kann“[1052].

Aus dieser Formulierung ergeben sich Zweifel an einer engen Auslegung der groben Fahrlässigkeit, da sie auf den ersten Blick zwar eindeutig objektiv ansetzt, aber relativ klar sogar auch die einfache Fahrlässigkeit mit einzubeziehen scheint.[1053] Zur Erläuterung dieses Erkennbarkeitskriteriums weist *Zimmermann*[1054] rechtsvergleichend auch auf das südafrikanische Recht hin, wo die Verjährungsfrist zu laufen beginnt, wenn zwar keine Kenntnis vorliegt, aber eine solche „bei Ausübung von vernünftiger Sorgfalt“ hätte erlangt werden können. Auch von der englischen Law Commision werde eine ähnliche Formulierung des Erkennbarkeitskriteriums verwendet.[1055] Im Allgemeinen sei, so *Zimmermann*[1056], in der Europäischen Gesetzgebung eine Tendenz sichtbar, Erkennbarkeit als grundsätzliches Merkmal des Laufs der Verjährungsfrist zu installieren. Schadet aber dem Gläubiger schon die bloße Erkennbarkeit, sprich nicht zu kennen, was er bei vernünftiger, also objektiver Betrachtung kennen könnte, so wird das Wissenselement bis zur einfachen Fahrlässigkeit hin ausgedehnt.[1057]

Bliebe man hier stehen, könnte man sicherlich nicht mehr davon sprechen, das jetzt installierte Wissenselement weiche vom bisherigen §852 BGB nur „etwas

[1052] Im englischen Original: ..."does not know of, and could not reasonably know of“..

[1053] So zunächst *v.* Bar, Gemeineuropäisches Deliktsrecht, Band I, §4, S. 391 Rn 395, der diese These in Band II, §5, S. 592 Rn 556, S. 595 Rn 559 wiederholt. Jedoch ist hierbei zu bemerken, dass er scheinbar, wie unten auch *Zimmermann*, siehe Fn 1058, nicht klar zwischen grober oder nur einfacher Fahrlässigkeit trennt, da er in Band II, §5, S. 592 Fn 536 die deutsche Rechtsprechung hinsichtlich des „Sich-verschließens“ vor der Kenntnis wohl ebenfalls nur unter die einfache Fahrlässigkeit fallen lassen will. Vgl. auch oben Fn 780; für eine Gleichstellung von Kenntnis und fahrlässiger Unkenntnis plädieren auf rechtsvergleichender Grundlage allerdings: *Dannemann/Karatzenis/Thomas*, RabelsZ 1991, 697 (724 f.)

[1054] *Zimmermann*, JZ 2000, 853 (861); vgl. auch *ders.*, Comparative Foundations, S. 92 ff.

[1055] *Zimmermann*, JZ 2000, 853 (861):..."ought reasonably to know“...(Law Commission Paper No.151, S. 250 ff.); ähnlich heißt es in s. 14 (3) des englischen Limitation Act 1980: "For the purpose of this section a person's knowledge includes knowledge which he might reasonably have been expected to acquire...". *Danco*, Perspektiven der Anspruchsverjährung in Europa, S. 165 Fn 696 sieht hierin eine Gleichstellung von positiver Kenntnis und fahrlässiger Unkenntnis. Vgl. auch *Dannemann/Karatzenis/Thomas*, RabelsZ 1991, 697 (702 f.)

[1056] *Zimmermann*, Comparative Foundations, S. 95

[1057] Dies scheint *Zimmermann*, JZ 2001, 684 (687), nicht bewusst zu sein, wenn er die grobe Fahrlässigkeit ohne weiteres mit dieser Formulierung gleichsetzt. Als weitere Formulierungsvorschläge gibt er dann aber wieder ein eher in die grobe Fahrlässigkeit einzuordnendes „diese Kenntnis sich ihm aufdrängen muss“ oder ein „diese Kenntnis ohne weiteres beschaffen können". Vgl. auch *Bydlinski*, in: *Schulze/Schulte-Nölke* (Hrsg.), Die Schuldrechtsreform vor dem Hintergrund des Gemeinschaftsrechts, S. 381 (392, insbes. Fn 64)

ab"[1058]. Für *Spiro*[1059] ist eine solche Praxis zu weitgehend. Ein bloßes „Kennenkönnen" sollte für den Gläubiger keine nachteiligen Folgen haben.[1060] Auch in Anbetracht der bestehenden europäischen Verjährungsregimes bleiben Zweifel an einer so weitgehenden Öffnung der Verjährung hin zu einem objektiven Erkennbarkeitskriterium im Sinne von einfacher Fahrlässigkeit. Lange nicht alle europäischen Regelungen beziehen als Tatbestandsmerkmal der Verjährung schon die bloße Erkennbarkeit mit ein. Das schweizerische[1061], das belgische[1062] und das niederländische Recht[1063] verlangen positive Kenntnis. Ebenso stellt das österreichische ABGB auf die positive Kenntnis des Gläubigers ab.[1064] Im norwegischen Recht wird die positive Kenntnis ebenfalls nur um ein „Kennenmüssen" erweitert.[1065]

Auch wenn die Wertungen des PECL als Auslegungsbasis in Betracht gezogen werden müssen, ist dem deutschen Gesetzgeber an einer so weitgehenden Ausdehnung des Kenntniskriterium bis hin zur bloßen Erkennbarkeit, die auch einfache Fahrlässigkeit mit einschleißen würde, nicht gelegen, wie schon das Abstellen auf die grobe Fahrlässigkeit zeigt. Oben[1066] im Rahmen der Ausführungen zu §442 BGB n.F. ist bereits klar geworden, dass er die Wendung des „vernünftiger Weise nicht kennen" gerade anhand der groben Fahrlässigkeit in die Terminologie des BGB übersetzt.

Wird aber letztlich die Aufweichung des Kenntniskriteriums auch durch die PECL selbst wieder in Relation zu den bisher von der deutschen Rechtsprechung vorgenommenen Modifizierungen der positiven Kenntnis gesetzt, so ist ihr Wert als Auslegungsbasis tatsächlich eher gering. Ein deutlicher Trend der Öffnung der groben hin zur einfachen Fahrlässigkeit wird jedenfalls nicht er-

---

[1058] RegrBegr. Vorbemerkung zu §§195 – 197 abgedruckt in: Canaris (Hrsg.), Schuldrechtsmodernisierung 2002, S. 612; ebenso *Schmidt-Räntsch*, Das neue Schuldrecht, S. 18 Rn 45

[1059] *Spiro*, Begrenzung privater Rechte, Band I, §85, S. 185

[1060] Ebenso *Gill*, Der besondere Verjährungsbeginn für Schadensersatzansprüche in §852 I BGB, S. 202

[1061] Artt. 60 Abs.1, 67 Abs.1 schweiz. OR (Obligationenrecht), Hier wird nur vereinzelt vertreten, ebenso wie in der deutschen Praxis, die Berufung des Geschädigten auf die fehlende positive Kenntnis im Grundsatz von Treu und Glauben (Art.2 ZGB) seine Grenze finden soll. So *Spiro*, Begrenzung privater Rechte, Band I, §85, S. 185; *Moraht*, Spätschäden im Deliktsrecht, S. 124 f., 222.

[1062] Art. 2262 bis Abs.2 und 3 belg. Cc (code civil)

[1063] Artt. 3:309; 310, 311 BW (Burgerlijk Wetboek), vgl. auch *Dannemann/Karatzenis/Thomas*, RabelsZ 1991, 697 (707 f.)

[1064] §1489 Satz 1 ABGB. Ähnlich wie in der dargestellten deutschen Praxis, soll es aber genügen, wenn der Gläubiger sich diese Kenntnis ohne Mühe beschaffen kann. Vgl. *Danco*, Perspektiven der Anspruchsverjährung in Europa, S. 163 mit Verweis auf OGH SZ 44/115, S. 422 f. in Fn 685; *Moraht*, Spätschäden im Deliktsrecht, S. 134 f.; siehe auch: *Gill*, Der besondere Verjährungsbeginn für Schadensersatzansprüche in §852 I BGB, S. 179

[1065] §9 Abs.1 NFL (Lov om foreldelse av fordringer; Gesetz über die Verjährung von Forderungen). Vgl. hierzu *Danco*, Perspektiven der Anspruchsverjährung in Europa, S. 162

[1066] Siehe §8 II 1.

kennbar. In der Kommentierung zu den PECL heißt es hierzu, dass die Aufweichung des Kenntniskriteriums in der deutschen Rechtsprechung zumindest ähnliche (gleichartige[1067]) Ergebnisse zu Tage gefördert hat, als das Erkennbarkeitskriterium der PECL.[1068] Folglich kann in der Bezugnahme der Gesetzesbegründung auf die PECL per se keine gewollte Ausweitung der bisherigen Praxis der Rechtsprechung zum Kenntnisbegriffs erkannt werden.

Vielmehr wird ersichtlich, dass sowohl von den PECL, als auch von der Gesetzesbegründung zum neuen Verjährungsrecht wohl keine klare Trennung zwischen einfacher und grober Fahrlässigkeit vorgenommen wird und ganz pauschal ein Erkennbarkeitskriterium als passend angesehen wird.

IV. Die positive Kenntnis als grundsätzliche Voraussetzung einer „fairen Chance“ für den Gläubiger

Die Vorschrift des §852 Abs.1 BGB a.F. wird vom Gesetzgeber nachdrücklich als bewährte und gelungene Regelung des Verjährungsbeginns angesehen.[1069] Dadurch kommt zum Ausdruck, dass die positive Kenntnis vom Grundsatz her als ein interessensgerechter Anknüpfungspunkt verstanden wird.[1070] Ausweislich

---

[1067] *Dietl/Moss*/Lorenz, Wörterbuch für Recht, Wirtschaft und Politik, Teil I Englisch – Deutsch, S. 709: „similar ähnlich, gleichartig“

[1068] *Lando/Clive/Prüm/Zimmermann*, Principles of European Contract Law, Part III, Notes Art. 14:301, S. 179: “Other systems may reach similar results by the way in which the courts interpreted a knowledge requirement for claims for damages (see, e.g., for Germany, the discussion and references in Münchener Kommentar (-Stein) §852, n. 22).”

[1069] DiskE Begr. Zu §200 Abs.1 in: Canaris, Schuldrechtsmodernisierung, S. 125; BMJ (Hrsg.), Abschlussbericht, S. 71

[1070] Zu beachten sind hierzu indes auch die Bereichsausnahmen, die der Gesetzgeber aus rechtspolitischen Erwägungen heraus im Verjährungsrecht installiert hat. Für das Gewährleistungsrecht (§§438, 479, 634a BGB mit Fristbeginn nach §200 BGB) bemerkt schon der Abschlussbericht der Kommission zur Überarbeitung des Schuldrechts (S. 34), dass eine „faire Chance“ für den Gläubiger nicht immer realisierbar gehalten werden könne. Wie *Leenen*, JZ 2001, 552 (558) zutreffend bemerkt, nimmt das Gewährleistungsrecht eine Sonderstellung ein, die es rechtfertigt, den Grundsatz der „fairen Chance“ unbeachtet zu lassen. Denn Gewährleistungsfristen hätten nicht den Sinn, alle Risiken dem Schuldner zuzuordnen. Die Verjährung fungiert hier also noch mehr als sonst als Risikobegrenzung für den Schuldner und dient in besonderem Maße der Herstellung seiner Dispositionsmöglichkeiten aufgrund objektiv berechenbarer Gewährleistungsrisiken.

Jene Ausnahmen stellen dennoch nicht die gefundene Struktur der Verjährung als materiell-rechtliche Sanktion einer Obliegenheitsverletzung in Frage. Deren grundsätzliche Geltung wird bereits durch die in Wissenschaft (Vgl. *Larenz*, Schuldrecht, Band II: Besonderer Teil, Teilband 1[13], §41, S. 63; *Peters*, VersR 1979, 103 (106 f., 111); *Mansel/Budzikiewicz*, Das neue Verjährungsrecht, §5 Rn 9) und Rechtsprechung geführte Diskussion um den Beginn der Verjährung von Gewährleistungsrechten erst mit der Erkennbarkeit des Mangels bestätigt. Dabei hatte der BGH (BGH NJW 1973, 843 (845) zwischenzeitlich die Ansicht vertreten, es liege auf der Hand, dass die Verjährungsfrist nicht anlaufen könne, bevor der Käufer seine Ansprüche nicht geltend machen könne. Es bedürfe einer besonderen Prüfung, ob nicht ein späterer Zeitpunkt als der der Ablieferung entscheidend sein könne. Der BGH

der Gesetzesmaterialien zu §852 BGB a.F. sollte ausnahmsweise das subjektive Hindernis der Unkenntnis für den Verjährungsbeginn berücksichtigt werden.[1071]

Von dieser Basis der Motive zum BGB ist man auch die gesamte aktuelle Reformdiskussion über nicht abgerückt, soweit ein subjektives Kriterium den Verjährungsbeginn bestimmen sollte. Eine Auflockerung des Kenntniskriteriums dient daher im wesentlichen nur der Korrektur der praktischen Nachweisschwierigkeiten.[1072] So hat man zu §199 BGB des KE, der den Verjährungsbeginn für deliktische Ansprüche bei positiver Kenntnis regeln sollte, erwogen, eine sogenannte „Evidenzregel" einzuführen, die die (positive) Kenntnis des Gläubigers für den Zeitpunkt vermutet, in dem die relevanten Umstände offensichtlich vorliegen.[1073] Insoweit lässt sich der moderne Gesetzgeber nun wohl doch von der normativen Kraft des Faktischen leiten und korrigiert die Auffassung in den Protokollen zum BGB, wonach die Gefahr zufälliger Entscheidung aufgrund der schwierigen Nachweisbarkeit des subjektiven Merkmals der Kenntnis noch bewusst eingegangen wurde.[1074]

Im Sinne einer bloßen Beweiserleichterung kann denn auch der Änderungsantrag des Bundeslandes Bayern im Gesetzgebungsverfahren zum neuen Verjährungsrecht gesehen werden, die Unkenntnis dann einer Kenntnis gleichzustellen, wenn sie darauf beruht, dass der Gläubiger „sich einer für ihn offensichtlichen Möglichkeit" Kenntnis „unschwer und ohne nennenswerte Mühe und Kosten zu erlangen, verschlossen hat."[1075]

Wie diese Aspekte zeigen, geht es dem modernen Gesetzgeber beim Abstellen auf ein subjektives Element beim Verjährungsbeginn angesichts der dramatischen Verkürzung der regelmäßigen Verjährungsfrist auf drei Jahre, grundsätzlich um eine tatsächliche bevorzugte Behandlung des Gläubigers, also um eine echte „faire Chance" zur Anspruchsverfolgung.[1076] Von einer solchen kann indes erst dann wirklich gesprochen werden, wenn der Gläubiger zu einer Geltendmachung seiner Ansprüche in der Lage ist. Erst die subjektive Kenntnis vom Schuldner und den anspruchsbegründenden Tatsachen versetzt ihn in diese Lage. Nur der erkannte Anspruch kann den Gläubiger zu seiner Verfolgung den

gab diese Ansicht aber gerade mit Rücksicht auf die rechtspolitische Entscheidung des Gesetzgebers wieder auf. Vgl. BGHZ 77, 215 (219 ff.).

1071 *Mugdan*, Materialien, Band 2, Motive, S. 743

1072 Ebenso *Willingmann*, in: *Micklitz/Pfeiffer/Tonner/Willingmann* (Hrsg.), Schuldrechtsreform und Verbraucherschutz, S. 1 (30), der von einer „Entschärfung" der problematischen Beweissituation spricht und die grob fahrlässige Unkenntnis als „ wohl unerlässliches Tribut" an ein funktionsfähiges Verjährungsrecht ansieht.

1073 BMJ (Hrsg.),Abschlussbericht, S. 71; eine Evidenzregel sollte auch einen gewissen Gleichlauf mit §12 ProdHaftG schaffen. Eine so weitgehende Regelung wurde aber letztlich als nicht notwendig erachtet.

1074 *Achilles/Gebhard/Spahn*, Protokolle, Band II, S. 611

1075 Zitiert von *Mansel* in: Anwaltkommentar BGB, §199 Rn 58

1076 Ebenso *Gaier*, NZM 2003, 90 (93)

nötigen Anlass geben.[1077] Allein ein „Kennen-können" im Sinne einfacher Fahrlässigkeit genügt dem nicht und würde den Schuldner über Gebühr privilegieren.[1078] Denn die dreijährige Frist wird als eine echte „Überlegensfrist" bezeichnet, die dem Gläubiger gesetzt ist und in der er sich darüber klar werden soll, ob er den Anspruch verfolgen will oder nicht.[1079] Eine Überlegung in diesem Sinne kann sich indes erst an eine gewonnene Kenntnis anschließen.

Zudem gilt es zu berücksichtigen, dass §199 BGB n.F. den §852 BGB a.F in sich aufnimmt, so dass auch dessen Wertungen Beachtung finden müssen. Im Falle einer deliktischen Schädigung wird der Gläubiger regelmäßig überraschend betroffen. Schon diese „Zufälligkeit"[1080] für den Gläubiger legt es nahe, den Schädiger nicht auch noch durch einen besonders erleichterten Verjährungslauf zu bevorzugen.[1081] Es wurde von *Peters/Zimmermann* angesichts dieser Folge der Vereinheitlichung der Verjährungsfristen schon erkannt, dass eine genaue Präzisierung der Anforderungen an ein subjektives Kriterium sich je nach Natur des Anspruchs richten müsse.[1082] Dies kann aber nicht heißen, dass hier dann an den grundsätzlichen Parametern des Verjährungsbeginns Veränderung vorgenommen werden dürfen. Allein die Feststellung dieser Parameter kann von Anspruch zu Anspruch divergieren. Es kann folglich nicht einerseits im Falle eines deliktischen Anspruchs die positive Kenntnis als grundlegende Notwendigkeit erkannt werden, aber andererseits bei vertraglichen Ansprüchen ein (wenn auch gesteigertes) Kennen-können als Ausgangspunkt gewählt werden, weil hier nun die besondere Rechtfertigungssituation deliktischer, zufälliger Ansprüche nicht vorliege. Dies würde dem Bestreben nach Einheitlichkeit nachhaltig zu wider laufen. Es muss auf ein allgemeingültiges Ausgangskriterium als kleinster gemeinsamer Nenner abgestellt werden. Ausgangspunkt der Feststellung einer „fairen Chance" bleibt von daher die positive Kenntnis des Gläubigers.[1083] In diesem Sinne kann auch *Canaris* berechtigter Weise davon

---

1077 So auch *Haug*, Die Neuregelung des Verjährungsrechts, S. 152, der weiter sogar davon ausgeht, die positive Kenntnis als Ausgangspunkt der kurzen Verjährung sei verfassungsrechtlich geradezu zwingend. Ebenso *Spiro*, FS für Müller-Freienfels, S. 617 (621 f.), der davon ausgeht, dass die Auflockerung der Kenntnis hin zur grob fahrlässigen Unkenntnis zu weit ginge und mit zu großen Unsicherheiten und Gefahren hinsichtlich der Abgrenzung zur einfachen Fahrlässigkeit verbunden sei.

1078 Gegen die Ansicht §852 BGB a.F. sei allein eine Privileggierung des Schädigers, so z.B. *Hoche*, FS für H. Lange, S. 241 (247), vgl. BGHZ 9, 209 (214).

1079 *Mansel* in: Anwaltkommentar BGB, §195 Rn 9; *ders.*, Die Reform des Verjährungsrechts in: Ernst/Zimmermann (Hrsg.), Zivilrechtswissenschaft und Schuldrechtsreform 2001, S. 333 (378). Als „Entscheidungsfrist" bezeichnet von *Mansel/Budzikiewicz*, Das neue Verjährungsrecht, §3 Rn 68.

1080 So bereits *Büning*, Die Verjährung der Ansprüche aus unerlaubten Handlungen, S. 32

1081 Nach *Spiro*, FS für Müller-Freienfels, S. 617 (622) ist eine Verschlechterung der Position des Deliktsgläubigers nicht hinnehmbar und im neuen Verjährungsrecht zu vermeiden.

1082 *Peters/Zimmermann*, Gutachten, S. 306

1083 Auch *Willingmann*, in: *Micklitz/Pfeiffer/Tonner/Willingmann* (Hrsg.), Schuldrechtsreform und Verbraucherschutz, S. 1 (30) ist der Meinung, dass die Rechtsordnung gewährleisten muss, dass dem Gläubiger die Frist „voll zur Verfügung" steht.

sprechen, bei der Gleichstellung der Kenntnis mit der fahrlässigen Unkenntnis handle es sich „eher um eine Randkorrektur, die lediglich auf Praktikabilitätserwägungen und nicht auf abweichenden Wertungsgesichtspunkten beruht“.[1084]

Schließlich kann auch die Entscheidung des Gesetzgebers gegen die Ausgestaltung der Unkenntnis als bloßen Hemmungsgrund, wie es *Peters/Zimmermann* in ihrem Gutachten vorgeschlagen haben[1085], als Indiz dafür angesehen werden, dass dem Gesetzgeber eine effektive „faire Chance“ für den Gläubiger am Herzen lag. Denn mit der Installierung der Kenntnis als Hemmungsgrund wäre eine wesentliche Änderung der Beweislast einhergegangen. Insoweit hätte der Gläubiger die notwendigen Tatsachen der für ihn günstige Rechtsfolge der Hemmung zu beweisen gehabt. Oben[1086] ist bereits erörtert worden, inwieweit eine Beweislastumkehr das Dilemma um den Beweis einer inneren Tatsache auflösen könnte. Es wurde erkannt, dass sich bei einem dann notwendigen Negativbeweis an der Beweisqualität nichts ändern würde. Nur das Risiko dieser Unsicherheit träfe nun den Gläubiger. Ob allein der Sphärengedanke dies rechtfertigt, ist zweifelhaft.[1087] Es bleibt nämlich zu bedenken, dass dann der Gläubiger gehalten wäre, den Vortrag des Schuldners zur vollen Überzeugung für den Richter zu widerlegen. Bis dahin liefe die Verjährung gegen ihn. Es würde also die bloße objektive Möglichkeit, dass der Gläubiger tatsächlich Kenntnis erhalten hat, zunächst ausreichen, um dem Gläubiger die Chance einer Geltendmachung gänzlich und für immer zu nehmen. Im Gegensatz dazu träfe den Schuldner nur das Risiko, sich weiter zu Leistung bereit halten zu müssen, wobei ihm aber sämtlich Einwendungen gegen den Anspruch erhalten blieben.

Indem sich der Gesetzgeber nun gerade für eine Relevanz der Kenntnis bei Verjährungsbeginn entschieden hat, wo den Schuldner die Beweislast für die Kenntnis des Gläubigers trifft, kommt zum Ausdruck, dass nicht die bloße Möglichkeit einer Kenntnis für den Verlust des Anspruchs ausschlaggebend sein soll. Erst die richterliche Gewissheit der Kenntnis oder der objektiven Evidenz, die einen Verdacht der Kenntnis trägt, soll dem Gläubiger schaden.[1088] Dem Gläubiger soll eine echte Chance belassen werden. So sprechen auch *Man-*

[1084] *Canaris*, Schuldrechtsmodernisierung 2002, Einführung, S. LI

[1085] *Peters/Zimmermann*, Gutachten, S. 306

[1086] Siehe §7 II 4.

[1087] Dafür *Leenen*, JZ 2001, 552 (559); ebenso wohl *Mansel*, Die Reform des Verjährungsrechts in: Ernst/Zimmermann (Hrsg.), Zivilrechtswissenschaft und Schuldrechtsreform 2001, S. 333 (381); kritisch bereits *Dauner-Lieb/Arnold/Dötsch/ Kitz*, Anmerkung und Fragen, S. 15

[1088] Auf das Merkmal der „Evidenz“ statt der grob fahrlässigen Unkenntnis stellen wohl auch *Dauner-Lieb/Arnold/Dötsch/Kitz*, Anmerkung und Fragen, S. 15 ab. Auch *Spiro*, FS für Müller-Freienfels, S. 617 (622) differenziert zwischen einem der Kenntnis „im Beweis gleichstehenden Kennenmüssen“ und einer grob fahrlässigen Unkenntnis. Nur Ersteres sieht er als tauglichen Anknüpfungspunkt für ein Verjährungssystem an.

sel/Budzikiewicz[1089] davon, Zweck der gesetzgeberischen Entscheidung sei eine „Stärkung der Gläubigerposition".

V. Ergebnis

Die Verjährung trifft nicht nur als reine Außenschranke auf den Anspruch. Sie enthält eine der Struktur der Wissensnormen entsprechende Verhaltensanforderung zum Selbstschutz für den Gläubiger gegenüber dem Schuldner. Dieses Gebot wurzelt im Prinzip des Vertrauensschutzes. Noch am treffendsten kann es nach der gegenwärtigen Terminologie als Obliegenheit bezeichnet werden. Eine verschuldete „Säumnis" des Gläubigers in Erfüllung dieser Obliegenheit rechtfertigt den möglichen Rechtsverlust.

Im neuen Verjährungsrecht bleibt die positive Kenntnis Ausgangspunkt einer Zurechnung und einer Rechtfertigung des Rechtsverlustes aufgrund einer „Säumnis" des Gläubigers. Durch die tatbestandsmäßige Gleichstellung mit der grob fahrlässigen Unkenntnis wird eine Renaturierung der grundsätzlich subjektiven Kenntnis im Sinne des Wortlauts angestrebt, der bislang in der Praxis wegen der bestehenden Nachweisproblematik häufig in der Auslegung sehr stark objektiv relativiert worden war. Folglich fällt der groben Fahrlässigkeit im neuen Verjährungsrecht die Funktion eines Zurechnungselements für Kenntnis- bzw. Vorsatzverdachts zu. Schon in dieser Funktion verlangt sie danach, objektiv-typisiert und im Sinne eines Nichterkennens offenkundiger Umstände eng ausgelegt zu werden.

Aber auch die teleologische Basis des Verjährungsrechts im Prinzip des Vertrauensschutz erfordert eine objektive Inhaltsbestimmung der groben Fahrlässigkeit. Subjektive Elemente verwässern die Vertrauensgrundlage.

[1089] *Mansel/Budzikiewicz*, Das neue Verjährungsrecht, §3 Rn 140

Zusammenfassung

Das neue Verjährungsrecht hat für die Begriffe der „Kenntnis“ und der „grob fahrlässigen Unkenntnis“ einen neuen zivilrechtlichen Anwendungsbereich geschaffen. Beide Begriffe können aber nicht als klare, funktionelle und daher für ein nach Rechtssicherheit strebendes Verjährungsrecht brauchbare Begriffe angesehen werden.

I.

1. Schon die Verknüpfung der Kenntnis mit der Verschuldensform der Fahrlässigkeit wirft in dogmatischer Hinsicht Probleme auf. Die Fahrlässigkeit ist Zurechnungsform. Sie setzt eine Pflicht als Bezugspunkt voraus. Ihr wohnt als solcher kein eigenständiger Pflichtgehalt inne,[1090] sondern lediglich ein unselbständiges Gebot zur inneren Sorgfalt, das *Binding* als „Vorprüfungspflicht“ bezeichnet hat. Auch eine (ausnahmsweise) „subjektive Färbung“ eines abstrakten Verhaltensgebotes durch den Bezug auf die Kenntnismöglichkeit verschafft der Fahrlässigkeit keinen anderen Gehalt.[1091] Die Verwendung der Fahrlässigkeit in Relation mit der Kenntnis, wie sie das Gesetz in §122 Abs.1 BGB vorsieht, wird daher zumeist als „untechnisch“ bezeichnet, da eine fahrlässige Unkenntnis nicht auf einer Pflichtverletzung basiere, eine solche aber gerade Voraussetzung der Verschuldenszurechung sei.

Nach einer näheren Betrachtung dieser Thematik hat sich gezeigt, dass die Kenntnis an sich gerade kein Objekt der Fahrlässigkeit ist, sondern grundsätzlich Teil der Zurechnung selbst.[1092]

2. In den Wissensnormen fungieren die Kenntnis und auch die fahrlässige Unkenntnis als bloße Zurechnungselemente. Die Wissensnormen finden ihre teleologische Basis im Prinzip des Vertrauensschutzes. Aus ihnen lassen sich Verhaltensanforderungen an die einzelnen Teilnehmer des Rechtsverkehrs entnehmen, die den Schutz rechtlich relevanten Vertrauens für sich in Anspruch nehmen wollen. Jeder Verkehrsteilnehmer soll insoweit nur den rechtlichen Schutz erhalten, den er notwendiger Weise braucht. Da sein Schutz zwangsläufig als Belastung der anderen Teilnehmer des Rechtsverkehrs ausgestaltet werden muss, hat er zum Schutz der anderen Verkehrsteilnehmer, mit denen er in Kontakt gerät, Maßnahmen des Selbstschutzes zu ergreifen.[1093]

[1090] §5 I 2.

[1091] §5 I 2 c.

[1092] §5 II.

[1093] §5 II 1 b.

Noch am treffendsten können diese Gebote nach der gegenwärtigen Terminologie als Obliegenheiten bezeichnet werden.[1094] Diese Obliegenheiten sind vom Gesetz „subjektiv gefärbt", d.h. sie werden durch die innere Seite des Verschuldensmerkmals erst konkretisiert. Machen sie an der fahrlässigen Unkenntnis fest, so wird ihr Umfang auf das im Verkehr erforderliche Maß reduziert. Aus der teleologischen Basis der Wissensnormen im Prinzip des Vertrauensschutzes bestimmt sich das anzulegende (Sorgfalts-)Maß hier nach dem im Zivilrecht in der Regel notwendigen objektiv-typisierten Maßstab.[1095]

Das Gesetz verkürzt zudem den Fahrlässigkeitsbezug auf deren innere Seite, da es dem Einzelnen überlassen bleiben soll, die Folgen eines Zuwiderhandelns zu tragen. Eine Gebotswidrigkeit beginnt folglich mit verkehrswidriger Unkenntnis.[1096]

3. Diese Struktur lässt sich ohne Umschweife in diejenigen Normen hinein verlängern, die auf eine grob fahrlässige Unkenntnis abstellen. Insoweit können dann dogmatisch saubere Anknüpfungspunkte für die zu meist zur Konkretisierung der grob fahrlässigen Unkenntnis fruchtbar gemachten „Nachforschungspflichten" gefunden werden, da auf eine abgestufte Zurechnung einer Verletzung des Gebots zum Selbstschutz abgestellt werden kann.[1097]

II.

1. Eine treffende Definition der groben Fahrlässigkeit an sich ist bislang von Wissenschaft und Rechtsprechung noch nicht gefunden.[1098] Sie befindet sich als Zurechnungsform zwischen der einfachen Fahrlässigkeit und dem Vorsatz. In den Wissensnormen bleibt sie wegen ihrer Verkürzung auf das kognitive Element im Spannungsfeld zwischen fahrlässiger Unkenntnis und positiver Kenntnis. Die Übergänge sind fließend. Schon in Teilen ihrer allgemein gebräuchlichen Definition schwingt ihre historische Basis mit, die sie eher in der Nähe des Vorsatzes sah als in enger Verwandtschaft mit der einfachen Fahrlässigkeit. Wer nicht erkennt, was jeder andere erkannt hätte, gegen den streitet der Verdacht der Kenntnis.[1099] Von daher drängt sich, jedenfalls aus der Sicht des Richters, eine Kenntnissanktion auf. Eine Gleichstellung der Rechtsfolgen von grober Fahrlässigkeit und Vorsatz, wie sie das römische Recht vornahm, scheint angezeigt.

[1094] §5 II 3 c.

[1095] §5 I 3.

[1096] §5 II 4.

[1097] §6 I.

[1098] §6 II.

[1099] §6 II 1 und §6 II 2 a.aa.

Nichts desto trotz öffnet sich die grobe Fahrlässigkeit aber auch zur einfachen Fahrlässigkeit hin, was insoweit eine erhebliche Rechtsunsicherheit produziert, die anhand der Inhaltsbestimmung der groben Fahrlässigkeit in Grenzen gehalten werden muss.

2. Die bislang herrschende Ansicht in Rechtsprechung und Wissenschaft fügt dem, nach deren Meinung sogar einheitlich im Zivilrecht geltenden Begriff der groben Fahrlässigkeit, neben dem objektiven Ansatz der einfachen Fahrlässigkeit als relatives Steigerungselement ein subjektives Tatbestandsmerkmal an.[1100] Die eben beschriebene Rechtsunsicherheit wird insoweit zudem durch die Betrachtung der individuellen Disposition des Einzelnen vertieft.

Es ist jedoch kein allgemein geltender Grund ersichtlich, von der prinzipiell objektiv-typisierten Inhaltsbestimmung der (einfachen) Fahrlässigkeit abzugehen. Im Gegenteil. Liegt, wie für die Wissensnormen beschrieben, die teleologische Basis der Norm im Prinzip des Vertrauensschutzes muss als Zurechnungsgrundlage ein objektiv-typisierter Maßstab Gültigkeit haben; dies hat auch im Falle der zur groben gesteigerten Fahrlässigkeit zu gelten.[1101]

III.

1. Die positive Kenntnis ist ein unfunktionelles Tatbestandsmerkmal. Sein Nachweis hat in der bisherigen Praxis enorme Schwierigkeiten bereitet. Zumeist wird durch ein Ineinandergreifen von materiellen und prozessualen Konstruktionen versucht, eine brauchbare beweisrechtliche Ausgangsbasis zu finden. Bereits zu Beginn der wissenschaftlichen Diskussion um den Kenntnisbegriff wurde deutlich, dass ihre subjektive Wortlauttendenz einer objektiven Auslegung weichen muss, um praktisch handhabbar zu bleiben.[1102]

Bis dato zeigen die Objektivierungsversuche, dass man in der Praxis nicht umhin kommt, die Kenntnis materiell zuzurechnen, statt sie tatsächlich prozessual nachzuweisen. Als innere Tatsache ist sie einem direkten Beweis nicht zugänglich. Auch ein mittelbarer Beweis in Gestalt eines Indizien- oder Anscheinsbeweis trifft auf die Problematik, an einem typischen Geschehensablauf festmachen zu müssen, der nach der allgemeinen Lebenserfahrung auf das Vorhandensein der Kenntnis schließen lässt. Als subjektiver, innerer Umstand gibt die Kenntnis bei Lichte besehen eine solche Typik nur sehr bedingt her.[1103] Es bleibt allenfalls ein Kenntnisverdacht, eine nicht erschütterte Kenntnisvermutung.

[1100] §6 II 2 b. bb.

[1101] §6 II 3 c.

[1102] §7 I.

[1103] §7 II 2 und 5.

2. Wenn die Rechtsprechung bisher darauf abstellt, der Betreffende habe sich einer ihm aufdrängenden Kenntnis verschlossen, so sanktioniert sie bereits ihre Kenntnisvermutung anhand materiellen Erwägungen.[1104] Als Beweishilfe dient zumeist der *dolus eventualis*. Zunächst wird anhand des Vergleichsmaßstabs des „redlichen Dritten" die subjektive Kenntnis verobjektiviert. Sodann wird aus dieser objektiven Basis heraus eine Offenkundigkeit der Situation gefolgert, da objektiv eine Möglichkeit bestanden habe, die nötige Erkenntnis „mühelos" zu gewinnen, was dem Betreffenden zumindest vage bewusst sein musste. Schließlich wird konstatiert, die Tatsache, dass er trotzdem gehandelt habe, zeige, dass er sich über dieses Bewusstsein hinweggesetzt habe. Da bekanntlich der bedingte Vorsatz dem direkten gleichstehe, könne dem Betreffenden hier auch eine positive Kenntnis zugerechnet werden. Ob aber in denjenigen Normen, die auf die positive Kenntnis abstellen, überhaupt eine Kompensation eines Mangels im Wissenselementes durch die Betonung des Wollenselements dogmatisch denkbar ist, scheint zweifelhaft. Jene Wissensnormen verkürzen ihren Verschuldensbezug gerade auf das Wissenselement.[1105]

Eine dogmatisch konsequente Lösung der Problematik lässt sich m.E. nur anhand der groben Fahrlässigkeit bewerkstelligen, die einen bestehenden Vorsatzverdacht zurechnen kann.

IV.

Denn der Verdacht der Kenntnis unterfällt, schon seit der *culpa-lata*-Formel Ulpians der groben Fahrlässigkeit.[1106] In Anbetracht der bisherigen Praxis im Umgang mit dem Kenntnisbegriff und in Konsequenz der geltend gemachten Zweifel an den Hilfskonstruktionen der Rechtsprechung, bietet es sich an, die grobe Fahrlässigkeit in ihrer historischen Funktion zur Zurechnung von Kenntnisverdacht wieder fruchtbar zu machen.

Insoweit müsste sie eng im Hinblick auf eine Offenkundigkeit bestimmter Tatsachen ausgelegt werden. Die prozessuale Funktion könnte nur anhand eines objektiven Maßstabes erreicht werden. Jede subjektive Betrachtung würde die nötige objektive Beweisbasis zu Nichte machen.[1107]

[1104] §7 III.

[1105] §7 III 2 b.

[1106] §8 I.

[1107] §8 II 3.

V.

Der Gesetzgeber hat nun im neuen Verjährungsrecht ein subjektives System eingeführt, das den Fristbeginn von der Kenntnis oder von der grob fahrlässigen Unkenntnis der anspruchsbegründenden Tatsachen und der Person der Schuldners abhängig macht. Die gefundenen Ergebnisse zum Kenntnisbegriff und seiner Relation zur grob fahrlässigen Unkenntnis können folglich auch für das neue Verjährungsrecht Gültigkeit beanspruchen.

1. Entgegen der bisher scheinbar herrschenden Ansicht im Schrifttum trifft die Verjährung nicht als reine Außenschranke auf den Anspruch. Aus ihren Zwecken und rechtfertigenden Überlegungen lässt sich die Struktur einer Wissensnorm im erörterten Sinne herausfiltern.

Sie enthält insoweit eine „Obliegenheit" für den Gläubiger zur Anspruchsverfolgung, die ihre Wurzel im Prinzip des Vertrauensschutzes hat. Denn aus ihm lässt sich allgemein ein Gebot des Selbstschutzes folgern. Der Gläubiger ist im Lichte des Vertrauensschutzes zugunsten des Schuldners gehalten, will er seinen Anspruch geltend machen, sich rechtzeitig in die Lage zu versetzen, dies zu tun. Ist der Gläubiger hierin zurechenbar nachlässig, rechtfertigt dies den möglichen Rechtsverlust. Die Kenntnis und die grob fahrlässige Unkenntnis fungieren als Zurechnungsformen des hierbei geltenden Verschuldensprinzips.[1108]

2. Der Gesetzgeber will dem Gläubiger angesichts der dramatischen Verkürzung der Regelverjährungsfrist von 30 Jahren auf drei Jahre eine echte „faire Chance" zur Anspruchsverfolgung belassen. Daher stellt er prinzipiell auf die positive Kenntnis des Gläubigers ab. Nur dann bleibt jenem tatsächlich eine „Überlegungsfrist".[1109]

Durch die tatbestandsmäßige Gleichstellung mit der grob fahrlässigen Unkenntnis verfolgt der Gesetzgeber m.E. grundsätzlich nur das Ziel die Beweisproblematik hinsichtlich der positiven Kenntnis zu bereinigen.[1110] Insoweit können die gefundenen Ergebnisse zur Zurechnung des Kenntnisverdachts anhand der groben Fahrlässigkeit hier fruchtbar gemacht werden.

Die grobe Fahrlässigkeit kann daher nicht anhand der bisher gepflegten, als im Zivilrecht einheitlich geltend angesehenen, gemischt objektiv-subjektiven Inhaltsbestimmung ausgefüllt werden. Nötig ist ein streng objektiver Maßstab.[1111] Denn einerseits folgt ein objektiver Ansatz der groben Fahrlässigkeit

---

[1108] §10 III.
[1109] §11 IV.
[1110] §11 III.
[1111] §11 II 2.

aus der teleologischen Basis des Verjährungsrechts im Vertrauensschutz.[1112] Eine subjektive Herleitung liefe diesem Prinzip zu wider. Andererseits lässt sich aber auch die Zurechnung des Kenntnisverdacht nur an objektiv offenkundigen Umständen festzumachen. Die Berücksichtigung der individuellen Disposition des Gläubigers würde der Zurechenbarkeit eines Kenntnisverdachts die Grundlage entziehen. Die grob fahrlässige Unkenntnis ist im neuen Verjährungsrecht eng im Lichte eines Kenntnisverdachts auszulegen.

1112 §10 II und III. 1.

Literaturverzeichnis:

***BAMBERGER**, Heinz Georg / Roth, Herbert;*
Kommentar zum Bürgerlichen Gesetzbuch, Band 1, München, 2003, (zitiert: Bamberger/Roth/*Bearbeiter*)

Bar, Christian von;
Gemeineuropäisches Deliktsrecht, Band I, München, 1996

ders.;
Gemeineuropäisches Deliktsrecht, Band II, München, 1999

Baum, Marcus;
Die Wissenszurechnung, Berlin, 1999

Baumbach, Adolf / Lauterbach, Wolfgang / Albers, Jan / Hartmann,Peter;
Zivilprozessordnung, 60. Aufl., München, 2002

Baumann, Jürgen;
Schuldtheorie und Verbotsirrtum im Zivilrecht?, AcP 155 (1956), S. 495 ff.

Baumann, Jürgen / Weber, Ulrich / Mitsch, Wolfgang;
Strafrecht Allgemeiner Teil,10. Aufl., Bielefeld, 1995

Baumgärtel, Gottfried;
Beweislastpraxis im Privatrecht, 2. Aufl., Köln, u.a., 1996

Baur, Fritz / Stürner, Rolf;
Sachenrecht, 17. Aufl., München, 1999

Becker, Carl;
Kennen und Kennen-Müssen als gleich- oder nicht gleichwirkende Thatbestände im Bürgerlichen Gesetzbuch, Bergheim, 1899
(zitiert: Kennen und Kennen-Müssen)

Becker-Eberhard, Ekkehard;
Probleme des Laufs der Verjährungsfrist bei der Anwalts- und Steuerberaterhaftung, in: Festschrift für Ekkehard Schumann zum 70. Geburtstag, Tübingen, 2001, S. 1 ff.

Bender, Rolf;
Das Beweismaß, in: Festschrift für Fritz Baur, Tübingen, 1981

Beseler, Georg;
System des gemeinen deutschen Privatrechts, Zweite Aufl., Berlin, 1866

Binding, Karl;
Die Normen und ihre Übertretung - Eine Untersuchung über die rechtmäßige Handlung und die Arten des Delikts, Band IV, Die Fahrlässigkeit, Neudruck der Ausgabe Leipzig, 1919, Aalen, 1965

ders.;
Die Normen und ihre Übertretung, Band III, Der Irrtum, Neudruck der Ausgabe 1918, Aalen, 1965

Birnbaum, Christian;
Die Leichtfertigkeit – zwischen Fahrlässigkeit und Vorsatz, Berlin, 2000

Blomeyer, Arwed;
Beweislast und Beweiswürdigung im Zivil- und im Verwaltungsprozeß, Gutachten für den 46. Deutschen Juristentag, Band 1, Teil 2A, München, Berlin, 1966, (zitiert: Gutachten 46. Juristentag)

ders.;
Allgemeines Schuldrecht, 4. Aufl., Berlin und Frankfurt a.M., 1969

Bohrer, Michael;
Die Haftung des Dispositionsgaranten. Ein Beitrag zur Lehre von der negativen Vertrauenshaftung, Ebelsbach, 1980

ders.;
Anmerkung zu BGH Urteil vom 8.12.1989 – V ZR 246/87, in: DNotZ 1991, 124 ff.

Bokelmann, Erika;
Grobe Fahrlässigkeit, Karlsruhe, 1973

Braun, Marcus;
Die Wissenszurechnung, Berlin, 1999

Brodmann;
Über die Haftung für Fahrlässigkeit, insbesondere die Haftung des Schiffers, AcP 99 (1906), S. 327 ff

Brox, Hans;
Allgemeiner Teil des BGB, 26. Aufl., Köln u.a., 2002

Brüggemeier, Gert;
Deliktsrecht, Baden-Baden, 1986

Bruggner-Wolter, Micaela;
Verjährung bei Schadensersatz aus Schutzpflichtverletzung, Berlin, 1993

Brunner, Heinrich / Schwerin, Claudius Freiherr von;
Deutsche Rechtsgeschichte, Zweiter Band, 2. Aufl., Berlin, 1958

Bruns, Rudolf;
Zivilprozessrecht, 2. Aufl., München, 1979

Buck, Petra;
Wissen und juristische Person, Tübingen, 2001

Bundesminister der Justiz (Hrsg.);
Abschlußbericht der Kommission zur Überarbeitung des Schuldrechts, Köln, 1992 (zitiert: Abschlussbericht)

Bündenbender, Ulrich;
Die Verjährung zivilrechtlicher Ansprüche, JuS 1997, 481 ff.

Büning, Hermann;
Die Verjährung der Ansprüche aus unerlaubten Handlungen – eine systematische Darstellung, zugleich eine Einführung in das Wesen der deliktischen Haftung und der ihr zugrundeliegenden Handlungen, Köln, 1964

Bydlinski, Franz;
Mittäterschaft im Schadensrecht, AcP 158 (1959), S. 410 ff.

Bydlinski, Peter;
Die geplante Modernisierung des Verjährungsrechts, in: *Schulze, Reiner / Schulte-Nölke, Hans* (Hrsg.); Die Schuldrechtsreform vor dem Hintergrund des Gemeinschaftsrechts, Tübingen, 2001, S. 381 ff.

***CAEMMERER**, Ernst von;*
Wandlungen des Deliktsrechts, in: Hundert Jahre deutsches Rechtsleben, Festschrift zum hundertjährigen Bestehen des deutschen Juristentages 1860 – 1960, Band II, Karlsruhe, 1960, S. 49 ff., (zitiert: DJT Band II)

Canaris, Claus-Wilhelm;
Die Vertrauenshaftung im deutschen Privatrecht, München, 1971

ders.; (Hrsg.);
Schuldrechtsmodernisierung 2002, München 2002

ders.;
Die Reform des Rechts der Leistungsstörungen, JZ 2001, 499 ff.

Coing, Helmut;
Europäisches Privatrecht, Band II, 19. Jahrhundert, Überblick über die Entwicklung des Privatrechts in den ehemals gemeinrechtlichen Ländern, München, 1989

Craushaar, Götz von;
Der Einfluss des Vertrauens auf die Privatrechtsbildung, München, 1969

Crome, Carl;
System des deutschen bürgerlichen Rechts, Band 1, Einleitung und Allgemeiner Teil, Tübingen, 1900

***DAHLMANNS**, Gerhard J.* (Hrsg.);
Entwurf einer Deutschen Zivilprozessordnung von 1871 nebst Begründung, im königlich preußischen Justizministerium bearbeitet, Neudruck mit ausführlicher Einleitung und einer Auswahlbibliographie, Aalen, 1971

Danco, Anne;
Die Perspektiven der Anspruchsverjährung in Europa, Berlin, 2001

Dannemann, Gerhard / Karatzenis, Fotios / Thomas, Geoffrey V.;
Reform des Verjährungsrechts aus rechtsvergleichender Sicht, RabelsZ 1991, 697 ff.

Damm, Reinhard;
Entwicklungstendenzen der Expertenhaftung, JZ 1991, 373 ff.

Dauner-Lieb, Barbara;
Die Schuldrechtsreform – Das große juristische Abenteuer, DStR 2001, 1572 ff.

Dauner-Lieb, Barbara / Heidel, Thomas / Lepa, Manfred / Ring, Gerhard (Hrsg.);
Anwaltskommentar Schuldrecht: Erläuterungen der Neuregelungen zum Verjährungsrecht, Schuldrecht, Schadensersatzrecht und Mietrecht, Bonn, 2002, (zitiert: *Bearbeiter* in: Anwaltkommentar BGB)

Dernburg, Heinrich;
Die Schuldverhältnisse nach dem Rechte des Deutschen Reiches und Preußens, Erste Abteilung: Allgemeine Lehren, Erste und Zweite Auflage, Halle a. S., 1899

Dernburg, Heinrich / Sokolowski, Paul;
System des römischen Rechts, Erster Teil, 8. Aufl., Berlin, 1911

Dette, Hans Walter;
Venire contra factum proprium nulli conceditur, Berlin, 1985

Deutsch, Erwin;
Fahrlässigkeit und erforderliche Sorgfalt, Eine privatrechtliche Untersuchung, Zweite, um das Thema Fahrlässigkeit und Rechtswidrigkeit, Eine Bestandsaufnahme an der Schwelle zum 21. Jahrhundert, ergänzte Aufl., Köln, u.a., 1995

ders.;
Allgemeines Haftungsrecht, 2. Aufl., Köln, u.a., 1996

ders.;
Unerlaubte Handlungen, Schadensersatz und Schmerzensgeld, 3. Aufl., Köln, u.a., 1995

ders.;
Privilegierte Haftung und Schadensfolge, NJW 1966, 705 ff.

ders.;
Die Fahrlässigkeit als Außerachtlassung der äußeren und inneren Sorgfalt, JZ 1988, 993 ff.

ders.;
Der Begriff der Fahrlässigkeit im Zivilrecht, Jura 1987, 505 ff.

ders.;
Die Medizinhaftung nach dem neuen Schuldrecht und dem neuen Schadensrecht, JZ 2002, 588 ff.

Deutsch, Erwin / Ahrens, Hans-Jürgen;
Deliktsrecht: Unerlaubte Handlungen, Schadensersatz und Schmerzensgeld, 4., völlig überarbeitete und erweiterte Aufl., Köln, u.a., 2002

Diederichsen, Uwe;
Fortschritte im dogmatischen Verständnis des Anscheinsbeweises, ZZP 81 (1968), 45 ff.

ders.;
Zur Beweislastverteilung bei Schadensersatzansprüchen aus Vertrag, Delikt und Gefährdungshaftung, in: Karlsruher Forum 1966, S. 21 ff.

Dietl, Clara-Erika; Moss, Anneliese A.; Lorenz, Egon;
Wörterbuch für Recht, Wirtschaft und Politik, Teil I Englisch – Deutsch, 2. Aufl., München, 1979

Dilcher, Hermann;
Die Theorie der Leistungsstörungen bei Glossatoren, Kommentatoren und Kanonisten, Frankfurt, 1960

ders.;
Verjährungsrecht – Entwicklungen in der Rechtsprechung des BGH und in der Rechtslehre von 1979 bis 1982 -, JZ 1983, 825 ff.

Dunz, Walter;
Wesen und Grenzen des „eigenen Mitverschuldens", JZ 1961, 406 ff.

***EBIHARA**, Akio;*
Savigny und die gemeinrechtliche Verjährungslehre des 19. Jahrhunderts, in: Zeitschrift der Savigny – Stiftung für Rechtsgeschichte, Romanistische Abteilung, 110. Band, 1993, S. 602 ff.

Ehmann, Horst / Sutschet, Holger;
Modernisiertes Schuldrecht: Lehrbuch der Grundsätze des neuen Rechts und seiner Besonderheiten, München, 2002

Eichler, Hermann;
Die Rechtslehre vom Vertrauen, Tübingen, 1950

Eidenmüller, Horst;
Zur Effizienz der Verjährungsregeln im geplanten Schuldrechtsmodernisierungsgesetz, JZ 2001, 283 ff.

Elb, Werner G.;
Schuldrechtsmodernisierung- ein Leitfaden für die Praxis, Köln, 2002

Engelmann, Theodor;
Die Verjährung der Ansprüche aus unerlaubten Handlungen, in: Festschrift für Karl Binding, Erster Band, Leipzig, 1911

Engelmann, Woldemar;
Irrtum und Schuld nach der italienischen Lehre und Praxis des Mittelalters, Neudruck der Ausgabe Berlin 1922, Aalen, 1975

ders.;
Rechtsbeachtungspflicht und rechtliche Schuld, in: Festschrift für Ludwig Traeger, Neudruck der Ausgabe Berlin 1926, Aalen, 1979, S. 133 ff.

Engisch, Karl;
Untersuchungen über Vorsatz und Fahrlässigkeit im Strafrecht, Neudruck der Ausgabe Berlin 1930, Aalen, 1964, (zitiert: Vorsatz und Fahrlässigkeit)

ders.;
Der Unrechtstatbestand im Strafrecht, in: Hundert Jahre deutsches Rechtsleben, Festschrift zum hundertjährigen Bestehen des deutschen Juristentages 1860 – 1960, Band I, Karlsruhe, 1960, S. 401 ff., (zitiert: DJT 1960, Band I)

Enneccerus, Ludwig / Nipperdey, Hans Carl;
Allgemeiner Teil des Bürgerlichen Rechts, 2. Halbband, 15. Aufl., Tübingen, 1960

Enneccerus, Ludwig / Lehmann, Heinrich;
Recht der Schuldverhältnisse, 15. Bearbeitung, Tübingen, 1958

Erman, Walter;
Bürgerliches Gesetzbuch: Handkommentar mit AGBG, EGBGB, ErbbauVO, HausratsVO, HausTWG, ProdHaftG, SachenRBerG, SchuldRAnpG, VerbrKrG, Band I und II, 10., neubearbeitete Aufl., Köln 2000, (zitiert: Erman/*Bearbeiter*)

Ernst, Wolfgang / Zimmermann, Reinhard (Hrsg.);
Zivilrechtswissenschaft und Schuldrechtsreform, Tübingen, 2001

Ernst, Wolfgang / Gsell, Beate;
Kaufrechtsrichtlinie und BGB, ZIP 2000, 1410 ff.

Ernst, Wolfgang;
Die Schuldrechtsreform, ZRP 2001, 1 ff.

Esser, Josef;
Grundlagen und Entwicklung der Gefährdungshaftung, 2. Aufl., München, 1969

ders.;
Schuldrecht Band I: Allgemeiner Teil, 4. Aufl., Karlsruhe, 1970

ders.;
Grundlagen und Entwicklung der Gefährdungshaftung, 2. Aufl., München, 1969

Esser, Josef / Schmidt, Eike;
Schuldrecht Band I: Allgemeiner Teil, Teilband 1 (Entstehung, Inhalt und Beendigung von Schuldverhältnissen), 8. Aufl., Heidelberg, 1995

Esser, Josef / Schmidt, Eike;
Schuldrecht Band I: Allgemeiner Teil, Teilband 2 (Durchführungshindernisse und Vertragshaftung, Schadensausgleich und Mehrseitigkeit beim Schuldverhältnis), 8. Aufl., Heidelberg, 2000

Esser, Josef / Weyers, Hans-Leo;
Schuldrecht Band II: Besonderer Teil, Teilband 2, (Gesetzliche Schuldverhältnisse), 8. Auf., Heidelberg, 2000

Exner, Franz;
Das Wesen der Fahrlässigkeit, Eine strafrechtliche Untersuchung, Leipzig und Wien, 1910

***FABARIUS**, Maria-Elisabeth*;
Äußere und innere Sorgfalt, Köln, u.a., 1991

Faßbender, Christian A.;
Innerbetriebliches Wissen und bankrechtliche Aufklärungspflichten, Berlin, New York, 1998

Fikentscher, Wolfgang;
Schuldrecht, 9. Aufl., Berlin, 1997

Fischer, Hans Albrecht;
Die Rechtswidrigkeit mit besonderer Berücksichtigung des Privatrechts, Neudruck der Ausgabe München 1911, Frankfurt a. Main, 1966

Fischer, Robert;
Der Missbrauch der Vertretungsmacht, in: Festschrift für Wolfgang Schilling, Berlin, New York, 1973, S. 3 ff.

Flume, Werner;
Allgemeiner Teil des Bürgerlichen Rechts, Zweiter Band, Das Rechtsgeschäft, 4. unveränderte Aufl., Berlin, u.a., 1992

Frey;
Die Beschränkung der Schadensersatzpflicht des Arbeitnehmers, ArbuR 1953, 7 ff.

Frisch, Wolfgang;
Vorsatz und Risiko, Köln, u.a., 1983

***GAIER**, Reinhard;*
Der Beginn der regelmäßigen Verjährung von gemeinschaftlichen Ansprüchen der Wohnungseigentümer nach neuem Recht, NZM 2003, 90 ff.

Geilen, Gerd;
Strafrechtliches Verschulden im Zivilrecht?, JZ 1964, 6 ff.

Gessler, Ernst;
Zum Missbrauch organschaftlicher Vertretungsmacht, in: Festschrift für Ernst von Caemmerer zum 70. Geburtstag, Tübingen, 1978

Gierke, Otto von;
Die soziale Aufgabe des Privatrechts, Berlin, 1889

Gill, Horst;
Der besondere Verjährungsbeginn für Schadensersatzansprüche in §852 I BGB, Hamburg, 1983

Greger, Reinhard;
Beweis und Wahrscheinlichkeit, Köln, u.a., 1978

Graf, Eduard / Dietherr, Mathias;
Deutsche Rechtssprichwörter, Zweite Aufl., Nördlingen, 1869

Grawein, Alexander;
Verjährung und gesetzliche Befristung, Leipzig, 1888

Grunewald, Barbara;
Wissenszurechnung bei juristischen Personen, in: Festschrift für Karl Beusch zum 68. Geburtstag, Berlin, New York, 1993

Grunsky, Wolfgang;
Vorschläge zu einer Reform des Schuldrechts, AcP 182 (1982), S. 452 ff.

Guyet,
Über die Wirkung der Klageverjährung auf das, der Klage zugrunde liegende Recht, AcP 11 (1828), S. 62 ff.

HAAS, *Lothar / Medicus, Dieter / Rolland, Walter / Schäfer, Carsten / Wendtland, Holger;*
Das neue Schuldrecht, München, 2002

Hager, Günter;
Zum Begriff der Rechtswidrigkeit im Zivilrecht, in: Festschrift für Ernst Wolf, Köln, u.a., 1985, S. 133 ff.

Hainmüller, Dietmar;
Der Anscheinsbeweis und die Fahrlässigkeitstat im heutigen deutschen Schadensersatzprozeß, Tübingen, 1966

Hall, Karl Alfred;
Über die Leichtfertigkeit, in: Festschrift für Edmund Mezger zum 70. Geburtstag, München und Berlin, 1954, S. 229 ff.

Handelsgesetzbuch, Großkommentar
(Begr. von *Staub, Hermann*, weitergeführt von den Mitgliedern des Reichsgerichts), Dritter Band, 2. Halbband: §§ 352-372, 3. Aufl., Berlin, New York, 1978; (zitiert: *Bearbeiter* in: Großkommentar HGB)

Hart, Dieter;
Autonomiesicherung im Arzthaftungsrecht, Ein Beitrag zur Entkoppelung von ärztlicher Aufklärungspflicht und Körperverletzung, in: Festschrift für Helmut Heinrichs, München, 1998, S. 291 ff.

Hattenauer, Hans (Hrsg.) / *Bernert, Günther;*
Allgemeines Landrecht für die preußischen Staaten von 1794, 3. Aufl., Neuwied, u.a., 1996

Hasse, Johann Christian / Bethmann-Hollweg, August;
Die Culpa des römischen Rechts, Neudruck der vermehrten 2. Ausgabe von 1839, Aalen, 1963

Haug, Henner;
Die Neuregelung des Verjährungsrechts, Baden-Baden, 1999

Heimann-Trosien;
Der vermutete Vorsatz in §259 StGB, NJW 1952, 366 f.

Heinrichs, Helmut;
Überlegungen zum Verjährungsrecht, seine Mängel, seine Rechtfertigung und seine Reform, in: Karlsruher Forum 1991, S. 3 ff.

ders.;
Reform des Verjährungsrechts?, NJW 1982, 2021 ff.

ders.;
Entwurf eines Schuldrechtsmodernisierungsgesetzes: Neuregelung des Verjährungsrechts, BB 2001, 1417 ff.

Hendel, Dieter;
Das sogenannte Verschulden gegen sich selbst im Arbeitsverhältnis, Köln, 1971

Henke, Horst-Eberhard;
Individualität und Anscheinsbeweis, JR 1961, 48 ff.

Henkel, Heinrich;
Die „praesumtio doli" im Strafrecht, in: Festschrift für Eberhard Schmidt zum 70. Geburtstag, Göttingen, 1961

Henß, Olaf;
Obliegenheit und Pflicht im Bürgerlichen Recht, Frankfurt a. Main, 1988

Henssler, Martin / Bereska, Christian (Hrsg.),
Praxis der Schuldrechtsreform, Recklinghausen, 2001

Heusler, A.;
Die Grundlagen des Beweisrechtes, AcP 62 (1879), S. 209 ff.

Hirtz, Bernd;
Der Nachweis der Wiederholungsgefahr bei Unterlassungsansprüchen, MDR 1988, 182 ff.

Hoche, Ulrich;
Unstimmigkeiten im Verjährungsrecht, in: Rechtsbewahrung und Rechtsentwicklung, Festschrift für Heinrich Lange zum 70. Geburtstag, München, 1970

Hölder, E.;
Zum allgemeinen Theile des Entwurfs eines bürgerlichen Gesetzbuches für das Deutsche Reich, AcP 73 (1888) S. 1 ff.

Hoffmann, Hans-Joachim;
Die Abstufungen der Fahrlässigkeit in der Rechtsgeschichte, Berlin, 1968

Honsell, Heinrich;
Probleme der Haftung für Auskunft und Gutachten, JuS 1976, 626 ff.

ders.;
Einige Bemerkungen zum Diskussionsentwurf eines Schuldrechtsmodernisierungsgesetzes, JZ 2001, 18 ff.

ders.;
Die EU – Richtlinie über den Verbrauchsgüterkauf und ihre Umsetzung ins BGB, JZ 2001, 278 ff.

Hopt, Klaus J.;
Nichtvertragliche Haftung außerhalb von Schadens- und Bereicherungsausgleich, AcP 183 (1983), S. 608 ff.

Hoyer, Andreas;
Der Konflikt zwischen richterlicher Beweiswürdigungsfreiheit und dem Prinzip des „in dubio pro reo“, ZStW 105 (1993), 523 ff.

Hruschka, Joachim;
Über Schwierigkeiten mit dem Beweis des Vorsatzes, in: Festschrift für Theodor Kleinknecht, München, 1985, S. 191 ff.

Huber, Michael;
Das Beweismaß im Zivilprozess, Köln, u.a., 1983

Huber, Ulrich;
Gefahren des vertraglichen Abtretungsgebotes für den Schuldner der abgetretenen Forderung, NJW 1968, 1905 ff.

ders.;
Zivilrechtliche Fahrlässigkeit, in: Festschrift für Ernst Rudolf Huber zum 70. Geburtstag, Göttingen, 1973, S. 253 ff.

Huber, Peter / Faust, Florian;
Schuldrechtsmodernisierung, München, 2002

Hübner, Rudolf;
Grundzüge des deutschen Privatrechts, Neudruck der 5. Aufl. Leipzig 1930, Aalen, 1969

Hübner, Heinz;
Die Prokura als formalisierter Vertrauensschutz, in: Festschrift für Ernst Klingmüller, Karlsruhe, 1974

ders.;
Subjektivismus in der Entwicklung des Privatrechts, in: Festschrift für Max Kaser zum 70. Geburtstag, München, 1976, S. 715 ff.

***IHERING**, Rudolf von;*
Das Schuldmoment im römischen Privatrecht, Giessen, 1867

ders.;
Der Zweck im Recht, Zweiter Band, 4. Aufl., Leipzig, 1905

***JAKOBI**, Ernst;*
Die Theorie der Willenserklärungen, München, 1910

Jakobs, Günther;
Über die Behandlung von Wollensfehlern und von Wissensfehlern, ZStW 101 (1989), S. 516 ff.

ders.;
Probleme der Wahlfeststellung, GA 118 (1971), 257 ff.

Jakobs, Horst Heinrich / Schubert, Werner (Hrsg.);
Die Beratung des Bürgerlichen Gesetzbuchs in systematischer Zusammenstellung der unveröffentlichten Quellen, Recht der Schuldverhältnisse I, §§ 241 bis 432 BGB, Berlin, New York, 1978

Jauernig, Othmar;
Bürgerliches Gesetzbuch, 10. Aufl., München, 2003

ders.;
Bürgerliches Gesetzbuch, 9. Auf., München, 1999

ders.;
Zivilprozessrecht, 27. völlig neubearb. Aufl., München, 2002

Jescheck, Hans-Heinrich / Weigend, Thomas;
Lehrbuch des Strafrechts Allgemeiner Teil, 5. Aufl., Berlin, 1996

Joussen, Peter;
Referat zum Thema: Empfiehlt sich die von der Schuldrechtskommission vorgeschlagene Neuregelung des allgemeinen Leistungsstörungsrechts, der Mängelgewährleistung bei Kauf- und Werkvertrag und des Rechts der Verjährung?, in: Verhandlungen des sechzigsten deutschen Juristentages Münster 1994, Band II/1, München, 1994, S. K 29, (zitiert: Verhandlungen 60. DJT)

***KASER**, Max*;
Das römische Privatrecht, Erster Abschnitt, 2. Aufl., München, 1971

ders.;
Das römische Privatrecht, Zweiter Abschnitt, 2. Aufl., München 1975

Katzenmeier, Christian;
Arzthaftung, Tübingen, 2002

Kegel, Gerhard;
Der Individualanscheinsbeweis und die Verteilung der Beweislast nach überwiegender Wahrscheinlichkeit, in: Festgabe für Heinrich Kronstein, Das Unternehmen in der Rechtsordnung, Karlsruhe, 1967

ders.;
Verwirkung, Vertrag und Vertrauen, in Festschrift für Klemens Pleyer zum 65. Geburtstag, Köln, u.a., 1986

Klingmüller, Ernst;
Möglichkeiten der Wissenszurechnung, Einführung, in: Karlsruher Forum, 1994, S.1 f.

Knaur;
Lexikographisches Institut München (Hrsg.); Das deutsche Wörterbuch, München 1985

Knaut, Katherine;
Zur Bedeutung des Unrechtsbewusstseins für den Vorsatz im Zivilrecht; Köln, 1977

Köhler, Helmut;
BGB Allgemeiner Teil, 25. Auflage, München, 2001

Köhler, Michael;
Die bewusste Fahrlässigkeit, Heidelberg, 1982

ders.;
Anmerkung zu BGH Urt. v. 16.7.1980 – 2 StR 127/80 in: JZ 1981, 35 ff.

ders.;
Vorsatzbegriff und Bewusstseinsform des Vorsatzes, GA (128) 1981, S. 283 ff.

König, Detlef;
Ungerechtfertigte Bereicherung, Empfiehlt es sich, das Bereicherungsrecht im Hinblick auf seine Weiterentwicklung in Rechtsprechung und Lehre durch den Gesetzgeber neu zu ordnen? Welche bereicherungsrechtlichen Vorschriften außerhalb des BGB können in die Kodifikation zurückgeführt werden, in: Bundesminister der Justiz (Hrsg.), Gutachten und

Vorschläge zur Überarbeitung des Schuldrechts, Band II, Köln, 1981, S. 1515 ff. (zitiert: Gutachten)

König, Volker;
Die grobe Fahrlässigkeit, Berlin, 1998

Koller, Ingo;
Wissenszurechnung, Kosten und Risiken, JZ 1998, 75 ff.

Kötz, Hein;
Haftung für besondere Gefahren, AcP 170 (1970), S. 1 ff.

ders.;
Zur Wirksamkeit von Freizeichnungsklauseln, NJW 1984, 2447 ff.

Kötz, Hein / Wagner, Gerhard;
Deliktsrecht, 9. Aufl., Neuwied und Kriftel, 2001

Kollhosser, Helmut;
Anscheinsbeweis und freie richterliche Beweiswürdigung, AcP 165 (1965), S. 46 ff.

Koppensteiner, Hans-Georg / Kramer, Ernst A.;
Ungerechtfertigte Bereicherung, 2. Aufl., Berlin, New York, 1988

Koriath, Heinz;
Grundsätze der strafrechtlichen Irrtumslehre, Jura 1996, S. 113 ff.

Kramer, Ernst A.;
Objektive Zurechnung im Delikts- und Vertragsrecht, AcP 171 (1971), S. 422 ff.

Krämer, Steffen;
Die grobe Fahrlässigkeit im Sachenrecht und beim sonstigen Recht des gutgläubigen Erwerbs, Göttingen, 1994

Krämer, Ulrich;
Praxisrelevante Probleme des neuen Verjährungsrechts, ZGS 2003, 379 ff.

Kühl, Kristian;
Strafrecht Allgemeiner Teil, 4. Aufl., München, 2002

Kullmann, Hans Josef;
Produkthaftungsgesetz, Gesetz über die Haftung für fehlerhafte Produkte (ProdHaftG), Kommentar, 3. überarbeitete und erweiterte Aufl., Berlin, 2001

***LANDO**, Ole / Clive, Eric / Prüm, André / Zimmermann, Reinhard;*
Principles of European Contract Law, Part III, The Hague, London, New York, 2003

Larenz, Karl;
Lehrbuch des Schuldrechts, Band I: Allgemeiner Teil, 14. Aufl., München, 1987

ders.;
Lehrbuch des Schuldrechts, Band II: Besonderer Teil, 1. Halbband, 13. Aufl., München, 1986

ders.;
Allgemeiner Teil des deutschen bürgerlichen Rechts, 7. Aufl., München, 1989

ders.;
Methodenlehre der Rechtswissenschaft, 6. Aufl., Berlin u.a., 1991, (zitiert: Methodenlehre)

ders.;
Über Fahrlässigkeitsmaßstäbe im Zivilrecht, in: Festschrift zum 60. Geburtstag von Walter Wilburg, Graz, 1965, S. 119 ff.

ders.;
Rechtswidrigkeit und Handlungsbegriff im Zivilrecht, in: Festschrift für Hans Dölle, Vom Deutschen zum Europäischen Recht, Band I, Tübingen, 1963, S. 169 ff.

Larenz, Karl / Canaris, Claus-Wilhelm;
Lehrbuch des Schuldrechts, Band II: Besonderer Teil, 2. Halbband, 13. Aufl., München, 1994

Larenz, Karl / Wolf, Manfred;
Allgemeiner Teil des Bürgerlichen Rechts, 8. Aufl., München 1997

Lawson, Frederick H.;
Zeitablauf als Rechtsproblem, AcP 159 (1960), S. 97 ff.

Leenen, Detlef;
Die Neugestaltung des Verjährungsrechts durch das Schuldrechtsmodernisierungsgesetz, DStR 2002, 34 ff.

ders.;
Die Neuregelung der Verjährung, JZ 2001, 552 ff.

Leipold, Dieter;
Beweislastregeln und gesetzliche Vermutungen, Berlin, 1966

Leonhard, Franz;
Allgemeines Schuldrecht des BGB, München und Leipzig, 1929

ders.;
Fahrlässigkeit und Unfähigkeit, in: Festgaben für Ludwig Enneccerus, Marburg, 1913, Teil II

Lesch, Heiko, H.;
Dogmatische Grundlagen zur Behandlung des Verbotsirrtums, JZ 1996, 346

Liszt, Franz von;
Die Deliktsobligationen im System des Bürgerlichen Gesetzbuchs, Berlin, 1898

Lohe, H.W.;
Der Rechtsbegriff der groben Fahrlässigkeit, VersR 1968, 323 ff.

Lorenz, Stephan / Riem, Thomas;
Lehrbuch zum neuen Schuldrecht, München, 2002

Looschelders, Dirk;
Die Mitverantwortlichkeit des Geschädigten im Privatrecht, Tübingen, 1999

***MAASSEN**, Bernhard;*
Beweismaßprobleme im Schadensersatzprozeß, Köln u.a., 1975

Maihofer, Werner;
Was ist Recht? Zur Einführung in die Grundfragen derRechtsphilosophie, JuS 1963, 165 ff.

Manigk, Alfred;
Willenserklärung und Willensgeschäft, Ihr Begriff und ihre Behandlung nach Bürgerlichem Gesetzbuch, Neudruck der Ausgabe Berlin 1907, Aalen, 1970

Mansel, Heinz-Peter;
Die Neuregelung des Verjährungsrechts, NJW 2002, 89 ff.

ders.;
Die Reform des Verjährungsrechts, in: *Ernst, Wolfgang / Zimmermann, Reinhard* (Hrsg.); Zivilrechtswissenschaft und Schuldrechtsreform, Tübingen, 2001

ders.;
Neues Verjährungsrecht und Anwaltsvertrag – Vorteile für den Rechtsanwalt, NJW 2002, 418 ff.

Mansel, Heinz-Peter / Budzikiewicz, Christine;
Das neue Verjährungsrecht, Bonn, 2002

Martinek, Michael;
Zur Kenntnis des Bereicherungsschuldner vom Rechtsgrundmangel als Voraussetzung seiner verschärften Haftung, JZ 1996, 1099 ff.

Mattil, Friedrich;
Gewissensanspannung, ZStW 74 (1962), S. 201 ff.

Maurach, Reinhart / Zipf, Heinz;
Strafrecht Allgemeiner Teil, Teilband I, Grundlehren des Strafrechts und Aufbau der Straftat, 8. Aufl., Heidelberg, 1992

Mayer, Hellmuth;
Strafrecht, allgemeiner Teil, Stuttgart, 1953

Mayer, Jörg;
Der Rechtsirrtum und seine Folgen im bürgerlichen Recht, Bielefeld, 1989

Mayer-Maly, Theo;
Das Bewusstsein der Sittenwidrigkeit, Karlsruhe, 1971

ders.;
Rechtsirrtum und Rechtsunkenntnis als Probleme des Privatrechts, AcP 170 (1970), 133 ff.

ders.;
Rechtsirrtum und Bereicherung, in: Rechtsbewahrung und Rechtsentwicklung, Festschrift für Heinrich Lange zum 70. Geburtstag, München, 1970, S. 293 ff.

Meder, Stephan;
Schuld, Zufall, Risiko, Untersuchungen struktureller Probleme privatrechtlicher Zurechnung, Frankfurt am Main, 1993

Medicus, Dieter;
Schuldrecht I Allgemeiner Teil, 13. Aufl., München, 2002

ders.;
Probleme der Wissenszurechnung, in: Karlsruher Forum 1994, S. 4 ff.

Mertens, Hans-Joachim;
Zur Bankenhaftung wegen Gläubigerbenachteiligung, ZHR 143 (1979), S. 174 ff.

Meurer, Dieter;
Beweiswürdigung, Überzeugung und Wahrscheinlichkeit, in: Festschrift für Herbert Tröndle zum 70. Geburtstag, Berlin, New York, 1989, S. 533 ff.

Meyer, Anneliese;
Die Gleichstellung von Vorsatz und grober Fahrlässigkeit im französischen und deutschen Vertragsrecht, Köln, 1965

Meyer, Thomas;
Verjährung und Verursacherprinzip, Berlin, 1999

Mezger, Edmund;
Moderne Wege der Strafrechtsdogmatik – eine ergänzende Betrachtung zu dem Lehrbuch in seiner 3. Aufl., Berlin, 1950

Moraht, Jens;
Verjährungsrechtliche Probleme bei der Geltendmachung von Spätschäden im Deliktsrecht aus der Sicht des deutschen, schweizerischen, österreichischen und englischen Rechts, Frankfurt a.M., 1996

Mormann;
Der Erwerb beweglicher Sachen auf Grund guten Glaubens in der Rechtsprechung des Bundesgerichtshofs, WM 1966, 2 ff.

Müller, Klaus;
Die grob fahrlässige Herbeiführung des Versicherungsfalles nach §61 VVG, VersR 1985, 1101 ff.

Müller-Erzbach, Rudolf;
Gefährdungshaftung und Gefahrtragung, AcP 106, 309 ff.

Münchener Kommentar zum Bürgerlichen Gesetzbuch,
(Hrsg. *Rebmann, Kurt / Säcker, Franz-Jürgen / Rixecker, Roland*); Band 1, Allgemeiner Teil, §§ 1- 240, 4. Aufl. München, 2001, Band 1a, Allgemeiner Teil (Auszug), §§ 80, 81, 105 a, 126 – 127, 194, 218, ProstG, 4. Aufl., München, 2003; Band 2, Schuldrecht Allgemeiner Teil, §§ 241 - 432, FernabsG, 4. Aufl., München 2001; Band 2, Schuldrecht Allgemeiner Teil, §§ 241 - 432, 3. Aufl., München 1994; Band 5, Schuldrecht Besonderer Teil III, §§ 705 - 853, Partnerschaftsgesellschaftsgesetz, Produkthaftungsgesetz, 3. Aufl., München 1997; Band 6, Sachenrecht, §§854 – 1296, Wohnungseigentumsgesetz, Erbbaurechtsverordnung, Sachenrechts-bereinigungsgesetz, Schuldrechtsänderungsgesetz, 3. Aufl., München, 1997, (zitiert: MüKo/*Bearbeiter*)

Münchener Kommentar zur Zivilprozessordnung mit Gerichtsverfassungsgesetz und Nebengesetzen
(Hrsg. *Lüke, Gerhard / Wax, Peter*); Band I (§§ 1-354), 2. Aufl., München, 2000 (zitiert: MüKo/*Bearbeiter*, §§ ZPO)

Münzberg, Wolfgang;
Verhalten und Erfolg als Grundlagen der Rechtswidrigkeit und Haftung, Frankfurt a. Main, 1966

Mugdan, Benno (Hrsg.);
Die gesamten Materialien zum Bürgerlichen Gesetzbuch für das Deutsche Reich, Band 1, Einführungsgesetz und Allgemeiner Teil, Band 2, Recht der Schuldverhältnisse, Band 3, Sachenrecht, Neudruck der Ausgaben Berlin, 1899, Aalen, 1979 (zitiert: Materialien, Band, Abschnitt)

Musielak, Hans-Joachim;
Die Grundlagen der Beweislast, Berlin, New York, 1975

ders.;
Grundkurs ZPO, 5. Aufl., München, 2000

***NIESE**, Werner;*
Die moderne Strafrechtsdogmatik und das Zivilrecht, JZ 1956, S. 457 ff.

Nipperdey, Hans Carl;
Rechtswidrigkeit und Schuld im Zivilrecht, in: Karlsruher Forum 1959, S. 3 ff.

ders.;
Rechtswidrigkeit, Sozialadäquanz, Fahrlässigkeit, Schuld im Zivilrecht, NJW 1957, S. 1777 ff.

***ODERSKY**, Walter;*
„Aktenwissen" – Kenntnis – Arglist – Analogie, in: Festschrift für Karlmann Geiß, Köln u.a., 2000, S. 135 ff.

Oetker, Hartmut;
Die Verjährung, Baden-Baden, 1994

Oldenbourg, Hans,
Die Wissenszurechnung, Kiel, 1934

***PALANDT**, Otto;*
Bürgerliches Gesetzbuch: mit Einführungsgesetz (Auszug), Unterlassungsklagegesetz, Produkthaftungsgesetz, Erbbaurechtsverordnung, Wohnungseigentumsgesetz, Hausratsverordnung, Lebenspartnerschaftsgesetz, Gewaltschutzgesetz (Auszug), 62., neubearbeitete Auflage, München, 2003

Pawlowski, Enka;
Der prima - facie Beweis bei Schadensersatzansprüchen aus Delikt und Vertrag, Göttingen, 1966

Peters, Frank;
Die Kenntnis vom Schaden als Verjährungsvoraussetzung bei §852 I BGB, JZ 1983, 121 ff.

ders.;
Zur Verjährung der Ansprüche aus culpa in contrahendo und positiver Forderungsverletzung, VersR 1979, 103 ff.

ders.;
Vergleichsverhandlungen und Verjährung, NJW 1982, 1857 f.

ders.;
Anmerkung zu BGH Urteil vom 27.11.1990 VI ZR 2/90, NZV 1991, 144 f.

Peters, Frank / Zimmermann, Reinhard;
Verjährungsfristen, Der Einfluß von Fristen auf Schuldverhältnisse; Möglichkeiten der Vereinheitlichung von Verjährungsfristen, in: Bundesminister der Justiz (Hrsg.), Gutachten und Vorschläge zur Überarbeitung des Schuldrechts, Band I, Köln, 1981, S. 77 ff. (zitiert: Gutachten)

Piekenbrock, Andreas;
Reform des allgemeinen Verjährungsrecht: Ausweg oder Irrweg?, in: Jahrbuch Junger Zivilrechtswissenschaftler 2001, Das neue Schuldrecht, Stuttgart, u.a., 2001, S. 309 ff.

Planck, Gottlieb;
Kommentar zum Bürgerlichen Gesetzbuch nebst Einführungsgesetz, Band II, 1. Hälfte: Recht der Schuldverhältnisse (§§ 241-432), 4., völlig neu bearbeitete Auflage, Berlin, 1914, (zitiert: Planck/*Bearbeiter*)

Platzgummer, Winfried;
Die Bewusstseinsformen des Vorsatzes – eine strafrechtsdogmatische Untersuchung auf psychologischer Grundlage, Wien, 1964

Protokolle der Kommission für die zweite Lesung des Entwurfs des Bürgerlichen Gesetzbuchs,
Band I (Bearbeiter: *Achilles / Spahn / Gebhard*), Berlin 1897;
Band II (Bearbeiter: *Achilles / Spahn / Gebhard*), Berlin, 1898

Prölss, Erich R. / Martin, Anton;
VVG, Kommentar zum VVG und EGVVG sowie Kommentierung wichtiger Versicherungsbedingungen – unter Berücksichtigung des ÖGVVG

und österreichischer Rechtsprechung, 26., neubearb. Aufl. des von Erich R. Prölls begründeten und in 7. Aufl. von Anton Martin fortgef. Werks, München, 1998

Prölss, Jürgen;
Beweiserleichterungen im Schadensersatzprozeß, Karlsruhe, 1966

Prütting, Hanns; Gegenwartsprobleme der Beweislast, München, 1983

Puppe, Ingeborg;
Der Vorstellungsinhalt des dolus eventualis, ZStW 103 (1991), 1 ff.

RABE, *Dieter*;
Die Behandlung der Bösgläubigkeit des Besitzdieners beim Besitzerwerb in §990 BGB, Hamburg, 1970

ders.;
Vorschläge zur Überarbeitung des Schuldrechts: Verjährung, NJW 1992, 2395 ff.

Raiser, Ludwig;
Anmerkung zu BGH Urt. v. 9.2.1960 – VIII ZR 51/59, JZ 1961, 26 ff.

Rebe, Bernd;
Zur Ausgleichsfunktion von §935 BGB, AcP 173 (1973), S. 186 ff.

Reichel, Hans,
Gutgläubigkeit beim Fahrniserwerb, in: Zeitschrift für das private und öffentliche Recht der Gegenwart (zitiert: Grünhut`s Zeitschrift), Band 42, 1916, S. 174 ff.

Reichsgerichtsrätekommentar,
Das Bürgerliche Gesetzbuch: mit besonderer Berücksichtigung der Rechtsprechung des Reichsgerichts und des Bundesgerichtshofes; Kommentar / herausgegeben von Mitgliedern des Bundesgerichtshofes, Band 1 §§ 1 – 240, 12. neubearbeitete Aufl., Berlin, New York, 1982; Band 2: Teil 1 §§ 241 - 413, 12., neubearbeitete Aufl., Berlin, New York, 1976; Band 2: Teil 5 §§812 – 831, 12. neubearbeitete Aufl., Berlin, New York, 1989; Band 2: Teil 5 §§ 823 - 831, 12. neubearbeitete Aufl., Berlin, New York, 1989; Band 2: Teil 6 §§ 832 – 853, 12. neubearbeitete Aufl., Berlin, New York, 1989, Band 3, 1. Teil §§ 854 – 1011, 12. neubearbeitete Aufl., Berlin, New York, 1979; (zitiert: RGRK/*Bearbeiter*)

Reuter, Eberhard von;
Grobe Fahrlässigkeit im Privatversicherungsrecht, Karlsruhe, 1977

Reuter, Dieter / Martinek, Michael;
Ungerechtfertigte Bereicherung, Tübingen, 1983

Riedmaier, Karl;
Grobe Fahrlässigkeit im Straßenverkehr, DAR 1978, 263 ff.

Rittner, Fritz;
Rechtswissen und Rechtsirrtum im Zivilrecht, in: Festschrift für Fritz von Hippel, Tübingen, 1967, S. 391 ff.

Röhl, Klaus F.;
Zur Abgrenzung der groben von der einfachen Fahrlässigkeit, JZ 1974, S. 521 ff.

Roll, Hans Achim;
Wandlungen im Verjährungsrecht, WM 1977, 1214 ff.

Rommé Oliver;
Der Anscheinsbeweis im Gefüge von Beweismaß und Beweislast, Köln, u.a., 1989

Rosenberg, Leo;
Die Beweislast, 5. Aufl., München, 1965

Rosenberg, Leo / Schwab, Karl Heinz / Gottwald, Peter;
Zivilprozessrecht, 15. Aufl., München, 1993

Roth, Herbert;
Beweismaß und Beweislast bei der Verletzung von bankvertraglichen Aufklärungs- und Beratungspflichten, ZHR 154 (1990), S. 513 ff.

Roxin, Claus;
Strafverfahrensrecht, 24. Aufl., München, 1995

Rümelin, Max;
Das Verschulden in Straf- und Zivilrecht, Tübingen 1909

***SALLAWITZ**, Hans-Joachim*;
Die tatbestandsmäßige Gleichstellung von grobfahrlässiger Unkenntnis mit Kenntnis, ein dogmatisches und praktisches Problem des Privatrechts, Kiel, 1973

Sanden, Georg;
Zum Rechtsbegriff der groben Fahrlässigkeit, VersR 1967, 1013 ff.

Savigny, Friedrich Karl von;
System des heutigen römischen Rechts, Band 3, Neudruck der Ausgabe Berlin, 1840, Aalen, 1973

ders.;
System des heutigen römischen Rechts, Band 4, Neudruck der Ausgabe Berlin, 1841, Aalen, 1873

ders.;
System des heutigen römischen Rechts, Band 5; Neudruck der Ausgabe Berlin, 1841, Aalen, 1974

Schlechtriem, Peter;
Schuldrecht Allgemeiner Teil, 5. Aufl., Tübingen, 2003

Schlund, G. H.;
Anmerkung zu BGH Urteil vom 20.9.1983 – VI ZR 35/82, JR 1984, 197 ff.

Schilken, Eberhard;
Wissenszurechnung im Zivilrecht, Bielefeld, 1983

Schimmel, Roland (Hrsg.);
Frankfurter Handbuch zum neuen Schuldrecht,Neuwied, Kriftel, 2002

Schmidhäuser, Eberhard;
Der Verbotsirrtum und das Strafgesetz (§16 I Satz 1 und §17 StGB), JZ 1979, 361 ff.

Schmidt, Reimer;
Die Obliegenheiten, Karlsruhe, 1953

Schmidt-Räntsch, Jürgen;
Einführung in die Schuldrechtsmodernisierung, DRiZ 2001, 501 ff.

ders.;
Das neue Schuldrecht – Anwendung und Auswirkungen in der Praxis, Köln, u.a., 2002

Schmidt-Rimpler, Walter;
Zum Problem der Vertretungsmacht des zur Einzelgeschäftsführung befugten Gesellschafters beim Widerspruch eines Anderen in der bürgerlichrechtlichen Gesellschaft in: Festschrift für Alexander Knur, München, 1972, S. 235 ff.

Schnaufer, Susanne;
Die Kenntnis des Geschädigten als Auslöser für den Beginn der Verjährungsfrist, Frankfurt a.M., 1997

Schönke, Adolf / Schröder, Horst;
Strafgesetzbuch Kommentar, 26. Aufl., München 2001

Schott, Clausdieter;
Der Missbrauch der Vertretungsmacht, AcP 171 (1971), S. 385 ff.

Schreiber, Klaus;
Die Bösgläubigkeit des Bereicherungsschuldners – OLG Hamm, NJW 1977, 1824, JuS 1978, 230 f.

Schreiber, Rupert,
Theorie des Beweiswertes für Beweismittel im Zivilprozeß, Berlin, u.a., 1968

Schroeder, Friedrich-Christian;
Die Fahrlässigkeit als Erkennbarkeit der Tatbestandsverwirklichung, JZ 1989, S. 776 ff.

Schröder, Horst;
Die Irrtumsrechtsprechung des BGH, ZStW 65 (1953), S. 178 ff.

Schubert, Werner (Hrsg.);
Protocolle der Commission zur Ausarbeitung eines allgemeinen deutschen Obligationenrechts, Band 6, Neudruck der Ausgabe Dresden 1863 - 1866, Frankfurt a. Main, 1984, (zitiert: Protocolle)

Schüler, Wolfgang;
Die Wissenszurechnung im Konzern, Berlin, 2000

Schütz, Eckhard;
Der Begriff der groben Fahrlässigkeit und seine Anwendung auf §§ 61 VVG, 640 RVO, VersR 1967, 733 ff.

Schur, Wolfgang;
Leistung und Sorgfalt, zugleich ein Beitrag zur Lehre von der Pflicht im Bürgerlichen Recht, Tübingen, 2001

Schwab, Karl H. / Rosenberg, Leo / Gottwald, Peter;
Zivilprozessrecht, 15. neu bearb. Aufl., München, 1993

Serick, Rolf;
Eigentumsvorbehalt und Sicherungsübergang, Band IV, Verlängerungs- und Erweiterungsformen des Eigentumsvorbehalts und der Sicherungsübertragung – Erster Teil, 1. Aufl., Heidelberg, 1976

Singer, Reinhard;
Das Verbot widersprüchlichen Verhaltens, München, 1993

Soergel, Hans-Theodor / Siebert, Wolfgang;
Kommentar zum Bürgerlichen Gesetzbuch mit Einführungsgesetz und Nebengesetzen, Band 2, Schuldrecht I (§§241 – 610), 10. Aufl., Stuttgart, Berlin, Köln, Mainz, 1967 (zitiert: Soergel/Siebert/*Bearbeiter*)

Soergel, Hans-Theodor (Begr.),
Kommentar zum Bürgerlichen Gesetzbuch mit Einführungsgesetz und Nebengesetz, Band 1: Allgemeiner Teil (§§ 1- 240), HaustürWiderrufG, 12. Aufl. Stuttgart, Berlin, Köln, Mainz, 1987; Band 2: Allgemeiner Teil 2 (§§104 – 240), 13. Aufl., Stuttgart, Berlin, Köln, Mainz, 1999; Band 2a: Allgemeiner Teil 3 (§§13, 14, 126a – 127, 194 – 225), 13. Aufl., Stuttgart, Berlin, Köln, Mainz, 2002; Band 2: Schuldrecht I (§§241 – 432), 12. Aufl., Stuttgart, Berlin, Köln, Mainz, 1990; Band 3: Schuldrecht II (§§433 – 515, AGB Gesetz, AbzG, EAG, EKG, UN - KaufAbk), 12. Aufl., Stuttgart, Berlin, Köln, Mainz, 1991; Band 5/2: Schuldrecht IV/2 (§§ 823 – 853, Produkthaftungsgesetz, Umwelthaftungsgesetz), 12. Aufl., Stuttgart, Berlin, Köln, Mainz, 1998; Band 6: Sachenrecht (§§854 – 1296), 12. Aufl., Stuttgart, Berlin, Köln, Mainz, 1989; Band 14: Sachenrecht 1 (§§854 – 984), 13. Aufl., Stuttgart, Berlin, Köln, Mainz, 2002, (zitiert: Soergel/*Bearbeiter*)

Spickhoff, Andreas;
Gesetzesverstoß und Haftung, Köln, u.a., 1998

ders.;
Insolvenzzweckwidrige Rechtshandlungen des Insolvenzverwalters, zugleich ein Beitrag zur Reichweite und Dogmatik der Grundsätze des Missbrauchs der Vertretungsmacht, in: Zeitschrift für Insolvenzrecht, KonkursTreuhandSanierung, 2000, S. 15 ff.

ders.;
Nichtige Überweisungsbeschlüsse und Drittschuldnerschutz, in: Festschrift für Ekkehard Schuhmann zum 70. Geburtstag, Tübingen, 2001, S.443 ff.

ders.;
Das System der Arzthaftung im reformierten Schuldrecht, NJW 2002, S. 2530 ff.

Spiro, Karl;
Die Begrenzung privater Rechte durch Verjährungs-, Verwirkungs- und Fatalfristen, Band I: Die Verjährung der Forderung, Bern, 1975, (zitiert: Begrenzung privater Rechte, Band I)

ders.;
Die Begrenzung privater Rechte durch Verjährungs-, Verwirkungs- und Fatalfristen, Band II: Andere Befristungen und Rechte, Bern, 1975, (zitiert: Begrenzung privater Rechte, Band II)

ders.;
Zur neueren Geschichte des Satzes „agere non valenti non currit praescriptio“, in: Festschrift für Hans Lewald, Basel, 1953

ders;
Zur Reform der Verjährungsbestimmungen, in: Festschrift für Wolfram Müller–Freienfels, Baden-Baden, 1986, S. 617 ff.

Stathopoulos, Michael;
Bemerkungen zum Verhältnis zwischen Fahrlässigkeit und Rechtswidrigkeit im Zivilrecht, in: Festschrift für Karl Larenz zum 80. Geburtstag, München, 1983, S. 631 ff.

Stauder, Thomas;
Die Verwirkung zivilrechtlicher Rechtspositionen, Frankfurt a. M., 1995

Staudinger, Julius von (Begr.);
Kommentar zum Bürgerlichen Gesetzbuch mit Einführungsgesetz und Nebengesetzen; Erstes Buch: Allgemeiner Teil, §§164 – 240, 13. Bearbeitung, Neubearbeitung 2001, Berlin, 2001; Zweites Buch, Recht der Schuldverhältnisse, Einleitung zu §§ 241 ff., §§ 241 – 243, 13. Bearbeitung, Berlin 1995; Zweites Buch, Recht der Schuldverhältnisse, §§ 255 - 314, 13. Bearbeitung, Neubearbeitung 2001, Berlin 2001; Zweites Buch, Einzelne Schuldverhältnisse, Band 1, §§ 433 – 534, 13. Bearbeitung, Berlin 1995; Zweites Buch, Recht der Schuldverhältnisse, §§ 826 - 829, 13. Bearbeitung, Neubearbeitung 2003, Berlin 2003, Drittes Buch, Sachenrecht, §§ 925 – 984, Anhang zu §§929 ff., 13. Bearbeitung, Berlin 1995 (zitiert: Staudinger/*Bearbeiter*)

Steffen, Erich;
Diskussionsbeitrag, Karlsruher Forum 1994, S. 32 f.

Stein, Friedrich / Jonas, Martin,
Kommentar zur Zivilprozessordnung, Band 2: §§ 91 – 252, 21. Aufl., Tübingen, 1994; Band 3: §§ 253 – 299a, 21. Aufl., Tübingen, 1997 (zitiert: Stein/Jonas/*Bearbeiter*)

Stoll, Hans;
Unrechtstypen bei Verletzung absoluter Rechte, AcP 162 (1963), S. 203 ff.

ders.;
Haftungsverlagerung durch beweisrechtliche Mittel, AcP 176 (1976), S. 145 ff.

***TANK**, Gerhard;*
Der Missbrauch der Vertretungsmacht und Verfügungsbefugnis, NJW 1969, 6 ff.

Taschner, Hans Claudius / Frietsch, Edwin;
Produkthaftungsgesetz und EG-Produkthaftungsrichtlinie, Kommentar, 2., völlig neu bearbeitete Aufl., München, 1990

Taupitz, Jochen;
Der Heilpraktiker aus der Sicht des Haftungsrechts: „Arzt, „Mini-Arzt" oder „Laie"?, NJW 1991, 1505 ff.

ders.;
Wissenszurechnung nach englischem und deutschem Recht, in: Karlsruher Forum 1994, S. 16 ff.

ders.;
Anmerkung zu BGH Urt. v. 20.9.1983 – VI ZR 35/82, NJW 1984, 662 f.

Teichmann, Arndt;
Venire contra factum proprium – Ein Teilaspekt rechtsmissbräuchlichen Handelns, JA 1985, 497 ff.

Thomas, Heinz / Putzo, Hans;
Zivilprozessordnung mit Gerichtsverfassungsgesetz, den Einführungsgesetzen und europarechtlichen Vorschriften (EuGVVO, EheVO, ZustellungsVO, ZustDG, AVAG), 25. neubearb. Aufl., München, 2003

Thur, Andreas von;
Der allgemeine Teil des Deutschen Bürgerlichen Rechts, Zweiter Band, Erste und Zweite Hälfte, Die rechtserheblichen Tatsachen, insbesondere das Rechtsgeschäft, Berlin, 1957

Tröndle, Herbert / Fischer, Thomas;
Strafgesetzbuch und Nebengesetze, 51. Aufl., München 2003

***UNTERHOLZNER**, K. V. D.;*
Ausführliche Entwicklung der gesamten Verjährungslehre aus dem gemeinen in Deutschland geltenden Rechten, Erster und Zweiter Band, Leipzig, 1828, (zitiert: Verjährungslehre)

Unterrieder, Mathias;
Die regelmäßige Verjährung, Berlin, 1998

***VENZMER**, Kurt J.;*
Mitverursachung und Mitverschulden im Schadensersatzrecht, München und Berlin, 1960

Vermehren, B.;
Geht durch erlöschende Verjährung wirklich nur die Klage, oder auch das derselben zu Grunde liegende Recht unter? in: Zeitschrift für Civilrecht und Prozeß, Zweiter Band (1829), S. 319 ff.

Vest, Hans;
Zur Beweisfunktion des materiellen Strafrechts im Bereich des objektiven und subjektiven Tatbestandes, ZStW 103 (1991), S. 584 ff.

ders.;
Vorsatznachweis und materielles Strafrecht, Bern, u.a., 1986

Volk, Klaus;
Strafrecht und Wirtschaftskriminalität, JZ 1982, 85 ff.

ders.;
Anscheinsbeweis und Fahrlässigkeit im Strafprozess, GA 1973, 161 ff.

ders.;
Entkriminalisierung durch Strafwürdigkeitskriterien jenseits des Deliktsaufbaus, ZStW 97 (1985), 871 ff.

WALTER, *Gerhard*;
Freie Beweiswürdigung, Tübingen, 1979

ders.;
Der Anwendungsbereich des Anscheinsbeweises, ZZP 90 (1977), S. 270 ff.

Waltermann, Raimund;
Zur Wissenszurechung – am Beispiel der juristischen Personen des privaten und öffentlichen Rechts, AcP 192 (1992), S. 181 ff.

Wassermeyer, Heinz;
Der prima-facie-Beweis und seine benachbarten Erscheinungen, eine Studie über die rechtliche Bedeutung der Erfahrungssätze, Münster, 1954

Weiß, Christian;
Verjährung und gesetzliche Befristung, München, 1905

Weingart, Olaf;
Grobe Fahrlässigkeit, VersR 1968, 427 ff.

Weitnauer, Hermann;
Beweisfragen in der Produzentenhaftung, in: Festschrift für Karl Larenz zum 70. Geburtstag, München, 1973, S. 905 ff.

Welzel, Hans;
Abhandlungen zum Strafrecht und zur Rechtsphilosophie, Berlin, 1975

ders.;
Die deutsche strafrechtliche Dogmatik der letzten 100 Jahre und die finale Handlungslehre, JuS 1966, 421 ff.

Wendehorst, Christiane;
Kurzkommentar zu BGH, Urt. v. 6.3.2001 – VI ZR 30/00, in: EwiR 2001, 1005 f.

Wendt;
Die im Verkehr erforderliche Sorgfalt, AcP 87 (1897), S. 422 ff.

ders.;
Erwerb vom Nichtberechtigten, AcP 89 (1899), S. 1 ff.

Wessels, Johannes / Beulke, Werner;
Strafrecht Allgemeiner Teil, 32. Aufl., Heidelberg, 2002

Westphalen, Graf von Friedrich (Hrsg.),
Produkthaftungshandbuch, Band 2: das deutsche Produkthaftungsgesetz, Produktsicherheit, Internationales Privat- und Prozessrecht, Länderberichte zum Produkthaftungsrecht, 2. überarbeitete und erweiterte Aufl., München, 1999

Westermann, Harry;
Sachenrecht, 7. Aufl., Heidelberg, 1998

ders.;
Die Grundlagen des Gutglaubensschutzes, JuS 1963, 1 ff.

Wetzel, Rita;
Die Zurechnung des Verhaltens Dritter bei Eigentumsstörungstatbeständen, Tübingen, 1971

Weyl, Richard;
System der Verschuldensbegriffe im Bürgerlichen Gesetzbuche, München, 1905

Weyers, Hans-Leo ;
Diskussionsbeitrag, Karlsruher Forum 1994, S. 42 f.

Wieacker, Franz;
Rechtswidrigkeit und Fahrlässigkeit im Bürgerlichen Recht, JZ 1957, 535 ff.

ders.;
Zur rechtstheoretischen Präzisierung des §242 BGB, Tübingen, 1956

Wiegand, Wolfgang;
Der gutgläubige Erwerb beweglicher Sachen nach §§932 ff. BGB, JuS 1974, 201 ff.

Wieling, Hans Josef;
Venire contra factum proprium und Verschulden gegen sich selbst, AcP 176 (1976), S. 334 ff.

Wiethölter, Rudolf;
Der Rechtfertigungsgrund des verkehrsrichtigen Verhaltens – eine Studie zum zivilrechtlichen Unrecht, Karlsruhe, 1960

Wilhelm, Jan;
Rechtsverletzung und Vermögensentscheidung als Grundlagen und Grenzen des Anspruchs aus ungerechtfertigter Bereicherung, Bonn, 1973, (zitiert: Rechtsverletzung und Vermögensentscheidung)

ders.;
Kenntniszurechnung kraft Kontovollmacht?, AcP 183 (1983), S. 1 ff.

ders.;
Schuldrechtsmodernisierung 2001, JZ 2001, 861 ff.

Willingmann, Armin;
Reform des Verjährungsrechts – Die Neufassung der §§ 194 ff BGB im Rahmen der Schuldrechtsreform, in: *Micklitz, Hans-W. / Pfeiffer, Thomas/ Tonner, Klaus / Willingmann, Armin* (Hrsg.); Schuldrechtsreform und Verbraucherschutz, Baden-Baden, 2001

Windscheid, Bernhard;
Die Actio des römischen Civilrechts vom Standpunkte des heutigen Rechts, Düsseldorf, 1856, Neudruck Aalen, 1969

Windscheid, Bernhard / Kipp, Theodor;
Lehrbuch des Pandektenrechts, Band 1, 9. Aufl., Neudruck der Ausgabe Frankfurt am Main 1906, Aalen 1963

Wodrich, Kurt;
Anmerkung zu Urteil des BGH vom 6.7.1967 (II ZR 31/66), in: VersR 1967, 1067 ff.

Wolf, Manfred;
Die Befreiung des Verjährungsrechts vom Streitgegenstandsbegriff, in: Festschrift für Ekkehard Schumann zum 70. Geburtstag, Tübingen, 2001, S. 579 ff.

***ZEUNER**, Albrecht;*
Gedanken über Bedeutung und Stellung des Verschuldens im Zivilrecht, JZ 1966, 1 ff.

Zimmermann, Reinhard;
Die Verjährung, JuS 1984, 409 ff.

ders.;
Konturen eines Europäischen Vertragsrechts, JZ 1995, 477 ff.

ders.;
Grundregeln eines Europäischen Verjährungsrechts und die deutsche Reformdebatte, ZEuP 2001, 217 ff.

ders.;
„... ut sit finis litium", Grundlinien eines modernen Verjährungsrechts auf rechtvergleichender Grundlage, JZ 2000, 853 ff.

ders.;
Comparative foundations of a European Law of set-off and prescription, Cambridge, 2002, (zitiert: Comparative Foundations)

Zimmermann, Reinhard / Leenen, Detlef / Mansel, Heinz-Peter / Ernst, Wolfgang;
Finis Litium? Zum Verjährungsrecht nach dem Regierungsentwurf eines Schuldrechtsmodernisierungsgesetzes, JZ 2001, 684 ff.

Zippelius, Reinhold;
Juristische Methodenlehre, 6. Aufl., München ,1994

Zitelmann, Ernst;
Das Recht des Bürgerlichen Gesetzbuchs, Band I, Allgemeiner Teil, Leipzig, 1900

Zöller, Richard (Begr.);
Zivilprozeßordnung mit Gerichtsverfassungsgesetz und den Einführungsgesetzen, mit internationalem Zivilprozeßrecht, Kostenanmerkungen, 23., neubearbeitete Aufl., Köln 2002, (zitiert: Zöller/*Bearbeiter*)

Peter Lang · Europäischer Verlag der Wissenschaften

Frank Wältermann

Die Mängelhaftung im neuen Schuldrecht

Rechtsfolge, Tatbestand und Verjährung des Anspruchs auf Schadensersatz für den Mangelschaden und den Mangelfolgeschaden

Frankfurt am Main, Berlin, Bern, Bruxelles, New York, Oxford, Wien, 2004.
330 S.
Europäische Hochschulschriften: Reihe 2, Rechtswissenschaft. Bd. 3975
ISBN 3-631-52815-9 · br. € 56.50*

Bis zur Schuldrechtsreform wurde ohne Aussicht auf Klärung eine Fülle von Streitfragen bezüglich Mangel- und Mangelfolgeschaden diskutiert. Die Arbeit bietet Lösungen für die weiterhin bestehenden Probleme der Mängelhaftung auf dem Fundament langjähriger sowie unter kritischer Würdigung aktueller Diskussionen an. Vor dem Hintergrund veränderter Strukturen im allgemeinen Schuldrecht werden Rechtsfolge, Tatbestand und Verjährung im Kauf- und Werkvertragsrecht untersucht. Die Arbeit entschärft Abgrenzungsschwierigkeiten auf Rechtsfolgenseite, indem Schadenspositionen nach Art und Inhalt typisiert werden. Tatbestandlich steht der Haftungsgrund im Mittelpunkt, wobei Mangel, *aliud* und Minderleistung beleuchtet werden. Schließlich widmet sich die Arbeit eingehend der Verjährung.

Aus dem Inhalt: Die Mängelhaftung im Schuldrecht · Rechtsfolge, Tatbestand und Verjährung im allgemeinen Schuldrecht · Kaufrecht und Werkvertragsrecht unter besonderer Berücksichtigung von Mangel- und Mangelfolgeschaden

Frankfurt am Main · Berlin · Bern · Bruxelles · New York · Oxford · Wien
Auslieferung: Verlag Peter Lang AG
Moosstr. 1, CH-2542 Pieterlen
Telefax 00 41 (0) 32 / 376 17 27

*inklusive der in Deutschland gültigen Mehrwertsteuer
Preisänderungen vorbehalten

Homepage http://www.peterlang.de